高新技术产业开发区 建设与管理

基于白下高新区案例研究

周小虎　张仲金　吴　杲　杨倚奇◎主编

经济管理出版社

ECONOMY & MANAGEMENT PUBLISHING HOUSE

图书在版编目（CIP）数据

高新技术产业开发区建设与管理：基于白下高新区案例研究/周小虎等主编 . —北京：经济管理出版社，2022. 12

ISBN 978-7-5096-8836-6

Ⅰ.①高… Ⅱ.①周… Ⅲ.①高技术开发区—技术革新—研究 Ⅳ.①F127.9

中国版本图书馆 CIP 数据核字（2022）第 236113 号

责任编辑：乔倩颖 吴 倩 郭 飞 赵亚荣
责任印制：黄章平
责任校对：张晓燕

出版发行：经济管理出版社
　　　　　（北京市海淀区北蜂窝 8 号中雅大厦 A 座 11 层 100038）
网　　址：www. E-mp. com. cn
电　　话：（010）51915602
印　　刷：北京晨旭印刷厂
经　　销：新华书店
开　　本：720mm×1000mm/16
印　　张：21. 5
字　　数：410 千字
版　　次：2022 年 12 月第 1 版　2022 年 12 月第 1 次印刷
书　　号：ISBN 978-7-5096-8836-6
定　　价：98. 00 元

本书编写组

● 编写组成员

主　　编：周小虎

副 主 编：张仲金　吴　杲　杨倚奇

主要成员：刘晶晶　吴周玥　隋　月　袁海萍

● 项目策划

张仲金　王洛锋　郑焕强　吕　昕　樊京京

陈吉学　蒋静娟　王小泉　陶莹莹　占芳芳

王早新　朱　奕　袁生美　万　海

目　录

第一章 绪论

第一节 高新区的发展与研究意义

一、中国高新区的发展与贡献

高新技术产业开发区（简称高新区）是指中国改革开放后在一些知识密集、技术密集的大中城市和沿海地区建立的发展高新技术的产业开发区。

我国国家高新技术产业开发区可以追溯到 1984 年原国家科学技术委员会向国务院提出的《关于迎接新技术革命挑战和机遇的对策》报告，报告明确提出要制定新技术园区和企业孵化器的政策。1985 年《中共中央关于科学技术体制改革的决定》明确指出有条件的城市可试办新技术园区。1988 年 5 月，国务院批准成立北京市高新技术产业开发试验区，即后来的中关村科技园区，这是我国第一个国家级高新技术产业开发区。同年 8 月，我国开始实施中国国家高新技术产业化发展计划——火炬计划，建设和发展高新技术产业开发区是火炬计划的重要内容之一。截至 2021 年底，我国已建成国家级高新技术产业开发区 169 家，分布在除西藏自治区以外的全国 30 个省、自治区、直辖市。

我国的国家高新区是在 20 世纪七八十年代技术革命和改革开放的大背景下诞生的，发展至今，经历了三次创业，分别是 2000 年以前的一次创业阶段、2000~2012 年的二次创业阶段和 2013 年及以后的三次创业阶段，走过了单纯追求工业增长、追求经济规模和体量的工业园阶段，经历了追求经济中的创新成分和内涵的科技工业园阶段，如今，国家高新区已经进入追求创新驱动全面发展的创新生态阶段。经过多年的发展，国家高新区已经成为中国经济快速崛起和创造全球经济增长奇迹的典型代表。

（一）高新区是中国经济发展中的一股重要力量，对国民经济贡献巨大

据《国家高新区创新能力评价报告2021》，2020年，全国169家国家高新区生产总值（GDP）达135566.2亿元，较上年名义增长11.5%，相当于全国GDP的13.3%。国家高新区入统企业16.5万家，实现营业收入427998.1亿元、工业总产值256355.8亿元、净利润30442.3亿元、出口总额44726.6亿元，较上年分别增长11.0%、6.7%、16.6%和8.1%。

（二）高新区是创新资源的集聚地和开展创新创业活动的热土

2020年国家高新区拥有国家级科技企业孵化器739家、国家备案众创空间1147家，较上年分别增长15.6%和25.8%。创业服务体系的逐步完善，推动高新区创业企业持续增长。2020年高新区当年新注册企业74.8万家，较上年增长20.88%，平均每天新注册企业2047家，较上年平均每天多注册350家；科技企业孵化器及加速器内在孵企业突破13万家，较上年增长13%，平均每家高新区拥有在孵企业816家，较上年增加94家。

2020年，国家高新区省级及以上各类研发机构达28709家，较上年增长12.5%，集聚了全国79%以上的国家工程研究中心、国家重点实验室、国家工程实验室。2020年当年认定的高新技术企业37775家，较上年增长29.9%。高新技术企业的创新人员、创新经费投入指标占高新区整体的比例均在78%以上，已经成为高新区开展创新活动的主体。

（三）高新区已成为我国创新驱动发展的引擎和主力军

2020年，国家高新区企业研发投入强度处于较高水平，企业R&D经费内部支出占园区生产总值比例为6.8%，是全国的2.8倍；专利成果产出效率稳步提升，国家高新区每万人发明专利的申请、授权、拥有数量分别达到198.1件、76.3件、421.6件，是全国平均水平的11.1倍、12.9倍和13.9倍；企业技术交易活跃，技术合同成交额达8017.4亿元，占全国的28.4%；劳动生产率为36.2万元/人，是全国的3.1倍。

二、中国高新区面临的新问题与新挑战

进入新历史时期，国际国内形势发生巨大变化。在此背景下，中国高新技术产业开发区也面临新问题与新挑战，概括来说主要体现在以下四个方面：

第一，经济下行预期引发高新技术开发产业区经济增速的新挑战。近年来中美贸易摩擦、新冠肺炎疫情防控的不确定性以及全球经济衰退的预期都对高新区经济增速带来严峻挑战。

第二，高新技术产业开发区增长方式变革引发对建设与管理能力的新挑战。我国经济由高速增长转向高质量发展，传统开发区很大程度上依靠出让土地使用

权的收入模式已经难以为继。如何从由注重规模转向注重发展质量,如何从粗放式发展转向集约化发展,环境建设如何由相对注重硬环境向更加注重软环境转变,这些都是高新技术产业开发区建设与管理的新课题。

第三,城市现代化进程给高新技术产业开发区功能拓展带来新挑战。城市在国家区域经济发展中起到领头羊作用,环境污染、产业空心、交通拥堵等诸多"城市病"都对城市更新提出新要求,城市升级要创造宜业、宜居、宜乐、宜游的良好环境,要让人民有更多获得感。产城分离的高新技术产业开发区发展路径,造成了资源、能源的极大浪费,加剧了环境污染和城市道路交通拥堵,同时极大地影响了工作者的生活质量。那么,如何推动开发区的城市化进程,促进园区经济与城市经济逐渐走向融合呢?

第四,多重驱动下的经济治理新秩序给高新技术产业开发区组织机制带来新挑战。高新技术产业开发区建立伊始,为了发挥"轻装上阵"的优势,在内部组织和机制设计上遵循充分授权、精简高效的原则。党的十八大以来持续推进全面依法治国,国家建设对政府机构运行的合法性和规范性要求显著提升,高新区面临越来越突出的绝对治理能力不足的问题,精简高效的方针越来越难以维持。激发组织活力、克服高新区行政化和体制机制僵化问题刻不容缓。

三、开展高新区建设与管理研究的意义

高新技术产业开发区面临的新问题与新挑战就是本研究的实践意义所在。习近平总书记指出:"坚持一切从实际出发,是我们想问题、作决策、办事情的出发点和落脚点。坚持从实际出发,前提是深入实际、了解实际,只有这样才能做到实事求是。要了解实际,就要掌握调查研究这个基本功。"本研究成果是课题组长期跟踪南京白下高新区建设与管理实践的结果,是建立在一手调查研究基础上形成的研究报告。多年来,南京白下高新区在经济发展、企业创新孵化、产业集聚、城市更新等领域做出了一系列探索,取得了显著成果。特别是在创新驱动发展方面,白下高新区新增发明专利数常年在江苏省级高新区中排名第一,遥遥领先。白下高新区的实践为我们应对高新区新问题与新挑战提供了有益的借鉴。

本书也具有较高的理论价值。由于高新区管理涉及企业管理学、行政管理学、区域经济学、产业经济学、空间经济学等众多学科,我国学术界在高新技术产业园区研究上一直是理论薄弱地带,"高新技术产业园区发展研究丛书"等都是基于经济学视角的研究,基于管理学视角的研究目前尚未见到。另外,高新区管理也面临众多新挑战:一是传统园区发展所依赖的土地扩张模式正在逐步接近发展"天花板",很多地区在实践中寻求"腾笼换鸟";二是中国经济面临的"双循环"新发展格局也给园区发展带来了新挑战。如何进行园区创新已经成为

地方急于寻找的新突破口。作为国内第一部从管理学视角对高新区建设与管理基本原理进行梳理与总结的专著，本书从创新增长理论、产业园区发展理论与国家创新理论出发，结合白下高新区的实践，提出了要基于区位选择与空间布局、从传统基建走向智慧园区、集聚创新要素来优化"双招双引"、精准识别需求的企业服务、以城市更新为基准的模式创新、以能力提升为内部建设保障的新的系统化管理体系。

第二节　高新区建设与管理的理论基础

诺贝尔经济学奖获得者保罗·罗默指出，"创新是经济增长的引擎"。高新技术产业开发区是基于创新理论的重要实践，创新是高新区的灵魂。国内外学者围绕高新区的诸多研究，发展出了许多颇有见地的理论，对理解高新区的功能十分有益。

围绕高新区的理论众多，这里仅介绍增长极理论、产业集聚理论、内生增长理论、孵化器理论与企业家能力理论、三螺旋理论、国家创新系统理论、国家高新区三次创业理论、政府职能理论这八种。

一、增长极理论

最常被用来解释高新区功能的理论是增长极理论。该理论认为，一个国家的经济增长通常是从一个或数个增长中心逐渐向其他部门或地区传导的。

1955 年，法国经济学家佩鲁在其论文《略论增长极的概念》中提出"增长极"理论。他认为，所谓增长极是围绕推进性的主导工业部门而组织的有活力的一组高度联合的产业，它不仅自身能迅速增长，而且能带动其他部门的增长。经济发展的主要动力是技术进步与创新，而创新集中于那些规模大、增速快、与其他部门关联效应强的产业，即所谓的推进型产业。当推进型产业与被推进型产业建立起非竞争性联合体，通过连锁效应带动区域发展并最终实现区域经济平衡时，推进型产业就起到了增长极的作用。根据增长极理论，推进型产业通过产业增长，带动关联产业和产业联合体的发展，最终推动了区域经济发展。因此，区域经济的发展过程是一个由推进型产业以点到面、由局部到整体的递进性推进的过程。因此，地方经济要想得到发展，可以通过培养增长极的方式来实现。

具体而言，增长极可以分为狭义的增长极和广义的增长极两类。狭义的增长极包括产业增长极、城市增长极和潜在的经济增长极，分别代表具有明显比较优势的能够拉动地方经济发展的产业，具有区位、资源和市场优势的能够带动更大范围区域发展的城市和具有潜在转化能力的增长极。广义的增长极则是指任何能够促进经济增长的积极因素和生长点，包括制度创新、技术进步、开放水平等。

我国高新技术产业开发区是各级政府批准成立的科技工业园区，是以发展高新技术为目的而设置的特定区域。20 世纪 90 年代初，国务院审批的国家高新区面积一般在 10~20 平方千米，由各地政府进行整体规划、开发。历经数十年发展，许多高新区的土地面积也在增加，如中关村国家自主创新示范区已从 1988 年的 100 平方千米发展到如今的 488 平方千米。我国高新技术产业开发区采取一系列重大改革措施，创新管理体制，推出"放管服"和简政放权，持续开展"新四条"等政策创新与先行先试，形成良好的营商环境，吸引区域内外的资金、技术、人才等，鼓励和培育科技创新企业，形成区域增长极，带动区域经济发展，达到集聚产业、发展科技和经济的目的。由增长极理论可以清晰地看到，高新区在区域经济发展中具有以创新增长极为目标的功能定位，其增长极效应具体表现为：区域经济增长的带动效应、改造传统产业的辐射效应、国际化的领先效应、改革的率先效应、知识经济的先导效应、文明社区的示范效应等。2020 年，国家高新区生产总值超过 13.5 万亿元，占当年全国 GDP 的 13.3%，高新区已成为全国的经济增长极。而在地方，2020 年，深圳高新区生产总值为 7063.2 亿元，约占深圳全市 GDP 的 1/4，早已成为深圳科技创新的"引擎"、引领区域发展的"旗帜"。

二、产业集聚理论

增长极理论也蕴含了产业集聚的思想。产业集聚指的是在某个特定的地理区域内，生产某种产品的若干企业，以及为这些企业配套的上下游企业和向这些企业提供服务的关联企业，高度密集地汇聚在一起。由于这些企业具有相似性和互补性，它们彼此之间联系就形成了强劲的可持续竞争优势。

马歇尔是较早关注产业集聚现象的经济学家。根据马歇尔的观点，同一产业的企业高度集聚，有利于集聚企业所需的生产要素，如资金、能源、运输等，能够促进专业化投入和服务的发展，能够提供特定的劳动力市场，降低劳动力短缺的可能性，并能够产生溢出效应，使企业从技术、信息等的溢出中获益。

新制度经济学用交易费用的观点来解释产业集聚。根据科斯和威廉姆森的观点，产业集聚有助于减少环境的不确定性，克服交易中的机会主义，提高信息对称性，从而降低交易费用。

迈克尔·波特用钻石模型对产业集聚进行了分析。波特认为，竞争是在企业之间发生的，而区域竞争力对企业的竞争力有很大的影响。当企业集聚在一个特定的地理区域内，会加强企业间竞争，这种竞争压力会迫使区域内的企业通过不断创新来争取发展。产业集聚通过三种方式影响竞争：一是提高立足于该领域的企业的生产力来施加影响，二是通过不断创新来奠定未来增长的基础，三是通过鼓励新企业的形成扩大和增强产业群本身的影响。

我国学者陈柳和刘志彪（2008）提出了人力资本型员工创业形成区域产业集聚的观点。他们认为，核心企业是技术扩散的源泉，对地方产业集聚能起到有效的推动作用，市场中的其他微观主体通过"干中学"的方式，从核心企业处获得技术扩散，模仿核心企业进入市场。当产业集群比较成熟后，集群内的企业通过相互学习机制实现产业集群的强化。由于具有地理上的接近性，产业集群内的企业能够通过正式或非正式的渠道及时地开展知识分享，推动信息流动。

在我国，高新区的产业集聚效应明显。根据对京津冀、长三角和珠三角三大城市群的研究，三大城市群集聚了包括租赁和商务服务业、科学研究和技术服务业、信息传输软件和信息技术服务业、金融业、批发和零售业、制造业等多个行业，其中，京津冀高新区的科学研究和技术服务业集聚程度最高，如北京的中关村国家自主创新示范区就集聚了中国科学院、中国工程院等科研院所 206 家，国家工程中心 27 家，国家重点实验室 67 家，包括清华大学、北京大学在内的高等院校 41 所，大学科技园 26 家，留学人员创业园 34 家，研究和试验发展企业 882 家，专业技术服务企业 1650 家，科技推广和应用服务企业 5419 家。长三角高新区的租赁和商务服务业集聚程度最高。珠三角国家自主创新示范区则是以制造业最为突出。此外，各地还形成了一批围绕特定产业高度集聚的高新园区，如以医药为主题的泰州医药国家高新技术产业开发区。该园区先后被国家科技部、商务部确定为国家火炬计划医药产业基地、国家级医药出口基地和科技兴贸创新基地，是全国唯一的新型疫苗及特异性诊断试剂产业集聚发展试点、国家新型工业化产业示范基地，形成了抗体、疫苗、诊断试剂及高端医疗器械、化学药新型制剂、特医配方食品等一批特色产业集群。截至 2020 年底，泰州高新区已集聚包括阿斯利康、武田制药等在内的 1200 多家国内外知名医药企业。

三、内生增长理论

内生增长理论是 20 世纪 80 年代产生的一个西方宏观经济理论分支。其核心思想是经济可以不依赖外力推动实现持续增长，内生的技术进步是保持经济持续增长的决定性因素，包括在劳动投入过程中包含的因正规教育、培训、在职学习等形成的人力资本，在物质资本积累过程中包含的因研究与开发、发明、创新等活动形成的技术进步。一个国家经济的长期增长是由一系列内生变量决定的，而这些内生变量容易受到政策的影响。因此，政府可以通过政策手段来影响增长。

美国著名经济学家罗伯特·卢卡斯在他的开创性论文《论经济发展的机制》中提出了两个内生增长模型：第一个模型是人力资本外部性模型。在模型中，人力资本投资所产生的收益并没有全部被投资者获得，具有正的溢出效应。第二个模型是"干中学"的外部性模型。在模型中，人力资本积累方式既可以通过受教育、学习过程来实现，也可以通过"干中学"来实现，各国通过专业化于各自所擅长的商品生产来积累技能并不断强化其比较优势。

保罗·罗默也是内生增长理论的代表性学者。他的内生增长理论指出，生产要素包括四个方面：资本、非技术劳动、人力资本（以受教育年限来衡量）和新思想（以专利来衡量）。经济增长的动力来自对人力资本、创新和知识的投资。他指出，知识作为一种公共品，具有非竞争性和非排他性，当把知识要素投入生产时，就会产生强大的正外部性，从而导致规模报酬递增，继而带来持续的经济增长。罗默把知识分为一般知识和专业知识，并认为一般知识可以产生外在经济效应，帮助全社会获得规模经济收益，而专业知识则会产生内在经济效益，帮助个别厂商获得垄断利润，使个别厂商能够继续投入研发新产品。知识的积累能提高厂商的生产率，降低成本；知识的溢出则帮助厂商降低劳动工资率，维持经济增长。

内生增长理论强调了技术进步是经济增长的内在动力，技术和人力资本的溢出效应是经济持续增长的必备条件，知识外溢和技术创新能够推动经济增长，带来报酬递增。高新区的实践支持了内生增长理论。2018 年，全国高新区集聚了全国 70% 以上的国家工程研究中心、国家重点实验室、国家工程实验室，拥有省级以上新型产业技术研发机构 642 家，国家级科技企业孵化器 544 家，科技部备案的众创空间 906 家。国家高新区企业 R&D 人员全时当量达到 177.2 万人年，占全国全部 R&D 人员全时当量的 40.4%，企业 R&D 经费内部支出达 7455.7 亿元，占全国企业 R&D 经费内部支出的 48.9%。国家高新区企业申请、授权、拥有发明专利数分别达到 36.2 万件、14.3 万件、73.1 万件。①

四、孵化器理论与企业家能力理论

增长极理论、产业集聚理论和内生增长理论着重从宏观层面论述高新园区对经济增长的作用，孵化器理论与企业家能力理论则是从微观层面论述高新技术产业开发区对企业的作用和功能。

企业孵化器是指在特定空间内提供集中的、共享的资源和服务，以促进中小

---

① 贾敬敦．国家高新区成为国民经济发展的重要支撑和增长极［N］．科技日报，2021-12-04.

企业成长的一种社会经济组织。20 世纪 50 年代，在美国纽约州的巴达维亚小镇，一位地产商买下一块荒废的工业用地建设了一家商业中心，吸引中小企业前来创业。这就是最早的孵化器。早期美国孵化器的主要目标是通过提供场所和基本设施来缓解社区的高失业率问题。到了 80 年代中后期，孵化器开始作为一种有利于经济发展的新型工具被推广开来。伴随新技术产业革命的发展，孵化器逐渐进入企业化运作，其服务对象向外扩张，服务形式多样化，孵化器的经营重心也从孵化新创企业转向识别涵盖市场机会以创建企业本身，并呈现越来越专业化的特征。Smilor（2013）认为，企业孵化器是一个创新系统，该系统为了协助创业者的新企业的发展，给创业者提供不同的服务。Longenecker 等（2003）认为，孵化器是一个组织，向打算创业的个人或新成立的公司出租空间，提供基本的行政管理服务和管理咨询，使他们可以不用考虑购置电话、复印机等办公设备，减少早期雇佣成本。Lalkaka（1994）认为，企业孵化器是一个拥有少数管理人员的设施，以一个系统的形式来提供实体的办公空间、共享的设备，以及提供技术和商业方面的支持，以帮助降低创业企业的运营成本及创业阶段失败的风险，培训、支持和发展一些有望成功的小企业和企业家。

我国第一家孵化器是 1987 年在武汉成立的东湖新技术创业中心。根据孵化器的发起目的和控制主体，我国孵化器主要可以分为国有背景孵化器和民营背景孵化器两大类。其中，国有背景孵化器的控制主体是各级地方政府、国有企业、高校院所等，其目的主要是承担国家扶持科技创新的职能，体现国家科技政策的导向；民营背景孵化器的控制主体主要是个人、民营企业、投资机构等，更多是出于创业服务或投资驱动的目的。国有背景孵化器又包括：高新技术创业服务中心、专业技术孵化器、大学科技园、留学人员创业园等，如今，科技企业孵化器已经成为以促进科技成果转化、培养高新技术企业和企业家为宗旨的科技创业服务机构，是国家创新体系的重要组成部分，是区域创新体系的核心内容。根据科技部火炬中心发布的《中国创业孵化发展报告 2020》，截至 2019 年底，全国创业孵化机构（孵化器和众创空间）总数达到 13206 家，其中广东省就有 1013 家，位居全国第一。广东、江苏、浙江、山东、河北是五个孵化器最多的省份，孵化器总数占全国的 54%。当年孵化器在孵科技型创业企业 21.7 万家，众创空间孵化的创业团队和初创企业数为 44.1 万个。在我国，高新区为科技企业孵化器提供了良好的发展环境，大量的科技企业孵化器根植于高新区（李宏立、武庆良，2011）。国务院 2020 年颁布的《关于促进国家高新技术产业开发区高质量发展的若干意见》中，明确指出为促进国家高新区的高质量发展，鼓励高新区建设孵化器。

著名经济学家熊彼特（2012）认为，创新作为一个经济概念，是指把现成的技术革新引入经济组织，形成新的经济能力。企业家是实现创新的人群，是创新的主体。企业家从事的是"创造性的破坏"，其最突出的动机来自企业家精神，包括建立私人王国、对胜利的热情、创造的喜悦、坚强的意志。企业家必须具备一定的能力，除了创造性的破坏能力，企业家能力还包括承担风险能力、学习能力、预测能力、人际能力、领导和组织能力、说服表达能力等。在熊彼特观点的基础上，企业家能力理论得以发展。崔瑜和焦豪（2008）指出，企业家能力包括资源获取能力、承担风险能力和领导力。企业家通过开展经验学习、接受教育培训、从社会网络中学习等方式，实现了企业家能力的提升。

我国高新区通过产业集聚，帮助中小企业嵌入产业组织的社会网络中，使企业有机会向同行、竞争对手、高校院所学习企业发展经验、新的技术和管理观念，帮助提升企业家能力。高新区所提供的各类服务，承担着帮助企业家成长和成熟的重要使命。

五、三螺旋理论

20 世纪 90 年代，美国学者亨利·埃兹科维茨（Henry Etzkowitz）和荷兰学者劳埃特·雷德斯多夫（L. A. Leydesdorff）在观察研究型大学和区域发展实践的基础上，提出了三螺旋理论。该理论认为，在知识经济社会内部，创新制度环境有三大要素，即政府、企业和大学（见图 1-1）。传统上，政府具有天然的权威，是企业和大学的管理者，为企业和大学的活动制定规则，而在三螺旋理论中，政府是与企业和大学并列的创新主体之一。政府连接企业和大学，通过税收和政策支持企业和大学的创新，为创新活动提供基金和制度保障。企业需要在激烈的市场竞争中通过不断发展技术、开展创新活动来提升自己的核心竞争力。大学的知识能够为企业提供技术和创新来源。在三螺旋理论中，企业可以通过整合大学的技术与人力资本来实现创新，也可以直接来源于大学，作为大学向市场的延伸。在三螺旋理论中，大学是如此重要。传统上，大学是产生知识和传授知识的地方，而在创新活动中，大学可以通过知识产业化来实现创新。创业型大学不仅可以成为创新知识的源泉，其自身也能成为区域创新活动的组织者。创业型大学可以向企业提供咨询服务，或参与企业的技术创新，甚至直接创办新企业；也可以承接政府有关项目，为政府提供服务。创业型大学是三螺旋的推动器。政府、企业、大学这三个要素都有强烈的谋求创新发展的动机，三者各自独立，又根据市场要求而相互联系，形成了持续创新的螺旋上升机制。三者通过彼此的合作，能够共同创造出社会价值。而要实现这一共同目标，政府、企业、大学都要调整自己的角色，突破原有的边界，以推动政产学研合作。

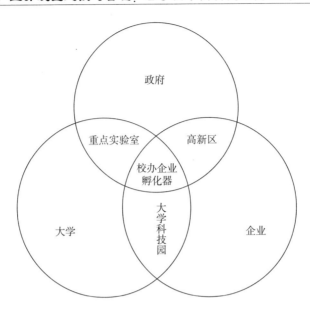

图 1-1　三螺旋理论

硅谷是世界著名的高科技产业区，也是我国高新区发展过程中对标学习和赶超的重要对象。斯坦福大学、加州大学伯克利分校每年向硅谷的各类创新主体输送大量的硕士、博士研究生和工程师等人才，以及各类研究成果和技术发明，实现了知识和信息等资源的流动。惠普、仙童、苹果、谷歌等领先公司作为硅谷的"引擎"企业，形成了开放的、相互竞争同时又开展合作的创新网络。这些企业研发投入巨大，掌握核心技术，主导行业发展，并不断地向市场推出新技术和关键人才，同时，还吸引了大量拥有细分领域核心技术的小企业。美国联邦政府和加州政府也通过基础研究投入、知识产权政策、教育投入、健全法律法规等方式，为硅谷的创新系统提供保障（胡曙虹等，2016）。与中国高新区不同的是，在硅谷的例子中，政府与大学和企业的联系没有那么紧密，而中国高新区的发展是中央政府总体协调和统筹的结果，政府与企业和大学的关系和互动要复杂和紧密得多。杜磊（2018）指出，我国第一个国家级高新区中关村的出现，是 20 世纪 80 年代北京市海淀区政府在国家转向"以经济建设为中心"的背景下，依托智力密集优势发展海淀区域经济的一系列行动。孙洁（2019）对上海张江、紫竹和五角场的多案例研究也支持了在中国高新区中，政府通过自上而下的主导作用、资源整合的支持作用以及引导和协调的服务管理作用，来处理与大学和企业间的螺旋互动关系。

六、国家创新系统理论

弗里曼在研究日本经济增长和技术追赶的原因时，提出了"国家创新系统"的概念。他认为，国家创新系统是一种在公共部门和私营部门中不同组织形成的网络，网络中的不同组织包括政府政策、教育培训机构、企业等，通过各自的活动与彼此的互动能够激发、引进、改进和扩散新技术。国家创新系统的概念出现之初，主要指的是国家技术创新系统。进入 20 世纪 90 年代后，企业间竞争升级为国家间竞争，政府在科学技术知识的生产、扩散和应用上的作用越发重要。经济合作与发展组织（OECD）对国家创新系统进行了界定，即由参加新技术发展和扩散的企业、大学和研究机构组成，为创造、储备和转让知识、技能和新产品而相互作用的网络系统。国家创新系统理论对发展中国家赶超发达国家有着重要的启发意义，发展中国家依靠自主研发获得的技术增长率高于先发国家的技术增长率是发展中国家跨越中等收入陷阱的关键所在（龚刚等，2017）。

改革开放后，我国国家创新体系经历了以政府计划为主、成套技术引进和模仿的起步阶段，到市场换技术与模仿创新、集成创新和二次创新的过渡阶段，再到集成创新、二次创新、协同创新和原始创新并举的新阶段（于文浩，2018）。国家创新体系建设还被写入中国的国家战略。2006 年，《国家中长期科学和技术发展规划纲要（2006—2020 年）》中指出，"国家创新体系是以政府为主导、充分发挥市场配置资源的基础性作用、各类科技创新主体紧密联系和有效互动的社会系统"。其建设重点包括五个方面：一是建设以企业为主体、产学研结合的技术创新体系，二是建设科学研究与高等教育有机结合的知识创新体系，三是建设军民结合、寓军于民的国防科技创新体系，四是建设各具特色和优势的区域创新体系，五是建设社会化、网络化的科技中介服务体系。2012 年，中共中央、国务院发布《关于深化科技体制改革加快国家创新体系建设的意见》，提出在建设国家创新体系的过程中要坚持五项原则，即坚持创新驱动、服务发展，坚持企业主体、协同创新，坚持政府支持、市场导向，坚持统筹协调、遵循规律，坚持改革开放、合作共赢，建设适应社会主义市场经济体制、符合科技发展规律的中国特色国家创新体系。政府、企业、科研院所及高校、技术创新支撑服务体系四角相倚的创新体系在 2012 年已基本形成。2016 年，中共中央、国务院印发《国家创新驱动发展战略纲要》，提出中国国家创新驱动发展三步走的战略目标：到 2020 年进入创新型国家行列，基本建成中国特色国家创新体系，有力支撑全面建成小康社会目标的实现；到 2030 年跻身创新型国家前列，发展驱动力实现根本转换，经济社会发展水平和国际竞争力大幅提升，为建成经济强国和共同富裕社会奠定坚实基础；到 2050 年建成世界科技创新强国，成为世界主要科学中心和创新高地，为我国建成富强民主文明和谐的社会主义现代化国家、实现中华民族伟大复兴的中国梦提供强大支撑。2020年，《中共中央关于制定国民经济和社会发展第十四个五年规划和2035年远景目标的建议》中强调，要"坚持创新在我国现代化建设全局中的核心地位……深入实施科教兴国战略、人才强国战略、创新驱动发展战略，完善国家创新体系，加快建设科技强国"。

七、国家高新区三次创业理论

改革开放之后，党和国家把工作重心转移到经济建设上来，我国高新区的建设也拉开了帷幕。1978年全国科学大会上，邓小平同志提出"科学技术是第一生产力"的论断振奋人心，大会通过的《1978—1985年全国科学技术发展规划纲要（草案）》标志着中国科技事业进入了新的发展阶段。1985年《中共中央关于科学技术体制改革的决定》明确指出"要在全国选择若干智力资源密集的地区，采取特殊政策，逐步形成具有不同特色的新兴产业开发区"。1988年《国务院关于深化科学技术体制改革若干问题的决定》进一步指出"智力密集的大城市，可以积极创造条件，试办新技术产业开发区，并制定相应的扶持政策"。同年，火炬计划正式出台，国家开始自上而下地建设高新区。

刘会武（2018）首次系统提出了国家高新区的三次创业理论。他把我国高新区的建设和发展大致划分为三个创业阶段（见图1-2）：一次创业是1990~2000年，二次创业是2000~2012年，三次创业是2013年至今。

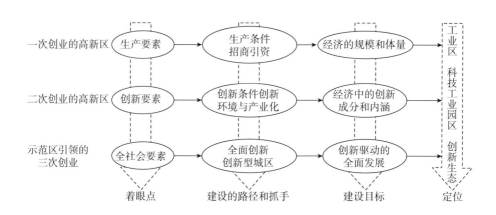

图1-2　国家高新区三次创业的主要内容

资料来源：刘会武．国家高新区创新发展理论与实践［M］．北京：科学出版社，2018：24.

国家高新区的第一次创业是在20世纪八九十年代，在我国科技创新严重落后于发达国家、现代工业基础差的情况下，高新区通过税收优惠等一系列特殊政策带来的"政策洼地"效应成为生产要素的集聚区,这一时期,高新区既谈不上"高",也谈不上"新"。但在这一阶段,高新区积累了招商引资的经验,探索了企业孵化的完整链条,吸引了一批高校教师和科研人员创业,这为高新区后来的发展奠定了基础。国家高新区的第二次创业是在21世纪初,中国加入世界贸易组织(WTO)要求高新技术产业必须提高自主创新能力和竞争力以面对开放的全球竞争,中国政府围绕创新环境与产业化建立了新一代创新政策体系。这一阶段,高新区引入各类创新要素,创新创业服务不断升级,加之国际人才流动,环境更加宽松,各地加强了对海外高层次人才的吸引,高新区的创新创业气氛愈加浓厚活跃。2010~2012年,国务院相继批准北京中关村、武汉东湖、上海张江三个国家自主创新示范区,并明确提出以国家自主示范区为战略基点,推进创新型国家建设,引领经济发展方式转变,拉开了高新区第三次创业的帷幕。国家高新区的第三次创业要实现"四个跨越":从前期探索、自我发展,向肩负起创新示范和战略引领使命跨越;从立足区域、集约发展的资源配置方式,向面向全球、协同创新的产业组织方式跨越;从要素集中、企业集聚的产业基地,向打造有国际竞争力和影响力的创新型产业集群跨越;从工业经济、产业园区,向知识经济、创新文化和现代生态文明和谐高科技社区跨越。在这一阶段,高新区要真正体现既"高"又"新"。表1-1总结了不同时期我国高新区创业发展方式的特征。

表1-1　不同时期我国高新区的发展方式

发展阶段	第一次创业	第二次创业	第三次创业
发展定位	工业园区	科技工业园区	创新经济体
发展条件	区位、科教、自然资源、工业基础	区位、科教、文化、工业基础	科教、文化、工业基础、生态
发展要素	劳动力、土地、资本、优惠政策、资源禀赋	技术、知识、信息、资本、人才	技术、数据、人才、市场、资本、制度和模式
重点任务	集聚生产要素,形成产业集群。强调物理集聚,降低生产成本,做大经济体量	营造创新环境,植入创新要素,形成创新网络,降低研发风险,提高资源使用效率	构建开放式的创新创业生态系统,形成自组织、自更新演进机制
主要手段	土地开发、七通一平、负债经营、招商引资	以政府为主导建设创新创业平台,招才引智,鼓励科技创业	借力发展,引导多主体构建创新生态,增强整合和运作能力
主导产业	传统加工制造业,如纺织、汽车零部件、电子信息制造	传统产业升级,新兴产业萌芽(从门户时代,到搜索/社交时代的互联网十年)	先导性产业;互联网+产业(多对多交互的大互联网时代);高端服务业

续表

发展阶段	第一次创业	第二次创业	第三次创业
主要市场	国内市场发展相对滞后，国外市场以欧美地区为主	国内消费规模逐渐扩大	国内大规模消费市场启动；欧美市场萎缩，发展中国家市场巨大

资料来源：刘会武．国家高新区创新发展理论与实践［M］．北京：科学出版社，2018：29．

八、政府职能理论

从国家高新区三次创业理论可以清晰地看出，中国高新区建设的主要推手是政府，政府在高新区的发展中扮演了重要角色。依据三螺旋理论，高新区的管理体制可以划分为政府管理型、大学和科研机构管理型、企业管理型、协会管理型四种。其中，政府管理型管理体制的主要特征是高新区由政府统一规划、建设、管理和经营。与国外许多高新区属于大学和科研机构管理型、企业管理型或协会管理型不同，我国的国家、省级高新区大多属于政府管理型，高新区所在地方政府会组建高新区管理委员会作为政府派出机构来开展对高新区的管理和服务（对政府和大学、企业混合管理型的高新区也是如此）。高新区承担着"先行先试"的使命，高新区的发展过程同时伴随着政府职能的转变和创新，因此，非常有必要从政府职能的角度来认识高新区的功能。

政府职能也叫行政职能，是指政府在特定历史时期内，根据国家和社会的发展需要，依法对国家经济、政治、社会公共事务进行管理时承担的职责和所具有的功能。国外对政府职能的理解更多是从经济学视角展开，以市场与政府的关系为焦点，形成了五种主要的政府职能观点：第一，政府是"守夜人"，以亚当·斯密（2001）为代表，认为最好的政府应该是管得最少的政府，其主要职能包括保卫国家安全、维护治安等。第二，政府是裁判员，弗里德曼认为，自由竞争的市场经济能够有效配置资源，政府需要为市场竞争制定规则并对竞争行为作出裁判。第三，政府是管理者，凯恩斯（2017）认为，政府需要对经济进行宏观管理以弥补私营部门总需求的不足，这一观点也被称为全面干预理论。第四，政府是市场干预者，萨缪尔森等（1992）经济学家认为，成熟市场也会存在经济不稳定、社会收入分配不公平等问题，当存在市场失灵时，就需要政府这只"看得见的手"开展宏观调控。第五，政府是产权保护者，科斯（2000）认为政府的主要职责是明确产权并界定产权关系。

与西方社会的"小政府"不同，中国的政府职能是以马克思主义政府职能学说为基础的，中国政府曾一度扮演过全能型政府的角色，具有政治、经济、社会和文化等多种职能。其中，政治职能包括军事保卫职能、外交职能、治安职能、民主建设政治职能；经济职能包括宏观调控职能、提供公共产品和服务职能、市场监督职能；社会职能包括调节社会分配和组织社会保障的职能、保护生态环境和自然资源的职能、促进社会化服务体系建立的职能、提高人口质量的职能；文化职能包括发展科学技术的职能、发展教育的职能，以及发展文化体育卫生事业的职能。继党的十八大报告中提出要"深化行政体制改革……建设职能科学、结构优化、廉洁高效、人民满意的服务型政府"后，党的十九大报告又提出，要"转变政府职能，深化简政放权，创新监管方式，增强政府公信力和执行力，建设人民满意的服务型政府"。党的二十大报告更加明确了转变政府职能，扎实推进依法行政，优化政府职责体系和组织结构，推进机构、职能、权限、程序、责任法定化，提高行政效率和公信力。

高新区通过引入市场机制和政府职能转变促进了经济高速发展和体制机制变革，成为我国国民经济高质量发展的重要支撑，其经济功能自不必说。此外，我国高新区发展的重要经验之一是体制创新。国家高新区是我国体制改革和政策创新的策源地。高新区发展中的经验也为政府职能创新和创新型国家治理提供了重要参考。作为政府的派出机构，作为先行先试的示范区，在处理中央与地方、政府与市场、科技与经济等重要关系的过程中，高新区的功能是多方面的。

第三节　研究内容与研究方法

一、研究问题

本书并不是系统构建高新区管理学的专著，它的研究并不是从抽象概念出发构建高新区管理的基本逻辑，而是从我国高新区管理过程的问题入手，运用案例与理论分析相结合的方法，来总结这些问题解决的路径，并试图进行理论的思考。本书研究的主要问题包括以下几个方面：

- 中国高新区发展遇到哪些问题，这些问题产生的根源是什么？
- 这些问题在实践中是如何解决的？这些解决方案是否具有普遍意义？
- 解决这些问题与理论研究有什么联系？理论对解决这些问题有什么帮助？

因此，我们认为，本书可能对两类人员有一定影响：其一是高新区管理实践者，他们也会被书中提到的问题所困扰，希望能够系统学习他人的经验，从理论角度出发获得一些启发，对下一步工作会有整体思考。从这层意义上来说，我们认为，对于本书的研究案例园区——白下高新区来说可能会有一定帮助，可以算是对白下高新区发展工作的系统梳理，为未来工作的开展提供思维框架。其二是对高新区管理有兴趣的理论研究者。高新区管理并不同于一般的组织管理，高新区既具有行政功能，同时又具有经济功能。运用既有的企业管理理论和行政管理理论，都难以回答高新区管理所提出的问题。本书系统研究了一个高新区的发展过程，这些研究可能对构建新的复杂系统管理学有一定启发作用。

二、研究过程与研究方法

本书的主要研究方法是案例研究方法。根据 Yin、Robert Stake 的观点，案例选择是案例研究的关键。针对高新区未来发展将面临的四大难题——外部环境对经济增长的挑战、高新区高质量发展变革、产城融合难题以及管理机制变革问题，白下高新区均进行了思考，在实践中探索解答了这些问题。因此，开展白下高新区管理实践案例研究具有较好的方法适用性。我们对于白下高新区的调研经历了三个阶段，历时两年零八个月，汇集的相关研究资料超过 100 万字，包括白下高新区内部访谈资料、白下高新区服务企业调研资料、南京白下高新区干部职工业务知识手册汇编（初稿）、南京白下高新区 2016～2021 年度总结等，形成了第一手资料。

（一）高新区组织内部系统访谈

白下高新区调研的第一阶段是高新区组织内部系统访谈。我们对"8+1"的部门包括纪律检查工作委员会、党群工作部、秦淮硅巷部、企业服务部、科技创新部、招商发展部、规划建设部、综合财务部、科创集团进行了单独访谈。编写了 22.8 万字的访谈资料（以下简称白下高新区内部访谈资料），具体访谈情况如表 1-2 所示。

表 1-2　高新区组织内部系统访谈情况

访谈部门	访谈对象	访谈时间	访谈主要内容
党工委	负责人	230 分钟	园区发展、党建工作、园区规划、项目建设、招才引智、人才机制建设、科技服务、体制改革、制度建设、创新生态合作、变革挑战等
管理委员会	负责人	120 分钟	园区发展、产业发展、组织建设、创新生态、产城融合、载体升级、企业培育、融投资管理、智慧园区、发展挑战等
纪律检查工作委员会	负责人	40 分钟	日常工作、园区发展、园区组织管理、创新工作等
党群工作部	负责人 2 人、骨干成员 8 人	270 分钟	日常工作、党建工作、管理改革、组织建设、文化建设、宣传推广、法制工作、发展挑战等

访谈部门	访谈对象	访谈时间	访谈主要内容
秦淮硅巷部	负责人3人、骨干成员4人	240分钟	硅巷发展、招商引智、创新生态合作、项目推进、园区建设、体制机制改革、人才管理、组织建设等
企业服务部	负责人3人、骨干成员4人	350分钟	园区发展、组织建设、孵化服务、政务服务、企业培育、招商引智、人才建设、发展挑战等
科技创新部	负责人3人、骨干成员3人	250分钟	园区发展、招才引智、国际合作、人才培育、创新生态、创新孵化、新型研发机构、发展挑战等
招商发展部	负责人3人、骨干成员3人	300分钟	园区发展、产业发展、招商运营、招才引智、经济运行、基础建设、企业服务、发展挑战等
规划建设部	负责人3人、骨干成员2人	200分钟	园区发展、规划管理、工程管理、招标管理、基础建设、产业发展、发展挑战等
综合财务部	负责人3人、骨干成员5人	220分钟	园区发展、税源管理、金融管理、财政预算、安全应急、环境管理、发展挑战等
科创集团	负责人2人、骨干成员4人	310分钟	园区发展、产业发展、创新发展、资产运营、投资管理、成本管理、综合服务、发展挑战等
工会	负责人	30分钟	园区发展、职工教育、劳动关系、福利管理等

（二）白下高新区服务企业调研

白下高新区调研的第二阶段是白下高新区服务企业调研。我们采取分层抽样方法，按照企业规模、所有制类型、创新程度、园区属地选取了8家代表性企业，并分别对这8家企业进行座谈调研，形成了11.3万字的访谈资料（以下简称白下高新区服务企业调研资料），访谈的8家企业分别是：

（1）南京云创大数据科技股份有限公司。该公司成立于2011年，聚焦大数据存储与智能处理业务，是集人工智能、大数据、云计算技术于一体的高新技术企业。该公司是首批北京证券交易所上市公司。公司总裁刘鹏教授为清华大学博士，曾任教授、博士研究生导师，当选全军十大学习成才标兵、江苏省中青年领军人才。云创大数据研发了具有自主知识产权的 cStor 云存储系统、dBrain 数据大脑平台、WitCloud 人工智能云平台和 IndWit 尖端工业智能平台等产品线。目前，云创大数据已申请专利、著作权、商标200余项，在公安、教育、环保、地震等10多个领域构建了300多个成功案例。云创大数据被评为国家专精特新"小巨人"企业、国家自主创新示范区瞪羚企业、南京市创新型领军企业、南京实体经济十大优秀企业等。

（2）江苏无线电厂有限公司。该公司始建于1958年，于2004年完成国有企业改制，是一家研制和生产军工电子产品的综合性高新技术企业。公司长期从事防卫侦察、检测维修、空管气象、卫星定位导航等装备、通信与信息装备的总体设计、系统集成和设备研制。装备广泛列装于陆军、海军、空军等军兵种。公司目前建有院士工作站、环境实验室，空管气象实验室、微波暗室。2010 年以来共开发新品 305 项，有 125 项获得国家和省、市颁发的奖项，国家级 10 项，省部级 46 项，获得专利授权 65 项。为我国多项重点工程做出了积极贡献，连续十年被江苏省和南京市认定为高新技术企业，多次获得军队科技进步一等奖、二等奖和"高新工程"先进单位等多项荣誉。

（3）南京揽智信息科技有限公司。该公司成立于 2018 年，是一家致力于大数据和人工智能领域产品研发，为政府、企业、学校和军队等客户提供全系统的"大数据+"解决方案的国家级高新技术企业。公司经营范围包括计算机软硬件及外辅设备研发、云计算技术开发、物联网智能化管理系统开发应用等，2020 年入选江苏省科技型中小企业。

（4）南京六季光电技术研究院有限公司。该公司成立于 2019 年，经营范围包括物联网和安防技术研发与系统集成；云计算、大数据与云存储平台设计；人防工程设计、规划；人防软件研发；人防信息系统集成等。公司的毫米波雷达探测技术精度达到 0.5 毫米，拥有相关的自主知识产权专利 5 项，荣获国家科学技术进步奖。2022 年公司荣获南京创新型中小企业称号。

（5）南京海创岛投资管理有限公司。2015 年由中国青年海归协会创立的海创岛科技园，是国内知名的青年海归高科技人才创业服务基地，海创岛秉持创新型、沉浸式孵化的创业模式，以引进"互联网+"和智能硬件相结合的创业项目为产业定位，经过多年发展已形成由长三角为中心、辐射全国的战略布局，旗下管理有秦淮硅巷国际创新广场、中国（南京）软件谷·海创园等多个载体，同时投资运营东南大学东控智能交通研究院等多个顶尖研发平台。

（6）江苏普旭科技股份有限公司。该公司成立于 2009 年，是一家专注于仿真领域软硬件研发的国家高新技术企业，业务涉及大型装备训练模拟器、国产自主化分系统、虚拟现实、大数据、人工智能设备等领域。汇聚了模拟器系统工程、数字孪生、算法、虚拟仿真、工业仿真、大数据等领域的专业人才，组成科研攻关团队，并与国内多家知名科研院所开展深入合作，为自主创新提供强大的技术支持。公司在高等级飞行训练模拟器国产化研发、专业化仿真平台研制、装备效能评估和试验专用系统、训练管理系统等领域取得重大技术突破，拥有各类发明专利、实用新型专利等百余项知识产权，先后获得国家级、省级、市级多项荣誉。

（7）南京未来物联科技有限公司。该公司成立于 2020 年，是由中国工程院院士刘韵洁牵头组建，以 5G 通信、边缘计算、人工智能等技术为政企客户提供覆盖传感终端、边缘网关、边缘计算平台、物联网数据中台和 SaaS 应用服务的端到端解决方案。未来物联依托紫金山实验室雄厚的研发实力，携手行业顶尖院士、专家团队，通过产学研深度融合，致力于成为行业领先的企业数字化转型服务提供商。成立至今，公司已与中国铁塔公司合作研发面向视频领域的边缘计算平台，与联通物联网公司组建面向智能制造的联合实验室，公司产品和方案在多个行业领域得到了广泛的应用，积累了丰富的实践经验。

（8）八五一一研究所。八五一一是中国航天科工集团研究院的直属研究所，是航天系统的航天电子对抗总体所，2002年被国防科学技术工业委员会确定为军工核心保留层单位。该所主要从事电子工程技术研究，并以航天电子对抗为主要专业领域，目前承担多项国家重点工程及配套任务。建所30多年来，已在航天电子对抗领域取得了150多项省部级以上科技成果，其中中国载人航天工程等两项工程获国家科技进步奖特等奖。

（三）白下高新区实践服务阶段

白下高新区调研的第三阶段是白下高新区实践服务阶段。2021年，课题组加入了秦淮硅巷创新实验室筹建工作，开始通过实践服务，深入了解白下高新区的经营与管理。在这个阶段，课题组成员与园区各部门进行工作性接触，由专家顾问角色转换成工作人员角色，进行了扎根田野调查，与科技创新部、秦淮硅巷部、企业服务部、招商发展部等部门联合上门走访22场，深度诊疗14场，私董对弈8场，专家解读5场，创新推出了秦淮夜话12期。深入接触园区服务企业143家，包括：南京聚奢网络科技有限公司、YHC DESIGN、江苏金陵智造研究院有限公司、南京金理念信息技术有限公司、丰疆智能软件科技（南京）有限公司、江苏海瑞达微电子科技有限公司、南京未来物联科技有限公司、南京红尘风云数字科技有限公司、西安科宇馨盛工程咨询有限公司、南京天邮科创有限公司、南京盛世光幻科技有限公司、江苏金理念智能科技有限公司、南京韬讯航空科技有限公司、卓图视迅科技（江苏）有限公司、阔飞科技（南京）有限公司、南京泊纳莱电子科技有限公司、联通智网科技股份有限公司南京分公司、零重力南京飞机工业有限公司、南京莱克贝尔信息技术有限公司，等等。

三、逻辑结构与内容安排

高新区建设与管理并不是一个简单的实践问题，它是一个复杂的管理现象，很多问题无法从现有管理学得到解释，是对现有管理理论的一个挑战。从管理流程上看，高新区管理应当建立在总体谋划基础上，需要对园区的发展进行战略规划（高新区战略定位管理）；在此基础上，构建高新区实体，完成基础设施投资与建设（高新区基础设施管理），从而为企业入驻提供必要的物质保障。高新区的招商招才是高新区运营从规划到落地的关键，引入什么样的企业和什么样的人才应当服从于整体的战略安排（高新区招商引智管理）；仅有招商招才是不够的，高新区管理应当充分发挥入驻企业效能，从而实现高新区高效率运营（高新区服务管理）。所有的高新区运营活动都是建构在其自身能力基础上的，这种能力不仅取决于高新区内部人才队伍，也深受其组织方式的制约，它们共同构建了高新区组织的核心能力（高新区组织建设与管理）。从管理本质来说，所有的管理活动不管是计划、组织、领导都可能存在规划与执行偏差，一个组织不可能自动从无序走向有序，积极的管理活动是对组织活动不断检查与控制的过程（高新区评价管理），正是在不断检查与控制过程中，才会发现新的问题，提出新目标，制订新的计划，从而形成管理闭环。此外，为什么高新区需要创新管理？从战略管理到基础设施管理、招商引智管理、服务管理、评价管理只能保障高新区在现有层级上的发展，高新区运营如果要从一个层级上升到新的层级，只有这些维持管理是不够的，高新区创新管理是组织升级发展的必要保障（高新区创新管理）。我们正是按照这个逻辑安排了本书的基本结构。

从各章内在结构来看，我们考虑的逻辑是在这些职能管理，包括高新区战略定位管理、高新区基础设施管理、高新区招商引智管理、高新区服务管理、高新区组织建设与管理、高新区评价管理、高新区创新管理中，都力图回答本书提出的中国高新区发展遇到哪些问题、解决这些问题与理论研究有什么联系、这些问题在实践中是如何解决的、在此基础上我们应当有哪些新思考。因此，各章逻辑上都是由三个部分构成：第一部分提出现实问题是什么，与理论有哪些联系；第二部分通过白下高新区案例研究，总结白下高新区实践经验；第三部分是对问题的思考。我们希望通过这种方式能够对中国高新区企业实践有一些启发，特别是希望通过对白下高新区案例解剖，为理论工作者进一步思考提供鲜活的第一手材料，或许这些安排也能够为白下高新区自身发展提供一个新的思考视角。

虽然我们力图建构一个相对完整的逻辑框架，但是在本书的研究过程中还是遇到了一系列问题，对实现课题目标构成了巨大挑战：首先，高新区管理理论研究薄弱。目前有关高新区管理的研究主要是实践导向的，主要围绕如何解决具体操作层面问题，没有庞大的理论研究基础，相对完整的解决方案只能在不断探索的道路上逐步实现。例如，高新区的发展战略是什么？它应当包括哪些内容？合理有效的高新区决策是如何制定的？这些问题都还要等待后面学者的研究。因此，本书提出的高新区战略定位管理、高新区基础设施管理、高新区招商引智管理、高新区服务管理、高新区组织建设与管理、高新区评价管理、高新区创新管理的职能框架，只能是初步构想，尚难以形成较为规范的学术理论。其次，案例研究内容局限。本书是案例导向的研究，这是本书的特色，也构成了自身的研究局限。白下高新区有自身发展的特点，如空间比较窄小，土地的运营就不是其核心工作，但对于中国多数高新区来说，土地投资与融资都是园区发展的重要工作，因此本书的研究就难以完成。空间的限制带来的另一个局限就是缺乏领头的大型企业。因此，本书对于这类园区的发展模式也没有涉及。最后，理论与实践联系问题。事实上，高新区管理是一个巨大且复杂的工程，涉及面很广泛。因此，现有理论都不可能给出园区发展的直接答案，我们列出的与园区发展问题相关的理论，也只是一些参考。由于水平有限，我们只是给出部分理论对实践的启发，对于如何运用这些理论，或者如何运用其他理论都还需要进一步探索。另外，我们主要集中精力解决高新区运营过程中的内部问题，对于一些影响高新区运营的关键因素，如政府和外部环境等因素都缺乏足够安排。

第二章　白下高新区的发展与主要成就

第一节　白下高新区的由来和发展

2001年4月，南京理工大学和南京市白下区①人民政府共同发起创办、南京市人民政府批准挂牌成立南京理工大学国家大学科技园。2002年2月，南京理工大学国家大学科技园被江苏省科技厅、教育厅联合批准为"江苏省大学科技园"。2002年5月，被科技部、教育部批准列入"国家大学科技园"建设序列。2006年10月，经江苏省人民政府批准，在原南京理工大学国家大学科技园的基础上，设立南京白下高新技术产业园区，成为省级开发区，随之南京白下高新技术产业园区管理委员会成立。当时白下高新技术产业园区的规划面积扩展到2.1平方千米，由创新园（高新技术研发孵化区）、创业园（先进制造业、现代服务业、总部经济集聚区）和服务园（总部经济及综合服务区）等组成，产业方向主要是光机电一体化、电子信息和新材料。2009年底，白下高新技术产业园区的基础设施建设基本完成，全面启动对外招商引才。到2010年8月，园区已引入企业330家，其中，注册资本超亿元的企业有4家，1000万元以上的企业有29家，有13家企业被认定为省、市高新技术企业。江苏省发展和改革委员会批准白下高新技术产业园区为省级现代服务集聚区。

2013年，在南京市行政区划调整中，原白下区、秦淮区被撤销，在两区基础上设立新的秦淮区，白下高新技术产业园区也调整至新的秦淮区辖下。同年8月，秦淮区印发《加快推进全区主要板块、重大项目、重点楼宇、重点园区建设的意见》，成立产业园区工作领导小组及办公室，统筹服务12个社会园区的产业

---

① 白下区曾经是南京市的中心城区，于2013年在南京市行政区划调整中被撤销，与原秦淮区共同设立新的秦淮区。白下高新区因设立在原白下区而得名。

集聚、品牌打造及新筹建园区建设等工作。白下高新技术产业园区的规模大幅增长，载体量从原来的 41 万平方米扩展到 73 万平方米，并形成现有、在建、筹建园区梯级供给格局，逐步培育形成金蝶大学科技园、光华科技园等一批产业特色鲜明、经济增长快速的社会园区。2014 年，白下高新技术产业园区的江苏省交通规划设计院在沪市敲钟，成为高新区同时也是秦淮区自主培育的第一家主板上市企业。

2016 年 5 月，针对科技园区的发展需求，为了实现园区的特色发展和品质提升，秦淮区委、区政府审时度势，以白下高新技术产业园区为引领，推进"一区多园"发展模式，充分利用园区的资源品牌和服务管理专业性优势，为 12 个社会园区提供专业化科技服务，推动社会园区成长。其间，新增高企 14 家，新增省重点文化产业园区、市级现代服务业集聚区等市级以上园区品牌 6 个，初步形成以晨光 1865 为代表的文化创意产业、以国创园为代表的研发设计产业、以金蝶产业园为代表的软件服务产业、以光华科技园为代表的电子商务产业四大优势产业集群。

2017 年 7 月，南京市委主要领导调研秦淮，提出要用好白下高新技术产业园区等载体平台，要更加聚焦科技创新，使科技服务业成为新的重要增长点。根据南京市的统一部署，依托原南京白下高新技术产业园区，整合秦淮科技创新资源，组建成立南京白下高新技术产业开发区，出台《关于进一步加快白下高新园区改革创新的若干意见》，将原有体系内定位契合度不高、产业关联性不强的社会园区进行优化剥离调出，调整"一区多园"覆盖范围，由原有的"1+12"变更为"1+5"格局。其中，"一区"即原南京白下高新技术产业园区，为南京白下高新技术产业开发区的核心，"多园"则包括紫荆科技园、南工院金蝶大学科技园、光华科技园、中航科技城、金陵智造创新带等。白下高新区不仅从园区变成了开发区，而且走上了发展的快车道。

2018 年，白下高新技术产业开发区实现地区生产总值 39.15 亿元；公共财政预算收入 6 亿元，税收 12.2 亿元。由白下高新区牵头实施，在南京率先启航城市硅巷建设，整合高校、科研院所、产业园区科创资源，依托产业空间载体，发挥政策优势，打造无边界园区，掘金老城街巷。2019 年，高新区共集聚企业1600 余家，其中瞪羚企业 9 家，培育潜在独角兽企业 5 家，上市挂牌企业 18 家；全年辅导"一区多园"范围内 104 家企业通过高新技术企业认定，连续 2 年实现高企数量翻番，在南京市 15 家高新区高质量发展评价中位列第二等次，在全省省级高新区创新驱动发展综合评价中获得第三名。2020 年 1 月，高新区正式启动体制机制综合改革，1 月上旬完成首轮竞岗聘任、大部门管理体系投入运转，6月完成第二、第三轮竞聘以及特岗聘任，历时半年的综合改革基本完成预定动作，为高新区在新一轮创新发展中继续保持优势打好了基础。

第二节 白下高新区的经济发展与成就

江苏省科学技术厅依据《江苏省高新技术产业开发区创新驱动发展综合评价办法（试行）》（苏政办发〔2016〕57号）的要求，每年组织江苏省高新区的创新驱动发展评价活动，很好地反映了各个高新区的发展情况。表2-1中是近几年白下高新区在江苏省省级高新区创新驱动发展的评价结果；表2-2是白下高新区在江苏省高新区创新驱动发展综合评价中重要指标通报。

表2-1 白下高新区在江苏省省级高新区创新驱动发展的评价结果

年份	综合排名		知识创造和技术创新能力		产业升级和结构优化能力		国际化和参与全球竞争能力		可持续发展能力		附加分
	总得分	总排名	得分	排名	得分	排名	得分	排名	得分	排名	得分
2017	54.646	4	15.649	11	18.438	1	8.789	16	11.770	9	0
2018	64.706	4	18.324	5	22.032	2	10.024	29	14.326	9	0
2019	67.094	3	17.847	18	22.061	2	12.056	23	15.130	3	0
2020	70.356	3	18.430	5	23.005	1	9.374	29	15.147	3	4.6

注：2020年的江苏省高新区创新驱动发展综合评价中原附加分的评价指标改为了安全专项整治评价，白下高新区得分为4.6。

表2-2 白下高新区在江苏省高新区创新驱动发展综合评价中重要指标通报

	规上工业企业 R&D 经费支出			当年新增发明专利授权数			高新技术企业数			规上高企占规上工业企业比重		
	亿元	全体排名	省级排名	数量（件）	全体排名	省级排名	数量（家）	全体排名	省级排名	比重（%）	全体排名	省级排名
2017	0.99	48	26	541	10	1	46	33	14			
2018				1339	6	1	115	24	10			
2019		42	21	1844	2	1	218	14	4	66.7	4	2
2020		42	21	2178	4	4	323	12	4	70.0	2	2

2017年江苏省全省48个国家级和省级高新区评价中，白下高新区位列全部

48 个高新区的第 22 位（产业升级和结构优化能力排第 8），30 个省级高新区（含筹）的第 4 位（产业升级和结构优化能力排第 1）。当年新增发明专利授权541 件，位列全省第 10。

2018 年江苏省全省 50 个国家级和省级高新区评价中，白下高新区位列全部50 个高新区的第 18 位（产业升级和结构优化能力排第 5，仅次于苏州工业园、昆山国家高新区、扬州国家高新区和扬中高新区，比上年进 3 位次），32 个省级高新区（含筹）的第 4 位（产业升级和结构优化能力排第 2，仅次于扬中高新区）。当年新增发明专利授权 1339 件，位列全省第 6，仅次于南京江宁高新区、苏州工业园区、苏州高新区、南京新港高新区、无锡高新区。高新技术企业 115家，位列全省第 24。

2019 年江苏省全省 51 个国家级和省级高新区评价中，白下高新区位列全部51 个高新区的第 16 位（产业升级和结构优化能力排第 7，比上年下降 2 位次），33 个省级高新区（含筹）的第 3 位（产业升级和结构优化能力排第 2，仅次于西太湖高新区）。当年新增发明专利授权 1844 件，位列全省第 2，仅次于南京江宁高新区。高新技术企业 218 家，位列全省第 14。

2020 年江苏省全省 51 个国家级和省级高新区评价中，白下高新区位列 33 个省级高新区（含筹）的第 3 位（产业升级和结构优化能力排第 1），仅次于溧阳高新区和太仓高新区。当年新增发明专利授权 2178 件，比上年增长 18.11%，位列全省第 4，仅次于南京江宁高新区、苏州工业园和南京徐庄高新区。高新技术企业 323 家，位列全省第 12。

在江苏省省级高新区创新驱动发展综合评价的数个主要指标中，白下高新区在产业升级和结构优化能力方面表现突出，常年排名第 1、第 2，其可持续发展能力也有了显著提升，从 2017 年、2018 年的排名第 9，跃升至 2019 年、2020 年的排名第 3。

此外，在数个江苏省高新区创新驱动发展综合评价重要指标上，2017～2019年三年间，白下高新区新增发明专利授权数增长显著，不仅在省级高新区中常年位列第 1，而且与国家级高新区相比都成绩斐然，2019 年仅南京江宁高新区以2569 件的数量领先于白下高新区，其规划面积有 195 平方千米，是白下高新区的85 倍多。在高新技术企业数量上，白下高新区的追赶速度也相当惊人，从 2017年的省级高新区排名 14，迅速追赶到 2019 年的第 4，仅排在江苏省吴中高新技术产业开发区、江苏省相城高新技术产业开发区、江苏省太仓高新技术产业开发区三家省级高新区之后，2020 年更是新增 105 家，增幅达 48.17%。自 2019 年以来，白下高新区位列全省 51 个国家级和省级高新区的第 2 位，仅次于南京徐庄高新区。

高新区创新驱动发展的评价结果是对江苏省内国家级、省级高新区开展的横向比较。从中国高新区的实际出发，高新区兼具经济属性和科技属性。对地方政府而言，一般更看重高新区的经济功能，希望由高新区带动地方经济和支持地方经济增长。白下高新区由南京市秦淮区管辖，该区 2018～2020 年的经济情况如图 2-1 所示。

图 2-1　2018～2020 年秦淮区主要经济指标情况

2018 年全区生产总值完成 874.96 亿元，其中，第二产业增加值 45.05 亿元，第三产业增加值 829.91 亿元。规模以上工业总产值 137.63 亿元，规模以上工业企业利税总额 12.52 亿元，利润总额 9.72 亿元。全区实际利用外资 22571 万美元。财政总收入 178.46 亿元。2019 年全区生产总值完成 1158.86 亿元，其中，第二产业增加值 80.70 亿元，第三产业增加值 1078.16 亿元。规模以上工业总产值 142.32 亿元，规模以上工业企业利税总额 10.81 亿元，利润总额 7.02 亿元。全区实际利用外资 30058 万美元。财政总收入 194.69 亿元。2020 年全区生产总值完成 1286.60 亿元，其中，第二产业增加值 88.51 亿元，第三产业增加值 1198.09 亿元。规模以上工业总产值 196.30 亿元，规模以上工业企业利税总额 21.8 亿元，利润总额 18.8 亿元。全区实际利用外资 22571 亿元。财政总收入 191.80 亿元。

对比白下高新区在 2018～2020 年的经济情况：2018 年白下高新区企业营业收入为 289 亿元，规模以上工业总产值 110 亿元，占当年全秦淮区规模以上工业总产值的 79.92%，从业人员数量为 28475 人。2019 年白下高新区企业营业收入为 365 亿元，规模以上工业总产值 107 亿元，占当年全秦淮区规模以上工业总产值的 75.18%，从业人员数量为 31037 人。2020 年白下高新区企业营业收入为 533 亿元，规模以上工业总产值 156 亿元，占当年全秦淮区规模以上工业总产值 的 79.47%，从业人员数量为 35072 人。从规模以上工业总产值指标来看，2018~2020 年白下高新区规模以上工业总产值分别占全秦淮区规模以上工业总产值的 79.92%、75.18% 和 79.47%，充分说明白下高新区对秦淮区的经济发展具有明显的贡献。

就高新区的科技属性而言，白下高新区对地方的贡献也非常明显。2018 年秦淮区新认定高新技术企业 87 家，2019 年新认定高新技术企业 120 家，2020 年新认定高新技术企业 112 家，总量达到 420 家（见图 2-2）。其中，2019 年白下高新区就新增认定高新技术企业 103 家，占全区当年新认定高新技术企业数的 85.83%，2020 年继续新增认定高新技术企业 86 家，占全区当年新认定高新技术企业数的 76.79%。2020 年白下高新区认定高新技术企业共 297 家，占全区高新技术企业总数的比重从 2018 年的 57.45% 增至 2020 年的 70.71%。无论从占比，还是从增速来看，白下高新区贡献了全区大部分高新技术企业指标。

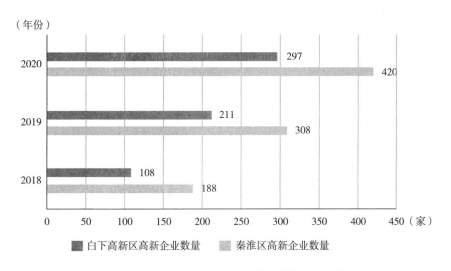

图 2-2　白下高新区及秦淮区高新技术企业数量

2021 年 1 月，江苏省政府印发《关于促进全省高新技术产业开发区高质量发展的实施意见》，更加明确了高新区的区域创新引领功能。"省级高新区要加快聚集创新资源，着力打造具有区域竞争优势的特色战略产业，形成区域发展增长极。大力推进高新区争先进位，积极推动有条件的省级高新区争创国家高新区，在有条件的地区布局建设一批省级高新区。"秦淮区也在创新型城市示范区建设"十四五"规划中，将白下高新区确立为秦淮区创新要素集聚的重点板块，要"将白下高新区打造成为南京创新型城市建设的引领标杆、秦淮区产业转型升级的重要引擎、全区经济发展的增长极点"。

第三节　白下高新区创业孵化与人才开发的成就

一、白下高新区创业孵化与成就

科技企业孵化器已经成为以促进科技成果转化、培养高新技术企业和企业家为宗旨的科技创业服务机构，是国家创新体系的重要组成部分，是区域创新体系的核心内容。在我国，孵化器与高新区的关系十分密切。孵化器本身也是企业，需要通过市场活动、参与市场竞争来实现目标。在孵化器企业的起步阶段，高新区的政策优势能够保证孵化器的快速成长。而当孵化器成长后，孵化器需要不断调整和创造体制优势来提升服务水平，不断实现自身的协调发展。高新区要实现经济和创新增长极的功能，推动产学研合作和科技成果转化，高效孵化企业就是实现目标的一条重要路径。有些高新区已经步入了第三次创业阶段，高度强调自主创新。孵化器通过有效连接高校院所和企业，孵化产生高新技术企业，推动科技成果转化，有效推动区域科技创新，实现创新驱动发展，是高新区履行其基本功能的重要助力，因此，高新区的发展也离不开孵化器。在我国高新区建设之初，就有文件支持和鼓励高新区发展孵化器。2020 年，国务院发布《关于促进国家高新技术产业开发区高质量发展的若干意见》，鼓励高新区建设孵化器，强化了高新区建设孵化器的政策支持。

目前，高新区中的孵化器类型众多。通常，在高新区发展初期，会通过自身建立诸如高新技术创业服务中心等下属机构来发挥企业的孵化功能，而当高新区陆续发展后，会吸引高校院所的大学科技园、留学人员创业园、大型国有或民营企业入驻高新区来开办孵化器，甚至一些专业的非政府背景的孵化器也会入驻，高新园区内的孵化器市场化程度逐渐提升。例如，西安高新区于 2005 年底成立"西安高新区科技企业孵化器管理服务中心"，负责西安高新区孵化器行业的发展策划和政策研究工作。之后，通过发布支持性政策鼓励国内外企业、高校院所、社会团体和个人兴办科技企业孵化器（李具恒、杜万坤，2007）。高新区通过政府搭建平台，或通过开放多元的股权结构和市场化机制，或整合碎片化的创业资源来实现孵化器功能。像上海的张江高新技术产业开发区，就是通过张江高新区管理委员会和张江集团投贷孵学平台,通过政府包租物业提供给企业孵化创业、组建多个高新技术产业基地公司并开办各自的产业孵化器以及提供各类支持产业发展的政策等方式,发展了张江高新区的孵化器体系。紫竹国家高新技术产业开发区,则从开始就搭建了由三级政府、民营企业和大学共建的组织架构,构建了以国家级科技企业孵化器、自主创业孵化器和开展风险投资和股权投资的"小苗基金"为核心主体的创新创业生态系统。上海的五角场地区虽不是国家级、省级高新区,但其所在地高校资源异常丰富,复旦大学、同济大学、中国人民解放军第二军医大学、上海财经大学、上海理工大学、上海海洋大学、上海电力大学、上海体育学院、上海开放大学、上海外国语大学等诸多高校都在五角场街道或与其毗邻。面对高度分散和碎片化的资源,五角场街道出面搭建了社区创业联盟"8+2+X"作为平台运作主体,集结了区内高校、科研院所、科技园区、专业服务机构等优势(孙洁,2019)。

目前,白下高新区已经陆续签约落地新型研发机构 18 家,通过市级备案 14 家,包括南京中电芯谷高频器件产业技术研究院、南京莱斯网信技术研究院、南京天航智能装备研究院、南京钟山虚拟现实技术研究院、江苏江航智飞机发动机部件研究院、江苏科创车联网产业研究院、江苏苏伦大数据科技研究院、南京智慧航空研究院、南京砺剑光电技术研究院、南京六季光电技术研究院、南京强钧防务科技研究院、江苏慧宇诚智能装备研究院、江苏博子岛智能产业技术研究院、江苏智仁景行新材料研究院。这些新研机构大多是由高校院所的著名专家学者领衔。其中,2020 年 6 月 24 日揭牌的江苏智仁景行新材料研究院由国家最高科学技术奖获得者、南京理工大学教授王泽山院士,及"十五"国家科技攻关重大专项"镁合金开发应用及产业化"专家、上海交通大学教授丁文江院士领衔。团队核心成员均为相关技术领域的领军型人才。团队现有的精制高纯硼粉、高端合金粉末,退役含能材料资源化利用等技术均处于国际领先水平,其高端合金粉末项目、银铝梯度复合粉末项目有望打破国外多年对我国在该领域的技术封锁,是解决"卡脖子"问题的重大项目,且该项目与航天科技四十二所、兵器二〇四所、中科院金属所、中南大学等多个需求单位协同研发,为军事装备和高端制造提供强大的技术支撑,五年内预期产值可达 12 亿元。

这些新型研发机构落地时间虽不长(最早的成立于 2017 年),但已经释放出强大的孵化能力。在白下高新区内,由新型研发机构孵化引进的企业已达 554 家,并且大量孵化企业已经实现盈利。如南京智慧航空研究院,自 2018 年 6 月成立以来,在两年多时间里已经在无人机领域孵化了 6 家企业,其中 3 家企业的年收入超 800 万元。又如南京六季光电技术研究院,成立于 2019 年 11 月,到 2021 年上半年,在短短不到一年半的时间里,已经取得了 7 项发明专利、1 项实用新型专利，孵化企业 13 家，其中 4 家孵化企业发展势头良好，孵化企业营收已经达到 2000 多万元。

在多条孵化路径共同作用下，白下高新区的企业孵化取得了优异成绩。2018 年，秦淮区新增培育独角兽企业 7 家、瞪羚企业 6 家；白下高新区成功入选江苏省众创社区备案试点；新增大学科技园、孵化器、众创空间等科创孵化载体 38 家。2019 年，秦淮区新增培育独角兽企业 1 家、瞪羚企业 6 家，下辖晨光 1865 产业园获评国家级孵化器。2020 年，区域创新主体不断壮大，新增培育独角兽企业 2 家、瞪羚企业 9 家，孵化引进企业 258 家，技术合同成交额达 68.3 亿元；共有孵化器和众创空间 54 家，其中孵化器 23 家（国家级 4 家、省级 9 家、市级 10 家），众创空间 31 家。科创孵化载体总面积达 54.3 万平方米，累计在孵企业 2121 家。

二、白下高新区人才开发与成就

高新技术产业开发区不同于经济开发区，具有知识密集和技术密集的特点，对人才的需求和依赖程度很高。因此，人才开发成为每个高新区都会强调的核心功能。白下高新区诞生于国家高新区二次创业的背景中，由于土地面积小，可供利用的载体空间十分有限，更需要通过追求创新要素来实现发展。

关于什么是人才，什么是科技人才，如何有效地吸引人才、聚集人才，以及需要向人才提供怎样的服务，是摆在白下高新区面前的一系列问题。白下高新区作为高新技术产业开发区，具有对创新要素的强烈追求。同时，作为政府机构，白下高新区本身不具备科学研究、科技成果转化的直接功能，而是通过政府行为，应用各类政策工具，支持和引导、服务和推动科技成果转化。因此，白下高新区的人才开发就主要聚焦于科技和创新创业人才。作为政府的派出机构，白下高新区积极利用国家、省、市、区各级政府的人才政策工具，作为吸引人才、集聚人才和人才开发的主要抓手。除了国家级的两院院士、百千万人才工程等，江苏省高层次创新创业人才引进计划（简称"双创计划"①）、南京市的"创业南京"人才计划、"紫金山人才计划"等人才工程、人才计划和相关人才政策，为白下高新区开展人才工作提供了政策工具。白下高新区还紧扣园区主导产业发展，在国家、省、市、区等各级各类人才工程、人才项目的基础上，出台《车联网人才政策汇编》《电子信息产业人才政策汇编》《智能制造产业人才政策汇编》

---

① 自 2007 年以来，江苏省财政每年拿出一定资金，组织实施"江苏省高层次创新创业人才引进计划"（简称"双创计划"），围绕江苏省战略新兴产业和重点发展产业，每年面向海内外引进和支持一定数量的创新创业人才。根据江苏省委组织部的组织申报通知，2020 年江苏省"双创计划"共计划资助双创人才 1000 名，双创团队 150 个，其中创新创业类给南京市的分配名额指标为 96 个。

《智能航空产业人才政策汇编》等符合重点产业发展需求的定制化人才政策。

2018年3月，习近平总书记在参加全国人大广东代表团审议时强调："发展是第一要务，人才是第一资源，创新是第一动力。"白下高新区认真践行这一理念，将人才开发与创新发展紧密结合。白下高新区管理委员会下设招商发展部和科技创新部。招商发展部的主要职责是寻访好的创新创业项目落地园区。科技创新部主管园区的人才工作，专门负责招才引智、人才培育和科技合作，为人才和企业提供精准的送策上门和政策辅导，主动发掘产业人才、科技人才和创新创业人才，引导人才申报各级各类人才工程，帮助人才取得政策支持。这两个部门是白下高新区管理委员会下设的核心部门。白下高新区认为，在科技创新驱动高质量发展的前提下，招商引资和招才引智是高度协同的工作。科技创新部经常会同招商发展部一起外出"双招双引"（招商引资+招才引智），将发掘和吸引人才的工作与高新区的招商工作协同起来。在招商活动中，科技创新部的工作人员会主动发现潜在的人才和科技项目，将人才培养作为招商的重要抓手。同时，在人才工作开展过程中，也主要是通过鼓励人才积极申报各类项目、向人才企业提供保姆式服务，来实现人才和企业共同发展。因此，在部门的协同努力下，高新区的"双招双引"工作成效卓著。

秦轶轩博士是高新区"双招双引"工作的成功代表，他毕业于英国埃塞克斯大学电子工程系。2012年9月，秦轶轩博士回国在白下高新区创办了南京艾科朗克信息科技有限公司，作为当时南京市的"321科技领军创新引进企业"，享受政府资金投入和相关配套扶持。公司主要提供应用于金融领域的硬件加速服务。入驻园区后，在园区的辅导下，秦轶轩先后入选国家重点人才工程、江苏省六大高峰人才、南京市科技顶尖专家、南京市领军型科技创业人才等各类人才工程，艾科朗克公司作为国内首家以FPGA为技术核心的民营科技企业，其自主研发的低延迟量化交易系统平台技术能够为证券、期货、基金公司等机构用户高效提供微秒级（百万分之一秒）金融交易整体解决方案，公司先后获得国家高新技术企业、江苏省双软企业、江苏省民营科技企业和科技型中小企业等资质，并获得中国金融期货交易所、上海期货交易所、郑州商品交易所、大连商品交易所认证。公司研发力量雄厚，研发团队全部来自武汉大学、东南大学等985高校。目前，公司经营业绩良好，在证券及期货行业积累深度合作客户数十家，头部顾客复购率达到100%，已逐渐成长为行业标准的引领者和主导者，并于2021年1月获得由沣扬资本领投，万得信息、君盛投资、兴富资本等机构跟投的5000万元A轮融资。

除了将"双招双引"紧密结合引得人才落地白下，高新区还非常注重对园区范围内大院大所大企和现有科技企业人才资源的挖掘和培养。白下高新区所在的秦淮区科教资源丰富，区内有南京航空航天大学、中国电子科技集团公司第五十五研究所、中国电子科技集团公司第二十八研究所、金城集团等一批大院大所大企。这些大院大所大企集聚了相当数量的高水平科研人员，积累了大量可供转化、能够产生经济和社会效益的科技成果。高校院所中不少科研人员也都有开展技术成果转化的意愿，但苦于缺乏对市场、对政策的了解，也缺乏开办和运营企业的经验，往往难以实践。白下高新区瞄准了这一需求，主动对接高校院所，通过政策宣贯、上门辅导、主动牵引等方式，联系和落地了一批高校院所的科技成果转化项目，并帮助科研人员申请各类人才政策，申报各类人才工程，成功培育了一批来自高校院所的人才。如2019年成立的江苏博子岛智能产业技术研究院，2017年成立的南京钟山虚拟现实技术研究院，其院长兼人机交互研究中心主任、南京理工大学计算机科学与工程学院李蔚清教授，于2018年入选"南京市科技顶尖专家集聚计划"。2019年，中电莱斯信息系统有限公司与秦淮区政府合作共建了一所新型研发机构——南京莱斯网信技术研究院有限公司。作为公司副总经理的贺成龙，主要从事网络内容认知与应急指挥方面的研究，还担任提升政府治理能力大数据应用技术国家工程实验室舆情大数据研究分中心主任、中国指挥与控制学会军民融合物联网专业委员会委员，于2020年成功入选"南京市科技顶尖专家集聚计划"。

白下高新区还积极利用"江苏省科技镇长团"、南京市"百校对接计划"等项目，通过接收高校院所派驻地方的科技镇长和向全国重点高校派出科技人才专员等方式，主动对接辖区以外的省内外重点高校。其中，通过2019年启动的南京市"百校对接计划"，白下高新区已经派出两批次多名科技人才专员，入驻上海交通大学、中南大学、北京理工大学、西安电子科技大学等国内著名理工科院校，对接科技人才和创新创业资源。截至2021年初，已推动校地互访22次，联合高校举办各类活动35场，吸引校友企业10家，引进高端人才15名，引进包括上海交通大学丁文江院士团队、中南大学赵中伟教授团队、李国钦研究院团队三个高水平人才团队，落地江苏智仁景行新材料研究院、南京智慧建筑研究院两家新型研发机构。

此外，白下高新区先后举办了"美国硅谷·南京创新创业大赛""第一届秦淮硅巷国际创新创业大赛""航空航天与人工智能高峰论坛"等创新创业活动，通过赛事活动为创新创业人才提供展示的机会，从中发掘人才。结合南京市的"国际出访"等活动，建立芬兰、瑞典等海外创新联络站，与日中产学交流推进协会共建海外协同创新中心，从海外吸引创新创业人才。

在人才开发方面，白下高新区对整个秦淮区的贡献非常大。仍然以2018～2020年为例。2018年，秦淮区共培育3名人才入选国家创新人才推进计划，位列全南京市第一，新引进 3 名市科技顶尖专家，培育 4 名创新型企业家、24 名省科技企业家和 28 名市级科技企业家。2019 年，秦淮区新增 4 名科技顶尖专家（其中 A 类 1 名），新增 3 名创新型企业家；入选市级高层次人才 19 人，区级高层次人才 60 人。白下高新区创成主城首家省级留学回国人员创新创业示范基地。2020 年，秦淮区新增 5 名科技顶尖专家，培育 3 名创新型企业家，培育市级高层次人才 24 人，区级高层次人才 56 人，高层次人才入选人数在南京市主城区中排名第二。

其中，2018~2020 年，秦淮区新增的科技顶尖专家全部来自白下高新区。在其他人才工程和人才项目上，白下高新区的贡献也非常显著。2009~2020 年，秦淮区共入选江苏省"双创计划"人才（不含双创博士）34 名，其中白下高新区培育入选的人才数量为 19 名，占全秦淮区入选总人数的 55.88%，多数年份白下高新区走出的省双创人才在全区占比 1/3~1/2，2015 年、2016 年更是贡献了全区全部的省双创人才数量（见图 2-3）。2011~2018 年，秦淮区共入选江苏省"333"工程人才 42 人次，其中 13 名来自白下高新区；秦淮区共入选江苏省科技型企业家 24 名，其中 11 名来自白下高新区。2011~2015 年，全区入选领军型科技创业人才共 344 名，其中 125 名来自白下高新区，占比 37.43%。2016~2020 年，全区入选市级和区级高层次创业人才共 252 名，其中 195 名来自白下高新区，占比 77.38%，2017 年白下高新区培育的市、区两级高层次创业人才在全区占比甚至达到了 91.07%（见图 2-4）。2018~2020 年，全区入选科教文卫等各类市中青年拔尖人才共 18 名，其中科技创新拔尖人才和科技创业拔尖人才共 9 名，其中 4 名来自白下高新区。

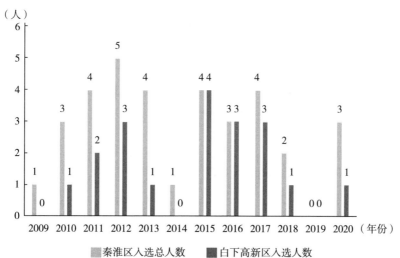

图 2-3 2009~2020 年白下高新区入选江苏省"双创计划"人数

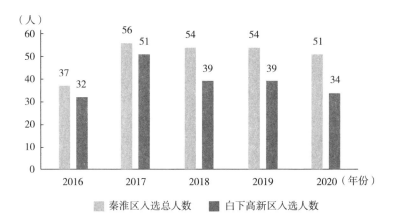

图 2-4　2016～2020 年白下高新区入选市、区两级高层次创业人才人数

科技创新创业人才创办的企业在落地高新区后，成效也十分明显。在引进的高层次创业人才企业中，有 2 家入选南京市瞪羚企业，31 家成功申报高新技术企业，20 家进入高企培育库，39 家通过科技型中小企业评价。

第四节　白下高新区创新发展与成就

一、白下高新区双重创新示范

白下高新区的创新示范功能体现在两个方面：第一，作为高新基础产业开发区，在产业和人才方面的创新示范。第二，作为政府派出机构，在向服务型政府转变方面的创新示范。

（一）创新驱动发展示范

前文已经指出了白下高新区在科技创新创业人才引进和培养、孵化和集聚科技企业、推动创新创业方面取得的成绩。此外，发明专利是衡量创新发展的重要指标。白下高新区新增发明专利数常年在江苏省级高新区排名第一，并遥遥领先。2017 年新增发明专利数为 541 件，比当年排名第二的江苏省吴中高新技术产业开发区的 424 件高出 27.59%；2018 年增长至 1339 件，比当年排名第二的江苏省徐庄高新技术产业开发区的 910 件高出 47.14%，甚至比国家级高新区南京国家高新技术产业开发区的 1081 件也高出了 258 件；2019 年更增长至 1884 件，在省内国家级、省级高新区中排名第二，仅次于南京江宁高新技术产业园（见图2-5）。

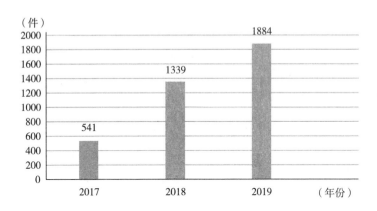

图 2-5　2017~2019 年白下高新区新增发明专利数

　　作为我国区域创新体系的一股新生力量，新型研发机构是创新的重要生力军。白下高新区充分发掘大院大所大企资源，联系高校院所打造了一批高质量的新型研发机构。2017 年 9 月，作为建设创新型城市的具体抓手，南京市开始推行"融合发展"，即科技成果项目落地、新型研发机构落地、校地融合发展。在这一背景下，白下高新区全力推动新型研发机构高质量发展，并取得了较好的成效。截至 2020 年底，已经与国内外 18 家高校院所建立了密切的产学研合作关系，累计纳入市级备案 14 家，详情如表 2-3 所示。新型研发机构的建立，不仅直接增强了白下高新区的科技实力，还为高新区孵化了许多科技企业，培育了大量科技人才，大大增强了白下高新区的创新能力。新研机构孵化引进企业 255家，产业集聚度达 100%；集聚国内外院士 8 名，博士 121 名，硕士 245 名，累计申请专利 624 件；有 6 家新型研发机构被认定为高新技术企业，2 家被纳入市级重点培育库；累计实现营业收入 5.45 亿元，税收 1800 余万元；新型研发机构市级获奖比例连续两年在全南京市排名第 1。2020 年 6 月揭牌的江苏智仁景行新材料研究院更是全南京市唯一由双院士牵头的新型研发机构。

表 2-3　截至 2020 年底白下高新区新研机构一览

新研机构	成立时间	合作单位	产业/技术领域
南京中电芯谷高频器件产业技术研究院	2018 年 5 月	中国电子科技集团第五十五研究所	高频电子器件
南京莱斯网信技术研究院	2019 年 3 月	中国电子科技集团第二十八研究所	网络与信息化

续表

新研机构	成立时间	合作单位	产业/技术领域
南京天航智能装备研究院	2018 年 3 月	南京航空航天大学	智能化零部件及智能化设备
南京钟山虚拟现实技术研究院	2017 年 12 月	南京理工大学	仿真和虚拟现实
江苏江航智飞机发动机部件研究院	2018 年 2 月	中国航发集团航空工业材料院、南京航空航天大学	飞机发动机整机构件和零部件
江苏科创车联网产业研究院	2018 年 1 月	交通运输部公路科学研究院、河海大学、南京林业大学	智慧交通、车联网
江苏苏伦大数据科技研究院	2017 年 4 月	英国帝国理工数据科学研究所、上海大学计算机学院	人工智能、大数据
南京智慧航空研究院	2018 年 6 月	英国帝国理工学院交通研究中心、南京航空航天大学	航空运输
南京砺剑光电技术研究院	2018 年 7 月	中科院、中电科二十八所和五十四所、兵器二〇七所和五二八所	智能制造、软件和信息服务
南京六季光电技术研究院	2019 年 11 月	南京航空航天大学	雷达成像、物联网
南京强钧防务科技研究院	2018 年 10 月	南京理工大学	激光
江苏慧宇诚智能装备研究院	2019 年 1 月	南京理工大学	智能装备、产业互联网
江苏博子岛智能产业技术研究院	2019 年 3 月	悉尼科技大学	人工智能、大数据、物联网
江苏智仁景行新材料研究院	2019 年 10 月	南京理工大学、上海交通大学	新材料

　　深化校地融合，深挖校所资源，是白下高新区创新驱动发展的重要着力点。在先前秦淮硅巷等的基础上，2021 年 4 月，白下高新区正式发布《南航秦淮创新湾区建设推进方案（试行）》，共建南航秦淮硅巷大学，从空间布局、产业方向、湾区功能、政策扶持、管理创新、组织保障等方面全面推进创新湾区建设，进一步激发区域创新能力，全力构建一流的创新生态。打造秦淮硅巷人力资源产业园暨秦淮硅巷大学，为企业提供精准的人力资源服务，促进企业间的资源共享，2021 年 3 月，成功举办秦淮硅巷大学首期高级管理人员专题培训班。成立秦淮硅巷创新实验室，邀请 51 名各领域专家组成首批专家团队，为企业研发创新创业服务产品和服务项目，截至 2021 年 4 月，已整合集成 81 项创新服务产品，并发布《秦淮硅巷创新实验室创新服务产品集成汇编（1.0 版）》。创新湾区建设区域总产值超 300 亿元。新产业发展势头良好，工业产值增速位居全市第一；产业转化成果显著，突破了一批关键核心技术。

（二）创新服务型政府示范

载体面积是制约高新区发展的关键要素。面对这一不利因素，白下高新区着眼苦练内功，身体力行地将创新要素融入了管理和服务中，通过高新区管理委员会积极向服务型政府转变，打造高新区企业服务品牌，开展了一系列服务型政府职能创新，先后建设了"1+X"公共服务中心、智慧园区服务平台，打造了"智慧小白"服务品牌，以及南京市海外协同创新中心（芬兰、日本）等。

（1）设立行政审批局，灵活科技创新服务方式。秦淮区委、区政府贯彻中央和省、市深化"放管服"改革，落实市委"融合发展""建设创新型城市"的决策部署，决定成立行政审批局，以创新优化高新园区营商环境，积极推进高新园区涉企投资审批扁平化、标准化、便利化，将江苏省自然资源厅、江苏省司法厅、江苏省商务厅、南京市公安局、南京市规划和自然资源局、南京市司法局、南京市商务局、南京市地方金融监督管理局、秦淮区行政审批局等一批单位的功能整合起来。目前，白下高新区行政审批局可承接 13 个部门 47 项行政审批许可，一站式服务大厅内设市场准入、项目建设、人社服务、科技创新、创业服务、党群服务 6 个窗口，为园区企业提供各类行政审批服务，全力做到"一枚公章管审批，一张网络跑流程，一个平台做服务"。

（2）服务一区多园，搭建"1+X"创新服务体系。2015 年，为响应秦淮区政府整合建设"一区多园"的要求，白下高新区积极探索企业服务新模式，于 2015 年底打造秦淮区"1+X"公共服务中心作为全秦淮区的综合科技服务平台。"1+X"公共服务中心面向全区企业，将工商注册等 40 余项行政审批服务、员工参保等人力资源和社会保障服务、技术交易合同登记、税费减免、产学研合作、24 小时自助政府服务等整合到一起，使企业能够一站式体验全方位、多层次、精准化的科技服务，大大提升了服务效率和企业体验。面对数字化趋势，白下高新区积极探索"智慧园区"服务平台建设。白下高新区的智慧园区建设包括六大服务终端——"我的白下高新"App、白下高新园区官网、"白下高新"公众号、"白下高新智慧园区"微信小程序、智慧展厅大屏和终端一体机，九项建设工程——网络信息提升、综合安防管理、智慧楼宇、智慧交通、智慧环保、企业服务、综合业务管理、智慧能源、智慧展厅。"智慧小白"则是白下高新区新推出的"互联网+企业服务"平台。"智慧小白"背后，为每一家企业安排了一名服务专员，向新企业开展座谈、走访等服务，给企业提供一个智慧服务账号，确保企业诉求有求必应。"1+X"服务体系遵循"全程覆盖、按需服务"的理念，不断深化服务内涵、完善服务内容、创新服务方式、提高服务品质，其服务体系逐渐成熟，服务品牌效应逐步显现，2019 年高新区新办企业平均注册时间为 1.25天，园区产业集聚度、属地纳税率均超 70%，在全省省级高新区创新驱动发展综合评价中位列第三，在全市高新区综合发展绩效评价中位列第二等次第一名。

（3）放眼海外，集聚全球创新资源。为响应南京市委、市政府提出的"集聚全球创新资源"指示精神，白下高新区通过主动对接、发展海外联络员、出国访问、举办联合海外论坛等方式，在日本、芬兰等国建立海外离岸孵化器、加速器、海外创新联络站和创新中心 7 家。其中，芬兰中心于 2018 年 12 月挂牌成立，已引进芬兰项目 38 项，1 名芬兰籍"南京市高层次人才引进计划"人才；日本中心于 2019 年 1 月挂牌成立，签约 11 项，建立离岸孵化器、海外创新联络站 2 家，落实 1 名日本籍"南京市高层次人才引进计划"区级人才。开展双边产学研对接活动，已组织 200 场对接活动和会谈，接待 65 批次国际化国家政府、机构、企业代表团回访，举办 15 场科技创新国际合作恳谈会以及创新创业大赛。2018 年以来，白下高新区参加美国创新周，举行硅谷创新创业大赛、旧金山湾区"融合之光"展览、斯坦福大学南京（硅谷）创新发展智慧城市论坛 3 场创新周系列活动；发布"中芬合作在南京"合作框架，总投资额超 500 亿元；成功举办"中华门创将"系列活动——港科大百万奖金创业大赛长三角赛区初赛选拔赛；举办中美青年创客大赛、中国留学人员南京国际交流与合作大会、南京创新周"中华门创将"大赛分赛场等活动赛事。这些活动扩大了白下高新区的影响力，更提升了南京创新型城市的国际影响力。为帮助园区企业走向国际，白下高新区先后联通物联网、云创大数据等区内科技企业和新型研发机构随团出访，达成 13 个双边合作项目，不断拓宽驻区企业原创性技术的海外市场推广渠道，进一步加快了科技成果转化国际化合作进程；举办金洽会秦淮专场、深圳物联网峰会等活动 26 场，签约亿元以上项目 95 个。

二、白下高新区改革创新主要探索

白下高新区作为行政主导型的省级高新区，在探索高新区管理体制改革和政府职能转变中发挥着重要的改革试验功能。

（一）"一区多园"模式的探索

国内高新区在发展过程中，要逐步突破原有的规划用地限制，实现规模效应、集聚效应、辐射效应和带动效应的最大化。2011 年后，上海张江、北京中关村等国家高新区开始采用"一区多园"模式来解决上述问题。但"一区多园"模式的问题也随之而来，园区与地方政府之间存在利益冲突，管理和协调难度较大。

根据国家高新区建设意见，白下高新区开始发展"一区多园"模式。2013 年，白下高新技术产业园区所属的原白下区和秦淮区合并成立新的秦淮区，作为南京市的八大主城区之一，地理位置虽好，但新的秦淮区仍然是全市面积最小的主城区，科技创新的主阵地就放到了白下高新区。2013 年 8 月，秦淮区印发《加快推进全区主要板块、重大项目、重点楼宇、重点园区建设的意见》，要求对区内社会园区进行统筹安排，白下高新区承担了主要工作，统筹了区内 12 个社会园区。经过一段时间的建设，逐步培育形成了金蝶大学科技园、光华科技园等社会园区。这样，"一区多园"的模式开始建立起来。到 2016 年，秦淮区委、区政府希望以白下高新区为引领，推进"一区多园"模式，这期间，初步形成了以晨光 1865 为代表的文化创意产业、以国创园为代表的研发设计产业、以金蝶产业园为代表的软件服务产业、以光华科技园为代表的电子商务产业四大优势产业集群。2017 年，区委、区政府要求白下高新区进一步突出科技主题，优化"一区多园"模式，同年 11 月，南京市委、市政府也出台文件，要求整合科技园区。白下高新区对原来的"1+12"进行调整，变为"1+5"模式，即 1 个核心区+5 个分园，5 个分园包括紫荆科技园（含东八区）、南工院金蝶大学科技园、光华科技园、中航科技城、金陵智造创新带。

在"一区多园"的探索中，受到来自市区两级政府的强力支持，白下高新区逐步发展成熟一整套管理社会化园区的制度和办法，即统一品牌、统一管理、统一政策、统一考核、统一服务，园区品牌吸引力不断提升，陆续有社会化园区主动寻求合作，希望纳入高新区统一管理，高新区的辐射、带动作用明显。

（二）秦淮硅巷的探索

2018 年 9 月，白下高新区在"一区多园"的基础上，携手南京航空航天大学、中国电子科技集团公司第五十五研究所、金城集团等大院大所大企，启动秦淮硅巷建设，通过对大院大所大企的存量空间进行"腾笼换鸟"、再开发利用，构建起 4.4 平方千米的"一城一谷，一带一片"的秦淮硅巷空间格局。秦淮硅巷的率先尝试，迅速引起了南京市委、市政府的注意。2019 年，南京市委、市政府明确提出主城区要打造城市硅巷，发展硅巷经济，并迅速在南京市选定玄武区、鼓楼区和秦淮区进行硅巷建设试点。之后，南京市在 2020 年和 2021 年的"一号文"中，都继续强调了硅巷建设，要"完善主城区产业形态和布局，积极打造都市型产业新载体，完善'硅巷'建设标准，根据绩效给予奖励。支持和鼓励建设高标准厂房，可按幢、层等固定界限为基本单元分割登记、转让"；"鼓励高校院所利用闲置校区、厂区建设城市硅巷，完善人才公寓、商业设施等配套，按硅巷年度绩效给予最高 500 万元奖励"。白下高新区所做的秦淮硅巷的尝试，成为紧密依靠高校院所科技资源、高效利用城市存量空间开展创新引领的城市更新模板，在南京市范围内迅速扩散。

2019 年，多项"秦淮硅巷"元素亮相中华人民共和国成立 70 周年阅兵仪式。2020 年初，白下高新区管理委员会组建秦淮硅巷部，集聚高新技术企业 81

家、市级认定人才 50 人，集聚金融、法律、人力资源、企业管理等多功能创新服务机构 48 家，累计举办创新活动、品牌活动 232 场，与南航深度合作，打造"升级版"的硅巷，重点提出打造创新湾区。在 2020 年南京市城市硅巷绩效考评中，秦淮硅巷名列第一。

（三）高新区体制机制综合改革的探索

南京市自 2020 年中开始对市属 22 家开发园区实施全覆盖去行政化改革，优化产业布局，激发发展活力，为高质量发展注入强劲动能。具体举措包括：

（1）聚焦主责主业，理顺职责职能，强化开发园区党工委（管委会）把方向、谋大局、定政策、促改革的领导作用，统筹协调发展规划、产业引导、营商环境等工作。剥离开发园区社会管理职能，由属地政府负责公共服务、民生保障、社会稳定、征地拆迁等社会事务。突出开发园区建设运营公司市场主体作用，在党工委（管委会）领导下，承担开发建设、资本运营、招商引资等建设发展职能。

（2）优化组织架构，实现供需对接。按照优化、协同、高效原则，精简整合开发园区职能和产业平台机构，结合实际需求，自主设置内设机构、核定人员额度及具体岗位，明确承担经济发展和打造营商环境等职责的内设机构比例不低于 60%，招商引资、开发建设、服务企业等专业性岗位比重比例不低于 70%。同时，内设机构以下不再设管理层级，对市、区机关部门在开发园区设立管理机构进行严格控制。

（3）推行全员聘用，引入市场机制。淡化开发园区行政、事业人员身份，建立岗位聘用制度和竞争性选人用人机制。首次岗位聘用时，从尊重行政、事业身份人员意愿出发，对愿意签订岗位聘用合同的，聘任岗位和原职务职级分离，职务职级、档案工资按规定封闭运行；对不愿意签订岗位聘用合同的，按干部管理权限分流安置。鼓励开辟各国方言园区，聚焦专业性强、替代性低的岗位，延揽英才。

（4）完善考核评价，强化鼓励激励。赋予开发园区更大自主权，建立内部考核制度，设置不低于 3% 的不合格人员刚性淘汰率；自主决定分配方案，允许对特殊岗位采取灵活方式柔性引才，所需额度不列入薪酬总额。

2020 年 1 月，白下高新区率先实施体制机制综合改革。高新区坚持以"企业化管理、市场化运作、专业化服务"为导向，明确了"管委会+平台公司"一体化运作的模式。2014 年，高新区成立了科创集团，作为秦淮区科技创新创业的发展平台。在高新区体制机制综合改革中，进一步理顺和明确了高新区管理委员会作为政府派出机构的行政管理功能和科创集团作为市场主体的市场功能，要求科创集团更好地发挥在科技载体建设、园区打造和运营、科技人才引进、科技企业孵化等方面的引领作用。在此次改革中，形成了"8+1"的扁平化大部门管理架构，高新区管理委员会所有人员打破原有身份界限，通过全员竞岗确定聘任人选，所有岗位实行全员聘任，真正做到了"抽掉板凳全员起立"，进一步激发创新发展活力、动力和能力，实现工作效能、效率、效益"三提升"。

（四）城市更新实践

白下高新区作为南京市唯一坐落在主城区的省级高新区，需要承担非主城高新区所不具备的功能，即老城更新功能。白下高新区所属的秦淮区，位于南京市中部，是南京市的主城八区之一。该区始建于 1933 年，因"中国第一历史文化名河"秦淮河贯穿全境，故名秦淮区。截至 2018 年底，秦淮区下辖 12 个街道，112 个社区，总面积 49.11 平方千米，地区生产总值 874.96 亿元，常住人口103.2 万。秦淮区是古都金陵的起源，是重要的金融商务中心和文化旅游中心，商务商贸、金融服务、文旅产业、科教科技发达。

秦淮区作为主城八区之一，也是南京市中心著名的"老"城区。区内文旅资源丰富，拥有国家 AAAAA 级景区夫子庙，是全国首批国家全域旅游示范区。辖区内还有大报恩寺遗址、明故宫遗址、七桥瓮、甘熙故居、朝天宫、金陵刻经处、金陵兵工厂旧址 7 处全国重点文物保护单位，窨子山遗址、秦淮民居群等 10处江苏省文物保护单位，以及六朝建康都城遗址等 49 处南京市文物保护单位。秦淮区所辖街道大部分为民居，多建于 20 世纪末。区内诸多的文保单位、老旧小区，还有大院大所驻地，导致了秦淮区在开发区和高新区建设上的一个局限，就是区内可开发土地面积十分有限。在这样的现实约束下，白下高新区承担了秦淮区老城焕新的探索，开展了秦淮硅巷的建设实践。

秦淮硅巷主要通过空间挖潜、校地融合、生态优化等手段实现老城焕新。首先是空间挖潜。白下高新区在考察纽约硅巷的过程中获得启示，社会园区的存量载体、搬迁企业的闲置载体、院校所有的老旧载体都可以通过空间改造、资源整合、提档升级，而转变为可资利用的优质创业空间。白下高新区管理委员会于是设立秦淮硅巷部，专门负责区内社会园区、大院大所和搬迁企业的摸底、沟通与合作。目前，已形成秦淮硅巷核心区、门西协同区和金陵智造创新带拓展区三区联动的局面，囊括了南京航空航天大学、中国电子科技集团公司第五十五研究所、八五一一厂、五三一一厂、金城集团、晨光集团等一批大院大所大企的优质资源。一些社会园区看到秦淮硅巷的建设效果，主动寻求加盟。秦淮硅巷更看重对大院大所大企优质资源的开发利用。通过推进校地融合，秦淮硅巷先后与中国电子科技集团公司第二十八研究所、中国电子科技集团公司第五十五研究所、南京航空航天大学、南京理工大学等公司和高校，打造了莱斯网信技术研究院和中电芯谷高频器件研究院，共建天航智能、六季光电、强钧防务、慧宇诚、钟山虚

高新技术产业开发区建设与管理：基于白下高新区案例研究

拟、智仁景行等多家新型研发机构，主导产业集聚度超70%。此外，秦淮硅巷还在对硅巷企业开展调研的基础上，为企业量身定做培训课程，打造南京航天·秦淮硅巷人力资源产业园暨秦淮硅巷创新实验室，为秦淮硅巷的企业打造更加成熟和优化的创新创业生态。可以预料，秦淮硅巷将通过上述手段，更好地整合资源，将创新扩散到城市的各个角落，实现城市的更新。

"十四五"规划建议中提出，"推进以人为核心的新型城镇化。实施城市更新行动，推进城市生态修复、功能完善工程，统筹城市规划、建设、管理，合理确定城市规模、人口密度、空间结构，促进大中小城市和小城镇协调发展"。这是国民经济和社会发展五年规划中首次出现"城市更新行动"一词。秦淮硅巷，又一次走在了全国的前面。

第三章 高新区战略定位管理：产业选择与空间布局

高新区的建设与管理首先在于规划，在于明确发展战略，要从高新区发展目标与战略定位出发，明确高新区的产业定位与区位定位。只有如此，高新区组织建构、能力建设与各类活动的开展才有了基础依据。高新区的产业定位与区位定位是高新区战略定位最核心和最基础的内容。由于目标与资源结构差异，高新区战略定位不同于城市发展定位，也不同于经开区发展定位。简单套用城市发展定位与经开区发展定位理论与思想，难以满足高新区建设与管理的需要。以案例为基础探索中国特色高新区发展战略理论与思想是高新区建设与管理理论的基本路径。

第一节 高新区战略定位理论思想

高新区所处的位置及环境氛围对于其中的产业和企业发展有着重大影响。城市规划、经济地理、产业经济等领域的学者从各自不同的领域和视角，展开了对高新区区位因子、空间结构与产业规划布局的多维论域探讨，诞生了许多关于高新区选址、城市空间扩展与产业规划布局的经典解释与理论模型。

一、经济学产业选择理论与高新区战略定位

产业选择思想的提出源自产业间的互补贡献的差异，政府可以在一系列投入—产出连锁关系表现得最为强烈、最为密切的地方找到一个经济体系中的主导产业。经济学经典主导产业选择思想可以追溯到亚当·斯密的绝对优势理论，后来又发展产生了大卫·李嘉图的比较成本分析、赫克歇尔—俄林的资源禀赋理论，再到赫希曼主导产业选择的产业关联理论，以及后来更具有影响力的波特钻

石理论，这些都在一定程度上对高新区的战略定位思想提供了借鉴。

（一）主导产业选择基准模式

主导产业选择基准模式主要体现在筱原三代平基准、赫希曼"产业关联度基准"和比较优势基准。①筱原三代平基准，即"收入弹性基准"和"生产率上升基准"。随着人均国民收入的增长，收入弹性高的产品在产业结构中的比重将逐渐提高，选择这些产业作为重点产业，符合产业结构的演变方向。在一定时期，各产业部门生产率上升幅度是不同的，生产率上升快的产业，相应地生产成本下降也快，经济效益较好，加快发展生产率上升快的产业就能提高整个社会的经济效益。②赫希曼"产业关联度基准"。产业关联度是指各产业在投入产出上的相关程度。产业关联度高的产业对其他产业会产生较强的后向关联、前向关联、旁侧关联，选择这些产业为主导产业，可以对产业整体发展具有更大拉动作用，促进整个产业的发展。③比较优势基准。最早的比较优势思想是李嘉图的比较成本理论。该理论认为，作为一国主导产业部门应该是所生产产品在国际上比较成本低或具有比较优势的产业部门，这样对增加一国的利益是最有利的。"赫克歇尔—俄林定理"主张，每个国家都要重点发展适合利用这种相对丰富的生产要素或资源的产业，生产产品予以出口。比较优势基准主张以要素密集度为基准来选择主导产业。

主导产业选择基准模式的局限性与启示：由于我国高新区发展是一个不断探索的过程，在发展早期缺乏系统理论思想，经典经济学理论发挥了较大作用。但不管是从理论还是从实践角度来看，主导产业选择基准模式更适合于经济产业发展，特别是国家层面的产业布局需要。

然而，主导产业选择基准模式并不是对高新区产业选择没有借鉴意义，它对于我们思考产业演化、产业间关联性、产业资源基础仍有指导性。在主导产业选择基准模式的基础上，学术界提出了高新区产业选择的五大原则：区域优势最大原则、产业关联最大原则、社会经济效益最佳原则、技术先进性原则、生态环境与可持续发展原则。结合高新区创新发展特性，李新和刘朝明（2007）提出高新区产业选择三大基准原则：①产业主导原则。高新区主导产业是区域产业系统的一部分，必须具有主导产业的一般属性基准，包括产业关联基准、增长潜力基准。该原则是高新区主导产业选择的基础原则。②区域创新优势原则。高新区的资源禀赋、基础设施、产业生态环境、社会网络及对高新技术产品和服务的不断需求等利于高新技术产业化的区域支持性环境，包括知识、技术、人才、资金等要素比较优势基准、产学研整合基准、技术进步基准、外贸基准。③产业发展原则。高新技术产业具有投资大、风险高的特征，因此高新区主导产业的选择、发展要实现经济与社会环境相协调发展的目标原则，带动当地的产业经济可持续发展，重点选择产业化风险较小，创新创业环境良好，以及能耗小、污染少，又不会造成过度集中环境问题的产业优先发展①。

（二）波特国家竞争优势理论

波特的国家竞争优势理论是产业竞争理论的延续，不同于比较优势理论，波特强调产业选择在于竞争优势获取。产业竞争优势来源于独特的顾客价值创造。"竞争优势归根到底来源于企业为客户创造的超过其成本的价值……而超额价值产生于以低于对手的价格提供同等的效益，或者所提供的独特的效益补偿高价而有余"②。从宏观层面来看，区域的这种独特优势来源于产业机会牵引的，由生产要素、需求条件、相关产业和企业的目标、战略与组织结构四大因素相互作用而形成的，以及政府政策支持的整体作用。①生产要素可以分成人力资源、天然资源、知识资源、资本资源、基础设施五类。每个产业对于生产要素资源的依赖程度随着产业变化而变化。产业布局与选择在于拥有资源和资源应用时发挥其效率与效能，以及提高要素的应用以增进竞争优势。②需求条件是产业冲刺的动力，每个成功的产业都受到母国市场的影响。③相关产业具有自上而下的扩散效应和相互影响的提升效应，国内相关产业的彼此带动和相互刺激形成国际竞争优势。相关产业这种特征促使产业发展呈现集聚性特征。④企业的目标、战略与组织结构是随着产业与国情的差异而变化的。国家竞争优势也就是各种差异条件的最佳组合③。

波特国家竞争优势理论对高新区产业定位的启发：学术界现有研究过多地注意到波特理论与主导产业选择基准模式的联系性，而对波特理论的独特贡献挖掘不够④。我们提出高新区产业选择波特理论四大原则：①高新区之间产业竞争性原则。产业重复布局必然会引发高新区间的市场、资源和政策矛盾与冲突，进而影响高新区功能与目标的实现。高新区产业布局要构建在独特价值贡献基础上。②高新区相关产业互动集聚原则。高新区集聚并不能简单理解成同一产业扎堆，扎堆未必能够产生集聚效应，带来产业间相互促进，钻石理论的核心在于形成相互提升的产业生态。③机会导向原则。高新区不同于经开区，其存在使命本身就是为国家创新发展探路，高新区产业选择就应当以新兴产业机会为先导，探索科技与产业结合创业过程。④政府政策支持原则。高新区产业需要面向国家战略需要。

① 李新，刘朝明 . 基于区域创新视角的中国高新区主导产业选择基准 [J] . 科技管理研究，2007，27（9）：3.

② [美] 迈克尔·波特 . 竞争优势 [M] . 北京：华夏出版社，1997.

③ [美] 迈克尔·波特 . 国家竞争优势 [M] . 北京：华夏出版社，2002.

④ 刘颖琦，李学伟，李雪梅 . 基于钻石理论的主导产业选择模型的研究 [J] . 中国软科学，2006（1）：8.

二、创新生态环境理论与高新区战略定位

（一）从区位理论到创新生态环境理论

传统的产业定位与区位定位理论更多的是考虑经济环境，所谓区位理论就是研究经济活动最优空间的理论。从农业、工业、商业、公共设施、交通到跨国公司，区位选择几乎涉及社会经济活动的各个方面①。产业区位是一种重要的经济现象，工业、农业、商业和其他产业的活动都离不开区位。第二次世界大战以后，动态区位论、空间经济论和行为学派区位论相继发展起来，分别从动态的、相互依存的以及行为信息等角度将工业区位的理论水平向前推进，使工业区位理论成为工业地理学最基本的理论。20世纪80年代以来，人类迈入知识经济时代。以知识和技术创新为基础的高新技术产业迅猛发展，技术要素在经济发展中的贡献快速上升，区域经济竞争优势也越来越明显地表现为科技进步的程度及其产业化的能力。不同于传统产业，高新技术产业高度依赖知识和技术创新，具有边际效率递增、产品周期短等特点，因此，其对产业区位选择有着特殊的需求。美国学者卡斯特尔（Castells，1989）认为，新的产业空间不仅由固定的地理特征决定，而且由高新技术产业结构与其社会环境的相互关系决定。

20世纪末期，以硅谷为代表的高新科技园区迅速发展，引起了国际学术界对创新生态环境的浓厚兴趣。20世纪80年代中期，由瑞士、法国、意大利等国的学者组成的欧洲创新环境研究小组（GREMI），对区域创新环境问题进行了深入的探讨，提出了创新环境理论。他们认为环境是发展的基础和背景，并将创新环境定义为"区域内的主要行为主体，通过相互之间的协调作用和集体学习而建立的非正式的、复杂的社会关系"。②创新环境理论强调创新存在于某种无形的氛围之中，提出有创新环境的地方才可能有创新。创新环境研究尤其强调科学园区内创新主体的集体效率，强调创新行为的协调作用，以及创新网络和集体学习的作用。

创新环境的内涵：迈克尔·斯托珀尔（Storper M.，1997）认为，创新环境是区域的制度、规则和惯例等，它们促使区域中的行为主体为促进创新而形成复杂的网络关系，是创新产生的根源。奥斯陆手册（OECD，2005）提出创新环境包括空间与位置因素、市场环境、知识流动、网络、公共政策环境与社会、自然

---

① 高进田. 区位经济学分析 [M]. 上海：上海人民出版社，2007.

② 许婷婷，吴和成. 基于因子分析的江苏省区域创新环境评价与分析 [J]. 科学进步与对策，2013（4）：124-128.

环境等①。赫斯塔德（Herstad，2010）等将创新环境定义为政策环境，具体指能对创新活动发挥影响的法律、法规和政策等②。

创新环境构成：创新环境包括基础设施、中介服务、创新氛围和政府支持四个主要因素。也可以将创新环境分成创新软环境和创新硬环境两大部分：软环境即无形的制度和氛围，硬环境即有形的物质空间设施和自然环境。清华大学启迪创新研究院（2015）将创新环境概括为"政、产、学、研、金、介、贸、媒"八大子要素③。在《中国区域创新能力报告》中，区域创新环境构成被分为基础设施、市场、劳动者素质、金融支持的能力以及本地区的创业水平五个因素（中国科技发展战略研究小组，2016）④。

创新生态与演化：创新理论的发展也推进了创新环境理论的发展，Moore（1993）是第一个系统论述产业生态系统的学者，他将企业生态系统定义为一种"基于组织互动的经济联合体"。在此基础上，Iansiti 和 Levin 提出生态位的概念来阐述创新生态系统，认为创新生态系统由占据着不同但彼此相关的生态位的企业所组成，一旦其中的一个生态位发生变化，其他生态位也会相应地发生变化。Adner 关注于创新生态系统本身，认为创新需要依赖外部环境的变化与生态系统的成员参与，创新生态系统是指一种协同机制，企业这种协同机制将个体与他者联系，并提供面向客户的解决方案，输出价值。创新生态系统的核心特征是共生演化，一个健康的创新生态系统将商业战略由简单的联合作业向协同、系统的合作转变，从产品竞争向平台竞争转变，从企业独立的发展向共生演化转变⑤。

（二）创新生态环境理论对高新区战略定位的启示

第一，从创新生态环境出发，创新并非来自个体企业，而是源于整体创新环境及其内部的相互作用。技术创新源的易达性是高新技术产业区位选择的最重要因素，创新源主要包括大学和科研机构，它们可以为企业提供外部规模收益，因而成为高技术企业选址的重要影响因素。霍尔（Hall，1994）通过对大都市高新技术产业空间分布的研究发现，高新技术产业往往在创新中心周围布局，并与创新中心相结合形成"科技城"，使城市空间呈现两极分布，一极是城市商业金融中心，另一极则是高科技园区、知识园区。智密区是高新技术产业的首要区位因

① OECD. Oslo Manual：Guidelines for Collecting and Interpreting Innovation Data ［M］. 3rd Edition. Paris：OECD Publishing，2005.

② 王郁蓉，师萍. 创新环境研究综述 ［J］. 科学管理研究，2014（8）：52-55.

③ 清华大学启迪创新研究院. 2015 中国城市创新创业环境评价研究报告 ［R］. 2015.

④ 中国科技发展战略研究小组. 中国区域创新能力评价报告 ［R］. 2016.

⑤ 梅亮，陈劲，刘洋. 创新生态系统：源起、知识演进和理论框架 ［J］. 科学学研究，2014，32（12）：10.

子。智力资源集中就会碰撞、激荡出新思维、新设计和新发明，形成支撑科学园区的知识中心和智力源头。

第二，高新区战略定位，包括其产业选择与区位选择要考虑其区位的经济性特征，要考虑生产费用最小化，应选择在能够获得最大利润的市场区域，区位的最终目标是寻找最大利润的地点。市场的远近、劳动力成本的高低以及产业集聚效应等仍然是影响高新技术企业的区位因素。世界各国的高新技术产业都集聚在环境优美、生活服务设施（如休闲度假、社交娱乐、医疗卫生和子女教育等）完善的地区。

第三，产业环境在一定程度上决定了高新技术企业发展的成功与否。高新技术企业经济活动集聚于产业区可以取得更大的灵活性、获得成本优势和外部效益，而且能够提高交易水平和增加学习机会，而产业区协作机制的形成来源于非实体资源、地理邻近的相关投资以及各种形式的合作与学习。劳动力质量也在其中扮演重要角色，卡斯特尔认为，高科技知识、管理制度和熟练工人共同作用促成了创新的产生。

第四，创新软硬环境因素。20世纪90年代已经有研究论证了不确定因素及信息不完全对高新技术企业区位决策的重要影响。公共管理机构（如科学工业园管委会等）、特定的专业中介机构往往具有促进不同企业之间进行技术信息交流的功能，因此成为影响高新技术产业布局的重要区位因素。基础设施完善的地区提供了基础设施作为保障，包括工商税务、财务金融、法律政策、专利和海关服务、通信网络及交通运输、电力能源供应等。

第五，风险资本市场集聚因素。充足的资本对任何产业都是重要的区位指向，高新技术产业具有高投入、高风险、高收益的特点。高投入使国家财政难以承担，高风险使得追求风险最小化的银行信贷资本不愿进入，然而高新技术产业一旦产业化成功，便可获得相当于最初投入几倍甚至几十倍的收益。因此，高新技术产业对风险资本便天然地产生了一种内在需求，风险资本的多寡成为高新技术企业重要的选址条件。而且巨大的风险收益使风险资本也愿意靠近高新技术企业，高新技术企业与风险资本二者是相互吸引的。

三、高新区的产业布局与空间结构

高新区的产业布局是产业企业在开发园区内的空间分布，是产业空间结构的重组过程。产业的空间布局强调各子系统、各要素之间的相互配合、相互协作、相互促进的良性循环。

（一）产业链布局模式

波特（Porter，1985）认为，产业链组织模式是对产业生产逻辑和布局关系的一种抽象，是"依据产业内或产业间的经济技术关联，产业组织呈现出的链条式关联关系的形态"。

依照产业布局强调重点的不同，产业链布局主要分为两种模式：一种是围绕创新源，根据产业链上的前向后向功能联系集聚相关产业，专业化的集群涵盖了价值链中的所有主要活动，包括研发、开发、生产、销售等，是一种地域生产综合体模式。中国台湾新竹科技城、韩国大田大德科技城都以该种模式布局。另一种同样围绕创新源，但仅将它们与价值链相似位置的产业集聚在一起，根据相关产业之间的互动集聚相关产业，形成所属行业互不相同，但具备资源需求上共性的集群。如剑桥科学城中，多数公司仅从事开发与设计工作，并不从事实体生产（Athreye，2001）。两种模式布局如图 3-1（a）、图 3-1（b）所示。

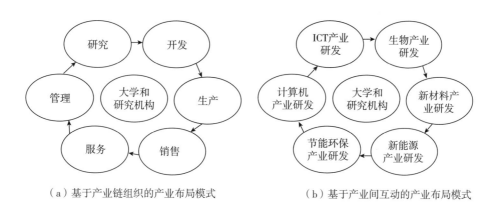

（a）基于产业链组织的产业布局模式　　　（b）基于产业间互动的产业布局模式

图 3-1　两种产业布局模式

（二）模块化的网络布局模式

随着生产方式的不断变化，产业组织形态也不断演化。20 世纪末，产业的模块化分工和网络化整合极大地提高了技术创新的效率，在研发和生产领域的应用也越来越广泛。

模块是一个子系统，具有半自律性。模块化是"根据特定的规则与其他相似的子系统相互联系，从而构成更复杂的系统或过程"（青木昌彦，2001）。在全球价值链分工和转移的背景下，模块化网络的构建和生产外包可以帮助创新型企业利用外部技术减少成本，节约时间，进而提升竞争力。硅谷即是模块的集结地，企业将产品生产分解成模块，通过模块化，把握和利用更加复杂的技术。在模块化的过程中，相关各方（包括设计方、制造方和用户）都获得了更高的灵活性和有效性，这种生产的组织模式形成了高技术产业灵活分散的开放创新网络（柯颖和王述英，2007）。

在产业模块化组织方式兴起的背景下，高新区产业布局强调企业间的生产分工与网络关系，包括在地方邻近性基础上构建的本地网络和全球关系及组织邻近性基础上的生产研发外包等，如图3-2（a）、图3-2（b）所示。硅谷在发展初期是典型的模块化创新网络，企业间关系主要包含基于正式的外包合作关系和基于地方文化促进的员工之间的非正式互动关系（Saxenian，1996）。

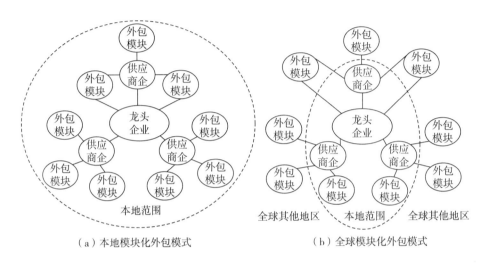

（a）本地模块化外包模式　　　　　（b）全球模块化外包模式

图3-2　产业模块化组织的两种形式

（三）产业支撑与区域创新系统视角的布局模式

库克（Cooke，1991）提出区域创新系统理论，认为区域创新系统是"在一个地区中由相互分工和关联的研究机构、大学和生产企业等构成的，支持并生成创新的区域性组织体系"。区域创新系统理论强调不同主体之间的互动与相互支持，因此高新区布局特征包括：①创新源邻近；②相关主体的联结与互动；③技术制度设施完善，如中介组织、孵化机构、产业联盟在高新区的发展中发挥重要作用。

（四）产业类型与创新知识基础视角布局模式

产业不同，其所依赖的知识基础也有较大的不同。阿西姆等（Asheim et al.，2009）将产业知识基础分为三种：分析型——基于科学的，相对理论化的知识；综合型——基于工程的，技能类知识；象征型——基于艺术的，关于人的知识。不同的知识基础意味着不同的知识创造逻辑、不同的知识利用和发展方式，将知识转化为创新的战略也有显著差别，对主体之间互动方式、地理距离、空间作用方式的要求也不尽相同，因此需对应不同的产业布局类型。对此，阿西姆等（2009）基于不同知识基础的要求，归纳出了不同的产业布局需求和特征：①在分析型知识基础的典型区域中，一般由大学发挥中心作用，该类区域产业布局对于距离不太敏感。②在综合型知识基础的典型区域中，一般会有大学、跨国公司、生产商，要求在就业和设施方面更好，商业氛围优于人才氛围。③在象征型知识基础的典型区域中，一般分布有多样化的文化中心，人口密集，需要营造多文化、多种族的包容性环境。综合型、象征型知识基础的区域需要主体之间的地理邻近性，更强调地方合作。因此，科学园区在进行产业布局时应关注不同类型产业的不同布局需求和特征，根据不同的知识基础和创新模式安排适用的配套设施和产业间的相互关系。

（五）高新区的微观空间结构研究

对高新区的微观空间结构研究主要从知识和创新、社会空间和生态格局等视角展开，多数研究聚焦于影响高新区空间结构的某一方面，目前仍未建立综合研究高新区空间结构的理论框架。

从知识与创新角度来看，高新区的主要经济活动已经转变为在知识基础上面向创新的研究、开发和生产，交通运输成本在企业生产和居民生活中的影响在逐步下降，知识资本、关系资本和人力资本的作用在逐步上升（Huang，2013）。Hu 等（2005）认为，知识创新空间演化和发展的关键在于地理邻近性、创新源、技术基础设施、知识溢出和技术社群的互动等因素。因此，知识和创新视角下的空间结构布局，围绕高技术中心形成三个层次的空间结构——核心圈层包括高技术商务中心、商务写字楼、电子市场；第二圈层为混合区，包括大学科研机构、大学科技园、孵化器、居住生活配套；外层为辐射区，包括居住生活配套、各专业生产研究园区、中试基地等（孙世界和刘博敏，2007）。曾鹏和陈嘉浩（2017）认为，科学园区空间结构围绕创新源形成三个圈层：科研机构、高技术企业及高等院校位于核心圈层，满足高科技生产功能的需要；交通、物流、金融、通信等服务功能位于第二圈层；居住、商贸、文教等功能位于第三圈层。

有些学者从社会结构的观点出发研究高新区的空间结构。研究发现，高新区内不同社会阶层的人会集聚到不同的社区，带来一定程度的空间隔离。Barinaga（2004）分析了瑞典西斯塔科技城的社会结构后发现，高收入的技术精英阶层与低收入的服务者阶层居住在有明显间隔的区域。高新区布局时需要注重公共空间的营造和设施完善，弥补异质群体在社会阶层、性别和信息获取之间的鸿沟。

高新区的生态格局往往对园区空间结构起着重大的影响作用。研究发现，高新区往往选址在具备良好生态环境条件的地区。同时许多园区在发展中倡导对自然环境的保护和控制，高科技产业强调生态化的发展趋势等，高新区谋求低碳导向的空间布局方式——减少工作与生活的通勤时间，在高新区周边就近布局居住设施和公共服务设施，形成生态低碳导向的空间单元组织模式。

已建成科学园的空间结构分为单中心圈层模式、分散多组团模式两类。一般规模较小的科技园多呈现单中心圈层模式空间结构，以公共服务设施为中心，形成研究组团、科技园区、居住区镶嵌布局模式，如日本筑波科学城，其空间结构如图3-3所示。

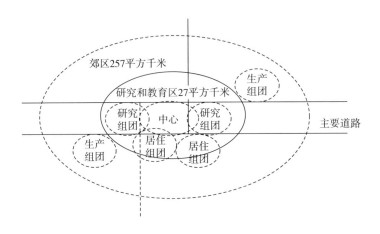

图3-3　日本筑波科学城空间结构

资料来源：袁晓辉. 创新驱动的科技城规划研究［D］. 清华大学，2014.

分散多组团模式的科学园区一般面积较大、产业门类较多。日本关西科学城、韩国大德研究开发特区是其中的代表。关西科学城按照不同地域来组织产业和居住空间，分为3个地区共12个组团，每个组团都兼具产业和居住功能，散布在科学城内。

第二节　白下高新区的产业选择及空间布局

一、白下高新区的范围及区位条件

白下高新区是南京主城区第一个省级高新区，园区分为核心区与秦淮硅巷两个部分。

核心区位于秦淮区东部，地处紫金山与青龙山构成的生态走廊内，毗邻运粮河百里风光带，东部与北部以运粮河为界，西至双麒路，南到石杨路，占地面积约2.29平方千米。

秦淮硅巷坐落于南京主城东部，位于秦淮区区划中心，南京主城的东部门户。其核心部分以中山东路、龙蟠中路、月牙湖和秦淮河为围合，沿龙蟠路延伸至拓展区、协同区，辐射门西片区，总面积约4.4平方千米。秦淮硅巷通过对现有老写字楼、老厂房、棚户区的改造，释放出创新空间，进而嵌入式地在大街小巷容纳创新创业者，赋能寻常巷陌，打造"无边界园区"。

白下高新区位于主城之内，内外交通极为便利。核心区距离城市中心新街口直线距离仅8千米，并紧邻绕城公路，从高新区到绕城公路、宁杭高速、沪宁高速均不超过3分钟车程，到南京南站车程不超过20分钟，30分钟可到达南京禄口国际机场，2小时内到达上海、杭州、无锡、苏州、常州等城市。秦淮硅巷分布在6.6平方千米的秦淮老城区内，区别于传统意义的科技园区，其特点是位于城市中心，是以存量空间更新为主的创新创意科技产业集聚街区。

依据与城市的关系，白下高新区属于市区型科技园区。因此，其发展和经营可以充分利用主城的基础设施和生活服务设施，使园区与主城融为一体，从而节约投资，并方便园区职工的生活。根据城市化发展的趋势，市区型科技园区虽规模相对较小，土地成本相对较高，但由于其对弥补城市"空心化"、提升城市产业层次和管理水平、调节城市产业空间结构有着重要的作用，因此该种类型的科学园区将拥有越来越广阔的发展前景。

根据南京市"十四五"规划，南京将构建"一核三极"的重点功能布局，即以江南主城区为"主核"、江北新区为"主城拓展极"、紫东地区为"创新引领极"、南部片区为"新兴增长极"，构建了全域全链条的创新空间格局。在功能体系上，规划形成五级中心层级，其中新街口、河西、城南和江北为4个市级中心。塑造"一芯、两带、双核、多点"结构，依托老校区、老厂区和传统街区等空间载体，建设高创新浓度城市硅巷，建构"主城科创芯"。南京未来发展有两个重点：一是跨江发展，与扬州、滁州整合；二是跨宁镇山脉与苏南融合。白下高新区处于南京向东辐射"一小时都市圈"的核心区位，是衔接周边城市的重要空间节点，是未来南京城市发展的重要增长极。

二、白下高新区的产业选择

作为建立于国家高新区二次创业阶段的省级高新区，基于建设初期就确立的创新驱动发展战略，白下高新区排除了生产要素密集、高能耗、高污染的产业，明确将园区的主导产业聚焦为战略新兴产业企业。

白下高新区规划面积小，可供开发和利用的载体空间十分有限，客观上对产业集聚造成了限制，而中国高速发展过程中战略新兴产业的不断涌现也在改变人们的认知，白下高新区的产业集聚功能正是在不断调整、更新中逐渐明确成今天的样子。

　　白下高新区初建时，明确排除了生产要素密集、高能耗、高污染的产业，如生物制药，但当时对于园区应该着重发展哪些产业还缺乏清晰的判断。21世纪初，电子商务兴起。由于占地面积小，对场地要求不高，也不存在高能耗和高污染等情况，白下高新区引进了不少电子商务企业入驻。大部分企业位于高新区A地块内，总占地面积68亩，规划建设面积约10万平方米。2014年，白下高新区成立了电子商务产业园，吸引培育了以贝登医疗、祥柏林贸易等企业为代表的垂直电商平台，以鸿存供应链管理有限公司等为代表的第四方物流平台，以1886汽车智谷为代表的商品销售服务类综合平台，以及以好吃来美味联盟为代表的消费服务类综合平台。截至2019年，已集聚电商企业60余家，累计培育出江苏省省级巾帼电子商务示范企业1家，南京市市级电子商务示范企业3家，2家企业成功登陆新三板，2家企业入选南京市培育独角兽企业名单。电子商务成为白下高新区的主导产业方向之一，高新区的电子商务产业园还成功获评了"2019—2020年度江苏省电子商务示范基地"荣誉称号。

　　相对于传统的生产要素密集型行业，电子商务产业具有轻资产的特征，但科技含量还不够凸显。白下高新区的前身是南京理工大学国家大学科技园，南京理工大学是一所隶属于工业和信息化部，由工信部、教育部与江苏省人民政府共建的全国重点大学，是国家"世界一流学科建设高校"，是国家"211工程""985工程"优势学科创新平台重点建设高校。其工程学、化学、材料科学、计算机科学四个学科在2020年ESI国际学科领域排名中进入全球前1%，工程学进入前1‰，具有相当的国际影响力。学校的前身是由创建于1953年的中国人民解放军军事工程学院分建而来，具有扎实过硬的军工背景，其兵器科学与技术学科在教育部第三轮全国高校学科评估中排名第一。作为一所著名的理工科院校，南京理工大学积累了大批可供转化的成果。除了南京理工大学，白下高新区周边还云集了南京航空航天大学、解放军理工大学、中国电子科技集团第二十八研究所、中国电子科技集团第五十五研究所、中国航天科工集团八五一一研究所、中国人民解放军第五三一一工厂、金城集团、宏光空降设备厂等一批大院大所大企。这些大院大所大企的共同特点是科研能力突出、创新资源丰富、人才优势明显，还有鲜明的军工特色。如何有效地开发和利用好周边如此丰富的科教创新资源，把大院大所大企丰沛的高科技成果转化落地，成为当下白下高新区一直面临的问题。

　　2011年成立的南京云创大数据科技股份有限公司，是较早入驻白下高新区，且发展势头良好的一家高科技企业。这家公司专注于大数据存储与智能处理业务，其研发的具有自主知识产权的cStor云存储系统、dBrain数据大脑平台、人工智能云平台等，广泛应用于平安城市、智慧交通、医疗健康等多个领域，公司与华为、英特尔、希捷、联想、浪潮等多家知名企业开展了深入合作，积累了大量成功案例。该公司专注技术创新，先后获评中国云计算创新基地理事长单位、国家自主创新示范区瞪羚企业、国家高新技术企业、中国先进计算百强、培育独角兽企业、江苏省规划布局内重点软件企业、江苏省科技小巨人企业、独角兽瞪羚优秀企业等。在 2020 年新冠肺炎疫情期间，云创大数据利用人工智能技术参与和助力了钟南山院士主持的疫情预测研究，准确预测了疫情走势。2014 年成立的智器云南京信息科技有限公司是一家以大数据、人工智能和知识图谱技术为核心的国家级高新技术企业，现已成为中国执法调查和情报分析领域的龙头企业和领军者。

　　像这样专注于大数据、人工智能等电子信息领域的企业，入驻白下高新区的不少。2020 年，白下高新区的软件企业比 2019 年新增 60 余家，软件收入增幅达 11.22%，占全秦淮区软件企业收入总量的 72%，其中，嵌入式系统软件、软件产品、信息技术服务的收入都有显著增长，同比增幅分别达 131%、79%、51%，信息安全服务收入也较上年增长 11%（见图 3-4）。区内两家企业——南京壹进制信息科技有限公司和南京莱斯信息技术股份有限公司入选 2020 年江苏省规划布局内重点软件企业培育库企业名单。

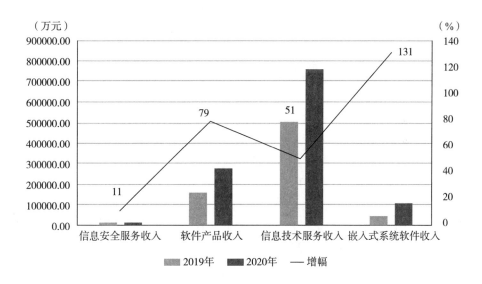

图 3-4　白下高新区软件业务收入指标

　　新一代信息技术恰好是周边的大院大所大企所擅长的领域。换言之，白下高新区已具备一定的产业基础，周边又拥有无可比拟的优质资源。另外，在政策层面，江苏省和南京市都把新一代信息技术和软件、物联网与云计算等产业规划为重点发展的战略新兴产业，这些产业被连续写入江苏省"十二五""十三五""十四五"规划。2018 年，南京市将原有的 7 大类 14 个战略性新兴产业优化为"4+4+1"主导产业体系，即打造四大先进制造业——新型电子信息、绿色智能汽车、高端智能装备、生物医药与节能环保新材料；发展四大现代服务业——软件和信息服务、金融和科技服务、文旅健康、现代物流与高端商务商贸；加快培育一批未来产业，围绕一批具有重大产业变革前景的颠覆性技术，加快布局新智能、新网络、新健康、新金融和新零售等交叉应用领域。在南京市的产业战略布局下，秦淮区将自己的主导产业从"4+1"的产业基础拓展形成"4+4"重点产业体系，即聚焦高端商务商贸、现代金融、文化旅游、软件和信息服务 4 个主导产业，发展认知物联网、车联网、人工智能和大健康 4 个新产业。在正确把握国家、省、市的产业发展方向后，白下高新区果断明确构建以"互联网信息技术+智慧"内核的"2+2+X"新兴产业集群。

为了让大院大所大企的创新要素能够充分释放，园区通过为重点企业打造产业链的方式开展产业集聚。中国电子科技集团公司第五十五研究所坐落在秦淮区内，该所是我国大型电子器件研究、开发及应用研究所之一，拥有砷化镓微波毫米波单片和模块电路国家重点实验室以及大量科技人才。白下高新区与五十五所达成了战略合作，共建产业研发中心。由白下高新区投资 1 亿元，对五十五所释放的创新载体进行品质提升，同时与新型研究机构合作孵化企业。数十家高质量芯片应用企业入驻白下高新区，为五十五所提供上下游配套。

伴随"一区多园"和秦淮硅巷的打造，白下高新区在核心区之外，对不同分园的产业发展方向也进行了规划。南京航空航天大学位于秦淮区内，具有天然的地理优势。白下高新区与南京航空航天大学开展了深度校地合作，先后围绕南京航空航天大学周边打造了秦淮硅巷、南京航空航天大学秦淮创新湾区、南京航空航天大学秦淮硅巷科技园，并将南航的航空航天优势与特色定位为白下高新区的主导产业方向之一，重点发展航空航天技术研发。金陵智造创新带则把智能制造和工业物联确定为主导产业方向。不同分园之间仍然以电子信息、智能制造、物联网和军民融合为主基调，在具体产业上又各有侧重，已经形成主导产业集聚的态势。以秦淮硅巷为例，2020~2021 年上半年入驻秦淮硅巷的新增 303 家主导产业企业中，有电子信息企业 125 家，智能制造企业 81 家，物联网企业 92 家，通用航空企业 5 家。

2019 年，联通物联网总部入驻白下高新区的门西片区。2020 年 4 月，白下高新区与百度 Apollo、亚信集团深度合作，启动建设省级车联网先导区，并于 2020 年 12 月建成。这一"一体两翼、分区迭代"的车联网产业创新基地，成为江苏省十大标志性工程之一。秉承围绕战略新兴产业的产业链企业集聚的战略构想，白下高新区把这些头部企业的入驻视作引导和集聚产业的契机，进一步明确了将认知物联网和车联网作为细化的产业发展方向。目前，白下高新区已经集聚并逐渐形成了云计算和大数据、认知物联网、车联网、人工智能四个主要的战略新兴产业集群，在全省高新区中独具特色。表 3-1 比较了南京市内的国家级、省级高新区的主导产业分布。

表 3-1　南京市国家级、省级高新区主导产业一览

	批准时间	规划面积（平方千米）	主导产业	备注
南京国家高新技术产业开发区	1988 年	160	软件及电子信息、生物医药、卫星导航应用	
江宁国家高新技术产业园（分园）	1994 年	28.94	生命科学、高端装备智造、软件信息	
新港国家高新技术工业园（分园）	1992 年	39.2	光电信息、生物医药、智能装备、科技服务	
江苏省南京白下高新技术产业园区	2001 年	2.29	云计算和大数据、认知物联网、车联网、人工智能	一区五（多）园
江苏省高淳高新技术产业开发区	2016 年	5.57	高端装备制造、节能环保（含新材料）	三区一园一基地
江苏省麒麟高新技术产业开发区	2016 年	9.15	人工智能、信息技术、科技服务	
江苏省南京白马高新技术产业开发区	2016 年	9.98	现代生物农业、高端装备制造、现代医药和现代服务业	生物农业特色
江苏省南京徐庄高新技术产业开发区	2017 年	3.32（占地 0.87）	软件和信息服务、生物医药健康	一区四园，南京本土创新企业总部集聚地
江苏省南京建邺高新技术产业开发区（筹）	2021 年	8.32（三区块）	金融和科技服务业、数字经济，以及科技服务、现代商贸	一区多园，数字经济区域总部
江苏省南京鼓楼高新技术产业开发区（筹）	2021 年	5（占地面积 9.96，三区块）	软件互联网、金融和科技服务业	一区多园（三大板块+七个大学科技园）

截至 2020 年，白下高新区已经集聚企业 1900 多家，培育高新技术企业突破 300 家，上市企业 25 家，培育独角兽企业、瞪羚企业等高成长型企业 24 家，落地新型研发机构 18 家，建成南京市首家省级车联网先导区，并在工业和信息化部发布的《2020 中国智能网联汽车示范区评析》中的地方级示范区综合实力中排名第二。园区内认知物联网、车联网、人工智能、大健康四大新兴产业总规模达 535 亿元。

三、白下高新区的战略定位特征

园区的空间布局必须切合园区的产业类型，满足使用主体的需求，力求空间和产业联动设计。白下高新区由于规模狭小，中小型企业比例较高，相对于大型开发园区功能空间混合分布的布局模式，其功能分区非常明确，逐渐形成了独具特色的空间结构及产业布局。

（一）"一区四园一带"布局结构，构筑全域创新格局

白下高新区于2001年4月由原白下区政府与南京理工大学合作建设国家大学科技园起步。20多年来经过校地共建、筑巢引凤、多园拓展、创新驱动等发展阶段，逐步实现由聚焦核心区向辐射东部集聚区、由单一园区向"一区多园"转变。2017年，高新区整合中航科技城、紫荆科技园等多个都市科学园，形成以白下高新区为核心，南工院金蝶大学科技园、紫荆科技园、光华科技园、中航科技城与金陵制造创新带"一区四园一带"的布局结构（见表3-2）。

表3-2　白下高新区"一区四园一带"概况

园区名称	区位与范围	区位优势	面积
白下核心区	秦淮区东部，范围在京沪铁路以南，东部与北部以运粮河为界，西至双麒路，南到石杨路	位于主城之内，内外交通极为便利，紫东科学城的重要组成部分，南京都市圈战略下衔接周边城市的重要空间节点	占地面积2.29平方千米
中航科技城	北至中山东路，南至瑞金路，西至龙蟠中路，东至解放路	地处南京东西方向轴线、秦淮区核心位置。交通便捷，商贸繁华。资源禀赋优异，地理位置优越	园区占地面积约20万平方米，现有建筑载体面积逾6万平方米
南工院金蝶大学科技园	中山东路532号	周边环境优美，基础设施完备，道路网络健全，毗邻明故宫文化遗址，文化底蕴深厚	园区占地面积2.3万平方米，载体面积4万平方米
紫荆科技园	位于秦淮区标营4号、光华东街6号和1号	原五三一一厂区，南京蓝普电子股份有限公司、南京汽车仪表厂、南京电子陶瓷总公司厂区旧厂房	园区占地面积7.5万平方米，现有建筑载体面积8.1万平方米
光华科技园	秦淮区石门坎104号	原江苏经贸职业技术学院白下校区，自然环境优美，地理位置优越，科研院所密集，园区周边社区成熟，公共配套完善	园区占地面积5.3万平方米，现有建筑载体面积4.3万平方米
金陵智造创新带	西起应天大街与晨光路交汇处，沿原红花机场油库运输铁路线向东南延伸至大明路	北望夫子庙，南邻南部新城。应天大街高架、地铁3号线等主要交通要道穿过创新带，是南京主城核心区重要入口	规划总面积约220万平方米

资料来源：根据白下高新区官方网站及各园区官方网站公布资料整理。

核心区拥有自建载体7处，分别为五栋厂房、软件信息服务中心（三号楼）、云计算创新基地（四号楼）、智能交通大厦（五号楼）、金融中心、南理工孵化大楼、国际人才孵化大厦。五栋厂房共分为A、B、C、D、E五栋楼宇，载体总面积为30852.6平方米。另外还分布众多的企业载体，包括华设设计集团、南京建筑设计院、汇鸿大厦、星展大厦、华典大厦、锋晖大厦、合荣欣业大厦、LG南理工科技园A2楼、必得大厦、德兰大厦、首屏大厦、斯坦德大厦、东显大厦、天安数码城、华典北楼、住建大厦、智方大厦、生命源大厦、三才大厦、弘瑞大厦等。

2018年，园区在"一区多园"的基础上启动城市硅巷建设，同时高效推进秦淮硅巷拓展区（金陵智造带）与协同区（门西地区）等特色片区的打造，土城头一号、大明路商办楼、门西青年创新港等项目稳步推进，秦淮硅巷总体形成了核心区、拓展区和协同区的整体空间发展格局。

白下高新区虽然面积不大，但载体位置却相对分散，呈现散点状分布的空间特征。科学园的分布由东至西、自南到北几乎覆盖秦淮全域。白下高新区通过全面梳理存量资源、充分利用秦淮区资源现状、多举措拓展创新空间，形成"一区引领、多园发力"的发展格局。因此，不同于典型意义的科技园，白下高新区不是一个集中的大规模的科学园，也不是一个规划单元，而是采取创新街区模式，将创新空间嵌入秦淮区的大街小巷，覆盖秦淮区划的整个范围，以创新理念为引领，构筑秦淮全域创新格局，全面推进创新型城市示范区建设。

（二）"簇群式"产业布局，培育形成特色产业集群

随着载体的不断兴建，白下高新区的招商思路与产业布局逐渐明晰。从最初的粗放招商，到顺应国家及南京整体产业结构决策选商招商，再到产品链招商、联动招商，不断壮大主导产业的规模，提高产业集聚效应。

高新区积极推进特色园区打造。各园区根据所在区域的空间特色，以龙头企业为核心，按照"一个园区重点培育一个特色产业"的要求，结合各片区包括多园各自的资源禀赋和基础条件，规划明确主导产业。例如，核心区载体四号楼只做云计算；光华科技园、中航科技城、金陵制造创新带、门西协同区等则围绕金城集团的中航无人机系统有限公司、金陵制造研究院、联通物联网、中电新股研究院等龙头企业，汇聚关联的上下游企业，形成产业集聚。新兴建的载体，则在建设之前就充分调研，明确产业意向。如正在建设的设计科学园，建设之前就明确定位为设计产业；江苏无线电厂正在兴建的企业科学园，则是定位为微信通信、5G等产业，未来被纳入的企业均须匹配园区产业定位。目前，核心区、硅巷各科学园以及拓展区、协同区，每个片区包括多园均有明确的主导产业，初步形成"簇群式"产业空间布局模式，主导产业集聚度和特色产业首位度成效显

著。白下高新区各园区产业空间布局如表 3-3 所示。

表 3-3　白下高新区各园区产业空间布局

园区	大校大所大厂资源	龙头企业	主导产业
中航科技城	原中国人民解放军空军 21 厂、金城集团老厂区，毗邻南京航天航空大学	中航无人机系统有限公司	科技、高端商业商务
南工院金蝶大学科技园	原为南京工业职业技术大学中山校区、南京轻工机械厂厂区		电子信息、软件与信息服务、新能源开发
光华科技园	原为江苏经贸职业技术学院白下校区，毗邻南京理工大学		电子商务、物联网技术开发与应用
紫荆科技园	原为五三一一厂区、南京蓝普电子股份有限公司、南京汽车仪表厂、南京电子陶瓷总公司厂区		航空电子、信息技术
金陵制造创新带	西起应天大街与晨光路交汇处，沿原红花机场油库运输铁路线向东南延伸至大明路，规划总面积约 2.2 平方千米	江苏金陵智造研究院有限公司	工业物联网和智能制造
环南航创新湾区		南京航空航天大学	航空航天产业
江苏无线电厂科技园		江苏无线电厂	电子信息产业

中航科技城建在明故宫西安门遗址、原明故宫机场旧址、中国人民解放军空军 21 厂、金城集团老厂区上，依托南京航空航天大学科研优势，结合中航科技城的区位特点及资源优势，以打造中国首个以航空科技为内核的科技研发中心、最具活力的校地融合创新高地、顶级的航空科技产业发展平台为愿景，主导产业定位为科技、高端商业商务。

南工院金蝶大学科技园由南京工业职业技术大学、深圳金蝶集团合作共建。园区与明故宫文化遗址毗邻，周边环境优美，基础设施完备，道路网络健全，文化底蕴深厚。依托南京工业职业技术大学的学科技术与金蝶集团的产业优势，结合区域经济发展需要、产业结构升级优化的需求，主导产业定位为电子信息、软件与信息服务业和新能源研发。

南京光华科技产业园位于原江苏经贸职业技术学院白下校区，坐落于紫金山南麓月牙湖畔，自然环境优美，地理位置优越，科研院所密集，园区周边社区成熟，公共配套完善。该园区充分利用周边学校、科研院所的人才、科教优势，重点发展基于互联网的电子商务、信息服务业，逐步建成以互联网技术应用为特色的、具有一定影响力的示范园区。

紫荆科技园由原五三一一厂区、南京蓝普电子股份有限公司、南京汽车仪表厂、南京电子陶瓷总公司旧厂房品质升级改造而成。紫荆科技园主导产业明确为航空电子、信息技术，并致力于带动周边约 10 万平方米的科创载体实现产业转型升级，打造特色产业集聚区，促进区域经济的发展。

金陵智造创新带项目规划范围西起应天大街与晨光路交汇处，沿原红花机场油库运输铁路线向东南延伸至大明路。创新带以江苏金陵智造研究院有限公司为主体，通过优化整合区域内优势资源，将"科技+文化"相结合，重点建设智能制造能力中心、智能制造专业实验室、行业解决方案研究中心、人才培养平台和创新创业平台五大板块，形成智能制造、创意设计、电子通信等特色新兴产业的聚集。

目前，多个园区产业集聚效应初见成效。光华科技园获评市级现代服务业集聚区；南工院金蝶大学科技园获评南京市小企业创业基地，并且第二次被认定为江苏省大学生创业示范基地，紫荆科技园东八区获评南京市小企业创业基地。

"簇群式"产业空间布局，使一批具有紧密分工与协作关系的企业汇聚园区，促进产业集聚发展。大量的研究表明，集聚与增长相伴而生。集聚能够充分发挥关联企业的协同效应，实现产业基础设施共享、推动资源整合，并能够降低和减少高新技术企业发展的不确定性。

（三）"紧凑式"发展模式，探寻集约高效、精明增长的发展路径

紧凑城市是一种充分利用已有城市空间的发展理念，是一种针对城市无序蔓延问题的解决方案，属于填充模式的城市用地扩展类型。研究发现，填充类型扩展模式是能源消耗最小的城市用地扩展方式。Thamas 和 Cousins（1996）指出，紧凑城市使得城市内各部分间的距离缩短，降低了人们对汽车的依赖，减少了污染物，降低了能源消耗，改善了公共交通服务，总体上提高了城市基础设施和已开发土地的利用效率（张宏波，2009）。

目前，城市化、郊区化、新城、科学园、高新区等方面的理论和实践研究被越来越多的学者所关注，经济功能区面临的盲目造城、规模扩张、产业布局重叠等现象引发广泛讨论，高新区规划的理论和方法也不断得到充实和完善。

研究表明，因为无法借助主城力量，在交通道路等基础设施方面需要自立门户，远离主城的大规模飞地型高新区往往都不够成功。而且传统的空间扩张增长模式造成大量土地资源的浪费，使城市发展陷入一种低水平的循环之中。因此，园区规模越大越好的观念正逐步被抛弃，紧凑型城市发展理念正逐步兴起。

白下高新区布局在主城之中，是南京市第一个位于主城范围之内、区位优越、环境优美的小规模高新区。但是白下高新区土地范围相对狭小，园区空间规模受到严格限制，因此紧凑发展模式是白下高新区发展的基本定位和基本选择。白下高新区通过淘汰落后产能或搬迁工厂，对老旧厂房及载体进行升级改造和功

能置换，集约高效地进行土地开发。同时，利用区位优势及科创资源优越的特点，培植合理的特色产业，逐步将白下高新区打造成为特色产业的培养极，成为探索集约高效、精明增长发展路径的先行者。

（四）"集群化"孵化器空间分布，助力科技型创新企业孵化

孵化器也称"高新技术创业服务中心"，它是一种专门向新生的科技型中小企业提供有利的共享空间设施和便利服务保障的机构组织。

孵化器是高新园区的重要组成部分。在我国，孵化器的空间形态分为三种：第一种是由于用地规模有限和园区开发时序的限制，在已建成的园区建筑中划出一定空间作为孵化器。第二种是科技园有充足的发展空间，选取专门用地建设孵化器集群，满足高科技企业孵化的要求。第三种是选择开发区附近的已有厂房、办公楼或住宅建筑，并对其进行改造，使这些建筑空间适应科技园孵化器的要求。

白下高新区是在南京理工大学国家大学科技园的基础上改建而来。在兴建之初，就把重点放在对中小型创新创业企业的发掘上，尤其关注大学老师科技成果转化，因此开发初期即设有专门的孵化大楼（南理工孵化大楼）。在空间尺度和研发设施等方面为新创的高科技企业提供较为专业的保障措施，较好地满足高科技企业孵化的需求。核心区现已初步形成以南京理工大学国家大学科技园为基础、四大孵化器为重点、众创空间为补充的创新创业孵化集群，其中国家级孵化器 1 家，省级孵化器 1 家，市级孵化器 2 家；建成紫云创益工场、二月兰创新工坊、白咖啡·众创空间、南理知桥 4 家众创空间，其中国家级众创空间 1 家，省级众创空间 2 家，市级众创空间 1 家，已建面积超 4000 平方米，创新创业生态各具特色。

在硅巷建设开发过程中，通过对已有厂房、办公楼甚至住宅建筑的改造，又布局了数个第三种形态的孵化器，这些孵化器区位较好，并能够借助城市的基础设施和科技、经济等资源，具有一定的区位优势。白下高新区孵化器现状如表3-4 所示。

表3-4　白下高新区孵化器场地状况和使用状况

序号	孵化器名称	孵化场地面积（平方米）	服务用房（平方米）	累计孵化企业（家）	本年度在孵企业（家）
1	南理工孵化大楼	45165	31615	130	79
2	南京市紫云云计算专业孵化器	27000	25000	46	75
3	南京市白下高新永丰科技企业孵化器	16809	12100	23	45
4	南京市秦淮区科技创业中心	14465	12200	16	61
5	南京市白下科技创业服务中心	20000	8350	16	44

序号	孵化器名称	孵化场地面积（平方米）	服务用房（平方米）	累计孵化企业（家）	本年度在孵企业（家）
6	南京市创盈未来科技企业孵化器	12000	11270	20	40
7	南京天安数码城科技创新中心	30200	14000	12	32
8	南京东显网络科技企业孵化器	5600	4000	2	20

目前，白下高新区孵化器面积达 171239 平方米，广泛分布于核心区与硅巷核心区内。孵化器在高新区发展中所起的作用举足轻重，其建设仍是高新区后续开发的重要内容。

（五）"全方位"合作大校大所大企，探索产学研深度合作模式

由前所述，高新区的区位选择具有创新源邻近的显著特征。相对于良好的产业基础，技术创新和人才的多少对高新区的发展更为重要。大学与研究所是重要的区域创新主体和区域创新发展的贡献力量。世界各国成功的科技园在地域上都与大学邻近，以有利的科技环境为依托，企业围绕大学和研究机构集聚，学校与企业互利互惠，形成大学、企业、研究机构紧密相连的布局模式，如表 3-5 所示。

表 3-5　世界知名高新技术园区及其周边大学

高新技术科学园	周边主要大学	所在地区
硅谷	斯坦福大学、加州伯克利分校等	美国旧金山地区
剑桥科技园	剑桥大学等	英国剑桥地区
法兰西岛科学城	集中了法国60%的高等院校	法国巴黎大区
筑波科学城	国立研究教育机构47个	日本筑波
班加罗尔	印度理工大学，印度科学研究所	印度班加罗尔
新西伯利亚科学城	国立新西伯利亚大学等20多所大学，100多个研究所	俄罗斯新西伯利亚
肯特岗科学园	新加坡国立大学，新加坡理工大学等	新加坡
新竹工业园	台湾清华大学，台湾交通大学	中国台湾
中关村科技园	集中了北京大学、清华大学等39所高校，中国科学院、中国工程院等200多家科研院所	中国北京

资料来源：洪群联．产业集聚与区域创新研究［D］．武汉大学，2010.

白下高新区地理位置邻近南京理工大学与仙林大学城，区内集聚南京航空航天大学、解放军理工大学、中国电子科技集团第五十五研究所、中国航天科工集团八五一一研究所、中国人民解放军第五三一一工厂、金城集团、晨光集团、宏

光空降设备厂等一批大院大所大企。园区大学与科研机构相对集中，具有雄厚的科研实力、浓厚的创新氛围和丰富的人才资源。

自创建以来，白下高新区依托丰富的院校研究机构和军工资源，深入对接大院大所大企，实现资源互通、优势互补，不断摸索创新园区、高校、企业三方合作模式。

合作共建的"南理工模式"。2001年白下高新区起步于白下区政府与南京理工大学合作建设的国家大学科技园。20多年来，双方资源优势互补，一直保持深度合作。双方合作建设的南理工大学科技园一直是白下高新区重要的"科技企业孵化基地"。同时双方还全力推动"中国高校知识产权运营交易平台"建设，期望架起高校、企业、市场三方融合创新桥梁，打通高校科技成果转化路径。2017年，响应省、市、区及高新区产业、人才、科技、创业的相关政策以及学校双创政策，高新区迅速行动，与南理工签署共建国家级双创示范基地协议，共同推进国家级双创示范基地"紫金创谷"建设。示范基地面向创业创新全过程，规划构建初创谷、科创谷、海创谷、企创谷和产业谷，整合孵化、中试、加速等环节，通过高效的组织模式和企业的聚集效应，大大提高科技成果转化效率，实现大学生创业平台、教学科研创新平台、企业创新平台和综合服务平台四大功能定位。

院所司企高度联动的"环南航协同创新"模式。"环南航创新湾"西至龙蟠中路、北至中山东路、东至月牙湖、南至秦淮河，占地面积4.3平方千米。"环南航协同创新"建设积极探索"湾区+"模式，充分运用南京航空航天大学、中国电子科技集团第五十五所等本地高校院所资源以及国际创新广场等海外资源平台优势，建设集中介、法律、金融、生活为一体的"无边界"创新"综合体"。并确定以航空通信为主导、军民融合为特色，充分整合院所、企业、平台等科技成果、厂房载体、人才资源，建立联合招商工作机制，采取"院所"联合招商、"校友"资源招商、"多园"协同招商等方式，推动环南航科技创新产业资源集聚。

第三节　高新区的产业选择与空间布局优化路径

高新区产业选择与布局是一个长远全面的发展构想，其主要任务是从园区的专业特点、功能构成和基础特征出发，明确科学园的产业发展方向和目标，对园区总体建设包括土地利用、基础设施、园林环境等方面做出总体部署和统筹安排。园区的布局规划与发展定位是资源环境、位置规模、经济产业、文化政策综合作用的结果，其布局定位与发展路径应该体现各自资源禀赋的差异。高新区建设与管理并不是一个抽象理论构建，它需要回答高新区发展的现实挑战，从理论角度来探索高新区发展的基本规律。

目前，高新区的产业选择与空间布局普遍存在三大难题：第一，产业选择的雷同性。主导产业主要集中于电子信息、先进制造、新材料、生物医药，有研究表明长三角和高新区之间的结构相似度，上海和浙江为 0.70，上海和江苏为 0.84，浙江和江苏的相似系数达到了 0.91。高新区陷入产业雷同"魔咒"，必将引发高新区间的过度竞争。第二，产业选择混杂，内生造血薄弱。这种情况与短期经济增长压力、招商难度大和历史遗留问题有很大关系，难以引进好的、科技含量高的项目。如某园区产业类型多元，其中传统制造业比重过大，三产主要以房地产开发及零售批发为主。同时，产业链发展不足——以中端制造环节为主，高附加值环节比例欠佳，四大特色产业（智能制造、软件与电子信息、生物医药、北斗卫星）与低端制造产业并存（饮料制造、矿物制造、橡胶与建材制造、化学材料制造）。先发产业优势逐步丧失，产业内生造血功能薄弱。第三，用地粗放低效。不少高新区实际上建设用地使用大多较为粗放、产出效率不高。企业空间布局杂乱，城中村、旧住宅区等整治难度大，用地效率低下且难以置换。建设用地产出效率甚至低于所在城市辖区的平均水平。

在产业发展方面，白下高新区经历了三个阶段：第一阶段，坚持引育并举，紧抓科技创新"牛鼻子"，推动云计算大数据、智能交通等主导产业企业走向"顶天立地"。第二阶段，在全市新兴产业链中找到坐标、发出声音、彰显特色，瞄准物联网产业，以重点企业为引领，加快建链强链补链，进一步提升产业集聚度。第三阶段，以"十四五"期间"再造一个白下高新区"为目标，加快发展承上启下的主导产业，前瞻布局快速增长的车联网、无人机等新兴产业，构建协同发展的产业体系。白下高新区转型发展也是一个不断探索的过程，虽然难以断言白下高新区已经解决了高新区产业选择与空间布局难题，但是，可以看到白下高新区的发展经验为解决三大难题提供了有益思考，概括起来主要为以下三点：

一、打造创新技术极区，实现创新驱动发展

高新区是承载创新活动产生的载体、引领自主创新的前沿阵地。高新区的发展归根结底来源于区域的学习与创新能力，打造创新技术极区，是高新区的使命。目前我国高新区的主要生长点依然定位于招商引资，发展导向依然偏重于产业增长催生下的以扩张为导向的新区发展模式，科技研发原创实力不足，创新孵化功能较弱，未能充分体现其为城市发展提供创新示范的重要功能。目前，几乎所有高新区的发展实质上已经成了工业园区。白下高新区应充分利用南京科教资源禀赋，特别是辖区内拥有南京航空航天大学和中国电子科技集团第二十八研究所等著名高校和科研单位，集中力量致力于创新源的空间集聚，将打造技术极区作为白下高新区的主增长极。

克服招商引资的扩张模式，彻底转换思路，以"研发—孵化—产业化"发展路径颠覆传统的招商引资扩张模式，打造技术极区，真正实现创新驱动发展。根据技术极区位模型，与创新源（大学与研究机构）空间邻近及创新源与厂商之间互相联系与协调发展是建构技术极区的重要前提条件。为此，需要重视以下问题：第一，转变观念。与传统观念不同，科技型中小企业才是我国自主创新的主体和城市经济增长的新动能、新引擎。创新速度不断加快，创新周期不断缩短，也不断有企业在竞争中出局，能否持续衍生科创型小企业是评价高新区创新能力的重要因子。硅谷指数中有一个重要的反映创新能力的指标，就是高成长性公司的数量。因此，与企业规模无关，重视"技术草根"才是创新活动良性的开始。第二，将大学、研究机构作为高新区发展最关键的支持系统。硅谷成功的关键即得益于斯坦福大学与企业的长期良好互动。因此，瞄准高校与高技术转移，发挥白下高新区校地联合的传统，进一步探索产、学、研合作新模式，努力将高新区打造成为大学—工业合作模式的实验区。第三，将高新区作为"创新创业"的战略基地，通过政策激励引导科研单位入驻，引导优秀科技人员与企业合作，建立大学、科研院所与高新园区合作互利的战略协作关系，在技术创新和生产力之间建立起畅通的双向通道。

二、强化"科技创新孵化"功能，建设特色科技产业培育中心

高新区发展的主要路径为招商引资和孵化发展。一般来说，招商引资与孵化发展之间并不存在矛盾和权衡，两者都是促进高新区稳定增长的工作重心。白下高新区地界狭小，开发建设空间极其有限，在招商引资方面空间优势不够显著。在园区建立初期，白下高新区也面临占地面积小、缺少龙头企业、没有找到产业聚焦等问题。在白下高新区书记张仲金的倡导下，白下高新区反思发展思路，聚焦孵化发展，探索确立"研发—孵化—产业化"的园区策略定位与发展路径。作为白下高新区主导产业之一的云计算大数据产业，由成立初期的"紫云工程""新秦淮模式"的资源整合、摸索实践，到如今坚定信念、稳中有进，围绕数据融合和应用创新打造云计算大数据基地。高新区自主培育企业——南京云创大数据科技股份有限公司作为南京首家在北京证券交易所成功上市的企业，标志着白下高新区大力发展云计算产业取得重大成果。除此之外还有紫光、拓界、壹进制、斯坦德等知名企业，集聚云计算上下游重点企业300余家。白下高新区正迎

来云计算产业的"黄金时代"。截至 2021 年，白下高新区共有孵化器 16 家，众创空间 19 家。其中国家级孵化器 3 家，省级、市级孵化器 13 家；国家级众创空间 1 家，省级、市级众创空间 18 家。突破了增长瓶颈，从而孵育出真正根植于高新区与南京市的特色高新技术公司。

要摆脱用地粗放低效，就要提升科技创新孵化能力。积极研究企业孵化发展的内在规律，探索有效的孵化模式，有针对性地推出孵化优惠政策，以政策创新为触发机制，构建定位为以研发为主的科研孵化基地，构筑形成特色科技产业培育中心，是园区发展面临的重要课题：第一，整合本土优势资源，构建专业孵化生态体系。孵化生态体系可以帮助高新区内企业对接内外产业链优质资源，特别是高端的创新创业资源。第二，构建闭环加速器，完善科技企业加速器制度建设。填补加速器这一一直以来的缺失，真正做到"全链条"覆盖各类孵化载体，为孵化器毕业企业再送一程，真正留住优质的中小企业持续发展。第三，赋能区域"双创"服务，为在孵企业开展成长画像，实施精准发力，按需分配政策资金。

三、提升园区的创新创业氛围，形成园区发展的内生动力

高新区内的企业对政策优惠的依赖性较强，高新区常常通过提供租金优惠等政策来吸引企业进驻，企业的根植性较弱，高新区发展缺乏稳定长期的内在动力机制。世界成功的高技术区域的重要特点是具备根植于本地社会文化环境的良好的区域创新环境。园区长期稳定发展的驱动机制只能内生于高新园区的学习与创新能力，这种能力根植于创新的社会文化环境之中，形成高新区内生发展的动力机制。

从极区形成与创新环境构成角度看，创新氛围都是其中最为关键的因素。在高新产业聚集区的形成过程中，虽然政府研究资金的支持、区域的产业基础等具有相当重要的作用，但极区形成的真正关键因素是"创新文化"和"社会网络"（Grnaovetter，2000）。卡斯特尔（Castells，1989）将其统一归结为"创新氛围"，"创新氛围"被认为是技术极区产生的内生机制。

从区域吸引角度看，目前有两种观点：一是工作追随人才理论，强调宜居性、开放性、包容性等，城市的特质能够吸引人才，吸引工作机会到人才聚集的这些地区，从而带动经济发展。二是人才追随工作理论，认为城市增长更在于生产活动的空间逻辑，即高工资的创新型区域的快速增长源于地方化规模经济的形成和集聚过程，地方生产系统在循环累积因果效应中不断强化，促进了人才的集聚，从而带动区域的发展。在城市实际发展过程中，两个过程是相辅相成的。从中观区域发展的角度看，宜居、开放、包容的城市特质是人才与工作积聚的归根

结底的因素。

　　文化的形成与氛围的改变是一个长期的过程，并具有强烈的路径依赖，需要文化上强有力的引导和制度上的基本保障。因此，在舆论宣传上通过鼓励创新、宽容失败、尊重人才、倡导合作、勇于进取，培育创新氛围，塑造良好的创新文化；在制度安排上通过有效的奖惩措施、信用制度、财税制度、破产制度、知识产权保护等，为营造良好的创新氛围提供相关的制度保障，促进创新要素集聚的初步出现，并反过来促进创新氛围和空间集聚的自我加强，驱动白下高新区成为高新技术创业的理想场所，成为实质性创新活动的科技空间。

第四章　高新区基础设施建设管理：从传统基建到智慧园区

第一节　高新区基础设施建设理论基础

自创新生态环境理论提出以来，学术界就开始注意到基础设施在创新生态中的作用。2005年美国竞争力委员会发布的《创新美国：在挑战和变革的世界中繁荣昌盛》研究报告指出，创新不是一个线性或机械的过程，而是一个生态系统，在这个生态系统中影响创新的各要素——供应与需求、政策与基础设施之间存在多方面的相互作用。构建高新区现代化基础设施体系也是高新区安全保障底盘，是实现高新区创新发展的重要保障。

一、高新区基础设施的内涵、分类与功能

（一）高新区基础设施的内涵

基础设施是指为社会生产和居民生活提供公共服务的物质工程设施，是用于保证国家或地区社会经济活动正常进行的公共服务系统，它是社会赖以生存发展的一般物质条件（钟书华，2004）。基础设施不仅包括公路、铁路、机场、通信、水电煤气等公共设施，即俗称的基础建设（Physical Infrastructure），而且包括教育、科技、医疗卫生、体育、文化等社会事业，即社会性基础设施（Social Infra-structure）。作为一个高技术产业集聚地和特殊社区，高新区需要与内外两面不断进行物质、能量和信息交换，以保证高新区社会经济活动有序进行。所谓高新区的基础设施，就是维系高新区内外交流，保障生产、科研与生活的基本物质手段或功能。我国高新区建设早期提出的"五通一平""六通一平"等概念都是集中于保证园区对外联系顺畅，"通"具体内容包括供电、供热、供水、通信、煤

气、排污和道路；"平"是指平整土地。近年来，高新区面对高质量发展、高水平科技自立自强、稳增长保就业等任务要求，基础设施从传统的基础建设，转向围绕保障数字转型、智能升级、融合创新的信息基础设施、融合基础设施、创新基础设施等新型基础设施。

（二）高新区基础设施分类

高新区基础设施主要有以下类型：①交通类基础设施。由于高新区高科技企业对于高效率的追求，交通条件成为园区建设优先考虑的因素。立体便捷的交通——机场、港口以及与城市干道连接的道路共同构成了园区的通勤状况。交通影响人员往来、上班距离以及进出口贸易等。多数公司追求交通便捷，有些跨国公司甚至还有特别的需求。②市政基础设施。科技园区不仅要满足生产与办公需求，还要满足居住与生活的需要。科技园区里不仅包括供电、供热、供水、排水、通信、燃气、排污等基础设施，还需要包括园区绿化、园林景观等设施，变电站、污水处理厂等地面设施，以及供水管道、排水管网、通信光缆等地下设施。③社会服务基础设施。包括公共性的教育、科技、医疗、文体、金融等社会性基础设施，如医疗机构、教育机构等。④信息基础设施。包括以5G、物联网、工业互联网、卫星互联网为代表的通信网络基础设施，以人工智能、云计算、区块链为代表的新技术基础设施，以数据中心、智能计算中心为代表的计算基础设施。信息基础设施主要指光缆、微波、卫星、移动通信等网络设备和设施。数字园区是高新区资源要素的集聚器，数字园区为高新区的科技创新、人才培养、成果孵化、成果交易及技术辐射、社区服务提供强有力的信息化支持。⑤创新基础设施。主要是为高新区进行创新活动提供便利与保障的公共设施，如包括国家科技基础设施、教育基础设施、情报信息基础设施，以及支持产业共性基础技术开发的新型共性技术平台、中试验证平台、计量检测平台等①。

（三）高新区基础设施建设的功能

高新区基础设施建设不仅要保障自身经济产出和创新发展，还有其他功效，主要包括：①吸引外部投资。基础设施是高新区招商引资、改善投资环境和项目建设的必备硬件。良好的投资环境能够带来密集的资金、技术和人才，优化经济发展环境，美化人们的生活环境，也能够实现经济和社会的协调发展，从而实现园区从依靠政策优势向依靠投资环境综合优势的转变。②留住高质人才。高新区的基础设施建设与高新区内工作的人才的科研、生活息息相关，配套设施建设更是决定了高质人才选择高新区的首要条件。配套设施能够提升员工的生活便利程度，如高新区配备的商业服务、教育服务等，都能够吸引高质人才入驻。园区的基础设施建设也在一定程度上决定了高新区招引到的企业质量，高质量的基础设施建设意味着高新区能够更容易吸引到高质量企业，企业能够进一步吸引人才、留住人才。③辐射周边经济。基础设施的建立对带动周围经济有极大的促进效应。首先，入驻园区的企业有助于上下游企业都减少搜索原料的成本和交易费用，使产品生产成本显著降低。园区内企业为提高协作效率，对生产链分工细化，有助于推动企业群劳动生产率的提高，使厂商能够更稳定、更有效率地得到供应商的服务，进而容易获得配套的产品和服务，及时了解本行业竞争所需要的信息。其次，集聚形成企业集群，有助于提高谈判能力，能以较低的代价从政府及其他公共机构处获得公共物品或服务。通过合理规划高新园的产业功能区块，可以实现产业集聚和产业链的合理延续，进而提升产业竞争力。再次，可提供充足的就业机会和发展机会，会对外地相关人才产生磁场效应。园区内有大量拥有各种专门技能的人才，这种优势可使企业在短时间内以较低的费用找到合适的岗位人才，降低用人成本①。最后，通过园区基础设施建设，促进企业的技术研究、设备更新和产品开发，为经济发展的进一步提高奠定基础。此外，高新区的基础设施建设是高新区招商的基础保障，能够带动当地产业的升级。

二、高新区基础设施建设的经典理论

（一）基建项目管理

基建项目管理是指项目执行者在一定的限制条件下，为了达到项目预期目标，从项目执行到完成而制定计划、组织、指挥和评价等具体行为。它具有管理复杂的特征，项目通常由多个部分组成而且分工跨越多个组织部门，需要运用的知识和技术也非常繁复。项目在执行过程中会产生许多不确定性因素，这些都决定了项目管理是一项非常复杂的工作。基建项目管理包括项目成本管理、进度管理和质量管理三大核心要素。①项目成本管理主要是通过科学的方法对人力资本、物资成本及资金成本等进行安排，这些成本既包括直接成本，也包括间接成本。②项目进度管理主要是指业主与施工方之间，通过协调确定完工工期，施工方根据工期制订相应的工程项目进度计划，确保项目最终完成时间与最初的进度安排吻合。③项目质量管理是指通过运用质量计划，监控和改善的质量管理体系实现对整个项目的质量管理。基建工程项目的质量通常会受到资源、方法及环境等因素影响。

基础设施建设项目管理理论对作为甲方的高新区管理者具有如下启发性：一方面，关注项目管理的核心要素，即谨慎选择施工企业，对该施工企业的诚信考

---

① 杨书景. 智慧城市建设下智慧园区规划设计思路分析［J］. 建筑技术开发, 2021, 48（1）: 34-35.

察，避免施工企业把项目分包或转包；强化施工成本控制和合同管理，构建"两线并行"预算管理；监管项目实施，严防设计变更；确保项目能按施工组织方案一步一步实施，既保证了项目按期顺利进行，又控制了工程质量①。另一方面，强化项目风险管理。风险管理贯穿于基建项目管理的全过程，对影响项目目标实现的各类风险事件进行预先识别、监测与控制，并采取各种技术和手段，以期达到预定的建设目标②。

（二）基建项目投融资管理

基建项目投融资管理是通过对资金集中控制，产生对富余资金的投资需求以及对缺口资金的融资需要，而进行的各种专业化的投资与融资分析、决策与实施的财务活动过程。它包括明确具体的财务目标、科学预测资金需求量、选择合理的投融资渠道和方式，确保资金结构合理性，管控投融资风险等。投融资模式选择是投融资管理常见问题，目前较为常见的运作模式分为 BOT 模式、BOO 模式、O&M 模式。PPP 模式是私人投资者与政府围绕某个项目建立合作关系，彼此发挥自身优势，促进项目建设，双方实现利益、风险、责任的共享。PPP 模式可以在高新区建设过程中减少对国家投资过度依赖，减轻政府财政压力，加速园区建设步伐。

基建项目投融资管理对于高新区基础设施建设的启示在于，高新区基建项目投融资要从完善定位出发，结合部门需求和城市要求细化投融资策略，并且依据实际标准完善流程和运作模式的处理工作，打造多元合理的具体设计方案③。首先，完善定位分析。要从高新区发展战略出发，积极落实全面综合性管控方案，打造综合性开发方案。其次，细化投融资策略。秉持精细化管理原则，制定细致的投融资策略方案，实现多元管理目标。最后，有效确定流程和运作模式。依据高新区资源特点和发展模式选择合理投融资模式，最大程度减少风险，提升整体效率。

三、高新区新基建理论

（一）新基建理论的基本思想

新基建的概念首次出现于 2018 年中央经济工作会议。2020 年 4 月，国家发展改革委对新型基础设施进行正式解读：新型基础设施是以新发展理念为引领，以技术创新为驱动，以信息网络为基础，面向高质量发展需要，提供数字转型、智能升级、融合创新等服务的基础设施体系。

---

① 何渊. 建设单位对工程项目的成本控制与管理 [J]. 城市建设理论研究（电子版），2018（28）：1.
② 冯海，孙哲，陈文，等. 基于风险管理的基建项目管理理论的构建 [J]. 建筑经济，2009（4）：4.
③ 刘洋. 城市片区开发的投融资策略分析 [J]. 港口经济，2019（6）：36-37.

近年来，学术界对新基建理论思想进行了一系列探索，主要包括新基建功能、新基建特征和属性等①。新基建具有新技术、新高度、新领域、新模式、新业态、新治理"六新"特征。①新技术。是指应用的不是单一的产品技术或工业生产技术，更多的是指以数据为中心，结合信息网络和融合创新并形成循环作用的新技术链。它包括三个重要方向：基于新一代信息技术演化生成的信息基础设施；深度应用互联网、大数据、人工智能等技术，支撑传统基础设施转型升级的融合基础设施；支撑科学研究、技术开发、产品研制的具有公益属性的创新基础设施。②新高度。与传统基建着眼于短期需求和经济增长相比，新基建更多地立足于高端化、高质量、高附加值的科技创新发展，侧重产业的转型升级和现代产业体系的构建，相关战略和决策具有前瞻性且作用时间更长。③新领域。新基建具有关联度高、就业面广的特点，如物联网的建设将拉动现代制造业、现代农业、物流业、零售以及金融服务业等一系列相关产业的业务扩展。④新模式。新基建具有高技术、高收益、高风险的特点，为分散经营风险，新基建的投融资模式更加多元化。⑤新业态。"新基建"本质上是信息化经济的升级发展，与传统基建相比衍生叠加出了更多高科技、低耗能的新环节和新活动，更加符合新经济可持续发展的要求。⑥新治理。它包括数据平台的利益分配涉及隐私保护、知识产权交易和国家安全防范等问题。

（二）新基建理论与智慧园区建设

随着物联网技术、人工智能技术的迅速发展，各种类型的智慧化应用如雨后春笋般出现在人们的视野中，在此期间，智慧园区应用脱颖而出。新型智慧园区在运用先进的智能化设备、智能化子系统的基础上，结合园区的管理以及人们的生活与工作的多元化需求，创建统一的智慧化管理平台，打通了各个系统的通道，从而将各子系统有效连接在一起。同时，智慧园区借助物联网、人工智能、大数据等先进技术，建设了满足市场广大用户需求的智慧应用软件，从而实现了园区的智能化升级，促使园区的运营更加规范、更加安全，为园区客户提供高质量的服务，进一步提高新型智慧园区的价值。

智慧园区指综合运营管理平台利用先进的信息技术，在信息全方位感知与互联的基本前提下实现人、物、区域等功能系统间的互相连接，实现园区管理运行的智能自感知、自适应、自优化，从而达到方便安全、高效、环保的效果。在园区信息化应用平台建设的基本前提下，智慧园区通过整合智能化、信息化的资源，创建安监环保应急一体化园区综合运营管理系统，从而提高园区的政务管理能力、业务协同能力，提升园区的工作效率，实现园区的全方位智慧化发展。智

① 郭朝先，王嘉琪，刘浩荣."新基建"赋能中国经济高质量发展的路径研究［J］.北京工业大学学报（社会科学版），2020，20（6）：9.

慧园区的概念可以分为狭义和广义两种观点。狭义观点主要指的是：智慧园区在进行具体的建设过程中，对信息技术采取智能化的模式以及对园区中的物联网加以充分性的应用，此种观点是对基础设施信息化所具有的程度进行有效提升以及对员工工作场所进行合理化的改善，以此作为衡量园区智慧化的标准，其重点关注的是从企业和员工的角度来对智慧园区加以建设和目标规划，使"以人为本"所具有的思路得到充分的体现，最终目的是为企业和员工提供更好的服务。广义观点主要指的是：智慧园区进行具体建设规划的主要目的是使园区中的软实力得到有效的提高，而不是局限于对园区中的企业和员工场所的改善，例如，IBM 通常会将智慧园区定义为主题园区和虚拟园区，将两者进行同步性的建设，从而使国内各类高新区可以得到创新，服务与管理能够得到提升，进而能够使科技园的软实力得到综合性的提升。此种观点主要是从园区本身的角度定义，对智慧园区进行具体规划，最终的目的是将园区的核心竞争力进行有效的提升①。

智慧园区建设技术主要包括以下三种②：①物联网技术。物联网作为智慧园区建设中的重要技术，能够通过信息传感设备，根据约定的协议内容获取所需的信息，将多种信息数据借助网络连接起来，并且利用信息交换与处理技术对园区信息进行控制，使园区实现信息加工、识别、定位等功能。②架构技术。架构技术作为面向服务的技术，能够进行跨平台的数据处理，使多种服务结合起来，在智慧园区的建设中结合用户的需求开发多种应用。这种技术在硬件平台以及编程语言中存在，利用独立技术发挥功能，进行开发的时候，能够对数据结构进行定义，快速形成多种应用。采用 SOA 技术能够将多种微型服务结合起来，进行园区建设的时候，借助网络对松散耦合粗粒度数据组建进行部署和运用，之后将总线服务作为接口，实现数据的传输。③云计算技术。智慧园区数据处理有着较高的要求，采用云计算技术能够满足数据处理的需求，快速地对数据进行计算和存储，具有灵活性特点。通过云计算技术的应用可以为园区建设提供更加全面的数据处理服务，使数据共享能够发挥出有效功能，将基础设施的数据进行整合，利用云计算为各个平台提供服务，使各项设备能够高效运行，之后通过虚拟软件对网络进行定义，使数据控制服务的水平提升，给数据的分布管理提供了便利③。

（三）新基建理论思想的实践启示

从新的历史时期国家赋予高新区新的使命来看，高新区要积极响应国家战略

① 尚宝麒. 基于物联网技术的企业智慧园区建设［J］. 中国管理信息化，2021，24（5）：97-98.

② 陈峰. 基于物联网的新型智慧园区应用研究与实现［J］. 数字通信世界，2019（4）：191-192+200.

③ 谢华文. 智慧园区建设方案研究［J］. 数字技术与应用，2020，38（7）：36-37+41.

需求，主动应对当前经济下行压力的严峻形势，成为宏观经济增长的稳定器、保就业促创业的主力军。要达到这一历史使命，高新区就必须加大新基建建设。

（1）深化智慧园区建设。新型智慧园区在运用先进的智能化设备、智能化子系统的基础上，结合园区的管理以及人们的生活与工作的多元化需求，创建统一的智慧化管理平台，打通了各个系统的通道，从而将各子系统有效连接在一起。同时，智慧园区借助物联网、人工智能、大数据等先进技术，建设了满足市场广大用户需求的智慧应用软件，从而实现园区的智能化升级，促使园区的运营更加规范、更加安全，为园区客户提供高质量的服务，进一步提高新型智慧园区的价值。

（2）充分发挥"新基建"投资、保障与平台作用。首先，"新基建"是一种固定资产投资行为，具有乘数效应，可以带动经济增长。其次，"新基建"属于现代基础设施，并且是数字化基础设施，基础设施是一个经济社会的"地基"，作为数字化基础设施的"新基建"可以为我国经济数字化转型提供底层支撑。最后，"新基建"中的"基"与其说是"基础设施"，还不如说是"平台"更贴切，作为数字化平台的"新基建"为经济发展提供了新动能。

第二节　白下高新区基础设施建设

一、高新区基建主要难题

（一）土地约束问题

土地约束是高新区发展到一定程度面临的最普遍问题，在早期发展阶段，大部分高新区不顾自己的现实情况，大量圈占土地，粗放式地进行高新区载体建设，以优惠的土地政策和财政税收政策招商引资，而忽视了入区企业的经济效益和技术水平，引起了土地约束问题。引起高新区土地约束的原因有多重，除了自身土地限制外，也与自身的使用不合理密切相关。

高新区竞相出台优惠政策，土地出让金和税收大量流失。为了争食外资资本，各地在土地供应上运作不规范，造成了国有土地使用权出让金的大量流失。此外，高新区的土地管理也存在问题，如管理混乱、生地使用不规范等。有的地方和企业在办理农用地转用报批手续后，不是按报批时的项目实际需要供地，而是尽量扩大用地规模。国土管理部门按照现行的审批方式很难控制，只能被动供地。

（二）发展平衡问题

发展平衡问题是高新区在开发阶段面临的急于资金回笼和积极促进基础设施建设的矛盾以及促进招商与产业布局的矛盾。我国大批的高新技术开发区是 20 世纪 80 年代末 90 年代初经国务院批准成立的。经过多年的发展，高新区已经成为我国最具活力的投资热土，是我国推进科技产业化、高新技术孵化，带动和辐射区域传统产业升级改造的生力军，但在最开始，开发区主要是靠廉价土地、税收优惠等政策吸引企业入区；在开发建设方面主要靠银行融资及土地收益"滚动"式开发。在启动阶段，由于缺乏经验，高新区刚刚起步又急于形成规模，直接导致园区在产业布局、功能定位上的不明确和混乱。

环境保护存在"死角"，园区可能存在片面追求经济增长速度，不重视环境保护的情况。主要表现为：受园区管理体制的制约，园区自设的环境管理机构无法全面履行监管职责；部分园区内部布局混乱，不同行业交叉污染；环境监督执法工作不到位，排污收费制度不能严格执行；环保基础设施不完善，综合优势难以发挥。

（三）资金运作问题

高新区是区域经济发展的重要引擎，是体现地区竞争力的主要标志，是承载产业和项目的直接载体。在新的形势下，如何壮大投融资体系、解决园区建设资金需求，是一个十分紧迫而又重要的问题。首先，长期以来，园区建设资金主要依靠政府投入、抵押贷款和土地出让，融资困难较大。由于融资平台完全是贷款平台，本身不具备"造血"功能，导致基础设施建设等无法进行市场化运作，制约了发展速度。其次，融资方式不够灵活，部分园区金融意识不强，有的甚至没有设立专门的金融工作部门，融资的办法也不多，在直接融资和间接融资上都没有大的突破，资金的筹措渠道比较单一，主要依靠财政投入和一定的负债投入，其他融资方式获取的资金规模非常有限，很难满足建设的需要。最后，开发市场化程度不够高，有的园区尚未成立开发建设公司实施资本运作，有的虽然采用"政企合一"的开发模式，但由于合作的公司实力不强，缺乏经验，导致主体融资风险较大，资金沉淀、占用严重，园区发展缺乏后劲。此外，开发建设公司的经营决策经常受到园区管委会的行政制约，这也可能影响开发的效率。

二、白下高新区基础设施建设经验

（一）分批提速——招商与建设并行

白下高新区在载体设施建设期间，为快速进入正常运营，采用边建设边招商模式。在载体建设过程中，采取分批建设，全体成员分为不同的项目小组，极大地提升了建设速度，也为快速形成产业化提供了保证，具体如下：

（1）完善项目管理组织结构，加大项目推进力度。白下高新区基础设施建设过程中组织内部职能明确，优化组织架构。白下高新区梳理整合管委会内部重叠职能，尽量将建设管理职能专业化、统一化，对于重要基础设施建设项目管理成立领导小组，以领导小组协调处理管委会内部事项，管理组织机构建立时统筹考虑到项目建设不同阶段的管理、协调任务，做到建设任务全覆盖，同时明确建设管理职能部门作为项目责任单位，负责项目的扎口管理。白下高新区补充、完善基础设施项目管理制度。白下高新区管委会根据部门实际情况完善、细化现有项目管理制度及规定，建立完善的内部专业人员管理制度，确保基础设施项目建设顺利，使基础设施项目实施做到有法可依，有章可循。

白下高新区拓展项目推进工作机制，对于项目面临的问题，采取灵活多样化的方式予以重点突破。一方面加强对各重大项目的定期走访，继续完善项目日报、周推进例会、微信工作群等工作机制，第一时间了解项目进展，知项目所需、解项目所急；另一方面增进各重大项目之间的沟通交流，分享项目推进经验，精准判断项目所遇困难，通过多方发力、统筹协调，共同解决项目推进的制约因素，保障建设时序进度达标。

（2）完善监督体系，加强追责机制建设。白下高新区建立和深化基础设施建设全过程监督机制。根据基础设施项目建设程序，建立项目实施事前、事中、事后全过程监督机制，理顺各部门的监管职责，明确项目各环节的监管任务、目标和责任部门，从而防止出现职能交叉、监管空白，形成对基础设施项目建设的全过程监督。白下高新区加强基础设施项目后评价体系建设，根据项目特点、规模选择具有一定影响力及具有较大规模的作为后评价对象，然后根据社会反馈，结合国家相关的规范标准，并依据建设管理合同、建设目标任务建立一套完善的基础设施项目评价体系对项目实施后的社会效益、综合经济效益进行分析评价。白下高新区建立社会监督机制，提高基础设施项目建设的透明度，定期或不定期向社会公布项目实施情况及效果等项目信息，接受工作监督，逐渐建立起社会监督及舆论监督体系，发挥大众监督及舆论监督职能，有利于防止项目腐败，提升基础设施项目效益。完善合同条款，强化管理目标的责任追究制度，政府所签订、委托的相关管理合同是对所委托的建设主体进行目标评价、责任追究的基础和依据，为此完善建设管理合同相关条款，明确建设管理任务、建设目标、权利责任、安全工期造价控制目标等。

（3）加强机制创新，提升工作效率。白下高新区注重引进外部人才和加强内部人才培养相结合，努力创新人事体制，根据需要引进工程建设复合型人才，同时加强对现有职能部门工作人员在工程管理、工程招标、项目审计等方面的培养，拓展其知识面，为项目的进度管理、总价控制、质量把控等方面奠定良好基础。白下高新区加强激励和约束机制建设，充分提升工作效率以及提高参建单位的责任感和积极性。一是对内研究设定项目管理目标及奖惩制度；二是对外明确项目建设目标，设立赔偿和奖励细则。白下高新区实行政企分开、项目建设管理企业化，充分利用平台公司，由平台公司独立进行运作，承担项目的建设管理职责，实行项目建设管理企业化。

案例4-1：秦淮硅巷科技交流中心数字展厅建设

秦淮硅巷科技交流中心数字展厅在建设过程中，极大地体现了白下高新区协同工作的优势。秦淮硅巷科技交流中心数字展厅位于秦淮硅巷国际创新广场主楼四层，建筑面积2136平方米，区域内布局复杂，分为秦淮硅巷交流中心、党建引领展示区、五三一一厂展示区和公共空间等多个区域，展厅工程装饰装修工程内容包括基础装修、消防改造、电气智能化、安防以及多媒体等多项内容，打造集体形象展示、能力介绍、业务交流、政治教育等功能为一体的综合性展厅。数字展厅是未来硅巷片区形象宣传会客的重要窗口，也是秦淮硅巷片区党政展示与宣传阵地和政企互动交流的平台。根据实际使用的需要，要求率先完成党建展示区、秦淮硅巷展示区、接待室、会议中心区域建设，工期也由原本合同约定的100天缩短至24天。面对极短的工期，繁重的任务，为保证顺利按时间节点完成任务，白下高新区规划建设部制定了针对性的赶工措施，做到上下齐心勇担责任，多措并举推进建设：

首先，人员保障到位。所有项目现场管理人员自觉放弃了节假日和休息日，24小时驻场办公，实时跟进，及时进行反馈协调；快而不乱，编排细化到每天的施工节点，扩大施工队伍，组织连续作业施工模式，确保各施工组互相配合工序，严格按照计划分部时间节点完成施工。其次，技术保障到位。充分发挥EPC项目优势，做到设计与施工同步进行，技术问题随时优化，并安排专业设计人员驻场指导，掌握施工动态，及时解决施工中出现的各类问题。最后，材料保障到位。紧张有序进行设备采购，与各种材料、设备厂家充分沟通达成协议，提前部署好保证项目所需材料及时供应到位。在相关领导的关心和各部门的全力支持配合下，最终于2021年4月14日提前顺利完成了党建展示区、秦淮硅巷展示区、接待室、会议中心区域的全部施工任务并交付使用。

白下高新区聚焦项目建设，对社会项目做到主动靠前一步服务，根据两个项目的不同特点，认真开展前期研究准备工作，做到一个项目形成一套开工计划、一条实施路径，一个问题对应一种解决方案，突破关键节点、解决关键事项，拓宽政府和企业之间的交流平台，按规章程序推进项目各环节工作，指导帮助企业推进建设流程，形成合力共同推进项目开工、建设。白下高新区始终坚持"抓项目就是抓发展，建项目就是增效益"的理念，抓好储备项目的研究推进，加强规划引导，通过项目建设服务产业发展，为产业布局和新产业蓬勃发展提供助力，为秦淮高质量发展不断注入动力。

资料来源：根据《白下高新区内部访谈资料》整理。

案例4-2：紫云智慧广场建设

紫云智慧广场位于秦淮区卡子门大街宁溧路东侧，纵享多元交通和完善配套。项目总建筑面积约28万平方米，规划产业集科研办公、总部基地、配套商业、人才公寓于一体，是秦淮区"四新工程"重要载体，是科技创新的重要阵地，是南部新城的先期启动区和核心区。

紫云智慧广场在建设过程中推动同步招商，引入总部企业长江都市，与百度、亚信合作建立车联网研究院和产业生态孵化基地，目标引进125家车联网创新企业、培养5000名专业人才。引入了天脉科技和艾科朗克等准上市企业，还发挥了对外援助功能，联合拉萨产业交流中心建成西藏产业江苏发展的窗口阵地。项目配套建设了3600平方米的人才公寓，采取酒店式管理，并与智能家居相结合，实现一键开启未来居住美好新体验。同时还建设了健身步道、网球场、篮球场等设施，丰富园区多元生态，推动入驻企业文化建设，全方位提升园区质量。

面对新冠肺炎疫情的艰难考验，白下高新区精细组织、真抓实干，紫云智慧广场提前6个月竣工。工程建设过程中使用了建设部推广应用的10项新技术，其中涵盖高强钢筋应用技术、预应力技术、基于BIM的管线综合技术和基点消声减振综合施工技术等20个子项。为加快建设进度，尽早实现项目投入使用，尽快产生社会经济效益，项目现场采取每日例会梳理完成进度，倒排计划节点，制定赶工措施，多工种平行穿插，24小时倒班，日夜兼程、加班加点，同时定人定项跟踪进度。在赶工期间，无论在安全质量、手续办理、现场治安，还是扬尘管控、夜间施工、投诉工单等方面，各级部门以最大的政策优惠、措施倾斜，全力支持、指导、帮扶项目施工，有效解决项目中遇到的各类问题，为项目提早竣工奠定了基础保障。

白下高新·紫云智慧广场加速引领全区科技创新，服务全区创新发展，带动全区新产业发展。白下高新·紫云智慧广场总部基地作为高新区重要科技创新载体，将以人工智能、车联网和物联网等新一代信息技术为主，打造以总部为引领，以培育孵化为基础的特色产业生态体系，预计在五年之后形成产业规模超

100 亿元，实现利税过 5 亿元的物联网智慧产业园。

（二）挖掘城市潜能，克服土地约束

土地约束是白下高新区基础设施建设过程中遇到的最大问题，但白下高新区对整个秦淮区的贡献却是不可小觑。白下高新区化被动为主动，冲出土地障碍，整合周围力量，构建"一区多园""秦淮硅巷"以克服困难，具体如下：

（1）"一区多园"。2017 年 12 月，南京市推出《南京市科技园区整合设立工作方案》（以下简称《方案》）。《方案》要求各区按照"一区多园"发展思路，最大限度整合科技园区资源。秦淮区响应政府号召，最终由白下高新区牵头，整合紫荆科技园、南工院金蝶大学科技园、光华科技产业园、中航科技城、金陵智造创新带，由此形成"一区多园"发展格局。

案例 4-3：南工院金蝶大学科技园建设

南工院金蝶大学科技园位于中山东路 532 号，占地面积 5.1 万平方米，总建筑面积近 10 万平方米。该园区于 2012 年 4 月 5 日由江苏省科技厅、教育厅批准筹建。2013 年 12 月，由原白下区人民政府、南京工业职业技术大学、深圳金蝶投资发展有限公司合作共建，通过江苏省科技厅、教育厅联合验收，成为江苏省首家高职院校省级大学科技园。2017 年 6 月，园区开启新征程，力求新突破，助力南工获批国务院第二批"大众创业、万众创新"示范基地，成为全国首个也是唯一一个以高职院校为依托建设的"国家双创示范基地"。2020 年，园区成功被认定为秦淮硅巷备案园区。2021 年 1 月，园区被科技部认定为"国家级科技企业孵化器"。园区充分整合政府、高校、上市公司的优势资源，成功探索了一条按照"政、校、企合作共建"模式建设的大学科技园之路。

（2）秦淮硅巷。随着城市化和科技创新的发展，秦淮区非常重视老校区、社会园区综合资源利用，鼓励学校利用老校区科研资源和空间载体，通过校地共建、校企合作、学校自建等方式，积极打造大学科技园，促进校地融合发展。

案例 4-4：秦淮硅巷·南京工业设计园建设

秦淮硅巷·南京工业设计园项目占地面积 16838 平方米，总建筑面积 51579 平方米，地上建筑面积 38723 平方米，地下建筑面积 12856 平方米，其中新建 45923 平方米，保留 5656 平方米。机动车位 312 个，非机动车位 934 个，容积率 2.3，建筑密度 37%，绿地率≥30%，建筑高度≤50 米。根据区委领导前期调研项目精神，为进一步推进秦淮硅巷科创载体建设，由区政府统筹部署，安排国资平台对项目北侧地块实施危旧房改造及周边环境整治工程，该项目征收出资主体是科创集团（国企），征收实施单位是壹城集团（国企）。自 2019 年 12 月起壹城集团启动摸底调查，截至 2020 年 12 月，完成北侧所有房屋的征收交房手续，后续将尽快完成房屋拆除和整体环境整治工作。北侧危旧房改造及周边环境整治项目不仅有利于工业设计园项目推进和后期建设实施，还大大提升了区域环境质量，优化了城市空间布局，获得周边居民的一致好评。

（三）环保为首——严格招商选商

白下高新区对于未办理环评、环保验收等手续的在产企业，限期办理完成；加强与所在市环境监测站的合作，加大监控力度，在必要条件下可以引进社会化监测机构来协助完成工业园日常环境监测工作；白下高新区结合各企业的生产及贮运情况，进一步完善事故防范和应急措施。同时白下高新区控制污染影响较大的项目引进，提高准入门槛。

按照企业入园、环保先行的原则，加快推进园区污水处理厂的建设；对污水处理厂配套管网及污水处理厂设备进行定期维护，加强监管，杜绝尾水事故性排放。加快燃气管网的铺设，实现能源结构升级，严格能源政策，在园区管网覆盖范围内的所有企业不得新建燃煤小锅炉，生产能源应优先使用天然气和电，从源头上减轻污染物的排放。

科学规划，合理安排，对园区暂时不开发的地块及时绿化覆盖或采用防尘网覆盖，避免不必要的水土流失及扬尘；及时消纳挖填方，对场地平整已形成的挖填方边坡用草席、沙袋、挡土墙等进行防护，以稳定边坡，雨季时临时覆盖；场地四周设置临时排水边沟及临时沉砂池；对开发后的道路及广场实施硬化和绿化，进行植播种草、乔木、灌木等。加强工业园内绿化与生态景观建设。

（四）优化环境——物尽其用建生态

秦淮因水兴、因水名，水是秦淮赖以生存和发展的命脉。自 2016 年起，秦淮区启动水环境整治工作，全面实行"河长制"，用水环境建设来统筹和串联全区的城市建设。永丰河流经高新区内，两岸绿荫环绕，偶有白鹭飞行，是高新区生态环境重要组成部分。永丰河水质提升，事关水环境提升工作，是打赢高新区生态环境保卫战的重要环节。

高新区雨污水管网专项整治工作，是修"面子"与治"里子"同步推进的重要举措。"一份告知，及时整改"，对存在雨污混接的 18 家企业发函，告知《南京市排水条例》，召开专项企业对接会议，通报存在的问题及部署下一步整改方案，并给予 15 天整改期。对配合度不高的企业将依法予以查处，以强力有效的手段确保整改到位；"一项工程，全面覆盖"，白下高新区雨污水管网整治项目于 2020 年 9 月启动，西起双麒路，东至运粮河西路，北到撇洪沟，南至石杨路，涉及面积约 2 万平方米，涉及的道路有紫霞路、紫光路、紫丹路、紫云大道、紫霄路、永顺路、永丰大道及永智路共 8 条市政道路，确保高新区所有管网做到雨污分流，确保污水不排入永丰河；"一个系统，实时监控"，白下高新区采用雨污水管网智慧管理系统，实时监控，对污染源灵敏探测定位，线上检测联动、线下巡查整改，做到 24 小时不间断管理，加强雨污水管网日常运营，真正做到物尽其用，优化环境。

案例 4-5：高新区雨污水管网专项整治

随着白下高新区内企业发展、产业升级，为加快水环境提升，打赢生态环境保卫战，高新区积极开展雨污水管网专项整治工作。首先，白下高新区溯源排查深度摸底。高新区委托南京市测绘院，耗时两个月，对高新区范围内所有地块、道路的雨污水管网和永丰河排口进行了全面溯源排查。通过"健康体检"、溯源、测绘，探查管道近 1500 米，探查井（座）78 个，总结出雨水接入污水井、污水管道渗漏、工业污水排入雨水井等五大问题所在，详细标注每个混接点位置和污染程度，为雨污水管网开展整治工作提供准确、翔实的数据支撑。其次，白下高新区进行综合治理与整改。高新区党工委领导多次专题现场调研水环境情况，作出指示要求。只有综合整治，政企合作，标本兼治，才能从根本上提升永丰河水质，提升高新区生态环境。经过前期排查发现，在高新区各企业地块内存在一定数量的雨污管网混接、错接、破漏等现象，导致雨污合流下河，严重破坏了高新区水质生态环境。高新区迅速采取措施，以告知函的方式，告知企业《南京市排水条例》相关规定，并召开高新区雨污水管网专项整治企业对接会，督促企业落实主体责任依法进行整改，高新区规划建设部、科创集团等相关部门人员还与设计、测绘、工程等单位成员，成立了雨污水管网整治的企业专项服务小组，针对企业错排现象，与企业对接整改工作，厘清各企业管网存在问题及对应解决方案，确保 15 天整改期内有效整改到位。项目西起双麒路，东至运粮河西路，北到撇洪沟，南至石杨路，涉及面积约 2 万平方米，涉及的道路有紫霞路、紫光路、紫丹路、紫云大道、紫霄路、永顺路、永丰大道及永智路 8 条市政道路，雨污水管网整治项目将解决高新区现状雨水管淤积、排水不畅和积淹水，以及现状污水管淤积、断头等现象，达到市区水务部门对市政管道的移交验收要求。确保雨污水"各行其道"，污水不排入永丰河，有效减少溢流混流污水影响，避免污水对高新区环境造成污染，有效提高永丰河水质，改善高新区水环境。最后，白下高新区运用智慧系统高效管理。高新区计划采用雨污水管网智慧管理系统。对排水管理准确、直观、实时进行监测反馈，线上24小时全天候管理监测，确保第一时间预警，有效协助雨污水管网管养部门快速、合理调配人力物力进行线下巡查整改，提高巡查、检测、清淤和维修等日常工作效率，确保雨污水管日常运营安全。智慧管理系统还可以通过大数据分析，进行模拟计算，自动分析新建雨污水管网与周边管线关系，为管网建设决策提供依据，辅助高新区规划建设。白下高新区开展雨污水管网专项整治工作，将有效改善高新区水环境质量，让水更清、岸更美，进一步打赢高新区生态环境保卫战，进一步推动秦淮区高质量发展。

三、白下高新区基建成果

（一）楼宇载体建设成果

白下高新区载体建设成果包括商业用地、科研设计用地和商办混合用地。具体建设成果如下：

（1）商业用地。白下高新技术产业开发区规划商业用地0.93公顷，占规划城市建设用地的0.42%。位于紫光路与运粮河西路口西南象限，现状为白下高新技术产业开发区管委会，未来规划为园区商业配套用地；紫荆科技园规划商业用地0.51公顷，占规划城市建设用地的0.23%，位于光华东街北侧，为现状南京东八区大酒店；光华科技园规划商业用地1.32公顷，占规划城市建设用地的0.59%，位于光华科技园东北角，为现状光华科技园现代服务大厦；中航科技城规划商业用地3.25公顷，占规划城市建设用地的1.46%，位于中航科技城北侧，规划为西安门地铁站周边的商业服务设施；金陵智造创新带，规划商业用地1.56公顷，占规划城市建设用地的0.70%，位于双桥门立交西南侧，为金陵智造创新带金陵中等专业学校地块。

（2）科研设计用地。白下高新技术产业开发区规划科研设计用地75.20公顷，占规划城市建设用地的33.85%，为白下高新技术产业开发区的主导用地性质；紫荆科技园规划科研设计用地3.63公顷，占规划城市建设用地的1.63%，为紫荆科技园的主导用地性质，包括紫荆科技园一期与创意东八区西区；南工院金蝶大学科技园规划科研设计用地5.13公顷，占规划城市建设用地的2.31%，为南工院金蝶大学科技园的主导用地性质，由南工院校区与中山坊两部分组成；中航科技城规划科研设计用地13.09公顷，占规划城市建设用地的5.89%，为中航科技城的主导用地性质，由原金城机械厂转型而成；金陵智造创新带规划科研设计用地20.71公顷，占规划城市建设用地的9.33%，包括金陵智造创新带的晨光南厂区、普天通信科技产业园、城南智慧总部基地三个地块。

（3）商办混合用地。白下高新技术产业开发区规划商办混合用地0.72公顷，占规划城市建设用地的0.32%，位于光华路南侧、规划杨庄七号路以东；中航科技城规划商办混合用地3.96公顷，占规划城市建设用地的1.78%，位于中航科技城东南侧；金陵智造创新带规划商办混合用地7.44公顷，占规划城市建设用地3.35%，包括金陵智造创新带江苏无线电厂地块、宏达客运地块、大明路西地块三个地块。

高新区核心区现有建成载体29栋、建筑面积约96.59万平方米、空置面积约7.9万平方米、载体入驻率91%，新交付载体1栋、建筑面积8万平方米，核心区在建载体5处、建筑面积约79.95万平方米，2020年核心区总税收约11.08亿元、单位面积税收贡献1263元/平方米；秦淮硅巷现有建成载体15栋、建筑面积约42.35万平方米、空置面积6.7万平方米、载体入驻率84%，新交付载体2栋、建筑面积19.3万平方米，硅巷在建载体16处、建筑面积约221.68万平方米，2020年总税收约1.91亿元，单位面积税收贡献452元/平方米。核心区重在提升产业集聚和做大产出，贡献较早，而硅巷重在有机更新和生态打造，刚刚破题，所以当前硅巷坪效相对较低。高新区核心区的载体主要划分为总部基地、产业加速区、科技创新孵化区和配套服务区。其中总部基地办公载体面积约27.25万平方米，产业发展区办公载体面积46.82万平方米，科技创新孵化区办公载体面积13.68万平方米，配套服务区载体面积8.8万平方米；秦淮硅巷办公载体面积42.35万平方米。具体情况如表4-1至表4-7所示。

表4-1 核心区载体情况——总部基地

序号	载体名称	可招商建筑面积（平方米）	空置面积（平方米）	入驻率（%）	入驻企业数（家）	税收总量（万元）	单位面积税收贡献（元/平方米）	产业方向
1	二十八所东区	30114	0	100	1	不统计	暂无	军民融合
2	LG办公楼	110800	0	100	1	5408	488	白色家电研发、制造
3	莱斯	46294	0	100	3	2373	513	民航空管、智能交通、应急指挥、软件与信息服务
4	南京市建筑设计院	29931	0	100	1	6369	2128	建筑设计、景观工程设计与咨询
5	华设计集团	55383	0	100	21	26928	4862	道路、桥梁规划设计、智能交通
	合计	272522	0	100	27	41078	1507	（不含二十八所单位税收贡献为1695）

表4-2 核心区载体情况——产业发展区

序号	载体名称	可招商建筑面积（平方米）	空置面积（平方米）	入驻率（%）	入驻企业数（家）	税收总量（万元）	单位面积税收贡献（元/平方米）	产业方向
1	软件信息服务中心（3号楼）	16629	2533	85	17	8537	5134	软件信息服务业
2	中国云计算创新基地（4号楼）	42000	1179	98	56	14648	3488	云计算大数据、创业孵化
3	五栋厂房	29200	3380	89	13	7716	2642	检验检测、中试、组装
4	天安数码城	108743	30000	77	150	5780	517	软件信息服务业
5	必得大厦	59085	4179	93	120	1316	235	文化创意、软件信息服务业
6	德兰大厦	14200	5544	61	45	356	251	软件信息服务业、科技服务
7	东显大厦	9313	1900	80	18	187	201	人工智能、智能智造
8	锋晖大厦	14300	0	100	3	11	8	新材料、总部
9	生命源大厦	16530	0	100	6	127	77	医药科技
10	首屏大厦	18277	5060	73	27	216	118	软件信息服务、电子商务
11	斯坦德大厦	20200	908	96	5	1490	738	电子商务
12	星展大厦	28378	0	100	99	1248	440	软件信息服务业
13	智方大厦	16700	0	100	56	344	206	电力工程设计、环保工程设计
14	住建大厦	19669	3327	83	19	2296	1168	软件信息服务业
15	华典大厦	8577	3650	57	4	201	234	人工智能、智能智造
16	合荣欣业大厦	20000	15000	75	2	161	81	园区运营
17	弘瑞大厦	20918	0	100	69	60	29	人工智能、智能智造
18	行政服务中心	5500	0	100	12	5303	9642	园区运营
	合计	468219	76660	87	721	49997	1066	

表4-3 核心区载体情况——科技创新孵化区

序号	载体名称	可招商建筑面积（平方米）	空置面积（平方米）	入驻率（%）	入驻企业数（家）	税收总量（万元）	单位面积税收贡献（元/平方米）	产业方向
1	金融中心	28457	730	97	11	246	86	新型研发机构

续表

序号	载体名称	可招商建筑面积（平方米）	空置面积（平方米）	入驻率（%）	入驻企业数（家）	税收总量（万元）	单位面积税收贡献（元/平方米）	产业方向
2	国际人才孵化大楼	7371	0	100	17	424	575	国家"双创"基地
3	老孵化楼	8909	721	92	41	477	535	国家"双创"基地
4	智能交通大厦（5号楼）	37400	360	99	99	4990	1334	新型研发机构创业人才
5	南理工A2楼	28905	1000	97	78	4000	1384	国家"双创"基地
6	三才大厦	25775	0	100	5	374	145	新型研发机构、创业孵化
	合计	136817	2811	98	251	10511	768	

表4-4　核心区载体情况——配套服务区

序号	载体名称	建筑面积（平方米）	配套功能
1	住建大厦	14706	人才公寓
2	华典大厦	8640	人才公寓
3	三才大厦	17325	人才公寓
4	智方大厦	1693	超市、图文、汽修
5	天安数码城	20000	餐饮、超市、咖啡厅等
6	智能交通大厦	4100	餐饮、健身房、咖啡厅等
7	LG办公楼	6065	食堂、员工活动中心
8	莱斯	5143	食堂、运动场馆
9	南京市建筑设计院	4500	食堂、运动场馆
10	华设设计集团	6153	食堂、运动场馆
	合计	88325	

表4-5　秦淮硅巷载体

序号	载体名称	可招商建筑面积（平方米）	空置面积（平方米）	入驻率（%）	入驻企业数（家）	税收总量（万元）	单位面积税收贡献（元/平方米）	产业方向
1	国际创新广场	9530	4866	49	27	39	41	人工智能、航空航天
2	信息软件大厦	44000	11078.08	75	16	84	19	军民融合

续表

序号	载体名称	可招商建筑面积（平方米）	空置面积（平方米）	入驻率（%）	入驻企业数（家）	税收总量（万元）	单位面积税收贡献（元/平方米）	产业方向
3	紫荆大厦	27000	915	97	64	1154	427	军民融合
4	南工院金蝶大学科技园	72000	7600	89	187	1347	187	软件与信息技术服务业、新能源
5	中山坊	21000	5300	75	55	97	46	电子信息、现代服务业、文化创意
6	中航科技城	60000	9000	85	46	5091	849	总部经济、航空航天
7	光华科技园	43000	4800	89	109	6262	1456	智能制造、电子商务
8	创意东八区一期	32000	3200	90	117	427	133	现代服务业、文化创意
9	创意东八区二期	22000	675.17	97	127	468	213	现代服务业、文化创意
10	中电芯谷高频研究院	3550	1300	63	10	8.49	24	电子信息
11	普天科技园	29100	12760	56	49	95	33	电子信息
12	悦动·新门西	53200	5301.3	90	55	2453	461	物联网、体育文化产业
13	金运·蜂鸟科创中心	7100	196	97	40	24	34	电子信息、现代服务业
	合计	423480	66992	84	902	19144	452	

表4-6　在建载体

序号	载体名称	用地面积（平方米）	建筑面积（平方米）	产业规划方向
1	大数据产业园（核心北地块）	29014.5	258500	弥补原有云计算创新基地使用面积不足的情况，赋能云计算大数据主导产业集聚发展
2	智能交通产业园（核心南地块）	26493.24	233000	全力引进通信技术、传感器技术、车辆识别与定位、人工智能等技术的产业项目
3	军民融合产业园（大仙寺北地块）	8270.8	70400	建设军民融合基地，着力培育和发展高端新型信息技术、新材料、新装备、高端制造等军民深度融合产业
4	中日友好产业园（汉恩地块）	9998.33	38000	对口日本和芬兰的产学研经资源

续表

序号	载体名称	用地面积 （平方米）	建筑面积 （平方米）	产业规划方向
5	新型都市工业园（LG北地块）	44128.72	199600	高端智造业回归主城，量身定制工业上楼
6	OPPO至美科技广场	257000	257000	通信科技
7	航空发展大楼	64000	64000	军民融合
8	秦淮硅巷·南京工业设计园	53640	53640	现代设计
9	中航科技城二期	950000	950000	高端商贸
10	南京航空航天大学秦淮硅巷大学科技园	11500	11500	航空航天、人工智能
11	际华广场（负一层）	14000	14000	科技配套
12	光华荟（光华门布艺广场）	8600	8600	科技配套
13	体育大厦	22000	22000	科技+体育
14	清河58文化创意园	5000	5000	文化创意、科技配套
15	1865科技创新产业园区	8600	0	智能制造、军民融合
16	大明路商办综合体	236000	236000	科技配套
17	江苏无线电厂研发基地	74060	74060	智能制造
18	土城头1号商办楼	27390	27390	商办科研
19	1865科技创新产业园区二期	10300	10300	智能制造
20	普天1号518街区	316300	316300	信息通信
21	门西B地块	167000	167000	物联网
合计		2343295.59	3016290	

表4-7　新交付载体

序号	载体名称	可招商 建筑面积 （平方米）	空置面积 （平方米）	入驻率 （%）	入驻 企业数 （家）	税收总量 （万元）	单位面积 税收贡献 （元/平方米）	产业方向
1	紫云智慧广场	170000	22162	87	拟17家	暂无	暂无	人工智能、车联网、物联网、文化创意
2	设计产业园	80000	36000	55	拟9家	暂无	暂无	设计产业、智能交通、人工智能
3	金陵科技学院秦淮硅巷大学科技园	23000	16500	28.3	拟3家	暂无	暂无	人工智能、物联网
合计		273000	74662	—	拟29家	暂无	暂无	

（二）道路交通建设成果

南京白下高新技术产业开发区位于主城区东南部，地处紫金山与青龙山构成的生态走廊内，地理位置得天独厚。毗邻绕城公路，距城市中心——新街口仅 8 千米。内外交通极为便利，从园区到绕城公路、宁杭高速、沪宁高速均不超过 3 分钟车程，到江宁大学城、仙林大学城均不超过 15 分钟车程。

（1）综合交通规划。对外交通规划：通过龙蟠中路（快速内环东线）、绕城公路、卡子门大街等快速路与南京主城及周边片区实现快速联系。本次规划范围中道路基本位于白下高新技术产业开发区内，规划范围内形成快速路、主干路、次干路和支路四级道路网络体系（见表4-8）。

表4-8　白下高新技术产业开发区规划道路一览

序号	道路等级	道路名称	起讫点	长度（米）	宽度（米）	横断面形式
1	快速路	绕城公路	规划北边界—规划西边界	107	主路32米 两侧辅路各15米	主路15-2-15 两侧辅路3-3-2-7
2	主干路	光华路	规划西边界—规划东边界	962	40	3.5-3-1-11-3-11-1-3-3.5
3		石杨路	规划西边界—规划东边界	88	60	2.5-4-2-7-2-11-3-11-2-7-2-4-2.5
4		永丰大道	规划北边界—规划南边界	1697	45	3-4-2-12-3-12-2-4-3
5	次干路	双麒路	规划北边界—规划南边界	537	30	3-24-3
6		紫云大道	规划西边界—规划东边界	981	30	3-24-3
7		杨庄七号路	光华路—宁芜铁路	52	30	3-24-3
8	支路	紫霄路	沧麒西路—永丰大道	260	12	—
9		紫丹路	规划北边界—LG地块	1261	12	—
10		紫光路	沧麒西路—铁路东规划路	869	12	—
11		紫霞路	规划东边界—铁路东规划路	1044	20	—
12		沧麒西路	规划北边界—石杨路	1491	24	—
13		永智路	紫霄路—规划北边界	1858	12	—
14		铁路东规划路	紫云大道—紫霞路	1321	12	—

规划路网总长 12.52 千米，总路网密度 7.74 千米/平方千米。其中快速路长
0.1 千米，路网密度 0.07 千米/平方千米；主干路长 2.75 千米，路网密度 1.70
千米/平方千米；次干路长 1.57 千米，路网密度 0.97 千米/平方千米；支路长
8.10 千米，路网密度 5.01 千米/平方千米。其中，快速路一条，为绕城公路，从
园区东北角穿过，道路红线宽度为主路 32 米，两侧辅路各 15 米；主干路三条，
呈"两横一纵"的布局形态，"两横"为光华路、石杨路，"一纵"为永丰大道，
红线宽度为 40~60 米；次干路三条，呈"一横两纵"的布局形态，"一横"为紫
云大道，"两纵"为双麒路、杨庄七号路，红线宽度为 30 米；支路共 7 条，红线
宽度为 12~24 米，采用一块板的断面形式；道路交叉口缘石半径根据相交道路
等级确定，主要有 15 米、10 米、5 米。

（2）公共交通规划。①轨道交通。白下高新技术产业开发区内规划轨道交
通线路两条，为地铁八号线、十号线。地铁八号线平行于光华路南侧，东西向穿
过规划区域北侧，在光华路双麒路口以南设有双拜岗站，在规划范围西北角设有
胜利村站，两站均部分位于规划范围内；地铁十号线平行于紫云大道北侧，东西
向穿过规划区域南侧，规划范围内未设站点。其余五园园区内无轨道交通线路穿
过。紫荆科技园周边有规划地铁五号线从园区以南经过；南工院金蝶大学科技
园、中航科技城周边有现状地铁二号线从园区以北经过；光华科技园周边有规划
地铁五号线、八号线分别从园区以西、以南经过；金陵智造创新带周边现状有地
铁三号线经过，并规划有地铁八号线、十号线分别从园区以北、以南经过。②常
规公交。白下高新区完善了公交场站建设。规划区内共有公交交通场站用地三
处，其中两处位于白下高新技术产业开发区独立占地，一处位于紫荆科技园独立
占地（见表 4-9）。

表 4-9　规划公共交通场站一览

序号	位置	所属园区	规模（公顷）	备注
1	石杨路永丰大道路口东北象限	白下高新技术产业开发区	0.36	独立占地
2	光华路双麒路口东南象限	白下高新技术产业开发区	0.22	独立占地
3	蓝旗街光华东街路口东北象限	紫荆科技园	0.54	独立占地

（三）生态环境建设成果

作为全省面积最小的省级高新园区，白下高新区近年来高质量发展指标综合
排名稳居全省"第一方阵"，2019 年度在全省 30 个省级开发区中，名列第三。
"小身板"长成了"大块头"，白下高新区物尽其用，在园区内搞好生态环境建
设。规划区内绿地主要为公园绿地及防护绿地，用地面积 33.16 公顷，占规划城

市建设用地的 14.94%。其中公园绿地 25.49 公顷，占规划城市建设用地的 11.49%，主要为白下高新技术产业开发区内沿主要道路和运粮河的街旁绿地；防护绿地 7.67 公顷，占规划城市建设用地的 3.46%，主要为沿京沪高铁仙西联络线两侧的防护绿地。另外，白下高新区虽为全省面积最小的省级高新园区，但面积的束缚并没有影响白下高新区对生态环境的要求。随着白下高新区内企业发展、产业升级，为加快水环境提升，打赢生态环境保卫战，高新区积极开展雨污水管网专项整治工作。

秦淮区撇洪沟全长约 1.5 千米，流经白下高新区核心区域，上游与石山沟顺接，讫于运粮河，末端通过撇洪沟闸控制，承担着防洪泄洪的任务，是秦淮区内一条重要的行洪河道。近年来，撇洪沟右岸堤防多次发生险情，对高新区交通运营造成了不便。随着高新区不断发展、产业不断升级，撇洪沟岸堤景观与周边环境也越来越不相协调。为提升高新区水环境，打造生态环保网红景观，白下高新区启动了撇洪沟堤防加固和环境提升改造工程，既为防洪排涝提供了安全保障，也因地制宜地建设海绵设施，利用生态护理模式，沿线配置绿化，既可以降低雨水流速，吸收水中污染物，也可以为野生动物提供良好的栖息环境。2021 年 3 月，白下高新区撇洪沟堤防消险工程施工图专家评审会在秦淮区水务局召开。秦淮区水务局领导、白下高新区规划建设部主要负责人以及环保、水环境治理、水利工程等相关领域专家对施工图进行专业评审。经过与会领导及专家的详细论证，认定施工方案内容较为完善，原则同意施工图设计，撇洪沟工程因此有序开展起来。

白下高新区一直以来高度重视水环境提升，持续推动生态环境保卫战。开展撇洪沟堤防消险工程，与高新区持续推进的水环境提升工程相辅相成，共同为高新区生态平衡、环境提升提供保障，让高新区具备适应环境变化和应对自然灾害等方面的良好"弹性"，对提升秦淮区城市形象、助力城市可持续发展、提升秦淮区品质都具有重大意义。

第三节　白下高新区智慧园区建设

一、智慧园区建设模式、结构与挑战

（一）智慧园区建设意义

（1）保障园区安全。智慧园区的安全管理，是以园区安全状态监视、灾害控制和突发事件应急处理为核心的管理系统，能够对园区的人员、财产的安全进行有效监视，及时预测、预警各种可能发生的不安全事件。当突发事件发生时，所有设施设备能够实现一体化协调运行，将损失降到最小。智慧园区的公共安全系统除了能够有效应对狭义范围的入侵、破坏等，还能对信息安全、人体防护安全等"广义安全"进行保护。不管是哪种防范措施的实施都需要园区安全管理系统对各种安全隐患信息进行实时采集，并做出有效的处理①。

智慧园区在安全管理中通过现代物联网技术的充分应用能够在园区公共安全受到威胁时，及时、全面地向园区公共安全管理部门发出报警，报警信息涵盖了危险发生的类型与地点、报警场所、报警现场各种视频信号等。园区公共安全管理部门就能够基于接收到的报警信息第一时间采取应对措施，并制定完善的公共安全保障预案，为园区安全与危险的有效控制与处理奠定坚实的基础。

（2）助力新兴产业。战略性新兴产业是引导未来经济社会发展的重要力量，发展战略性新兴产业已成为世界主要国家抢占新一轮经济和科技发展制高点的重大战略。"十二五"时期，各类园区之间对于战略性新兴产业发展的资源要素和产业间的竞争不断升级。

战略性新兴产业是以重大技术突破和重大发展需求为基础，知识技术密集，以创新为主要驱动力的产业。园区要在争夺战略性新兴产业资金、项目、企业的竞争中脱颖而出，将信息技术渗透到园区生产、经营、管理、生活的各个方面，围绕管理、引导和服务三大工作核心，以信息技术的创新应用最大限度地整合各种创新资源及生产要素，实现创新资源和创新主体的有效聚集和有效流动，营造园区创新环境，加速创新进程，帮助园区实现"关键产业培育壮大""创造现代智能园区环境""提供高效便捷公共服务"三大任务，扩大园区影响力，抢占战略性新兴产业发展的先机。

（3）加快办公效率。园区中有各种各样的机电设备，如智能化系统设备、空调、供配电、电梯以及给排水等机电设备等。这些设备采购时都会签订售后服务协议书，然而在设备由于故障原因不能正常运转时难以及时、全面地向厂家反映，对于一些小的故障问题厂家本能够通过远程监控进行解决，但由于不清楚设备的现场使用状况，还需要设备维修工亲临现场维修与指导，这种状况下，需要花费大量的人力、财力与时间，同时，故障期间设备长时间不能使用影响用户正常活动，若在园区中建设了完善的建筑设备监控或者管理系统，就可以对园区各设备运行状态进行监视和控制管理，并可以显示各设备的运行参数、累计运行时间和设备的保养次数和保养时间等。但是一般园区的管理系统都是在各个建筑内独立设置

---

① 曲振华. 智慧园区建设探索与应用实践［J］. 中国新通信，2020，22（16）：84-85.

的，所以需要将采集到的相关园区设备运行数据上传到园区管理平台。

通过物联网技术可以实现对园区各种机电设备运行状态参数等数据的采集，通过对采集到的数据进行分析和处理，可以实现园区设备进行远程监控与故障诊断，园区物业管理人员可以及时将设备运行状态、相关记录等信息上传系统，为厂家全面了解设备运行状态提供便利，也可以借助监控系统中的摄像机实时、全面地掌握设备运行状态，为园区物业管理人员以及设备提供厂家监视与查询设备状态提供便利。

（4）提升品牌价值。随着园区经济的高速发展和经济全球化带来的机遇，国内各类成熟园区已经开始转型升级，新兴园区正借助后发优势力争实现弯道超车，所带来的结果就是园区招商与服务对象已经从劳动密集型企业迅速转向技术密集型企业。技术密集型企业因为技术含量高、更注重绿色环保、雇佣人员素质较高，所以可以为园区以及地方政府带来更加优质的经济效益和社会效益，但是同时也对园区管理提出了更高的服务需求。

智慧园区建设，一方面可以提升园区内部的政务管理能力，增强园区在推动企业创新上的服务能力；另一方面可以促进节能环保，改善园区居民生活环境和提升生活质量。更重要的是，通过智慧的基础设施、智慧的政府服务、智慧的公共服务体系，能够为企业提供优良的创新、发展环境，消除企业发展的后顾之忧，并适时地为企业发展提供各种支持。通过智慧园区的建设，把园区管理机构、园区企业、园区居民等园区内各方的优势资源加以整合，并通过各种途径大力推广，为园区打造整体的优质品牌，显著提升园区对优质企业、高素质人才的吸引力和凝聚力。

智能化发展使人们的生活与工作环境更加舒适，有利于企业办公环境的改善。企业在物业管理方面充分利用现代信息化、智能化技术，促进服务水平与质量的提升，进而激发员工工作积极性，提高工作效率；园区内实行一卡通、建立智能停车管理系统等智能化设备有效改善了员工工作与生活环境，为他们带来更多便利；在园区内建设完善的交流平台、构建信息发布系统有利于园区内资源的合理、优化配置，提高资源利用率，实现信息全面流通，促进信息交流。实体估值虽然有限，但是数据和概念的估值无限，智慧园区建设无疑提升了园区品牌价值。

（5）促进可持续发展。经过多年的开发与积累，我国园区正处在工业化、城镇化快速发展时期。自 2008 年以来，国家实行了一系列措施，统一了内外资税率、明确了基准地价、规范了地方政策，这使园区的政策、成本优势被严重削弱。同时国家严厉的土地、环境政策使得园区空间拓展、经济发展受到一定的限制，依靠规模效益的粗放型园区经济发展方式已经难以为继，可持续发展的压力持续增大。

在有效降低资源、能源消耗，减轻人员负担等方面，科技信息技术具有传统手段无可比拟的优越性。通过信息技术创造先进的智能工具，改造提升传统产业，提高物质能量开发利用水平，开发新资源，改善产业结构，提高社会效率，降低环境污染，实现节能减排，发展绿色经济，使许多难题迎刃而解，因此信息化是实现园区可持续发展的必由之路，而且可持续发展需求为智慧园区建设提供了广阔的发展空间。因此，在新形势下园区迫切需要通过以信息化为核心的智慧园区建设来破解难题，实现可持续发展。

（二）智慧园区发展模式

在国外方面，智慧园区建设起步较早，欧洲有以 Living Lab 为代表的智慧园区。其中荷兰在智慧园区建设方面取得的成绩比较突出。埃因霍温高科技园被评为"世界上最智慧的园区"，其前身是飞利浦高科技园。园区设计和经营者认为作为具有时代感的现代智慧园区，不仅需要为入驻企业及公众提供现代化的办公场所以及营造舒适温馨的办公环境，最重要的是需要围绕现代企业所需的"开放式创新"提供一个充满活力的商务生态系统。园区内拥有来自不同领域的企业，园区通过智慧云系统引入大数据、云计算分析平台等高科技手段，经过科学分析，不断挖掘出企业与企业之间的共性与连接，使这些看似毫不相关的企业之间找到了共同合作创新的盈利点。

智慧园区的建设比较典型的有美国硅谷智慧园、印度班加罗尔智慧园、新加坡肯特岗智慧园等模式。国外智慧园在进行具体的建设过程中所具有的基本特征是：首先，在政府层面，政府主要的责任在于对智慧园的运营环境进行良好的营造，并对其进行很好的协调以及对智慧园的运作进行有效的监督，从而能够使园区的基本建设与服务之间进行很好的互动。其次，在科研层面，智慧园区从某种意义上而言是科研的聚集场所，并且与产业界之间有着非常紧密的联系，从而真正意义上形成了创新互动机制。再次，在员工层面，主要是对科研方面的人才进行引进以及人才培养机制的构建。最后，在企业层面，入驻企业对服务型企业非常重视，而且大部分都是科研型企业，可以达到节能、低碳、环保、高效等方面的特征标准（见表4-10）。

表 4-10 智慧园区的模式比较

	美国硅谷	印度班加罗尔	新加坡特岗
政府层面	硅谷在发展过程中，不会受到政府直接管理，政府的主要职责是执行法律环境的公平性和营造良好的市场环境	主要是通过相关的优惠政策和发展战略目标的合理化制定，从而间接确定园区的具体发展战略和目标	政府起到带领的作用，管理体制非常严格

续表

	美国硅谷	印度班加罗尔	新加坡特岗
科研层面	园区与产业界之间有着非常好的创新互动关系	科研资源相对来说比较集中，从而可以形成良好的科研合作模式	科研资源集中，与产业界之间的互动机制非常紧密
员工层面	就业机会非常多，员工流动性很高	园区十分关注人才的引进和培养	园区内的员工大部分都从事管理工作，至少是在 50% 以上
企业层面	是分工明确的小企业集群，企业拥有高度的分权管理权限	园区非常注重与全球知名企业之间的合作	园区内多半以跨园企业为主，入驻的企业一定是科研型企业

在建设新型现代化城市的过程中，智慧园区是重要的组成部分，影响整个园区内人们的生活方式、生产模式、市场经营等。新型智慧园区是园区智能化与信息化的体现，主要通过先进的科学信息技术，优化升级智慧园区的基础设施，促使智慧园区持续健康发展。

近年来，我国在制造业、高新技术产业等方面发展势头强劲，对与之需求配套的各类产业园、工业园、科技园、物流园区建设要求也越来越高。传统的园区经营管理模式已不能满足当下园区发展建设要求。通过引入物联网、大数据、云计算、移动互联网等信息化技术手段，能很好地解决传统管理模式下引发的连接效应薄弱、信息孤立封闭的问题，通过智慧化管理手段进行资源整合，如统一监测布控、智能数据分析、智慧感知响应等方式，能很好地改变政府与企业之间、企业与企业之间、企业与公众之间的交互模式，通过将园区中相对分散的信息基础设施、社会基础设施以及商业基础设施进行有效连接，园区资源将得到最大限度的利用，企业的生产效能也能得到极大的提高。产业园区智慧化建设一方面可以对园区内相关产业有所帮助，提高园区的管理水平与服务水平；另一方面，作为智慧城市的缩影，建设智慧园区也可以反过来给智慧城市的建设提供宝贵的经验。2014 年 3 月，中共中央、国务院印发《国家新型城镇化规划（2014—2020年）》，将智慧城市建设纳入规划之中。2015 年 3 月，工业和信息化部表示将继续加大对智慧城市等领域的投资。国家不断加大智慧城市建设的投入，使作为智慧城市缩影的智慧园区建设也因此得到了长足的发展（杨书景，2021）。

我国园区发展正处于从传统的工业园区向经济开发区、高新技术开发区、智慧园区等新兴产业园方向过渡转型的阶段，总体呈现出从低级到高级、从单一管理向综合发展的特点。传统园区力图通过高科技手段对产业结构进行调整，对服务内容进行升级，逐步打造成为拥有丰富社会服务职能和多产业聚集的新兴产业园区。北京经开智慧园便是国内在园区智慧化管理方面成功实践的一个典型，通过统一的智慧云服务平台对园区进行管理，使园区内各项垂直服务能够以插件形式进行定制化开发，最终形成相互支持的智慧化整体。除此之外，国内还有其他关于智慧园区系统的成功案例，如海通安恒智慧园区系统、路通物联智慧社区系统、锐捷智慧园区系统、蜂鸟视图智慧园区系统等。

现阶段，国内智慧园区发展从空间上呈现集中式分布的特点。东部地区以环渤海、长江三角洲、珠江三角洲为代表，是国内轻工业、重工业、制造业发展最早、最集中、最成熟的区域，基础条件的先天优势促使这些地区智慧园区建设发展较为规模化、成熟化、体系化。中部地区则主要依托沿江城市群空间格局及联动效应，致力于将已有传统园区升级为智慧园区。西部地区由于政府近年来对第三产业特别是高新技术产业建设持续地投入，使以成都天府软件园区、西安软件园、贵州大数据中心等为代表的智慧科技园区相继落成并发展扩张。未来，中西部地区将会是智慧园区发展建设的热土（曲振华，2022）。

（三）智慧园区总体结构

作为未来智慧城市建设的重要支撑，智慧园区通过融合新技术具备了大数据采集、高速信息传输和智能事务处理的能力，正逐步实现园区运营信息化、数字智能化、服务平台化、园区移动化的发展新格局。但是，由于各地对于智慧园区建设存在理念理解不同、城市发展策略不同等问题，导致智慧园区建设在标准化及可持续发展方面存在诸多问题，缺乏统一的成体系化的指导规范。因此，构建一套智慧园区建设标准体系则显得尤为必要。基于上述存在的问题，从智慧园区标准化整体建设流程考虑，可按照基础设施层、智能感知层、网络通信层、支撑平台层、智慧应用层以及综合管理层六个层次进行构建。

1. 基础设施层

智慧园区建设的硬件基础层，主要包括市政房建设施和信息技术设施。市政房建设施是对园区内建筑物、道路交通、能源供给等通过新技术引入进行自动控制、自动监测的系统，实现终端设施少线化、无线化的高效接入并实现安全、高效、可靠、节能的运行和管理。信息基础设施应从提高园区服务品质要求出发规划园区信息技术设施，采用多网合路的方式进行信息技术设施设计，能够满足园区办公区域、室内外公共区域等全覆盖。

2. 智能感知层

智慧园区数据采集和自动化监控层，能够提供对园区人、事、物的智能感知能力，通过感知设备及传感器网络实现对园区范围内基础设施、环境、建筑、安全等方面的识别、信息采集、监测和控制。主要包括园区的环境监控系统、能源监控系统、安防监控系统、智能抄表系统、智能卡管理系统、楼宇智控系统等。园区应根据智能应用的要求，结合物联网等新技术规划智能感知系统，在设计及建设阶段按照支撑平台的接口标准预留相应的接口。

3. 网络通信层

网络通信层主要包括支撑智慧园区应用系统的管理信息网络和各种智能感知系统信息传输网络，以实现园区信息数据的高效传输和交换。智慧园区应围绕公共服务、物联网配套以及相关智慧应用的要求，尤其是以高清视频为代表的物联网信息采集与传输需求应按照集约化原则来规划信息传输网络。同时，还需综合考虑传输网络时延、带宽、安全性、稳定性、易维护性和可扩展性，以满足各种智能感知系统和园区公共服务系统实时的信息传输、交换、管理等数据通信要求，使通信网络能够满足智慧园区内各种数据终端及传感设备在任意位置的接入需求。

4. 支撑平台层

智慧园区数据集中存储和应用支撑层，有着重要的承上启下的作用。智慧园区应按照资源共享共用和服务即插即用的原则，结合人工智能、大数据、云计算等新技术，并采用面向服务的架构进行规划和设计，确保系统间的交互性和开放性，达到跨操作平台、数据库平台及软件平台的能力。支撑平台还应按照一定的接口标准在门户界面、数据管理、应用系统、业务流程等多方面实现集成。

5. 智慧应用层

基于数字平台提供的核心数据、服务、开发能力，运用人工智能技术，建立多种物联设备联动的行业或领域的智慧应用及应用组合，为园区管理者和园区用户等提供整体的信息化应用和服务。主要包括环境管理、交通管理、能源管理、设施管理、物流管理、商务服务管理、政务服务管理等。智慧园区应根据自身业务、管理需求以及应用服务逻辑规划园区的应用服务软件，同时，按照支撑平台的接口标准设计与支撑平台的接口。

6. 综合管理层

综合管理层贯穿于上述五个层级，主要涉及智慧园区的运维管理、服务管理以及保障管理几个方面的标准化。其中，运维管理标准包括运维技术类标准和文档管理类标准；服务管理标准包括服务管理类标准和服务质量类标准；保障管理标准包括组织结构标准、信息化制度标准、资金管理标准、人力资源标准、质量管理标准、安全与应急管理标准等。

（四）智慧园区建设面临的主要挑战

智慧园区一般由各地政府部门与民营企业共同规划与建设，通过科学布局供电、供水、通信、交通等，可以在一定程度上满足从事某一特定行业基本生产和科学发展的实际需求，如工业园区、产业园区、物流园区、高新区等。智慧园区管理属于全方位、多层次的管理，一般智慧园区的发展规模较大，园区领导者的工作量大，制定决策的难度大。园区项目多，包括各行各业的工作单位，而相关部门的各级监管问题、不同市场环境面临的不同市场风险控制问题、专业细化分工带来的资源整合问题等，都对智慧园区管理工作带来了各种挑战。

（1）信息孤岛问题。园区内不同企业的同一系统以及同一企业的不同系统之间的信息数据尚未实现全面传输与共享，园区一体化管理仍然比较薄弱，各智能化系统之间不能有效地进行信息传输，园区内各个系统之间存在信息孤岛，每个系统都是独立的，不能使园区内的各个子系统实现联动运行，这样就会使园区的管理和做出智能化的决策比较困难。不同的硬件设备，底层协议不能互通互联，导致不能有效对接各种功能需求，须选择最具广泛性的产品去搭建智能办公系统。

（2）个性化需求问题。在园区内企业数量不断增加的过程中，企业对服务的需求表现出多元化、个性化趋势，现阶段的园区服务对于所有企业来说都是相同的，企业的个性化需求不能充分满足，因此智慧园区的建设面临满足企业个性化需求的这一重要问题。

（3）技术安全性问题。高度智慧互联，意味着个人隐私安全、数据安全等问题面临重大考验，因此，智慧园区的建设最先考虑的问题就是技术安全性问题，技术安全性是智慧园区正常运行的必要前提，智慧园区整个系统只有根本安全得到了保障，才能发挥其实际效能。

二、白下智慧园区建设经验

（一）坚持创新导向，大胆尝试

白下高新区领导干部给人最深刻的印象就是敢于创新，时任白下高新区党工委书记张仲金就一直强调创新，"如果不重视创新，企业很快就会死掉。以前的智达康、小灵通，税收很好。我就说，'你们一定要重视创新。我们300多个人才，你们一个都没有，就是不重视创新'。2013年4G上来了，他们断崖式下跌，现在生命周期结束了。为什么？就是因为不重视创新。要创新致远，创业致实。创新一定是最好的变量，我们一定要重视。未来一定要靠人才、靠创新"。

从创新出发，白下高新区特别关注具有科技含量的创新型企业的招商，而这些创新型企业入园，又给园区带来智慧建设的思想，让智慧园区建设得到技术保障。到2016年，园区已集聚以紫光西部数据、斯坦德、云创为代表的云计算企业155家，以莱斯信息、杰迈视讯为代表的智能交通企业140家，以江苏省交通规划设计院、江苏省南方城建设计院为代表的创意设计企业75家，以久康云、虎凤蝶、淘车无忧为代表的电子商务企业84家。入驻企业给园区带来智慧园区发展所必需的技术保证。随着5G技术的发展，入驻企业可以真正利用万物处于云端的技术实现实时云服务，高效、低成本地支撑企业生产运营；也可以基于高带宽低时延的网络真正实现 VR/AR/MR 带来的浸入式体验，实现虚拟现实办公，创造全新的沟通交流模式。园区内的人员则可以通过无处不在的连接和高带宽低时延的网络实现可穿戴设备、高清视频、在线互动游戏等极致的生活和娱乐体验。新型的移动业务将随着信息技术与工作、生活、管理需求的结合不断创新发展，持续创造出全新的移动业务应用场景，业务场景无法穷尽，但是总体的特点可以归结为万物处于云端、浸入式体验、智能的万物连接、实时的远程控制、超高带宽的极致体验等。

随着高新园区建设发展持续推进，园区规模逐渐扩大，园区各项服务业务也日益增多，传统的管理手段已经不能适应当前园区发展的需求，白下高新区领导班子果断将智慧园区建设纳入重点工作。2017 年高新园区管委会组织专家提出了白下高新技术产业园"智慧园区"平台项目建设方案，正式开启了智慧园区的建设之旅。此次计划建设的智慧园区平台，以培育园区高效益新兴产业集群为核心，努力打造高品质科技产业设施的发展硬环境，构建高效率运营服务体系的发展软环境，引入高水平创新创业主体，打造可持续运营的开放生态，实现园区管理智慧化、园区工作智慧化、园区生活智慧化、园区运营智慧化。

（二）实效至上，有序推进

白下高新区建设智慧园区总体目标是全面提升白下高新区"一区多园"和秦淮硅巷"服务品质"和"管理水平"。以"智慧"为核心，按照"全面感知、全面物联、高效管理"标准开发建设。白下高新区智慧园区的建设，始终保证以"提高服务品质"和"提高管理水平"为两大根本目标，两者相辅相成、互为驱动，既是平台建设的核心思想，也是平台发展的原生动力。

园区的智慧化建设是从智慧服务平台开始的，张仲金认为，创新发展不仅是需要我们政府做好服务，更需要有更多专业化的服务。主要是依托市场专业的力量，集聚大量的全过程、全方位、全要素的市场化的、专业化的服务机构。要实现众多专业服务机构汇聚，只能走线上线下整合发展道路。2016 年南京白下高新技术产业园区重点打造"线上+线下"的"一站式"创业服务平台：秦淮区"1+X"公共服务平台。服务内容涵盖项目申报、科技金融、工商财税、知识产权等，实现企业项目申报、资金兑现、市场推广、问题建议等多事项网上流转、精准对接，限时应答的服务场景，从而增强企业和"智慧园区"贴合力。政务大厅在原有人社、税务自助服务基础上，新增营业执照打印、企业信用、商标查询等多项自助服务。

白下高新区为了向园区公众提供便利的信息化服务，营造舒适的工作环境，打造了"一站式"公众服务云平台（我的白下高新 App 和智慧小白），帮助园区商家和公众加强沟通交流，提升生活配套服务的便利性。白下高新区打造一个萌趣的白下高新 IP 形象，培育一个符合大众审美和兴趣的品牌，以连接更多可能性，以品牌特点为壁垒，打造有亲和力、智慧的 IP 形象，依托白下高新区独特的布局规划为品牌加持，塑造易于传播且多元的品牌。通过我的白下高新 App 和智慧小白可以解决以下问题：社会公众不了解白下高新区的基本情况；企业员工不能及时了解白下高新区商家的资讯；园区公共配套商户不能快速有效地推广优惠活动；企业员工不能及时了解白下高新区的活动通知；企业员工无法了解整个园区都有哪些服务，在哪里可以获得这些服务；企业员工受地域范围限制社交范围狭窄，难以有归属感。同时，园区还可整合周边生活配套服务资源，在不进行物理扩张的同时，扩展园区生活配套服务，打造南方软件小镇的特色文化。

在此基础上，园区智慧化建设以"成熟一块、发展一块"为原则，白下智慧园区参与者任常龙告诉我们，2018 年的时候，做了整个高新区的智慧园区集中服务的一部分。随着园区新项目完工，在这次智慧城市里面做了一个新的提升，软件平台部分也做了一个新的提升，功能上更加完善。如楼宇里面的电表，从智能设备来采集这些数据，然后实现整个智慧园区信息化。

2020 年，为加强对在园经营企业经济发展情况进行监测，转变高新区原有抽样企业线下报送统计月报表现状，智慧园区平台"数据上报"功能正式投入使用，企业数据上报率达 98%。2021 年，为拓展党建工作阵地，丰富党建工作手段，运用信息化技术推动提升高新区党建工作，白下高新区正式设立"1+X"服务平台党建服务岗，"党建服务"板块功能同步上线，实现党建服务线上线下一体化服务。线上线下服务同步推出以下主要服务功能：企业党员申请入党的办理、两新组织申请成立党支部、党员组织关系有关事宜。

目前，白下高新区通过智慧园区建设打通了园区内部信息链路，落地了内部运营管理体系，提高了内部工作效率和工作质量。通过对信息的汇总分析，为园区的安全管理、风险控制和应急指挥建立决策支持平台；此外，白下高新区实现了园区服务双平台，结合园区硬件的升级改造，大大地改善了园区企业和公众在园区的工作环境和生活环境，让园区企业和公众充分享受到信息化服务的便利性。

（三）利用数字技术，实现服务升级

为白下高新区企业提供创新支持服务。如通过企业管理云的搭建和物联网传感技术的配置，降低成本、提高效率，扩大服务的覆盖面和受益面，为园区企业提供信息收集、传输和反馈通道，园区企业因为获得数据支撑，提升了企业创新能力。白下高新区为进一步提高对企业的服务能力，服务的范围也在不断扩展，从最基本的物业、政企服务逐步扩展到人力资源、投资金融、项目申报、技术认证、校企合作教育培训、信息共享、研发设计、质量监测、企业孵化等。园区的服务内容越多越需要将服务内容形成体系，并配套支撑的信息化平台来实现规范化、流程化，打造"一站式"企业服务云平台，实现园区服务平台化，能帮助园区加强与企业、企业员工之间的沟通交流，便于企业全程跟进服务，提高企业的服务满意度。具体做法如下：

（1）基础服务：确保信息有效传递到企业。为了实现信息有效传递到企业，加强白下高新区各服务部门与企业的沟通交流，让企业了解有利于运营发展的政策消息，白下高新区在企业服务云平台中提供通知公告、园区活动、在线咨询、政策法规、办事指南、资料下载等服务模块。白下高新区工作人员在信息发布后台能查阅到企业是否及时接收查看，并能结合手机短信等方式提醒未查看公告企业。

（2）物业服务：让企业充分享受互联网的便利性。在企业服务云平台上为园区企业提供物业服务类目，如保洁、入驻办理、装修办理、报修申请、管道疏通、费用查询（含用水、用电、保养、保洁、房租等相关费用）、投诉监督等，提升企业对整个白下高新区服务的满意度，同时让物业部门的管理变得更加科学与规范。

（3）孵化服务：对孵化企业的服务和管理更到位。园区在企业服务云平台上建立创新创业服务机构和创业者沟通、互动的渠道，为创业者提供服务和资讯，了解创业者的现状和诉求，达到连接创业资源和创业群体的目的。创业者利用线上预约、线下服务的模式，获得产业资讯、导师辅导、培训讲座、项目合作等创业服务，具体如下：遇到难题，可随时在线咨询创业导师；政策扶持、费用减免信息能在第一时间通知到企业；为企业提供良好的项目路演平台，引进资源帮助企业融资；人才、教育培训、科技申报等都能在第一时间做出服务响应。

（4）配套服务：实现资源共享，降低企业办公成本。园区在企业服务云平台上发布会议室、招待所、球场等所有公共资源，便于企业在线预订，提高园区公共资源的利用率；同时，企业也可在平台上发布闲置资源，如可共享的会议室、清洁工、办公设备等，便于企业间共享资源，降低办公成本。

（5）增值服务：有效管理第三方服务商，实现园区创新发展。园区在企业服务云平台上嵌入一个 B2B 电子商城，把第三方服务商的服务产品装藏于此，实现第三方资源的有效整合，企业可在线购买、在线评价服务，既有利于对第三方服务质量进行有效把控，又能扩大服务范围，增加服务收益，并能有效地构建产业生态圈。

（四）资源数据整合，发挥协同效应，打破信息孤岛

白下高新区以先进的信息技术为基础，通过感知化、互联化、智能化、平台

化和一体化的技术理念，结合园区创新发展、管理转型、经济升级等需求，基于统一业务支撑平台构建从园区办公协作到招商管理、企业服务、项目孵化、产业分析等所有业务系统，打造一体化的运营管理体系，打通信息通道，优化运营业务，提升园区内部的工作效率。通过搭建统一入口的信息平台，使园区管理者、园区企业、员工形成一个紧密联系的整体，盘活园区内各方角色的资源，获得高效、协同、互动、整体的效益。具体做法如下：

（1）智慧协作：提高各部门业务协作能力。白下高新区通过智慧协作平台重新梳理公司各部门的工作流程，规范业务办理标准，打通部门间的合作壁垒，实现园区运营管理和企业服务等全面协作与管理（人、财、物）。具体如下：PC、移动双开发平台构建业务中心，实现智慧化办公；提升内部沟通与管理能力，打造园区管理核心竞争力；利用碎片时间，随时随地工作，提高工作效率；为园区全面协调、持续发展提供坚实的后盾和强有力的支持。

（2）智慧物业：有效提高园区物业资源的利用率。白下高新区通过构建物业管理平台实现物业资源线上管理、线上查询、线上预定，从而提高管理与服务水平，降低物业成本。

（3）智慧服务：打造企业全生命周期动态库。企业管理与服务是园区招商稳商的关键，为了及时掌握园企的发展情况，构建企业全面的动态资料库实现园企信息管理与服务。企业全面动态资料库采用点、线、面三者结合的管理思路："点"指园区企业的基本信息登记；"面"指企业的所有信息汇总；"线"是企业入驻开始的运行情况及整个期间园区对企业提供服务的所有数据。

（4）智慧决策：实时掌握园区的运营情况。为便于领导层直观地了解园区的整体运营情况，园区应用大数据分析技术，对领导关注的业务数据进行采集、过滤、建模，并以图表的方式全面展示出来，形成领导驾驶舱，辅助领导进行工作决策。具体分析如下：园区运营总况，能实时了解园区总体运营情况，如产业总数、各区产业情况、企业服务、物业的出租、项目孵化、园区招商引资等情况；园区招商引资，能实时了解园区招商总体情况，可详细查看项目的产业分布统计、招商项目阶段统计、各部门招商工作情况分析、招商项目信息来源分析等内容；园区产业分析，能实时了解园区的产业结构，可对园区的企业总数、产业分布情况、企业性质、上市企业情况、用工情况等进行相应的数据分析，同时能实时了解到企业在园区的时间情况、企业发展情况、园区企业注册资金情况、行业分布、企业性质等内容；孵化企业成长分析，能实时了解园区孵化企业的发展情况，可详细查看企业从孵化到毕业各阶段的数据统计、不同行业的分布情况统计、孵化企业的技术水平统计等内容；园区服务情况，可实时了解园区的服务情况、企业满意度情况等，同时能进一步了解园区各部门的服务情况、服务效率等。

（五）以产业发展牵引智慧园区建设：园区智慧交通，实现车路协同

我国的"十四五"规划中明确未来智能交通将发展自动驾驶和车路协同的出行服务，这需要车联网技术的赋能，需要推进"聪明的车"和"智慧的路"协同发展。南京市积极响应国家车联网战略，抢抓车联网产业机遇，在全市范围内大力推进秦淮区、建邺区、江宁区、溧水区车联网先导区建设和互联互通。2020年，秦淮区在南京市大力支持下，成为全市首个省级车联网先导区。

2019年，联通物联网总部入驻白下高新区的门西片区。2020年4月，白下高新区与百度、亚信公司签订战略合作协议，正式启动省级车联网先导区的创建工作。2020年12月21日，随着5辆自动驾驶车辆在白下高新区10.67千米的开放道路上"自由穿梭"，南京首个省级车联网先导区落成，并同步启用南京市L4级别自动驾驶开放测试区，"智慧的车"驶向了"聪明的路"。这一"一体两翼、分区迭代"的车联网产业创新基地，成为江苏省十大标志性工程之一。秉承围绕战略新兴产业的产业链企业集聚的战略构想，白下高新区把这些头部企业的入驻视作引导和集聚产业的契机，进一步明确了将认知物联网和车联网作为细化的产业发展方向。经过近一年来的实践探索，白下高新区成功建成车路协同试验场，获得全市首批5张自动驾驶测试牌照，完成长达5000千米、400小时的车辆测试，成功验证5G无线回传在无人驾驶领域的应用，形成2项国家行业推荐性标准。这些成绩单点亮了先导区未来的发展前景和路径，也为南京市创建国家级车联网先导区提供先行先试的创新保障。

这个车联网先导区东至运粮河、西至双麒路、南至紫云大道、北至光华路，占地面积约1.62平方千米，覆盖15条道路、30个路口，总计10.67千米的城市公共道路。包含：①一套基础，即车路协同基础路测系统。可满足自动驾驶车辆性能需求的感知，V2X通信与边缘计算等车路协同专用设施。②一个应用平台，即车路协同云控平台。可满足自动驾驶测试、网联车辆监管业务，车路协同数据共享，搭建边云一体的车路协同云控平台。③三项支撑体系，即高精度地图、差分定位、数据中心三项支撑。④四类服务，即为高级别自动驾驶车辆、网联辅助驾驶车辆、普通车联网用户及交通管理部门提供40多项车路协同功能场景服务。

秦淮的车联网产业发展一直备受关注。根据工信部"赛迪顾问"发布的《2020中国智能网联汽车示范区评析》，在全国33个地方级示范项目中，秦淮区智能网联开放测试区排名第二。此外，白下高新区集聚优质车联网企业，在智能交通领域形成鲜明特色。2020年，秦淮省级车联网先导区获得了南京市第一批自动驾驶测试牌照，也是江苏省首批面向前装量产车辆的自动驾驶牌照。目前，

秦淮已通过省级车联网先导区项目首期验收，实现 40 个以上的车路协同应用场景，建成国内领先的车联网应用示范区域。秦淮区全区现有车联网关联企业 260 余家，其中营收超亿元企业有 17 家，上市企业有 8 家，2020 年，全区软件和信息服务业产值突破 228 亿元，形成了发展车联网产业的良好基础。白下高新区在智能交通领域已经形成鲜明的特色，集聚了莱斯信息集团、华设集团、赛康交通、通用电气等一批优质车联网企业；主导产业品牌集群效应不断彰显，已形成云计算、智能交通、物联网、大数据加科技服务 "4+1" 主导产业布局。2021 年以来，白下高新区更是利用先导区测试场景优势，精准招引智能车联网、智慧交通、自动驾驶、5G 等相关领军企业，带动了一批产业链上下游企业入驻园区。

目前，江苏省智能网联汽车产业跨界融合的产业链条基本形成，未来白下高新区将结合战略发展目标，强化区域优势产业，着重推进产业建设及运营，全力打造产业技术平台，力争形成规模化的特色产业集群，从而引领车联网产业的创新发展。

三、白下智慧园区的典型成效："1+X" 公共服务中心

（一）内部信息共享

实施前：白下高新区纵向信息网络自成体系，业务系统封闭运行，不能实现互联互通等，形成了信息孤岛。一方面，物业部门与招商部门两方系统数据不互通，致使业务管理不规范，流程冗余，增大了总部财务的工作量；另一方面，人工涉及的财务工作量过多，给数据准确性大打折扣，日积月累，财务人员也将大部分时间消耗在了手工录入数据、手工拆分数据、手工对账以及人工识别客户信息等工作中。

实施后：白下高新区一体化信息服务平台从招商中的意向用户管理到企业资源库建立，再到查询物业管理和相关政府部门的数据信息，形成了一个园区业务的闭环。该平台采用统一入口的方式，按用户类型建立应用门户，用户在工作门户中就能查询到个人权限范围内的各种系统信息。例如，企业服务部门与招商部门的两套系统整合后，形成业务联动，财务人员不需要消耗太多时间去录入数据，数据会从物业部门系统中产生，也不需要再进行手工对账，系统会自动统计应收、凭证、查账、收费等业务数据；同时，平台对物业、财务、收费等多种业务实现嵌套式查询，形成了企业动态数据库，这样不但能快速出具产业分析等报表，平台还支持企业、员工认证，企业、员工通过企业门户和个人门户可实时查询与自己相关的财务业务数据。

白下高新区通过科学的、先进的内部运营管理平台，减轻园区部分工作人员

的日常工作量。例如：系统自动为招商人员抓取可租赁物业信息，避免物业与招商部门信息不对称；实时共享企业信息给职能部门，避免企业信息重复登记等，使部门间业务合作更紧密。白下高新区还通过线上处理，减轻了客服传递、分发的工作量，提高对企业的服务效率；通过有效整合多方资源，为企业提供更多的增值服务，实现高新区的创新发展之路。

（二）园企服务升级

实施前：白下高新区以园区门户网站为依托为园区企业提供信息展示、办事大厅等服务，企业在办事大厅提交服务申请后，需要办事窗口人员在行政审批和内部管理系统中发起申请、跟踪进度，再到门户网站中发布办理情况。操作流程多而复杂，费时费力，服务效率低。

实施后：白下高新区的门户网站与行政审批系统、内部运营系统整合应用后，在实现内外一体化办公的基础上，可为园区内企业提供更多代办服务，包含政企服务、人力资源、金融服务、项目申报、技术认证、人才申报、教育培训、信息共享、研发设计、质量监测、企业孵化、创客空间入驻申请、党建服务等（见图4-1）。同时，平台把行政审批、企业服务、人才汇聚、创客空间、党建服务等各功能中的信息智慧化分类管理，形成园区企业动态资料库，为园区领导提供各种直观的经营统计报表，这些报表成为园区领导决策的重要参考资料。此外，白下高新区智慧企业服务既包括政务服务，如行政审批、申报中心、政策中心、活动中心，还包括科技服务，如金融服务、企业招聘、人才服务、中介服务。白下高新区依托自身产业，构建智慧停车服务，面向园内企业用户提供了便利的车位租赁办理、违停上报、自动识别出入库等功能，物业管理可以在线管理所有车位、车库、合同、费用等。企业还可以通过 App 向园区缴纳房租、物业费、水电费、停车费等相关费用。目前，高新区已经有1103家企业在平台注册，409家纳统企业线上填报数据，58家企业在平台发布152条招聘信息，近百家企业通过平台完成知识产权政策兑现、申报各类扶持项目等。

白下高新区通过服务平台有效地整合了园区内部、周边及社会资源，提高了企业服务的能力和质量，加强了政府、企业、园区众多方之间的信息交流，切实解决了企业政策咨询传达不到位、企业办事难、融资难、人才招聘难等问题，帮助企业改善发展环境，增强产业能力。白下高新区智慧园区建设具有可成长、可扩充、面向未来的智慧园区系统框架，可帮助园区实现新四化（运营信息化、服务平台化、管理智能化、全面移动化），打破传统园区管理"重硬轻软"的思想，将园区管理目标从单纯的公共管理转为集公共管理、社会服务、园区发展为一体的综合目标，从而实现园区从"平面管理"向"立体管理"的转型，进一步提高竞争力。

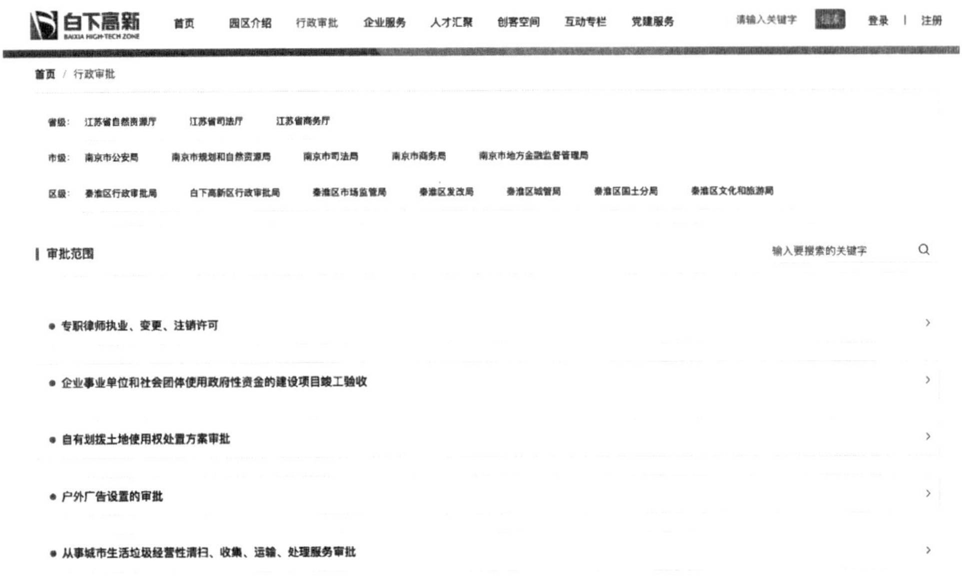

| 白下高新 | 首页 | 园区介绍 | 行政审批 | 企业服务 | 人才汇聚 | 创客空间 | 互动专栏 | 党建服务 | 请输入关键字 搜索 | 登录 ｜ 注册 |

首页 / 行政审批

省级： 江苏省自然资源厅　　江苏省司法厅　　江苏省商务厅

市级： 南京市公安局　　南京市规划和自然资源局　　南京市司法局　　南京市商务局　　南京市地方金融监督管理局

区级： 秦淮区行政审批局　　白下高新区行政审批局　　秦淮区市场监管局　　秦淮区发改局　　秦淮区城管局　　秦淮区国土分局　　秦淮区文化和旅游局

｜审批范围　　　　　　　　　　　　　　　　　　　　　　输入要搜索的关键字

● 专职律师执业、变更、注销许可

● 企业事业单位和社会团体使用政府性资金的建设项目竣工验收

● 自有划拨土地使用权处置方案审批

● 户外广告设置的审批

● 从事城市生活垃圾经营性清扫、收集、运输、处理服务审批

图 4-1　白下高新区行政审批中心展示

（三）公共服务优化

实施前：白下高新区企业需要去公共服务部门现场进行办理，距离较远，且需要多次折返办理，浪费大量时间。另外，由于公共服务并不都在同一地点，而同一企业可能需要多种服务并行，极为不便。

实施后：2015 年秦淮区政府要求整合建设"一区多园"及东部集聚区，白下高新区积极探索企业服务新模式，于年底创新打造秦淮区"1+X"公共服务中心，成为秦淮全区综合科技服务平台，也成为省级高新区营商环境的示范平台。平台秉承"按需服务、全程覆盖、全域覆盖"的企业服务理念，构建"线上+线下"相融合服务体系，通过整合政府和社会服务资源，为全区企业提供全方位、多层次、精准化的科技服务，推动企业高质量发展，进一步提升高新区企业对白下高新区营商环境的满意度。

2020 年，为了全面提升园区管理水平和企业服务能力，历时一年多时间，以"智慧"为核心，按照"全面感知、全面物联、高效管理"标准开发建设的智慧园区平台于年中正式推广运营。智慧园区采用人工智能、大数据等前沿技术，推出我的白下高新 App（见图 4-2）、白下高新官方网站、微信公众号等 6 个服务终端，重点推进网络信息提升、智慧企服、智慧交通、智慧楼宇等 9 大工程。随着平台在园区内不断推广应用，目前 1200 余家企业在智慧园区平台注册，390 家纳统企业按月定期上报统计数据，58 家企业在平台发布 152 条招聘信息，近百家企业通过平台完成知识产权政策兑现、申报各类扶持项目，123 家服务机构、70 名服务专员、534 个服务产品纷纷上架。此外，累计受理 19 家企业通过诉求响应通道提出的 30 项服务诉求，企业满意度 100%。

图 4-2　我的白下高新 App 页面展示

以此为契机，白下高新区又创新塑造"智慧小白"企业服务新名片。以"白、下"二字为设计思路，通过眼镜、披风、围巾等装饰元素塑造出"大智慧、快速度、很温暖"的"智慧小白"卡通人物形象，打造白下高新区特有的企业服务新 IP。并将"智慧小白"IP 形象融入、体现在线上、线下企业服务的方方面面。

（1）线上融入智慧园区、微信等众多网络平台，提升形象的认识度。一是在我的白下高新 App 上，将"智慧小白"IP 形象融入到 App 的 Logo 以及平台中的诉求信箱众多企业服务功能中，对外展示"智慧小白"线上企业服务官方形象。二是从企业服务的应用场景出发，设计、发布如"有什么能帮您""小白收到""马上办"等"智慧小白"微信表情包，在微信、QQ 等企业服务线上平台推广使用。三是开发制作包含"智慧小白"IP 形象的园区宣传册、伴手礼等，以此为载体印贴我的白下高新 App、白下高新微信公众号等二维码，进一步扩大"智慧小白"形象以及线上平台的影响力和认识度。

（2）线下聚焦"四个一"，人人当"智慧小白"、个个争"服务之星"，全力打造营商服务新品牌。一是一名服务专员。建立企业服务专员挂包机制，为每家在园企业配备一名服务专员，为企业提供全程一对一陪伴服务。二是一个智慧服务账号。动员引导企业积极注册我的白下高新 App 智慧园区平台，获得官方企业服务账号，企业项目申报、政策兑现、在线缴费等政务、商务服务全解决。三是一套诉求响应机制。企业诉求通过"我的白下高新"一网发起，企业服务部 24 小时内及时回访并派发工单，责任部门 5 个工作日内解决答复，真正做到企有所呼、我有所应。四是一系列企业对接活动。建立新企业入驻即享服务机制，每月定期上门走访新落地企业，每季度召开新落地企业座谈会，不定期开展服务专员走访服务，做好企业入园后全链条式服务，让企业感受"家"的温暖。

第四节　面向高质量发展的高新产业园区基础设施建设

一、高新区基础设施建设经验启示

基础设施是高新区招商引资、改善投资环境和项目建设的必备硬件。白下高新区作为全省面积最小的省级高新园区，在基础设施建设与发展过程中经历各种问题，也在不断探索中突破了自身资源局限，不断迭代升级，为相似园区提出了可供参考的经验。

（1）突破资源约束，创造发展机会。白下高新区从创建伊始就面临着土地与资金的双重压力。白下高新区领导班子在改革组织管理的基础上，加强机制创新，实现政企分开，项目建设管理企业化，提升工作效率，利用滚动发展，将招商与建设并行。面对土地资源严重不足，化被动为主动，冲破土地制度障碍，打破空间的条块分割，寻求不同行政主体下的协同合作，重视老校区、社会园区综合资源利用，鼓励利用老校区科研资源和空间载体，促进校地融合发展，创新央企地方合作模式，挖掘城市现有存量提升效率。

（2）发挥组织能力，载体建设保质提速。白下高新区在新冠肺炎疫情期间进行载体设施建设时，为快速进入正常运营，采取分批建设，全体成员分为不同的项目小组，极大地提升了建设速度，也为快速形成产业化提供了保证。面对新冠肺炎疫情的艰难考验，白下高新区精细组织、真抓实干，提前完成载体建设。为加快建设进度，尽早实现项目投入使用，尽快产生社会经济效益，项目现场采取每日例会梳理完成进度，按照倒排计划节点，制定赶工措施，多工种平行穿插，同时定人定项跟踪进度。为保障幕墙原材料和单元板块供应及时，组建驻厂小分队跟踪催货、查找问题、日报进度，通过分析问题及时调整加工能力，化整为零、分散加工、缩短周期，同步现场安装，采取增加班组、多工艺安装、多面同步安装、日夜倒班等手段，提升安装进度。

（3）大胆创新，智慧赋能服务。白下高新区通过智慧园区建设赋能园区服务，引领园区高质量、高速度服务企业。白下高新区实现了园区服务双平台，结合园区硬件的升级改造，大大地改善了园区企业和公众在园区的工作环境和生活环境，让园区企业和公众充分享受到信息化服务的便利性。白下高新区建设智慧园区总体目标是全面提升白下高新区"一区多园"和秦淮硅巷的服务品质和管理水平。以"智慧"为核心，以"全面感知、全面物联、高效管理"为标准，两者相辅相成，互为驱动，既是平台建设的核心思想，也是平台发展的原生动力。

（4）产业发展与园区智慧升级协同发展。智慧园区的建立也带动了园区产业的升级，白下高新区集聚优质车联网企业，在智能交通领域形成鲜明特色。自南京发布"四新"行动计划以来，秦淮区依托智慧交通产业基础，紧抓车联网发展机遇，依托白下高新技术产业开发区在智能交通领域数年的深耕发展，集聚了莱斯信息、中设集团、赛康交通等一批优质车联网企业和百亿级联通物联网全国总部、电信物联网全国总部等龙头企业，充分利用秦淮区资源优势和产业基础，率先打造南京首家省级车联网先导区。

二、服务高质量发展的新型基础设施建设

我国"十二五"期间用于建设智慧城市的投资总规模高达 5000 亿元，各地智慧城市建设将带来 20000 亿元的产业机会。在此大形势下，智慧园区根据所在城市及园区信息化发展总体规划，继续加大建设投资力度，已取得显著业绩。2013 年初，国家智慧城市试点创建工作会议公布了首批国家智慧城市试点名单，这标志着智慧园区城市管理和服务信息化水平迈入了新阶段。园区是城市发展地方产业、增强经济实力的重要平台，也是壮大区域经济、进行城市经济转型的有效载体。经过改革开放 40 多年的发展，园区也遇到了同质化竞争等一系列问题，传统的发展模式难以为继，迫切需要通过智慧化建设来实现转型升级。

党的十八大以来，党和国家领导人对于高新区发展特别重视，都为高新区发展提出新的要求和新的任务。高新区要围绕国家战略需要，坚持高水平规划、高标准建设，走集约化、内涵式发展道路，打通产业链、供应链，在区域经济发展中发挥带动和辐射作用。党中央特别强调要集中战略科技力量作为建设布局高新区短期稳增长、长期强能力的重要抓手，推动更多国家实验室和全国重点实验

室、国家科研机构、高水平研究型大学等战略科技力量在高新区布局。要将高新区打造成为突破关键核心技术的重要力量，保障产业链、供应链安全的重要载体，集聚创新创业资源的重要阵地，吸纳高水平创新人才的重要渠道。因此，高新区基础设施建设在面向高质量发展过程中，也将面临新问题与新挑战：

（1）多措并举加快创新基础设施建设。国际科技竞争态势需要创新基础设施提供坚实支撑，更好地发挥新型基础设施在构建创新型国家、加快弥补技术短板、破解"卡脖子"现实问题中的作用，以及为未来科技竞争、产业竞争打好设施基础。大规模、低成本的产业化是创新的最终目的，对于一些复杂程度较高、颠覆性较强的技术创新，产业化验证就需要大范围、大规模调动资源，以及拥有能够承担全部验证功能的平台。

（2）加快布局融合基础设施，全力发展专业孵化系统。融合基础设施的整体架构可以理解为"信息网络为入口、数字平台为支撑、数据融通为核心、智能应用为关键、轻量服务为特色"，重点面向数字经济、数字政府、数字社会发展需求，其核心路径在于信息技术的融合应用，核心目的在于全面支撑各领域发展方式转变、结构优化和增长动力转换，强调融合赋能。为加速企业创新发展，专业孵化系统可通过直击痛点、补足短板、优化提升的核心策略，优化完善仪器设备、信息等创新基础设施，为企业高速发展打造良好生态。除此之外，专业孵化系统还可以探索大数据、物联网等新型基础设施建设，通过科研院所研发、第三方科技公司合作等方式，建设新型基础设施，促进产业转型升级。

（3）强化创新人才保障的生态系统建设。人是一切创新活动的核心，也是创新活动的服务目标。创新生态的一个重要测评指标是园区创新主体的感受，创新主体的满意度。可以通过高新区人才资源"负债表"来进行测量和分析，并评判其背后的关键"基础设施"，即城市创新生态的水平。我们应该经常自问：为什么有些高新区吸引不了人才？为什么有些高新区能够吸引人才，但留不住人才？高新区活力涉及众多要素，比如创新主体的成长环境、高新区的多元化文明以及"吃穿住行娱科教文卫体"的丰富多彩，特别是小孩入学和人才就医等关键性问题解决。

（4）推动交通、物流、能源、市政等基础设施智慧化改造，促进园区智慧化升级。我国智慧园区发展经历了以下过程，分别是粗犷式工业园区—高新技术产业园区—高新技术与知识经济及高资金密度产业园区—技术智慧园区。其中，需要特别指出的是，技术智慧园区是在聚集先进科学技术基本前提下对新型智慧园区进行的精细化管理，可为智慧园区的客户提供专业的一体化服务，为智慧园区建设带来无限的经济价值和社会效益，推动园区内各产业不断发展，带动当地社会经济的快速进步。从目前发展情况来看，中国智慧园区在物联网技术应用的基础上，已发展为以沿海为主、中西部为辅的局面。我国珠三角、长三角及环渤海区域现已发展为全国性质的智慧园区，中部沿长江流域城市在智慧园区建设方面也做出了巨大的努力，西部地区也相继开展新型智慧园区的建设工作，未来我国智慧园区产业将迎来更多的发展契机。与既往互联网建设不同的是，新型智慧园区更强调"提升拓展"，拓展则是在之前网络基础设施建设的基础上，拓展部署空间信息基础设施和物联网，从而培育这些领域的新业态、新模式、新产业，为园区产业智慧改造化与数字化转型提供坚实基础。

第五章　高新区招商引智管理：
从招商引资到招才引智

第一节　招商引资理论与实践

一、招商引资模式演进与理论思想

经过多年发展，高新区已经成为我国最具活力的投资热土，是我国推进科技产业化、高新技术孵化，带动和辐射区域传统产业升级改造的生力军，是实现工业化、城市化和全面建设小康社会的排头兵。招商引资一直是高新区发展的重要手段和依靠。高新区的三个创业阶段发展目标与路径不同，招商引资模式也有所变化。每个阶段成功招商都是与其背后合理的理论思维有密切关系。

（一）初次创业阶段招商：初级生产要素比较优势

1988年国务院开始批准建立国家高新技术产业开发区，1990~2000年是高新区的一次创业阶段。初期高新区的建设以生产要素的集聚为着眼点，扩大经济的规模和体量是高新区发展的核心，而招商引资是主线。这个阶段对于多数高新区来说，由于初期高新区缺乏经验又急于形成规模，直接导致园区在产业布局、功能定位上的不明确和混乱。任何企业和项目都不加筛选便招入园区，引进的企业和项目大多是资本密集型或劳动密集型的中小企业，科技含量较低，创新能力较弱，造成全国范围内高新区特色雷同的局面。同时，由于产业定位的模糊、综合配套功能的缺失，加之远离城市，高新区如同一个封闭的工业园区。

这一阶段高新区成功招商经验与生产要素比较优势理论较为匹配。以无锡高新区、厦门火炬高新区等为代表，通过大力招商引资实现了快速壮大。无锡高新区积极引入新加坡等海外资源，培育发展电子信息、机械制造等先进产业。厦门火炬高新区组建了高效的招商服务中心，20 世纪 90 年代先后引进了 ABB、戴尔等跨国公司，为产业起飞奠定了重要的物质基础和技术力量，2003 年成为全国第一个每平方千米创工业产值百亿元的高新区。此时，在基础设施方面，政府投入大量的资金建设"七通一平"工程，高新区作为引进资源、放松机制、搞活经济的特殊政策制度空间，主要靠廉价土地、税收优惠等政策吸引企业入区。

（二）二次创业阶段招商：产业集聚效应与功能定位

2011 年，科技部在武汉召开的会议上提出"二次创业"的战略构想。这一阶段，高新区的建设以创新要素的集聚为着眼点，实现"五个转变"：从注重外延式的发展向主要依靠科技创新的内涵式转变；从注重硬环境建设向优化资源配置和提供优质服务转变；从实现产品以国内市场为主向大力开拓国际市场转变；从推动产业规模小而分散向发展特色和主导产业转变；从逐步的改革向适合市场经济要求和高新技术产业规律的新体制、新机制转变。

这一阶段高新区成功招商经验突现产业集聚的基本思想。功能定位引导建设和招商、一区多园是此阶段最显著的特点。各高新区培育了主导产业和支柱产业，形成了产业特色分明的园区。如北京中关村科技园区大力发展电子信息产业，武汉东湖高新区主打"光谷"品牌，陕西杨凌高新区突出现代农业科技，太原高新区则形成以煤化工技术研发、电子信息、新材料、文化创意、环保节能与新能源为代表的"五大支柱"产业格局。与此同时，各专业化园区如电子装备与信息产业园、软件园、文化创意产业园、留学人员创业园、大学创业园等也如雨后春笋般发展起来。

在"二次创业"时期，苏州工业园区、东莞松山湖高新区等是营造创新环境、实现转型升级的有力践行者。苏州工业园区紧抓全球制造业转移机遇，吸引电子信息制造和机械装备制造领域跨国公司入驻；形成了雄厚的经济基础之后，又积极推进园区从"投资驱动"向"创新驱动"转型，实施"科教兴区"战略，打造独墅湖科教创新区，集聚 24 所国内外院校和 400 余家研发机构；围绕纳米、生物医药、云计算三大新兴产业构建了集"政府服务、创新创业平台、产业资本、高端人才"于一体的产业生态圈。东莞松山湖高新区围绕本地产业转型创新需求，持续加大创新投入，针对性地引进创新资源，搭建了东莞华中科技大学制造研究院等 20 余个高水平创新创业平台，通过高端要素资源的集聚为区域产业转型升级提供支撑。

（三）三次创业阶段招商：从产业生态到创新生态

2013 年开始，进入高新区的"三次创业"时期。为进一步推进创新型国家建设，加快国家自主创新能力的提升，"三次创业"拉开序幕。这一阶段，高新区建设以全社会要素为着眼点，具有以创新驱动为核心的全面创新特征。此时的国家高新区必须承担其历史赋予的新使命，彰显其产业集群特色鲜明、功能齐全、一区多能的特点。

在招商引资战略方面，现阶段的高新区强调规划先行，突出重点，突出特色，在手段上实现从"招商"到"选商"的跨越和转变。①在选商过程中，三次创业阶段的高新区更为注重"三个共生"的实现：一是龙头企业与上下游产业链配套项目的共生；二是园区主导产业与现代配套服务业的共生；三是园区特色产业与区域主导产业的共生，使优质资源在园区内得到最佳配置，促进整个园区生产、生活、研发等各个环节的绿色、生态、良性互动、无缝衔接和"共生"发展。②从招商方式来看，也由原来的电话招商、飞地招商、委托招商、展会招商等传统形式，发展到了产业招商、"零地招商"、网络招商、以商招商、以情聚商等创新招商形式，这不仅提高了工作效率，也推动了招商引资工作向纵深发展。

从目前发展形态来看，中关村国家自主创新示范区、深圳高新区、杭州高新区等成为国家高新区"三次创业"的样本。以杭州高新区为例，其通过"人才+资本+平台"的资源组合方式、"模式创新+技术创新+产业链"的协同创新方式、"众创空间+孵化器+加速器+特色小镇"的平台建设方式，构建了集产业链、投资链、创新链、人才链、服务链于一体的创新创业生态。

这个阶段成功招商实践与产业生态和创新生态理论吻合，高新区的企业间就是由彼此相关生态位的企业所组成，创新生态系统的核心特征是共生演化，一个健康的创新生态系统将商业战略由简单的联合作业向协同、系统的合作转变，从企业独立的发展向共生演化转变。

二、高新区招商引资经验

在高新区长期招商引资实践中，各地都形成了一系列招商引资经验，对于不同区域的活动，特别是尚未找到合适招商模式的地区，具有一定借鉴意义。

（一）上海招商引资特点与经验

（1）利用基础设施建设优势。斥巨资修建了浦东国际机场、外高桥港区等交通枢纽工程，形成了连接内陆、辐射大洋的交通网络。市政府在基础设施建设方面的强势引导，迅速地改善了上海市尤其是浦东新区的投资环境，开创了上海市招商引资工作的新局面。

（2）通过发展载体来汇聚产业和项目。"两桥一嘴一园"（"两桥"即金桥出口加工区和外高桥保税区，"一嘴"指陆家嘴金融贸易区，"一园"指张江高科技园区）是上海市招商引资最重要的发展载体，其管理模式、融资手段和招商引资措施，被国内其他经济园区争相效仿。

（3）优化产业结构，突出主导产业。浦东新区在招商引资中始终坚持高新技术优先发展的原则，利用新科技革命和国际产业转移的机遇，重点发展对国民经济具有重大引领带动作用的高新技术产业，力争实现跨越式发展。

（4）利用国际影响力，形成差异化竞争。积极吸引跨国公司总部和研发机构入驻上海，把一部分制造业项目让给周边地区，充分发挥上海市和江苏省、浙江省的经济互补作用，打造跨地区的外向型经济发展带。

（二）苏州招商引资特点与经验

苏州市是我国招商引资工作开展最为成功的地区之一，该市有 5 个国家级经济园和 11 个省级经济园区，吸引了大约 90 家世界五百强企业进驻。

（1）专业市场化招商。2000 年以后，苏州市开始采用市场化方法开展招商引资工作，地方政府逐渐退出了招商引资的第一线，主要专注于市场管理和投资服务，把微观领域的"嵌入"任务交给了专业的招商部门，通过各类商业机构、中介机构和准政府机构的运作，提高招商引资的效率。这种模式有助于完善本地区的产业链，提升本地区的产业配套能力，进而吸引龙头企业和重点项目入驻。投资者来苏州市投资，不仅因为廉价的土地和慷慨的补贴，更是因为产业链带来的产业集聚效应。

（2）坚持"亲商"理念。苏州市政府在招商引资中坚持"亲商"理念，在完善基础设施的同时，更加注重投资软环境的建设，注重为投资者提供周到优质的服务。目前，全市已形成投资服务的"三大体系"，即投资审批"一条龙"服务、工程建设全方位服务、企业运营经常性服务体系。此外，市政府还建立了信息反馈机制，帮助投资者与地方政府沟通，即通过"三大渠道"——外资企业协会、台商投资企业协会、外资企业沙龙，投资者可以向地方政府及时反映诉求。

（3）"经营城市"的人文招商。形成了"产业招商"和"人文招商"两种模式。以昆山为例，在招商中注重加快中心城区改造进度，并建设一批独具特色的新型小城镇。在市容治理方面，昆山市大力推进城市主干道市容改造工程和街道两侧的绿化、亮化、美化工程，建设了多座人文公园和社区休闲广场；同时注重发挥自身的人文优势。昆山市有着丰厚的历史积淀和人文底蕴，是"昆曲"的发源地。昆山市政府曾经多次举办昆曲艺术节，以此塑造城市的形象，提升城市知名度，改善城市投资软环境，吸引投资者。

（三）深圳招商引资特点与经验

（1）充分发挥区位优势。珠三角地区具有浓厚的商业氛围和商业文化，人们对市场经济的适应能力极强，在政策允许的情况下，私营企业迅速成长。地方政府充分利用市场规律，制定相关的发展战略，推动当地产业结构的优化升级。

珠三角地区历次招商引资战略的调整，都是地方政府根据市场规律和企业发展需要来进行的，是政府和市场相结合的表现。

（2）推动高新产业增长极，布局先导产业，注重产业链招商。在认真研究了国际产业转移的规律和特点之后，深圳市的招商引资重点集中在高新技术先导领域，以高新技术产业引领深圳的发展。深圳市针对四大支柱产业和六大战略新兴产业，抓住重点环节和缺失环节，深入开展产业链招商研究，着力引进一批具有重大带动作用的战略性新兴产业、先进制造业和现代服务业高端项目，填补深圳市主要产业链缺失环节，进一步完善产业链。

（3）创新"以技引技"方式，实施"精准招商"战略。积极推动"风投+科技"发展模式，搭建国内外各种风投机构与高科技企业的投资与科研嫁接桥梁，积极引进重大科研项目。加大对跨国公司研发中心类项目引进，有计划开展核心基础技术项目及相关科研机构和团队引进，夯实科技创新基础，巩固相关产业发展地位。探索邀请知名科学家作为深圳市投资推广顾问，加强科技创新城市形象全球推广，提高深圳世界知名度。按照"高、新、软、优"的产业发展方向，研究明确引进项目标准。通过针对招商目标国家（地区）、产业和企业开展专题研究，确定重点招商项目和企业，着力引进一批国内外知名机构、跨国公司和重大项目等，提升产业发展整体实力。

（四）京津冀地区招商引资特点与经验

（1）发挥区位的科技基础与产业基础优势，整体布局差异化发展。京津冀地区拥有雄厚的科学技术实力，高新技术产业相对发达。北京市是我国科技实力最为雄厚、智力资源最为密集的地区，天津市近年来也十分重视科学技术投入，高新技术产业发展迅猛。京津冀地区是我国重要的现代制造业基地。北京市和天津市拥有雄厚的工业基础，在现代制造业方面的传统优势毋庸置疑。河北省的一些城市不仅具有制造业基础，而且还有廉价的土地和劳动力，使其有充足的潜力来承接京津地区的产业转移。因此，在政府和市场的互动之下，北京市主攻研发、营销和总部管理等企业职能，天津市则主攻现代制造业的组装和物流环节，河北省一些城市侧重于传统的生产加工和产业配套环节。根据不同的发展定位，京津冀三地在招商引资工作中都有所侧重，制定了符合自身优势的招商引资战略。

（2）大力引进研发机构，推动区域研发中心引进。随着国际产业转移的进行，外资企业的研发投资已经跨越国界，逐渐被整合到智力资源最为密集、基础设施最为便利、政务环境最为优越的区域研发中心。从产业结构上讲，半导体、软件、生物制药等产业所吸引的外资企业研发投资数额最大。北京市作为我国的科研创新中心，拥有众多高水平的科研院所和专业技术人才，可以充分满足外资企业的研发需求，而且在北京市建立研发中心，可以产生其他地区所无法具备的引领带动作用和辐射效应。自从 1995 年北方电讯集团与北京邮电大学进行战略合作、设立产业研发中心以来，大型外资企业在北京市设立的研发机构已经达 28 个。大型外资企业在北京市设立的研发机构主要集中在中关村科技园区等人才密集地区。与亚太地区其他创新型城市相比，北京市设立研发机构所需要的人力资源成本最为低廉，科技创新活动的性价比最优。

（3）着力发展总部经济招商。2003 年以后，越来越多的地区开始转变招商引资的发展方式，北京市丰台区在全国范围内建立了第一个总部经济基地，中关村第一个将"总部经济"的概念写入了本地区的发展规划。现在的北京已经汇集了众多大型外资企业和大型国内企业的全国性或地区性总部。2012 年底，北京拥有跨国公司地区总部 32 家，爱普生、佳能、欧姆龙、松下、索尼、爱立信和西门子 7 家跨国公司已通过商务部的最新认定，拥有跨国公司的投资性公司 150 家，占全国的 70% 左右，高居全国首位，拥有外商投资企业在北京设立的办事处 2978 家，外国企业在北京设立的常驻代表机构 9784 家。从国内大型企业的情况来看，2012 年，北京市共有 296 家大型企业集团，投资型企业地区总部达 142 家，有 1000 多家外省企业在北京设立了办事机构和常驻机构。"总部经济"的蓬勃发展极大地推动了北京市建设国际化大都市的历史进程，提高了北京市在世界经济版图中的城市地位。

三、高新区招商引资的问题与挑战

搞好招商投资是检验高新区发展成效的重要参考依据，然而招商引资是高新区发展的重点，也是难点，产业园区政策支持不足且优惠政策趋同，园区知名度不高、缺乏特色，宏观经济呈下行趋势，企业投资意向较弱、持观望态势，周边配套设施不足等，都是产业园区招商投资成功开展的阻碍，能不能很好地解决关系着未来园区能不能成为产业集群聚焦、周边发展环境好、产业集群效益明显、竞争能力强的经济增长载体。总的来说，根据现有课题组对南京、苏州和郑州等地高新区调研，以及现有的招商引资研究（杨彩霞，2019；吴奇和李锦生，2018；黄慧雅，2015）及各高新区招商中的实践摸索①，从微观层面、中观层面、宏观层面总结目前产业园区招商引资的主要问题。

（一）招商方式单一，缺乏灵活创新

产业园区政策优惠是吸引招商引资的有效手段之一，各地区为了获取优质的资源入驻产业园区，纷纷实施了一系列政策优惠措施，然而有些地区产业园区的

---

① 资料来源：新兴产业双招双引，干什么、怎么干？［EB/OL］. https://new.qq.com/rain/a/2022 0225A0907U00.

优惠政策互相攀比、互相模仿，在低价、税收等方面的地方性政策优惠层出不穷，减免的优惠全由地方财政补贴，这种优惠政策缺乏地区特色，导致产业园区之间的低层次竞争，没有真正站在入驻企业角度去分析企业真正需要的政策，使政策优惠在招商引资方面没有发挥出应有的作用。

另外，单靠政府优惠政策招商引资的方式较为单一，多以印发招商项目册、召开发布会、参加经贸洽谈会和网上建立项目库等传统方式招商，定点式招商、跟进式招商、持续式招商、专业招商、委托招商等新型招商方式运用明显不够。企业的招商主动性不足，缺乏主体意识，对项目的包装、推介、洽谈不专业，捕捉招商信息的灵敏度不高，一味坐等上门，致使成功率降低，难有实效。长此以往，不利于产业园区的良性发展。

(二) 注重项目数量，忽视项目质量

思想意识不强和产业结构单一致使部分高新区招商项目的准备缺乏发展的眼光和超前的思维，不能有效发挥所在省份的资源优势。延伸产业链的新项目、大项目少，能吸引大企业投资的项目少，产业带动效应不强、辐射面不广；非资源性的项目、现代服务业、科技含量高和附加值高的项目少。招商引资项目门槛低，投资结构不合理，粗加工、初级产品、劳动密集型项目较多，资金密集型、技术密集型企业少；项目准备不充分，前期工作不够完善，对项目的资源情况、市场情况、投资环境情况调研不够，影响项目落地。

(三) 缺乏顶层设计，难以产业集聚

招商审批不严格、项目准入机制不健全、缺少具有影响力的龙头企业、目标企业缺乏顶层设计与规划等原因都导致了产业集群效应大打折扣。这些跟园区产业规划不是十分相关的企业，短期来看，不仅对园区产业结构转型设置了障碍，稀释了产业集聚效力，成为园区内的"鸡肋"项目，占用着宝贵的土地资源和公共资源，阻碍产业相关项目入驻和配套资源的统筹利用，而且不利于产业园区产业特色和品牌的打造。另外，缺少具有影响力的龙头企业入驻，则进一步放缓了园区的产业集聚速度，不利于打造高质量产业园区，园区内企业缺乏学习效仿的标杆，缺乏强有力的园区内合作方，对园区内企业的长久发展不利。

(四) 区域规划混乱，招商恶性竞争

招商引资必然涉及项目和资金在不同行政区的分配问题，要实现"区域经济一体化"，就需要地方政府的积极推动、科学规划、合理安排。如果缺乏地方政府之间的协调配合，就可能造成地区之间的产业雷同，在招商引资中出现恶性竞争，造成土地资源和财政资源的极大浪费。

个别地方政府在进行招商引资时甚至会出现此种现象：不同区域为了同一个招商项目你争我夺，主要表现为利用税收或相关优惠手段来进行资金项目抢夺。

然而，在只注重数量而忽视质量的招商投资模式只会不断重复着低水平的竞争，对于促进我国地方经济发展毫无意义，甚至会影响宏观调控，极大损害我国整体宏观产业的调整与布局。

第二节　招才引智理论与实践

一、高新区招才引智实践

（一）从招商引资向招才引智转型演进

追求生产规模，缺乏人才要素的一次创业阶段。我国高新区一次创业阶段，发展要素主要集中在劳动力、土地、资本、优惠政策以及资源禀赋上，以集聚生产要素、形成产业集群为重点任务。此阶段招商引资是主线，并未考虑人才要素。高新区建设初期主要走的是产业区或工业区的发展道路，引进大量技术含量较低、劳动密集型的低端制造业和"大进大出、两头在外"的外向型经济。即使拥有联想等一大批创新企业的中关村科技园，大部分企业都是靠贸易起家，逐渐形成工业制造能力，进而在技术上寻求进步。即使1988年提出的国家火炬计划，其宗旨也是发挥我国科技力量的优势和潜力，以市场为导向，促进高新技术成果商品化、高新技术商品产业化和高新技术产业国际化。

人才引进热潮，打响了人才争夺战的二次创业阶段。进入二次创业阶段，高新区转向了以科技创新和体制创新为动力，以培养高新技术产业为主要任务。随着推进并持续深化"五个转变"，即"从主要依靠土地、资金等要素驱动向主要依靠技术创新驱动的发展模式转变；从主要依靠优惠政策、注重招商引资向更加注重优化创新创业环境、培育内生动力的发展模式转变；从推动产业发展由大而全、小而全向集中优势发展特色产业、主导产业转变；从注重硬环境建设向注重优化配置科技资源和提供优质服务的软环境转变；从注重'引进来'向注重'引进来'与'走出去'相结合的国际化发展方向转变"。科技人才在高新区发展中地位逐渐提升，招才引智逐渐受到各地高新区重视。

建设创新人才生态，全力推动"双招双引"的三次创业阶段。高新区进入三次创业阶段，如何立足使命，发挥后发优势，推进自主创新，努力实现"促进技术进步和增强自主创新能力的重要载体、带动区域经济结构调整和经济发展方式转变的强大引擎、高科技企业走出去参与国际竞争的服务平台、抢占世界高新技术产业制高点的前沿阵地"的战略定位，成为从国家到园区共同关心的热点问题。"三次创业"的"四大创新工程"中，"人才"再次被单独成体系——通过实施"人才强区工程"，"引进一个人才，壮大一个产业"。高新区以培养与引进相结合，以"用"为本，加快培育和聚集符合技术创新需求的高层次、复合型科技人才，加快国家海外高层次人才创新创业基地和省人才优先发展实验区建设。这个阶段中，招才引智被提到各地高新区核心工作中。

各地区间"抢人"大战的升级，加大了高新区人才引进的难度。"三次创业"的核心内涵也升级为营造创新创业生态，形成创新支撑发展、产城高度融合的创新经济体，突出表现为各类创新主体的关系链接、交互平台以及支撑创新创业的空间和文化构造，形成以创新创业为内核的经济社会活动空间。三次创业阶段的招才引智工作已不再局限于优惠政策，而是构建开放式的创新创业生态，形成自组织、自更新的演进机制。以生态的多要素特征吸引并留住人才。作为"三次创业"的代表，杭州高新区通过"人才+资本+平台"的资源组合方式、"模式创新+技术创新+产业链"的协同创新方式、"众创空间+孵化器+加速器+特色小镇"的平台建设方式，构建了集产业链、投资链、创新链、人才链、服务链于一体的创新创业生态；实施"5050计划"集聚创新人才；持续深化与中国科学院、浙江大学以及国内外知名院校的合作。

（二）"双招双引"转型的必然性

人才问题关系国运兴衰、事业成败，是自古至今的通理。真正值得思考和研究的是如何"得人""用人"的问题，即人才的识别、培养、聚焦、引进、激励等问题。无论是一个国家、一个地方政府，还是一个具体的组织，如承担着创新责任的高新区，都需要通过积极地培养、引进、激励和使用人才来促进事业持续发展。

面向招才引智转型已经成为必然。随着以互联网、大数据、人工智能以及新能源、新材料等新一轮高科技革命的快速崛起，创新成为当代经济社会发展的核心动力，成为改善人们生活质量的主导因素，而作为创新主体的各类科技人才，尤其是高层次科技人才已经成为各个国家、政府、企业、社会组织等竞相引进、发展的重点，一场波澜壮阔的科技人才竞争和开发浪潮正在全球范围内、在各个区域间、在各类企业中普遍展开。科技人才的竞争、流动是一个社会、区域发展活力和发展潜力的集中体现，而科技人才竞争考验的其实是一个国家、区域的经济发展活力、公共创新政策、人才成长空间、企业创新能力乃至创新文化环境等综合因素。同样地，无论是一个国家还是一个高新区，科技人才的引进以及引进后的持续发展，也是个从政府、社会到用人单位都需要认真对待、持续改善的现实问题。因此，科技人才引进发展问题，既是一个科技人才管理与开发中的重要理论问题，也是一个从政府、高新科技园区、企业等组织必须面对的现实问题。

随着人才资源重要性的日益增加，对区域人才政策的研究逐渐受到各方关注。特别是 2010 年 6 月中共中央、国务院印发《国家中长期人才发展规划纲要（2010—2020 年)》后，地方政府加大人才政策创新力度，通过政策突破促进制度创新，为人才发展创造良好的政策环境。我国的高新科技园区正在步入高端人才的高需求期。2020 年 7 月，国务院印发了《关于促进国家高新技术产业开发区高质量发展的若干意见》，国家高新区建设成为创新驱动发展的示范区和高质量发展的先行区。这明确了国家高新区在国家总体战略布局中的地位。在此背景下，各方政府都把引进科技人才、科技成果（招才引智）同"招商引资"（即"双招双引"）一样，作为地方经济社会发展的重要举措。从"招商引资"转向"双招双引"，这是"人才是第一资源"时代下的必然需求。

事实上，招才引智与招商引资并不是对立的，招才引智从三个方面强化了招商引资的力量。

（1）招才引智是提高招商竞争能力的需要。招商引资的竞争从某种意义上讲是政策和资源的竞争，但人才是起决定性作用的关键因素。提高招商引资的市场竞争能力，关键还是要靠项目、靠产业、靠科技和人才优势。一个项目要依托一项产业来发展，一项产业总有一套资源与其对应，依据自己独特的优势资源进行招商，才有可能打造出招商引资的"卖方市场"。而作为招商引资的载体，资源的优势就在于项目和产业必须有充足的科技和人才来作支撑，招商引资市场的竞争更多的是人才和技术的竞争。通过资金、人才、技术的优势支持，引资开发项目能够在高标准上稳健起步，在高效益中持续运作。同时，还应注重借助外力培养本地技术骨干和管理人才，真正做到"引一个项目，兴一方产业，强一地经济"。

（2）招才引智是招商引资可持续发展的重要支撑。实践证明，招商引资不失为欠发达地区实现经济跨越式发展的有效途径。但是，要彻底改变落后面貌，光靠引资是不够的，因为历史的前进最终要靠人来推动，实现区域经济的持续发展，更重要的是要靠人才和智力支撑。经济的发展需要多种经济要素的优化配置。要把"引智"提到重要位置，把人才、技术、管理经验引进来。从招商引资到招才引智，从注重引资到注重引才，既从战略发展的高度突出了对人才和智力的重视，也为未来的发展提供了强有力的人才和智力支撑。

（3）招才引智是改善招商引资软环境的重要举措。招商引资应首先着力于招人、招情、招心，然后才是引客商、引资金、引项目。为此，在强力推进招商引资的过程中，要大力提倡招才引智，突出以人为本，努力形成一个对人才有吸引力的人才洼地，营造为人才着想、为人才服务，尊重人才、尊重知识的洼地效应。只有这样才能聚集人才、留住人才，让人才有用武之地，让引进的项目过来后，就会有一批配套人才跟过来，带来先进的理念和技术，并能培养一大批本地人才。所以，在招商引资中要注重招才引智，应多选择那些带有高技术含量、高管理水平的项目。要坚持一手抓招商引资，一手抓招才引智，在注重引进资金的同时，注重引进人才、引进技术、引进品牌，实现引资与引智的"双赢"。

（三）高新区人才引进渠道探索

关于高新区的人才引进渠道，相关政策鼓励社会力量广泛参与市场化引进人才工作，拓宽引才渠道，服务经济社会发展。此外，还要不断完善市场化引进人才激励和公共服务机制，通过市场化手段引进高端人才。目前常见的高新区人才引进渠道如下：

（1）以赛引才。多数高新区通过一系列创新创业大赛、行业大赛等，征集高端人才项目，发掘符合高新区评定的专业人才，以加快高新区产业转型升级，提升产业集聚水平，增强产业创新驱动力。苏州市作为2020年全国最佳引才城市，充分利用了创新创业大赛来发掘人才。如苏州科技城于2020年举办的"苏高新·太湖云谷杯"创新创业大赛，该大赛由苏州高新区人才办、科技创新局指导，苏州科技城管委会、区云谷智慧园区运营管理有限公司主办，以"聚焦产业人才，促成项目落地"为主要目标。通过"以赛引才"的形式，2021年已有12个引进项目获批区领军人才项目，其中8个项目已落户，1个工商注册中。截至目前，苏州科技城累计获批各级各类领军人才超750人次，其中国家"重点人才工程计划"人才53人；省、市创新团队17个，省"双创"人才78人；苏州姑苏领军人才121人。

（2）机构荐才。发挥市场化机构的专业优势，如基金、投资机构、中介服务机构等，通过市场化手段进行项目的筛选。2019年，天津为促进"海河英才"计划深入开展，持续推动引才计划，印发鼓励中介机构引进人才专项资助实施细则，最高奖励20万元。同年，杭州发布《关于杭州市中介引才奖励有关工作的会议纪要》（杭人社纪要〔2018〕3号），最高奖励30万元。可见，各级政府越来越重视中介专业机构发挥的市场化筛选作用。

（3）以才揽才。同一个"朋友圈"里的高端人才相继被引进，在高新区屡见不鲜。以人才吸引人才，是顺应高层次人才影响力和人才抱团的发展趋势，从而形成各类人才互推互荐的"链式效应"。高新区一般通过梳理企业人才，进一步开展人才资源调研，做好相应跟踪服务工作，充分发挥现有人才作用，并利用这些人才的信息优势，充分拓宽人才引进渠道，全面放大"以才引才"的效应。苏州充分发挥了人才集聚的链式效应，除了引才中介、创投机构、海外合作组织之外，也将科技企业纳入了引才网络，进一步加大科技人才工作的市场化参与程度，调动社会多方力量积极性，让已落户人才成为苏州的"义务宣传员"和

"引才大使"，尽最大努力做大"人才朋友圈"，挖掘"以才引才"潜力。

（4）校友经济。校友群体所产生的校友经济是地方和高校共同的战略资源、宝贵财富。越来越多的高新区重视这股不容忽视的"发展助推力量"。校友经济悄然引爆，成为新的风口。母校、校友和社会之间所产生的物质、文化、人才等方面的交流，已然成为一种新的业态。为引导校友创新创业集聚，打造校友经济生态圈，厦门将在全市范围内遴选推出18个"校友经济创新创业集聚园区"，对校友合作项目，各园区给予优先接洽、专人服务，提供优质、贴心、便利、周到的管家式落地服务。支持各园区与各院校缔结深度合作关系，鼓励条件成熟的园区集中打造校友特色产业园区。

二、高新区招才引智的理论基础

（一）招商引资模式

招商引资是促进开发区经济发展的重要手段，招商模式主要是指解决一系列招商引资过程常用的方式及手段。研究招商模式主要的依据是区域经济学和产业经济学。主要包括：

（1）土地招商模式：以土地换资金为主要内容的土地置换招商模式。该模式是由政府或其授权的建设主体，通过法定程序选定项目投资人，由投资人设立具有法人资格的项目公司，对政府工程进行投资、建设和管理，工程完工后进行移交，再由政府或其授权的建设主体按合同约定的土地出让金冲抵项目工程款，赎回该项目权益。投资人则通过工程利润、土地收益收回投资成本和收益。

（2）产业招商模式：基于产业发展取向的合理定位，以产业发展的比较优势为主要依托，借助当地比较优势和合理的产业定位，围绕产业的主导产品及其上下游产品，引进高端产品生产技术，拉长技术链，营造主导产业，引进终端产品制造企业，形成完整产业链商，并形成产业集聚，进一步提高招商引资的竞争力而采用的一种招商模式。

（3）环境招商模式：通过打造有利于社会资源有效移动的良好社会经济秩序和机制进行招商的模式。极化效应表现在建立以社会信用体系为核心的透明、高效的投融资服务体系和公平竞争的经济秩序，使有限的社会资源能够借助市场机制快速聚集到社会最需要的地方，从而发挥最大的效用。

（4）众创孵化模式：众创孵化模式是一种完善园区闭环生态的做法，目前很多政府园区平台都在这样操作，政府推出优惠政策，吸引优质团队参与创新创业，"众创孵化+园区招商"形成一种生态闭环式的对接模式。仅依靠外部招商，很多众创孵化空间出来的企业又会大量流失，"众创孵化+园区招商"就是针对这一问题产生的一种生态闭环式的对接模式——早期的初创团队在众创空间和孵化器中成长起来，水到渠成落户在园区中，从而解决园区这个生态森林良性循环的问题。

（二）人力资本理论

人力资本是由凝聚在劳动者身上具有经济价值的知识、技术、能力和健康素质构成，是劳动者质量的反映。人力资本作为资本的一种，一方面具有资本生产性、储备性和与收入值增加的一般规定性，另一方面又具有与物质资本所不同的主观能动性、技能技术的形成过程和结果均与人力载体不可分割等特征。内生增长理论学者 Aghion 和 Howitt（1998）认为，人力资本有两种方式影响经济增长：一是经济增长源于人力资本的积累，不相同的积累速度导致不同增长率；二是人力资本存量会影响创新能力，包括模仿与吸收新技术的能力。Nelson 和 Phelps（1966）认为人力资本存量水平将影响技术进步速度，进而影响经济增长速度。

人力资本理论认为[1]：

（1）科技人力资本能够提高科技创新发生概率，是新经济成长的动力源泉。劳动者的人力资本积累程度越高，则学习能力越强，关于自然和社会的认识越丰富，就越有可能提出新思路和新做法来解决新问题。人力资本积累程度高的劳动者越多，则越有可能获得新的科学发现和技术发明。随着新能源、互联网、大数据等新兴领域的快速发展，中国经济体系由传统经济占主导向新经济占主导转变的趋势正在愈演愈烈。面对目前资本相对过剩，回报率下降，市场出清压力升高，劳动力供给减少，人力资本上升的局面，为了达到新的均衡，必然改变粗放的资本积累和低端人力资本投入，转向高人力资本投入和高科技投入；进入新经济时代需要新思维，人力资本正是新经济时代创造价值的要素。

（2）增加人力资本宏观供给能够提升科技创新市场激励，科技人力资本是区域创新驱动的根基。科技创新成果市场化带来的利润变现会为这种创新动机提供正面激励，进而显著影响科技创新路径。人力资本是衡量创新的核心要素，创新驱动作为国家重要发展战略，必须依赖雄厚的人力资本。目前的经济发展模式正由要素驱动、投资驱动转向创新驱动。加强人力资本投入可应对人口红利减弱风险，强化人力资本投入是新常态的时代要求。优化人力资本投入结构要素，注重培养大批高素质专业人才和一批拔尖创新人才。

（3）优化人力资本结构能够为科技创新提供持续动力，人力资本是传统产业转型发展的保证。人力资本结构优化是一个异质人力资本基于效率目标进行流动从而达到边际生产效率趋同的动态适配过程。异质性人力资本基于效率目标在

---

① 袁晖光，范思凯．人力资本驱动科技创新的动力机制研究［J］．山东社会科学，2021（6）：6.

不同科技创新部门之间的流动为科技创新提供了持续动力。在人口红利逐渐消失、人工成本优势不再的时代背景下，以工业4.0、互联网、物联网、机器换人、混合现实等创新趋势引领传统产业转型升级正如火如荼。产业升级的本质是对各种生产要素进行重新配置。优化人力资本结构与产业结构升级关系已经成为研究产业结构升级的重要问题。

（三）人才评价理论

对于科技人才的甄选与培养、评价与考核已成为科技人才管理工作、科研管理活动的关键环节。科技人才评价具体是受托方根据委托方的目的，按照规定的原则、程序和标准，对科技人才的业绩、品德、知识、技能等方面所进行的综合评价。科技人才评价工作涉及诸多方面和环节，根据评价对象和评价内容不同，存在多种评价方法和评价标准的选择；即使针对同一评价对象、评价内容，也可能由于评价主体、评价时间空间等方面的差异，导致评价结果的不同。

（1）科技人才评价的过程。科技人才评价过程主要由三大要素构成，即评价主体、评价方法和评价对象，而评价主体根据其不同性质可分为政府及相关部门、研究机构和企业；具体的评价过程可以描述为：以评价目标为导向，评价主体选择恰当的评价方法应用于评价对象，得出相应的评价结果，其中评价方法的选择和创新是关键环节，它对于评价结果的准确与否具有至关重要的作用（见图5-1）。

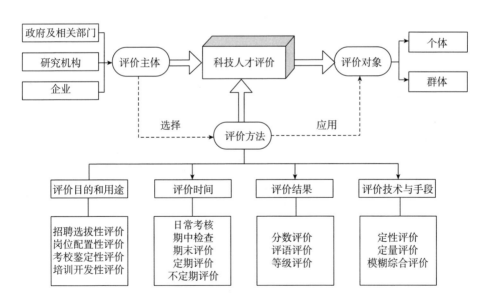

图5-1　科技人才评价过程

（2）科技人才评价方法分类、选择与创新。科技人才评价方法仍以同行评议和文献计量为主，缺乏对其他评价方法的研究。目前，科技人才评价方法有定性方法、定量方法以及定性与定量相结合的评估方法。结合国内外关于评价方法的有关研究，现有的科技人才评价方法可以大致分为同行评议、文献计量分析、经济分析法、综合评价方法和人才测评方法。从目前的科技人才评价实践来看，科技人才评价方法仍以同行评议法和文献计量方法为主，人才评价模式以定性为主、定量为辅；而科学计量定量方法过分注重科研绩效，其他方法由于成熟度和适用性不同，实际的应用也具有一定的局限性。科技绩效评价指标相关研究见表5-1。

表5-1　科技绩效评价指标相关研究

直接评价指标	学术水平：先进性、创新性、科学性、难度、新颖程度、复杂程度、艰巨程度、获取难度、深广度
	社会效益：人才培养作用、对现代化的作用、对学科建设作用
	经济效益：直接经济效益和潜在经济效益、直接经济价值评估、成果的商品化程度与市场前景评估、成果转化的难易程度、成果应用性、成果的实际经济效益
间接评价指标	科研项目、论文、专利、著作、学术交流、人才培养、奖励等具体指标

（3）科技人才评价存在的问题。王松梅等（2005）等通过对评价现状的分析，得出了相关结论：第一，科技人才定义的不准确、不科学，对科技人才评价的客观性、公正性造成了先天障碍；第二，科技人才评价标准选择失当，不具有科学性；第三，科技人才评价方法不完善，从20世纪70年代末沿用至今的、普遍用于科技人才评价的同行评议法存在诸多弊端；第四，科技人才评价中非学术因素的介入导致评价结果失真；第五，科技人才评价后管理的松散性不利于科技人才的可持续发展；第六，科技人才任用和评价中的科学道德问题不容忽视。

（4）科技人才评价趋势。①对评估方法的应用和理解，不仅需要深入了解评估对象的背景与条件，还需要进行大量的评估实践反复体会。②在评估重点上，要由主要关注"历史成绩"转向"现实产出和发展潜力"，引进高层次创新创业人才不能只看已有的"光环"，包括学历、头衔、资历等，还要统筹人才已有基础、科研能力、上升空间、创新创业意愿以及科学道德等因素。③在评估标准上，应遵循分类评估原则，根据各类型评估对象的不同特点和成长规律，采取不同的特征性评估指标和评估标准，适用不同的评估流程和评估方法。建立适应基础研究、应用研究、产业化开发等不同人才特点的评估体系，基础研究人才评估对接国际，看成果的科学价值、业界影响力；应用研究人才评估对接市场，看成果的转化情况；产业化开发人才评估对接效益，看对企业、产业的带动力。④在评估主体上，要由行政主导转向专业、社会和市场力量协同开展，创新人才由科学共同体、专业共同体和"业内"人士进行"同行评议"，创业人才由专业共同体、投资机构、行业协会等进行"市场评定"。

（四）人才学理论和人才服务与保障理论

1. 人才学理论

人才学是一门研究人才现象、揭示人才规律、指导人才开发、带有综合性特点的新兴学科①。人才的基本问题研究包括对人才的概念、本质、要素、类型、结构、功能和价值等问题研究。人才成长规律研究，包括对人才成长过程及其阶段、人才成长的内外因素及其相互作用、个体人才成长规律、社会总体人才成长规律（社会人才辈出规律）等问题研究；人才的自我开发研究，即人才的创造实践研究包括人才创造实践的战略设计和战术运用等研究；人才的社会开发研究包括人才的预测规划、教育培训、考核评价、选用配置、使用调控以及人才流动和市场等问题研究。

新时期人才工作的新实践必将面临诸多的新矛盾、新问题，呼唤着人才理论面向人才工作的新实践不断推进创新。人才强国战略理论是人才功能理论的核心内容。人才强国战略理论由人才强国战略的基本理念、战略阶段递进、战略价值、实施过程与环节、战略目标的可行性论证等内容构成。分析人才强国战略的阶段递进，评价我国实施人才强国战略的政治价值、经济价值、社会价值、军事价值、文化价值等，解析我国人才强国战略中的职能战略、实施计划、组织管理及实施中的领导与控制等实施过程与环节，对我国人才强国战略目标的可行性展开论证研究。人才国际化理论研究包括人才国际化的内涵、途径、方法、国际化水平比较等内容。海外留学人才是国家现代化建设的特需资源，引进海内外高层次人才，是实施人才国际化战略最便捷的途径。坚持以我为主、按需引进、突出重点、讲求实效的方针，优先引进急需人才，重点吸引那些确有真才实学、做出显著成绩、处于国际领先地位、获得国际认可的拔尖人才。

2. 人才服务与保障理论②

人才服务与保障是人才学的重要部分。建立健全科技人才创新驱动保障机制需要各级政府、科技企业、高等院校、科研机构以及全社会的共同努力。只有清楚界定政府、市场和社会三者的权力关系，才能真正建立覆盖面广、体现公平性的人才保障体系和富有差异性的人才激励体系。科学的人才激励和保障机制应以人才使用、发展机会、收入分配、生活工作条件等系统的制度安排予以保证。这

① 叶忠海. 人才学基本理论及应用［J］. 中国人才，2007（1）：2.
② 林泽炎. 我国人才激励和保障的战略思考与制度设计［J］. 中国人力资源开发，2013（7）：5.

些系统性的制度设计，犹如给不同类型人才的激励和保障提供一种制度前提，营造一种"氛围和环境"。

第一，在宏观政策保障层面。政府在科技人才保障机制中占有重要地位。各级政府需树立科学人才观念，不断推进各项经济体制改革，优化创新环境，为吸引和留住高层次创新型科技人才提供良好的外部条件和社会氛围。①法律保障。完善的法律制度可为科技人才创新活动提供公平竞争的社会环境。目前应进一步完善知识产权保护方面的法律法规，及时修订《著作权法》《专利法》和《商标法》等知识产权法律法规，完善反不正当竞争、消费者权益保护、国际贸易和科技等相关法律法规中有关知识产权的规定，提升知识产权保护力度，通过知识产权立法鼓励技术创新，推动知识产权转化，为创新活动提供良好的公共政策环境。②政策保障。产业优惠政策和人才扶持政策在吸引和留住高层次创新型科技人才方面发挥着重要作用。在引进人才时，应充分发挥市场化人才中介机构和各类社会组织的作用，加大人才政策宣传力度，使科研单位参与引才工作，建立以科技企业为主体的科技人才引进与使用体系。③信息与资金保障。高新区内的科技服务中介机构、金融机构、行业协会及相关社团组织在科技人才外部协同保障体制中扮演着重要角色。科技服务中介机构为创新技术转化和产业化提供人才信息、技术咨询和资金等服务，可为科研单位进入各种异质性社会网络搭建桥梁，帮助科研单位解决跨界搜索难题，促进科技人才流动。

第二，在微观组织保障层面。构建组织内部科技人才保障体制，引进优秀科技人才，为其提供良好的工作条件，留住并用好科技人才，是高新区提升创新能力、确立自身竞争优势的关键。①人才引进保障。充分利用各级政府提供的人才扶持政策，借助引才平台，争取各类人才基金支持。同时，扩大自身引才渠道，采用灵活多样的引才方式，引进不同层次创新型科技人才，构建内部合理的科技人才结构。在引进人才时，高新区应制定好科学的人才评价体系，明确重点指标，规范人才筛选流程。②人才发展保障。构建系统的人才培养体系，充分发挥高层次科技人才的经验优势，促进园区内部的人才交流，使青年科技人才迅速成长起来。鼓励科技人才参加各种学术交流会、座谈会等，引导其密切关注最新科技动态，对科技人才参与继续教育和各类研修活动予以支持，不断提升科技人才创新能力。③人才激励保障。由于高层次科技人才更看重精神奖励和自我实现需要，希望科研成果得到社会重视和认可。为科技人才打造优厚工作场所的同时，还需重视对科技人才的精神奖励，对其能力、科研成果和杰出贡献给予及时认可和褒奖，如颁发特制奖章、授予荣誉称号等，并在高新区内部营造尊重知识、尊重人才和鼓励创新的氛围，为其提供宽松、自由的工作环境。

三、高新区招才引智政策竞争与难题

（一）国内主要城市招才引智发展战略

1. 北京：人才特区的国际竞争战略

在 2017 年全球十大创业生态系统中，北京排名第二，仅次于硅谷①。2018 年 3 月 29 日，科技部火炬中心等联合发布《2017 中关村独角兽企业发展报告》，中关村科技园区共有独角兽企业 70 家，占全国比重 42.7%，中关村"独角兽"企业总量仅次于美国硅谷。北京的人力资本战略，一是坐标全球建立人才引进机制，构建全球人才网络。相继出台了涵盖重大项目、境外股权投资、结汇、科技经费、税收、人才培养、兼职、出入境、落户、资助、医疗、住房等 13 项特殊政策，基本形成了国际化人才体制机制的框架。二是形成了便利开放的外籍高层次人才出入居留机制，为高层次海外人才提供永久居留、口岸签证、长期居留许可等出入境便利。三是市场导向的人才创新创业的激励体系逐步与国际接轨。在科技成果使用处置收益管理改革、研发费用加计扣除、科研项目经费管理改革、股权激励等方面取得重大突破，形成了"1+6"人才创新创业激励体系。四是人才创业创新的社会化评价体系作用显著，率先开通职称评审"直通车"。五是人才创新生态系统较为发达。人才创新创业金融体系与国际接轨，形成了较为发达的人才创新创业金融体系。

2. 上海：以环境优化促人才集聚战略

上海市对标国际最高标准、面向全球，围绕推动高质量发展，实行积极开放的人才政策，一是坚持人才引进的高端导向，吸引一批具有全球影响力的大科学家、大企业家、大艺术家等高端人才。坚持人才配置的市场导向，让人才的评价、流动、激励都按市场规则办。坚持人才发展的国际导向，大力引进国际人才，大力推进国际人才本土化和本土人才国际化。坚持人才服务的精准导向，甘当服务人才的"店小二"。二是重视抓好引领性人才、支撑性人才、青年人才队伍建设。实施人才高峰工程，进行大刀阔斧的人才政策改革，形成对全球高峰人才的"磁吸效应"。三是形成门类齐全、梯次合理、充分满足经济社会发展需要的人才体系。构建由经济发展类专业人才、社会事业类专业人才、企业经营管理人才、一线高技能人才及社会工作人才的人才体系。四是积极投资青年人才。积极引进海内外优秀博士后，集聚优秀应届大学毕业生。五是积极营造有利于人才成长发展的良好生态。优化政策环境，向用人主体放权、为人才松绑。拓展发展平台，积极为人才施展才华提供广阔的天地，积极打造研发与转化功能型平台，

---

① 资料来源：SparkLabs Group 2017 年全球十大创业生态系统排名报告。

大力构建生态、生产、生活一体化，社区、街区、孵化区相融合的新型"双创"载体。创造品质生活，大力提升城市生活的丰富性和舒适度。

3. 杭州：新兴国际化人才集聚战略

自2016年以来，杭州人才净流入率和海归人才净流入量均居全国首位，已连续7年入选"外籍人才眼中最具吸引力的十大城市"。杭州实施人才优先发展战略，推进人才国际化。杭州市实行的新兴国际化人才集聚战略，加快了高端人才集聚。第一，杭州市不断细化完善国际化人才政策体系，在城市人才竞争中获取制度优势。杭州市以开放的胸怀打造系统的人才培养体系，形成了对人才具有吸引力的公共产品。第二，杭州市对人才创新创业的资金支持力度大，操作细则公开透明。杭州市人才政策较为完善、科学、系统，除了对人才支持力度大以外，更重要的是资金支持与实物支持的细则具体、便于操作，体现了政府对人才创新创业支持的诚意。第三，良好的区域人居环境是人才流入的不可忽视因素。人才对人居环境重视与日俱增。杭州最近几年对人才吸引力位居全国第一，其人才政策在吸引人才方面的作用不足以充分解释杭州吸引人才的全部原因，隐含在背后的一个重要原因是杭州政府多年来一直重视人居环境的建设。杭州市多年是"最佳人居环境奖"和"最佳人居奖"的获得者，这是"近年来政府和开发商在打造居住品质上也下了很大功夫"的结果。

4. 深圳：以特区优势吸引全球人才战略

深圳力争把深圳经济特区建设成为亚太地区创新创业活动活跃、海外高层次人才向往汇聚的国际人才"宜聚"城市。为实现这一战略目标，深圳采取了一系列的措施。一是首创引进人才的法律法规制度。2017年11月1日，深圳正式施行《深圳经济特区人才工作条例》，具体包括"68条"人才新政，在人才培养、人才引进与流动、人才评价、人才激励、人才服务与保障等方面进行了规范。2018年，深圳市提出建设更具竞争力的"人才特区"。二是科学完善的人才政策体系。在前期人才普查的基础上，深圳全面优化升级人才政策体系，形成了最完善的地方人才政策体系：第一个层次是《深圳特区人才工作条例》；第二个层次是两项计划，即"鹏城英才计划"与"鹏城孔雀计划"；第三个层次是制定或修订若干项配套措施，包括金融人才队伍建设、柔性引才用才等；第四个层次是若干项操作规程，涵盖人才工作站管理、创新创业人才奖的实施细则等。三是加速高端集聚，创新引才聚才体制机制。加大国内外高层次人才队伍建设力度，着重引进和培养具有国际水平的战略科技人才、科技领军人才、青年科技人才。四是立足全球视野，进一步完善海外引才引智工作机制。修改完善"鹏城孔雀计划"海外高层次人才的评价标准和评审办法，在全球坐标系内靶向引进"高精尖缺"人才。

5. 成都：各行各业募集人才战略

自党的十八大以来，成都市坚持"人才是第一资源、第一要素"的理念，围绕中心、服务大局，大力实施人才优先发展战略，以"推进人才工作格局性转变"为目标，在体制机制改革、创新人才政策、扶持人才发展、营造"双创"环境方面取得了较大发展。一是持续发力，打通引才难点、堵点。通过密集出台政策，不断疏通人才引进"梗阻"，打通政策落地的"最后一公里"，成都已初步形成积极、开放、有效的人才引进制度机制。二是多方联动，凝聚引才强大合力。成都实行"政府引导、企业主体、市场化运作"引才模式，形成多主体、立体化的引才方式。三是立足产业，努力集聚"高精尖缺"。成都市瞄准产业转型升级产生的"人才缺口"，紧扣产业链需要大力引进一批新一代信息技术、航空航天、智能制造等领域高层次领军型人才和国际顶尖团队，发挥高层次人才对新兴产业的集聚和引领作用。四是大力扶持，促进人才创业有成。成都着力构建"政务服务+创业服务+生活服务"的综合服务体系，着力为人才营造宜居宜业宜商、体现国际品质的发展环境。五是优化服务，营造尊重人才氛围。成都建立"人才绿卡"制度，对人才分层分类施策，解决他们在住房、落户、配偶就业、子女入园入学、医疗、出入境和停居留便利、创业扶持等方面的困难，强化对人才的吸引力。

五大城市高层次人才政策对象比较如表5-2所示。

表5-2　五大城市高层次人才政策对象比较

城市名称	人才类型	政策名称
北京	由战略科学家领衔的研发团队	海外人才聚集工程
	由科技领军人才领衔的科技创业团队	
	海外高层次人才来京创新创业	
	定向引进与用人单位特色相符的高层次海外人才	引进海外高层次人才专项计划
	战略科学家、科技创新人才、创业未来之星、风险投资家与科技中介人才	中关村高聚工程
	符合特定条件的海内外优秀人才	中关村国家自主创新示范区海内外优秀人才创业扶持工程专项资金
	海归人才	中关村国家自主创新示范区海归人才创业支持专项资金
	应用基础研究人才、应用开发研究人才、科技创新创业型人才、海外引进人才	"科技北京"百名领军人才培养工程
	从事自然科学、工程科学技术和哲学社会科学领域的研究工作，取得突出学术成就的科学工作者	北京学者计划
	符合评价机制条例的高层次人才	百千万人才工程培养经费资助
	青年科技骨干	科技新星计划
	重点发展领域的各类高级人才	高级人才奖励管理规定

续表

城市名称	人才类型	政策名称
上海	从事自然科学、社会科学研究的；在上海创办企业的；上海市其他特殊急需的留学人员及团队	浦江人才计划
	紧缺急需的海外高层次创新创业人才	上海"千人计划"
	具有海外丰富从业经历、通晓国际规则和惯例、掌握核心技术、带动产业发展的海外高层次人才	浦东新区"百人计划"
	知名奖项获得者或高层次人才计划入选者；知名专家、学者、杰出人才、专业人才；企业杰出人才、专业人才；其他有特殊专长并为本市紧缺急需的特殊人才	科技创新中心建设海外人才引进政策
	世界排名前100的名校最优秀的留学人员及在国外跨国公司中担任高级职位的海外高层次人才	"雏鹰归巢计划"
	学术带头人和技术带头人	优秀学术/技术带头人计划
	高峰高原学科人才	东方学者岗位计划
	基础研究类领军人才、应用开发类领军人才、社会科学和文化艺术类领军人才、经营管理类领军人才	领军人才计划
杭州	海外高层次人才	"海创园"政策
	重点产业、重点行业发展中起引领作用的高端外国专家	"115"引进国外智力计划
	海外高层次创业创新人才	全球引才"521"计划
	国内外顶尖人才、国家级领军人才、省级领军人才、市级领军人才、高级人才	"人才新政27条"
	海归精英、外籍专家	人才"若干意见22条"
	国际化人才、本土人才	"全球聚才十条""开放育才六条"
深圳	较高专业素养和丰富海外工作经验、掌握先进科学技术、熟悉国际市场运作的海外高层次创新创业人才	"鹏城孔雀计划"
	世界一流科学家、产业领袖、管理大师、文化艺术大师等杰出专家	"客座专家智库计划"
	领军作用突出的国家级领军人才、专业地位突出的地方级领军人才、在专业技术技能方面崭露头角和发展潜力巨大的后备级人才	高层次专业人才计划
	国内外著名教授和学科带头人	"鹏城学者计划"

续表

城市名称	人才类型	政策名称
成都	高层次人才	"成都人才36条"
	国际顶尖人才、国家级领军人才和地方高级人才	"成都人才新政十条"
	高层次创新创业人才、青年人才	"行动计划"
	高层次人才、急需紧缺人才、青年人才、高技能人才等	"人才新政十二条"
	各行各业募集人才	"蓉漂计划"

（二）高新区招才引智的主要难题

根据现有招才引智研究[①]及各高新区招才引智中的实践摸索，如青岛、天津滨海新区以及课题组从白下高新区与郑州高新区获取的访谈资料，本书总结目前产业园区招才引智的共性问题如下：

1. 选才：人才—产业匹配度低

判断什么样的人才有利于城市发展，关键还在于企业发展和产业转型需要什么样的人才。因此，坚持引进人才需求方向和发展方向，不是盲目的，而是因地制宜。通过加强人才链和产业链之间的联系，通过加强人才发展和工业发展，使人才和行业形成良性互动，实现人才的作用，从而发展行业和企业。人才与产业之间的匹配度不足从侧面反映出人才供求结构矛盾突出。一方面大学毕业生找不到合适的工作，就业困难；另一方面各类高层次（包括复合型）人才和高技能人才短缺，需求旺盛，难以引进。受就业观念和职业选择趋势的影响，选择回乡创业的大学毕业生占全年毕业生总数持续较少。引进的高水平、高技能人才中，不少由于政策、项目、资金等方面的瓶颈，无法适应环境，最终导致人才流失。

2. 引才：政策激励力度不足

虽然一些高新区出台了一系列吸引人才的措施和政策，但实际投入的经费和精力、在招才引智的实质性投入上力度不够。政府和用人单位的人才培养、引进和激励政策不完善、不健全，实施不到位，导致引进高水平、高技能人才困难。一些地方政府发布的招才引智相关政策文件主要还是围绕聚才工程，对于企业稀缺的人才没有制定相关的针对性文件和政策举措。此外，关于引进高水平、高技能人才的政策、指导和可操作性，往往缺乏规范性文件。此外，在人才政策内容方面仍存在一定局限[②]。一方面，人才引进需求决策的合理性仍有待提高。例如

① 孙晓玮. 浅析招才引智和招商引资的思考与探索［J］. 商讯，2021（20）：189-191.

② 郑代良，钟书华. 中国高层次人才政策现状、问题与对策［J］. 科研管理，2012，33（9）：130-137.

通过需求调研，北京市引进海外高层次人才专项计划应定向引进与用人单位特色相符的人才，更好地从具体人才需求出发。另一方面，政策的连续性不足，难以形成长期效应。

3. 留才：方式单一难以留才

随着新生一代年轻人的成长，如何留住新生代人才已成为政府和企业共同需要攻克的新课题。各地区相应出台各项措施吸引各界各产业和不同类别的人才。但招才引智政策的内容，基本都停留在资金、户籍、补贴等方面，更多的是复制和学习上级或其他地区的政策和优惠条件。但对于真正的创新创业人才来说，不仅是资金、住房、生活补贴很重要，在成果转化、知识产权保护等方面也同样具有非常重要的地位。过往单一的依靠资金等补贴方式吸引人才已经难以为继，即便人才当时被资金吸引前来，但也难以长久。人才的成长和发展是多种因素综合的结果，除客观经济需求外，科研环境、工作环境包括软环境以及成长发展空间和方向等都是影响人才去留的关键因素。作为县区一级，在留住人才上更是要从这些方面多下功夫，不能照搬省市政策。

第三节 白下高新区的"双招双引"实践

一、"双招双引"的破局：组织领导与区域优势

白下高新区初期的建设条件非常艰难。高新区发展面临困难重重，一片荒芜，道路不通，也缺乏财力。在2001~2008年园区的组建阶段，主要在摸索中前进。以生产要素的集聚为着眼点，扩大经济的规模和体量是高新区发展的核心，招商引资是主线。此时，高新区作为引进资源、放松机制、搞活经济的特殊政策制度空间，主要靠廉价土地、税收优惠等政策吸引企业入区。这一阶段白下高新区主要采用地块招商的方式，产业较为混杂，主导产业为电商产业。该阶段的招商引资特点是粗放招商和求商引商。值得注意的是，此阶段以招商为主线，并未考虑人才要素。

2006年，白下高新技术产业开发区获批成为省级开发区，面积扩展到2.1平方千米。"当时所谓的招商是一句空话，因为没有资源、政策，所以就无法去搞开发区建设。……前期开始真正的招商是从我们的地块招商开始，但当时周边的环境非常差，没有道路、公交车。所以土地招商，进来了将近有七八家企业，完

成了初步的地块招商"①。

此时的白下高新区由于刚开始起步，受环境差、交通不便的限制，只能采用较为粗放的地块招商模式，包括天安数码城、中设南建院、二十八所、电商产业园等。正如大部分初期的高新区一样，虽然白下高新区在此阶段扩大了经济规模和体量，但由于初期缺乏经验又急于形成规模，直接导致园区在产业布局、功能定位上的不明确和混乱。引进的企业和项目大多是资本密集型或劳动密集型的中小企业，科技含量较低，创新能力较弱。尽管当时条件十分困难，园区仍然考虑了环保等因素，由于没有污水处理系统，园区管委会拒绝了生物医药企业入园。由于电商产业不需要太多资源及不会产生污染，所以在这一阶段白下高新区选择该产业为主导产业，这也避免了白下高新区重复一般高新区一次创业的大规模工业模式。

土地招商既是高新区无奈之举，同时也为园区发展积累了必要的资金，开始了高新区基础建设，为后面招商招才打下必要基础。高新区企服部陶蓉副部长回忆说，"从 2009 年到 2014 年，重点就是高新区的配套基础设施的建设，以及大型企业的招商、人才的招商，这些工作开始启动。相比现在的成熟，原来园区四周的道路是不通畅的，招商也是很困难的，所以那时候都以土地招商为主，不像现在楼宇都建成了进行科技招商"②。

与国内大多数高新区一样，白下高新区能够从早期招商困境中走出来，就是政府的领导和园区的集体努力。在与中航科工八五一一所合作中，秦淮区领导和管委会领导多次与八五一一所进行深度交流，落实到具体每个问题。"2019 年林涛书记带队，张仲金书记和一队领导，到北京，我们的上级单位——航天科工一院进行调研，如何跟地方合作等事情。专程到上级单位去了一趟，也跟院里边领导讲一些合作相关的事情，所以园区对于所的发展还是非常重视，我们对于园区的合作也是很支持的"③。高新区全体投入招商工作，每个部门都落实了责任。这种案例在白下高新区每个入驻企业中几乎都能够看到。

白下高新区能够从早期招商困境中走出来的一个重要因素就是区域优势。园区周边聚集着南京理工大学、南京航空航天大学、陆军工程大学（原解放军理工大学）、南京农业大学和八五一一所、五十五所、二十八所等一批国家重点高校和科研机构及 6 万余名高科技人才，在科研、技术、专利、实验、检测、人才等方面对园区形成了强力的支撑，特别是与南京理工大学一墙之隔的特殊地理位置，为园区发展提供了得天独厚的条件。南京普旭科技发展有限公司负责人在谈到为什么入驻白下高新区时说，"人才聚集这块主要就是我们仿真模拟领域的人

①　引自王早新访谈，《白下高新区内部访谈资料》（课题组整理）。

②　引自陶蓉访谈，《白下高新区内部访谈资料》（课题组整理）。

③　引自八五一一所负责人访谈，《白下高新区服务企业调研资料》（课题组整理）。

才的聚集，东大的、南航的、南理工的是我们选择人才考虑的主要因素"①。

注：2019年，秦淮区委书记林涛带领白下高新区、科技局等相关同志前往中国航天科工集团第一研究院、中国航天科工二院二十五所、中国航空学会考察交流，推进与高校院所科技创新"融合发展"。

二、"双招双引"系统化：产业定位+多元渠道+服务保障

在激烈竞争的"双招双引"工作中，成功是与汗水密不可分的。但努力只能是成功的必要条件，科学管理最终还是要依靠整体思考、系统化实践。白下高新区的"双招双引"的系统化就是从明确园区功能定位出发；围绕产业招商，拓展多元化渠道；通过服务保障来实现企业和人才的落地。

（一）明确功能定位，围绕产业招商

一个阶段国内高新区"双招双引"工作中比拼政策成为工作焦点，相互挖人挖企业现象也时有发生。尽管"双招双引"的产业和人才政策是"双招双引"工作的基本保障，但是在地方资源与财力约束条件下，政府投入有限，可利用资源也要追求更高效率，比拼政策模式弊端明显难以为继。解决"双招双引"的根本出路在于清理"双招双引"基本假设和基本逻辑。白下高新区管委会较早对这些问题进行了反思，他们及时认识到园区发展不能依赖企业家对于政策的关心，而是园区到底能够给企业家带来哪些产业发展机会。张仲金认为，"如果产业不能打造好，就无法形成人才的补充、市场的合作、创新的合作。如果人才过来只看政策，而不考虑适合做什么产业，不看原来的产业基础，那肯定做不好。所以人才更多的应该考虑这个地区适合做什么产业，它原来的产业基础是什么"②。"双招双引"的基础一定是产业，而产业的基础依靠的是高新区清晰的定位。

2011年，科技部在武汉召开的会议上提出"二次创业"的战略构想。这一阶段，高新区的建设以创新要素的集聚为着眼点。功能定位引导建设和招商及"一区多园"是此阶段最显著的特点。各高新区培育了主导产业和支柱产业，形成了产业特色分明的园区。这一阶段白下高新区主要通过四大科技主导产业进行载体招商。该阶段的招商引资的特点是能够按照产业园区的功能定位开展针对性的招商引资活动。

2009年，第一栋楼311大厦建成，其后包括4号、5号、2号、宜家南、紫云智慧广场等载体。随着载体的不断建成，粗放招商开始向选商转变。如4号楼以云创大数据为中心，拟确定引进云计算、大数据等相关产业。后因获得国家工信部中国云计算基地的认可，最终确认了云计算大数据这一主导产业。

---

① 引自普旭科技负责人访谈，《白下高新区服务企业调研资料》（课题组整理）。

② 引自张仲金访谈，《白下高新区内部访谈资料》（课题组整理）。

2017 年 11 月，南京市政府发布《关于加快推进全市主导产业优化升级的意见》，强调南京将以高端化、智能化、绿色化、集群化为发展方向，加快推动先进制造业和现代化服务业主导产业优化升级，构建"4+4+1"的全市主导产业体系。即打造新型电子信息、绿色智能汽车、高端智能装备、生物医药与节能环保新材料四大主导产业，打造软件和信息服务、金融和科技服务、文旅健康、现代物流与高端商务商贸现代服务业四大主导产业，加快培育一批未来产业。据此，南京白下高新技术产业园区确定以科技为主导产业，剔除文化创意等相似度低的产业。

2018 年 1 月，江苏省南京市委市政府对建设具有全球影响力的创新型城市进行全面动员部署，把创新型城市建设提高到城市定位的高度。同年年底，市政府发布《南京市推进高新园区高质量发展行动方案》（以下简称《方案》），《方案》首次提出，要激发主城区大学科教资源活力，打造创新创业活跃度高的城市"硅巷"。据此，白下高新区党工委、管委会强化体制改革，在政府引领下提出"秦淮硅巷"模式。秦淮硅巷的产业选择，在符合南京市"4+4+1"主导产业体系的前提之下，主要是围绕四大龙头企业——金城集团的中航无人机系统有限公司、金陵制造创新带的金陵制造研究院、门西的联通物联网、五十五所的中电新股研究院，确立四大主导产业——物联网、芯片应用、智能制造、无人机，充分的市场机制吸引了龙头企业的上下游企业，完善了产业链，形成产业集聚。

（二）广开渠道，构建多元引才体系

在二次创业阶段，中国形成了较为宽松的国际人才流通环境，适逢高新区良好的创新创业环境，吸引了越来越多的精英阶层，创业人群得到了扩充，海归留学人员、专家学者、成功商人甚至政府部门工作人员纷纷下海。正如多数高新区一样，白下高新区也在此阶段紧抓浪潮，整合各类人才政策，树立大人才观，并在招商、招才的过程中强调市场化作用。具体体现在以下三个方面：

1. 发挥市场中介作用，机构荐才

充分发挥"两落地、一融合"的平台作用，整合市场中介机构资源，发挥市场中介筛选、评价人才的作用，集聚园区产业人才。具体来说，白下高新设立了两家境外孵化器，同时与南京吉檀、南京全意、南京创通诚、天邮科创等 10 余家中介达成招才引智合作，充分强调了市场化作用。

2. 强调企业主体作用，积极发挥政策杠杆作用

白下高新区在整合人才政策时，十分重视人才以及企业的主体作用。目前，白下高新区主要的人才政策包括：一是市级"创业南京"英才计划。包括高峰计划、高层次创业人才引进计划、创新型企业家培育计划。二是省级人才引进计划。"双创计划"分为"双创人才"和"双创团队"。人才新政方面，白下高新区为集聚全球创新资源，于 2019 年制订并实施了《秦淮区关于集聚全球创新资

源的行动计划》，实现南京市海外协同创新中心（芬兰、日本）、南京秦淮海外协同创新中心、白下高新区的共同协作与运营。表 5-3 为白下高新区 2021 年度人才政策汇编。

表 5-3　白下高新区 2021 年度人才政策汇编

政策名称	基本条件			扶持政策	
	创业类	创新类		创业类	创新类
	人才要求	人才要求	企业要求		
高峰计划	诺贝尔奖/国家最高科学技术奖/国家重点人才工程；在南京首次创办科技型企业并担任企业主要负责人（企业成立时间为 2019 年 1 月 1 日到申报截止日期前）；个人投入企业实收货币资本 100 万元以上；自然人第一大股东持股不低于 30%	诺贝尔奖/国家最高科学技术奖/国家重点人才工程；3 年内引进到企业；年薪 ≥100 万元或高于员工平均年薪 10 倍	高企/（培育）独角兽企业/瞪羚企业且上一年度业务收入不低于 4000 万元或上一年度业务收入达 2000 万元且近三年增长率连续达 30% 以上	500 万元科研成果产业化配套资金	
高层次创业人才	硕士学位/副高职称；在南京首次创办科技型企业并担任企业主要负责人（企业成立时间为 2019 年 1 月 1 日到 2021 年 8 月 31 日）；个人投入企业实收货币资本 100 万元以上；自然人第一大股东持股不低于 30%	博士学位/正高职称；3 年内由南京市外引进到企业，入选后连续在引进单位工作不少于 3 年；月均薪酬不低于 3 万元	高企/独角兽企业/瞪羚企业/规模以上企业/国家和省重点人才工程创办企业/拥有三站三中心等市级平台的企业	50 万～350 万元扶持资金；100 平方米办公用房免租金 3 年	50 万～150 万元扶持资金
"双创"计划	硕士学位；近三年从江苏省外来苏创办科技型企业并担任企业主要负责人（企业成立时间为 2018 年 1 月 1 日到 2020 年 12 月 31 日）；个人投入企业实收货币资本 100 万元以上；自然人第一大股东或个人实缴货币出资占注册资本不少于 30%；截至 2020 年 12 月 31 日，有 5 年以上工作经历（博士 2 年）；2 名非股东员工缴纳社保	博士学位；2018 年 1 月 1 日到 2020 年 12 月 31 日入职江苏省企业，入选后连续在引进单位工作不少于 3 年；月均薪酬不低于 1 万元；截至 2020 年 12 月 31 日，有 2 年以上工作经历	国家和省重点人才工程创办企业/国家或省认定的创新型企业、高企、农业科技兴企业、软件企业等/拥有三站三中心等市级平台企业/获得各级引才资助 30 万元以上企业	50 万～500 万元扶持资金（个人生活补助不低于 30%）	

续表

政策名称	基本条件				扶持政策
	人才要求	企业要求			扶持政策
创新型企业家	本科学历；担任企业主要负责人；个人投入企业实收资本 100 万元以上；自然人第一大股东或持股不低于 30%	上市企业/（培育）独角兽企业/瞪羚企业/规模以上高企/绩效优秀的新研/获得 2000 万元以上风险投资的企业/上一年度经济贡献 300 万元以上企业			通过绩效评估，给予 50 万~200 万元资金扶持；对于注册 5 年内的企业，提供 3 年不少于 500 平方米研发场地免租金支持或给予租金补贴，给予累计贷款总额不超过 3000 万元贴息扶持
人才安居	人才要求	企业要求	购房补贴（万元）	共有产权房/人才公寓/公租房（平方米）	租赁补贴（元/月）
	A 国家杰出人才	南京市重点企业：7 大类 14 个领域产业的规模以上企业和软件企业；现代服务业规模以上企业；传统制造业、服务业转型升级的规模以上企业；"创业南京"英才计划等人才工程企业；创业创新型平台类、研发类、总部类、引领类企业；符合《南京市鼓励投资新兴产业门类及布局目录》《南京市鼓励投资服务业门类及布局目录》的新引进企业；新设跨国公司地区总部及功能性机构	不受限制，一事一议。原则上可在本市申购不低于 200 平方米共有产权房、免费租赁 200 平方米左右人才公寓、申领不少于 300 万元购房补贴中的一种安居方式		
	B 国家领军人才		200	150/150/无	7500
	C 地方拔尖人才		170	120/120/无	6000
	D 高端人才		无	90/90/无	3600
	E 高级人才		无	无/无/60	2400
	F 中初级人才		无	无/无/30	600~1000

续表

政策名称	基本条件		扶持政策	
	人才要求	企业要求	个人奖励	企业奖励
高层次人才科技贡献奖励	在企业工作 3 年以上；从事科技研发相关工作，上一年度工资薪金、劳务报酬应纳税所得额达到 50 万元，在我市缴纳个人所得税	八大产业链重点企业/备案新研及孵化企业/高企/省高企入库企业/（培育）独角兽企业/瞪羚企业/"双栖"企业/技术先进性服务企业/科技型中小企业/入选我市重点人才工程企业/持有人力资源服务许可资质的猎头公司/享受研发费用加计扣除政策的各类科技型企业	超额累进分档奖励，每名人才年度最高奖励 50 万元，累计不超过 100 万元	3 年内引进并连续任职高层次人才 10 名以上给予最高 100 万元一次性奖励
	人才要求	支持对象	扶持政策	
中青年拔尖人才	大学以上学历/高级专业技术职务；45 岁以下，特别优秀的可放宽到 50 岁，35 岁以下青年人才占比不低于 30%	7 类中青年骨干人才：经营管理、金融、文化、教学、卫生、高技能、乡土拔尖人才	根据项目课题配置总体资金预算、按所获经费 1∶1 比例给予最高 50 万元配套奖励，其中不低于 30% 用于个人补助并不得抵扣工资待遇；培养期内，对优秀人才给予每人每年 5000 元津贴，对拔尖优秀人才统一纳入 E 类人才安居	

3. 搭建专业聚才平台，活动引才

白下高新区在自主举办聚焦产业的创业大赛的同时，还组团参加各类创业创新活动，如南京市第十二届留交会活动、2019 南京创新周暨创新大会推介会、2021 "赢在南京"海外人才创业大赛、深圳第十九届中国国际人才交流大会等，多渠道引才、选才、用才。此外，通过开展高层次创业人才引进计划表彰会暨人才企业座谈会了解人才引进问题，提高人才引进的专业化水平；不仅如此，白下高新区还举办了一系列活动，包括在上海、杭州及深圳举办 3 场专场推介活动；举办 2019 北欧创新企业春季路演（南京站）活动、欧美同学会年会、第十二届南京留交会秦淮区分会场活动——"创聚秦淮·创想未来"。

（三）整合服务资源，实现人才保障

1. 完善制度，提供人才生活与发展保障

在基础生活保障方面。为了确保人才可以安心在高新区内创业发展，白下高新区还提供了精装修办公用房，建设"一站式"服务人才公寓，提供人才子女就学、医疗健康等服务。

在事业发展保障方面。为建立完善园区人才企业服务流程，聚焦重点人才企业服务，结合企业发展特点制定并实施了《园区人才企业服务需求流转机制》《园区领导联系挂包重点人才企业机制》《白下高新人才企业场地续租及退出管理办法》等制度；为完善规范扶持资金兑现流程，强化资金监管工作，在园区财政部门的协助下制定了园区人才企业扶持资金监管协议，确保在人才企业的孵化培育中做到资金拨付标准化、使用规范化、监管透明化。

2. 整合政府与社会服务资源，多措并举增强服务有效性

一是通过企业培训课、主题沙龙交流、创业私享会、企业座谈会、产业对接会、投融资对接会、创业训练营等多种活动形式，整合资源，为企业提供涵盖人力资源、市场拓展、知识产权、财税、投融资等方面的培训和辅导，促进企业精准可持续发展。截至 2020 年，举办数项培训与辅导活动，如《人力资源政策分析和应对策略》《最新财税政策解读及税务优惠政策分析》等。

二是广泛组织企业参与各类招聘活动。为企业发展提供人力支持与服务，满足企业发展过程中对人才的迫切需要，截至 2020 年，已组织 3 家企业参加"南京都市圈第二届文化人才专场招聘会"；动员 23 家企业参加"大学生进机关进企业进社区岗位实习"活动，共募集 76 个岗位累计 222 人次；通过各项举措多维度重拳出击，加强精准化服务，促进人才企业、重点规模企业、政府部门、服务机构之间常态化交流对接与合作，满足人才企业全方位、宽领域、多层次、个性化的服务需求。在提升培育服务实效方面，推行专业化、点对点服务，加强项目经理与人才企业的及时沟通与问题反馈，整合完善从招引、落地到人才申报、融资对接、个性化服务等环节的高效衔接，帮助各类企业解决不同时期、不同特点的困难问题。

3. 搭建宣传平台，助力人才企业发展

2016 年，组织朱明飞等创业人才接受《金陵晚报》采访，提供基础数据资料及新闻稿修改意见，发表题为《"80 后"海归男打造科技养老平台——白下高新区已聚集 186 名科技创业小伙伴》的报道；组织张真、昂海松参加《江苏科技报》采访，为企业做好宣传；在园区微信公众号等新媒体平台发布企业产品动态、招聘需求等信息，目前已发布 60 余条相关信息，帮助企业拓展市场、促进发展；2017 年，帮助 2 家企业通过南京电视采访宣传、1 家企业通过龙虎网采访宣传、4 家公司通过"秦淮发布"微博号宣传企业风采。2018 年，组织 8 家企业先后接受《南京日报》、紫金山新闻等媒体采访。2019 年，推选 5 名人才申报"身边的榜样——江苏知识分子群像群塑"典型，组织 6 名人才加入区青创导师

库，推荐 2 名人才参加江苏电视台城市频道《创赢未来》系列报道，推荐 1 名南京城市名人参与 "发现创新南京" 抖音话题互动，推荐 2 名青年企业家代表参加创新型城市开幕式朗诵环节。

4. 建立园区人才评价制度

白下高新区自 2011 年以来引进培育了科技创业人才 300 余名。针对引进人才的定位与评价，白下高新区主要是从各个项目经理初把关，到邀请专家团队进行项目评估，最后以省、市、区级各项人才工程申报结果为准。

近 10 年来，白下高新区的人才引进侧重点也在发生改变，一是从注重引进人才的个人学历、资质、背景转变成注重引进整个创业团队架构的完整度、合理性；二是从注重单一的项目引进转变成注重对已落地的初创企业引进；三是从注重项目的核心技术创新性转变成注重项目的市场化可行性。

案例 5-1：普旭科技股份有限公司招商项目

江苏普旭科技股份有限公司是一家专注于仿真领域软硬件研发的国家高新技术企业，业务涉及装备训练模拟器、国产自主化分系统、虚拟现实、大数据应用、人工智能设备等领域。落户白下高新区前已经具有民营企业军工二级资质，具有较深的发展潜质。创始人张培培是在南京军区长大的徐州人，一直对南京有较深的感情，考虑到南京人才优势，张总有了落户南京想法，在江宁区、秦淮区多地寻找载体。

秦淮区领导和园区管委会在得知这个消息后，主动与张总取得了联系。但是如何达到普旭科技的要求成为大问题。"他们实验室高度要 12 米，我们也没有现成的，南京也找不到，主城哪有 12 米（层高 12 米）高度的房子"。而且实验室对地基承重要求非常高，每平方米承重 7 吨。"招商引资要根据企业需求，考虑企业品质，在主城找不到，就要到外面找。招商引资要按照企业需求去做，克服困难，我们要考虑好企业需求"①。最终找到晨光集团的一个旧厂房，把中间的楼板打通，四层变一层，重新设计，在整个建设过程中都是白下高新区出钱，终于解决了企业的落地问题，这个项目被南京市委称为招商引资的典范。

三、"双招双引" 生态化：集聚创新要素，丰富人才生态

面向高质量发展和创新发展的重任，高新区发展必然向人才驱动转型，白下高新区的招才引智是通过集聚创新要素、丰富人才生态来实现招才引智生态化。

---

① 引自张仲金访谈，《白下高新区内部访谈资料》（课题组整理）。

自"十三五"以来，园区提出了要"再造"一个白下高新区新的目标。"再造"一个白下高新区不仅是空间载体和产业规模的数量倍增，更应该是发展内涵和产业能级的再造升级，是要提升创新浓度、经济密度。

（一）建设创新平台，集聚多种创新要素

1. 建设创新载体，吸引创新资源

白下高新区引进各类孵化器、科研机构甚至留学生创业园等创新载体，聚焦和承载创新和产业要素资源。一是建设孵化器或众创空间，吸引创业草根人群。众创空间集研发、孵化、投资、知识等多种创业创新资源于一体，吸引丰富的创新主体，如年轻的大学生、留学归国人员、大企业高管及科技人员，甚至任何有想法有激情的"草根"人群，形成充满活力的创新社区。截至 2020 年底，白下高新区"一区五园"拥有国家级孵化器 2 个、省市级孵化器 10 个，国家众创空间 1 个、省市级众创空间 12 个。已建成科技创业创新载体约 357725 平方米，其中孵化器面积 315962 平方米，众创空间面积 41763 平方米。二是创办留学创业园，吸引优秀海归人才。2015 年，白下高新区留创园获批南京市首批留学人员创业园，2016 年被评为市级优秀留创园，2017 年建成省级留创园，2019 年正式获批江苏省留学回国创新创业示范基地。白下高新区留创园中载体建筑面积共计 4.5 万平方米，涵盖留学人员企业办公、研发孵化、配套等。截至目前，留创园集聚了来自美国、英国、日本、芬兰等多个国家的 73 位留学回国人员前来创业，产业领域涉及云计算、电子信息、智能交通、新材料、生物医药等，带动近千人就业。

2. 发展新研机构，链接原始创新主体，以市场为主导配置创新要素

随着科技体制改革不断深化，新型科研机构以灵活的运行机制和高效的管理机制脱颖而出。坚持以市场化为导向，采取自主经营、自负盈亏的商业模式，创新绩效考核评价不仅要求科技论文、专利数量等科研成果，更加关注孵化高新技术企业、创新社会财富、服务区域创新体系，以促进区域经济社会全面发展的能力和效率。实现从科学研究到科技成果转化再到高新技术企业孵化"一条龙"的科技创新链条，将科学研究、技术开发、企业孵化贯穿其中。

白下高新区发展新研机构，一是链接原始创新主体，提升创新引领能力。新型研发机构有效链接国家实验室、综合性国家科学中心和高校院所原始创新主体，提升创新引领能力。重大科技基础设施集群、重大科技创新平台的衍生技术和成果，并不能直接转化，需要通过新型研发机构有效对接形成"实体联盟"的契约关系。加快基础研究成果向市场转化，构建"引导性股权投资+社会化投资+定向投资"的多元化、链条化科技投融资体系，通过专利技术转让、技术合作、技术入股、现金出资等方式进行引导性投资，解决基础研究成果二次创新的

融资难问题。二是通过"市场—技术"的发展模式，配置创新要素。新型研发机构解决的重点问题是技术不再漫无目标找市场，而是技术直接转化为现实生产力，技术就是市场；同时创造社会新需求，以需求引领技术发展。传统的科技成果转化是基于基础研究、应用技术研究、产品开发线性发展，基础研究发现新知识，而应用研究只是知识的应用。企业的研发能力不足和基础成果的二次转化风险高，造成高校院所成果转化难、市场需求和成果供需错位的悖论现象。建立以市场为主开展技术创新和转化，配置创新要素，形成"市场—技术"的发展模式。兼顾创造新需求，承担科技计划项目，打造具有显著优势和区域经济发展迫切需求的工程技术研发中心，对自由探索的基础研究成果和关键核心技术加大在新型研发机构的转化，推进产业化成果的小试、中试进程，解决共性技术难题。

案例5-2：江苏智仁景行新材料研究院招才引智项目

王泽山长期从事含能材料方面的教学与研究，建立了发射装药理论，发明了低温感技术，研究和开发了废弃火炸药再利用的理论和综合处理技术，是我国著名的火炸药专家、含能材料专家，中国工程院院士。他先后2次获国家技术发明一等奖、1次国家科技进步一等奖，并荣获2017年度国家最高科学技术奖，有"三冠王"的美名。2020年6月，江苏智仁景行新材料研究院落户南京白下高新技术产业开发区。该研究院由王泽山院士联合丁文江院士打造，是南京市首家双院士持股建设的新研机构。现有的精制高纯硼粉、高端合金粉末，退役含能材料资源化利用等技术均处于国际领先水平，其高端合金粉末项目、银铝梯度复合粉末项目有望打破外国多年对我国在该领域的技术封锁，是解决"卡脖子"问题的重大项目，且项目与航天科技四十二所、兵器二〇四所、中科院金属所、中南大学等多个需求单位协同研发，为国家军事装备和高端制造提供了强大的技术支撑，未来政治效益和经济效益显著，成功实现了技术与市场的匹配。

白下高新区主要从项目引进、项目服务、项目考评三个方面推进新型研发机构工作。第一，在项目引进方面。一是严格研究院项目建设管理，加强对新洽谈的研发机构项目的落地研判，做到"三审""三定"，即项目经理审条件、第三方审项目、高新区审政策，定人对接、定责服务、定指标管理。二是针对孵化引进企业入园实行"备案制"，由科技合作中心专人负责对入园企业进行把关，对研究院与孵化企业协议进行评估，对不符合高质量发展标准的企业不允许作为孵化引进企业。第二，在项目服务方面。一是集中会诊开"补药"，尤其是针对第二梯次的研究院应作为下步发展的重点。二是一对一服务下"猛药"，分别约谈智航、砺剑、江航智，帮助企业分析问题及原因、制定发展规划或整改措施。三是对于新洽谈确定培育的新型研发机构，按照产业相关或者企业就近原则开展结对子服务，为新型研发建设提供帮助。四是根据新型研发产业的特点，建立一定范围内的产业或技术互助机制。第三，在项目考评方面。一是完善白下高新区新型研发机构考评管理办法，每半年对新型研发机构进行评估排名，每季度结合大数据报送，真实掌握企业的财务状况。二是继续完善联审制度，把联审作为常态化的监管手段，实现政策兑现的科学性。

关于建设新型研发机构的成果，白下高新区围绕创新名城工作部署，建立长效沟通机制，实行研究院项目"挂包责任制"，提供"点对点"服务，通过召开季度新型研发建设推进会及130余次走访调研，结合市级季度指标通报，制订提优补差方案并逐项推进，同时围绕新型研发高质量发展要求，制定了《白下高新区新型研发机构考评管理办法》，并与省生产力促进中心就新型研发项目落实及运营进行评估等方面达成合作。

（二）建设海外协同创新中心，集聚全球创新"国际化"资源

自2018年下半年起，为把南京打造成为合作创新的重要枢纽、融通世界的开放高地，南京市全面启动"国际出访"工作，各板块纷纷主动对接全球创新资源，为南京创新型城市建设招才引智，各区对口两个海外国家进行交流。秦淮区对口国家为芬兰与日本，在芬兰与日本建立海外协作中心，与当地的华人组织进行对接。针对新冠肺炎疫情带来的国际形势的转变，白下高新区提出从"生根"到"深耕"的模式转变，注重顶层设计和可持续发展，面向国际，在学术、高校、科研院所等方面的合作持续推进的同时，开展创新模式，如文化交流、科技合作等，全面推介南京创新型城市建设、美丽古都风貌、科教人文优势、良好营商环境等，进而集聚国际技术、成果、项目、资金等创新资源。

白下高新区利用国外资源的国际化计划，协调整合国际国内两个市场、两种资源，把招商引资、择优选智作为开放模式转型的发展方向，促进"引智"与"引资"相结合。通过组织多样化线上线下的规模大、层次高的国际经贸交流活动开拓国际化资源，搭建"项目引进、人才交流、投资对接"的资源合作型平台，积极引进高新技术产业发展急需的技术研发人才和经营管理人才，特别是既有创新精神又有管理才能的企业家人才、海外高端人才，促进引智创业，借力发展，成功引进纳斯流体、优麦驰等外资企业。

1.构建政府高校合作框架，建立高校国际产学研合作平台

积极与对口国家芬兰、日本的外交、科技创新部门、高校院所等建立稳定合作关系，密切对接中芬、中日双边使领馆、部委办局等官方机构，遵循共商共建共享原则，与中国驻芬兰大使馆，芬兰国家议会，芬兰国家商务促进局，芬兰市长协会，芬兰新地省、奥卢市、萨洛市、凯米市、罗瓦涅米市，日本大使馆、日

本山梨县甲府市、赫尔辛基大学、奥卢大学、日本山梨大学、东京大学生产技术研究所等分别联合举行多场海外论坛活动，与芬兰政府部门签订多项官方合作协议，获得当地高层积极支持，不断强化"国际化"纽带，促进务实合作。如2020年上半年，与大阪工业大学、山梨大学和目白大学3所大学围绕科技国际合作，分别签订《中日国际产学研合作协议》，以促进人工智能、智能制造的成果转化。由大阪工业大学、山梨大学的4位教授在白下高新区注册南京英弘机器人技术应用研究院，注册资金拟1000万元，联合日本大学的12所机器人研究机构，把日本的最新研究成果转移转化到中国的公司，以推进日本创新技术进入中国市场，并加强机器人技术在康养、康复方面的应用。

2. 建立市场窗口阵地，建立区级海外科技创新联络站

广泛对接创新平台，实现南京市海外协同创新中心（芬兰、日本）、南京秦淮海外协同创新中心（芬兰、瑞典）、南京白下高新区海外创新联络站（芬兰、瑞典）、中日人工智能创新研究院、白下高新区海外离岸孵化器（日本MONO孵化器）挂牌运营。自挂牌以来，南京市海外协同创新中心始终在科技创新资源对接和双向互动、加强创新能力开放合作、促进创新项目产业供需对接、推动项目挖掘、离岸孵化、合作交流等方面发挥作用。HoloEyes株式会社与小宫一郎在白下高新区注册南京昊络医疗科技有限公司，注册资金拟1000万元，该公司主要将AR、VR技术用于医疗科技产品的研发、图像处理、识别技术，通过前瞻性、公共性的技术发挥技术创新的示范引领作用，带动相关产业发展落地。

3. 建立创新双边活动平台，开展创新合作活动

自2018年第四季度以来，共组织了400多场双边对接活动和会谈，接待80多批次芬兰、日本及周边国家政府、机构、企业代表团回访。累计实现4批次代表团出访芬兰及周边国家，3批次代表团出访日本及周边国家。活动包括南京—芬兰智慧建筑与健康生活技术对接交流会、2019北欧创新企业春季路演（南京站）、南京创新周芬兰专场推介会、秦淮区集聚挪威创新资源座谈会、2019年中日康养机器人国际论坛、中日联合创新项目交流会、秦淮灯会多国使领馆参访交流、芬兰罗瓦涅米市长代表团对接会、中芬可持续城市建设暨经贸合作交流会等活动。2020年11月，白下高新区承办了中国·江苏第七届国际产学研合作论坛暨跨国技术转移大会——绿色增长领域芬兰专场活动，邀请芬兰驻沪总领事、驻华政要、江苏省厅的领导，省科技厅的领导、秦淮区主要领导参加。该活动以99个芬兰在华的项目路演为主。白下高新区寻找几十家可能存在潜在合作机会的本地企业，观看项目路演，从该活动中挖掘一些技术领域方面的合作机会。

4. 集聚"对口国家"，助力创新资源出海

"国际化计划"实现自主培育的新型研发机构和科技企业"走出去"。白下高新区先后组织钟山虚拟现实研究院、云创大数据、苏伦大数据、联通物联网、生命源、弘业环保、零距离文产集团、锦创科技股份、江苏博子岛、南京新化原、南京天航智能装备、江航智等新型研发机构及知名企业随团出访芬兰及周边国家，达成一系列双边潜在合作意向。在新冠肺炎疫情期间，白下高新区援助"国际化"携手抗疫，通过线上联系纽带，与芬兰、日本保持密切联系，开展科技合作对接、防疫资源支持等活动，提供防疫物资捐助和防疫知识指导等，不断强化"国际化"纽带，推进"国际化"合作。

白下高新区通过海外协同中心加强了与全球其他创新区域的联系。一方面，利用芬兰、日本的华人网络和更多的创新资源建立连接，以一种非空间聚集的方式向高新区聚集更多的创新资源；另一方面，白下高新区也促进区内的创新要素向其他创新区域流动，扩大高新区的影响力和整合力。高新区在整合全球创新资源的基础上，更加及时地了解产业关键技术前沿，把握产业发展的方向。从而进行提前布局，获得先发优势。

（三）校地共谋创新，深化产学研融合

充分利用高校和央企资源助力"双招双引"，是白下高新区工作的显著特征。白下高新区从创立初期就是与南京理工大学合作。白下高新区前身就是白下区与南京理工大学共建的南京理工大学国家大学科技园，在此基础上，2006 年建立了省级开发区。张仲金认为，白下高新区要牢牢抓住"坐拥"南京航空航天大学和南京理工大学两所高校优势，依托丰富的科教资源打造秦淮"硅巷"、南京理工大学"紫金创谷"双创示范基地，与五十五所、二十八所共建产业创新中心，推动"高校院所、人才团队、科创平台、社会资本"合作共建新型研发机构。特殊历史与独特地理位置为白下高新区的校地融合、企业与地方融合提供了"双招双引"有利条件。

近年来，南京市启动"百校对接计划"。该计划是南京实施"融合发展"工程、深化创新名城建设的新举措，聚焦国内 100 家重点高校院所，构建南京市与国内高校院所间长期、稳定的合作关系，深化产学研合作，形成校地双方共谋创新、融合发展局面。白下高新区在此基础上，进一步拓展与深化校地融合、企业与地方融合。包括上海交通大学"智慧之旅"、走进南京邮电大学、赴长沙中南大学、无锡南京航空航天大学校友会等"双招双引"工作。2020 年与南京航空航天大学联手打造了南航秦淮硅巷科技园，2022 年启动了长三角智能制造创新中心。制订发布《南航秦淮创新湾区建设推进方案（试行）》，积极打造"政府+母校+校友"的同心圆。同时，南京理工大学数字经济创新湾正加

快推进，以打造南京理工大学科技园 2.0 为目标，加快载体统一托管、成果资源导入。

案例 5-3：校地融合中南大学招才引智项目

中南大学作为双一流大学和国家"2011 计划"首批牵头高校，2017 年 9 月入选世界一流大学 A 类建设高校，在冶金、材料、医学等专业领域具有国际领先优势。南京白下高新技术产业开发区管委会选派童兵科长作为科技人才专员，开启"双城"生活。经过一年多努力，与中南大学科技园、粉末冶金研究院、物理与电子学院等部门、学院学习交流，组织政策宣讲 20 余场，并与部分单位建立良好合作关系和信息沟通渠道；推动 5 家企业开展技术合作，合同交易额达 1500 万元；搭建 6 家在宁企业与中南大学物理与电子学院等院系的合作渠道；已成功引入 8 家科技型企业，推荐 5 名人才申报"创业南京"项目。促进白下高新区与中南大学科技园共建产学研基地项目签约，推动南京市秦淮区人民政府与中南大学签订产学研合作协议，协助南京市劳动就业服务管理中心、南京市毕业生就业指导中心与中南大学就业指导中心签订南京市—中南大学校地人才合作协议，推进成立中南大学知识产权中心南京分中心。

（四）人才产业良性互动，驱动园区创新升级

白下高新区将引才聚才的重点放在产业和项目上，盯紧产业链，通过出政策、建平台、优服务等举措积极引才育才，以产业引才、以人才助力项目建设，形成产业与人才的良性互动，让人才有用武之地、产业有人才支撑、资本发挥应有的效益，实现"引进一个高端人才、带来一个创新团队、助力一个产业发展、培育一个经济增长点"的倍增效应，点燃助推经济社会高质量发展的"新引擎"。

1. 以人才带产业，招才引智助力主导产业发展

以人才带产业。将招商引资和招才引智结合起来，以形成与产业结构优化升级相匹配的技术环境和人才资源结构，进而实现"腾笼换鸟、凤凰涅槃"和产业优化升级。白下高新区主导产业一直处于调整阶段。在产业探索的道路上，高层次人才的引入为白下高新区提供了新的发展思路。如引进云创大数据创始人刘鹏教授，云创大数据研发了具有自主知识产权的 cStor 云存储系统、dBrain 数据大脑平台、WitCloud 人工智能云平台和 IndWit 尖端工业智能平台等产品线，每条产品线都让人眼前一亮，为白下高新区带来效益的同时，也帮助其实现了混杂产业向科技产业的转变。

案例5-4：人才与产业的联动效应
——引进人才刘鹏教授

刘鹏，原解放军理工大学教授，从部队退役后带领团队深耕大数据存储与智能处理领域，创立云创大数据并担任总裁。兼任中国大数据应用联盟人工智能专家委员会主任、中国信息协会教育分会人工智能教育专家委员会主任、教育部全国普通高校毕业生就业创业指导委员会委员、全国大学生数学建模竞赛命题人、第45届世界技能大赛中国云计算专家指导组组长、中国电子学会云计算专家委员会云存储组组长、工信部云计算研究中心专家。

2002年，当时还是清华大学博士生的刘鹏带队参加由著名计算机科学家Jim Gray发起并推动的PennySort比赛，在当时以1104秒内处理10500000000字节数据、以超出原有世界纪录一倍多的优秀成绩，斩获该年PennySort世界冠军，这也是第一支中国团队获此殊荣。随后，刘鹏教授关注到空气质量、警务安全问题，并且以实际行动践行"以科技优化世界"，并成立云创大数据。致力于环境污染、地震监测、公共安全、社会教育等问题的解决。2021年凭借着骄人的业绩与社会贡献，刘鹏光荣入选"南京十大杰出青年"，其掌舵的云创大数据也获评国家高新技术企业、省苏南高新区瞪羚企业、市培育独角兽企业，并于2015年挂牌新三板，2021年11月15日，成为北交所首批上市公司。

白下高新区产业功能定位，也是在发展过程不断探索的结果。在电商产业发展过程中，其他产业企业也被引入，如以大数据存储与智能处理为核心发展的云创大数据。刘鹏教授刚来的时候，园区管委会就把原来招商中心最好的房子给予他，房子面积达400平方米。该企业在园区内顺利度过萌芽期，效益显著，并呈现良好的发展态势。这引发了高新区管理者对于产业转型的思考。在此后的招商过程中，白下高新区开始有意识地向云计算产业靠拢。如今云计算产业已经是高新区主导产业之一，除云创大数据外，还有紫光、拓界、壹进制、斯坦德等知名企业，拥有云计算产业链上下游企业数百家。高新区的云计算产业从成立初期的"紫云工程""新秦淮模式"的资源整合、摸索实践，到如今坚定信念，围绕人工智能、大数据等应用打造云计算大数据基地，集聚了一系列相关产业项目，实现了人才与产业的联动效应。

2. 以产业招人才，推进园区产业链升级

白下高新区在市场化招商进程中遵循着围绕主导产业方向，引进强链、补链、延链，具有重要支撑作用的产业项目的招商招才思路。针对产业链薄弱环节做好精准招商引资、招才引智工作，进行专业化的产业链条设计，强化入群企业上下游的内在关联强度和横向配套紧密度。

案例5-5：精准选才、精心育才：引才艾科朗克秦轶轩博士

● 参与高质活动，精准选才

2012年留交会上，白下高新区项目经理通过与引荐协会洽谈得知，秦博士2010年毕业于英国埃塞克斯大学电子系统工程专业，其间，因能力突出从2007年起全职在埃塞克斯大学任职高级研究员、博士后高级研究员。他从事基于FP-GA的高性能计算、低延迟光网络、金融科技应用技术和软件及硬件协同设计的研究，曾主持参与了6个欧盟科研项目，1个英国工业界科研项目，在国际重要会议、学术期刊中发表论文近40篇，其中EI检索37篇、SCI检索18篇，个人撰拟出版英文专著2部，是难得的优秀海外人才。最重要的是，秦博士的专业背景与白下高新区的主导产业一致。求贤若渴的高新区非常珍视这次引才机会，对接联络期间，项目经理多次电话沟通当面拜访，不厌其烦地向秦博士介绍高新区良好的服务条件和蓬勃的发展前景，不仅细致向他说明了南京金融科技领域的市场状况，还严谨分析了国内初创企业创业成本、劳动力成本等实际情况。通过一次次深入交流，秦博士深切感受到了高新区全天候的人才服务理念和人才服务团队的"铁军"精神，最终下定决心背起行囊回国来宁创业。

● 以需求为导向，多阶段精心育才

在确定申报意向后，高新区为帮助秦博士快速全面掌握申报要点、高质量准备材料，安排了项目经理全流程一对一精准服务，从秦博士"基于FPGA的安全超低延迟量化交易平台技术研发与产业化"项目的材料优化角度，给出具体指导建议。实时解答秦博士网上申报系统填写中遇到的各种问题，并邀请相关机构辅导专家对他的项目计划书提出专业修改意见，给出较为合理的投融资计划。进入面试答辩环节时全程陪同，为秦博士申报保驾护航。

在高新区和秦博士的共同努力下，2012年，秦博士成功入选南京市创业人才引进计划，他带领团队所创办的南京艾科朗克信息科技有限公司也于2012年9月13日注册，高新区立即高效兑现各项配套政策：给予公司四号楼216室办公用房三年免租，从合同签署到正式入驻，项目经理事无巨细全程跟进，及时兑现创业扶持资金和人才公寓，全方位保障秦博士无创业后顾之忧。

自入园以来，高新区始终秉持"全程覆盖、全域覆盖、按需服务"的服务理念，项目经理继续一对一"挂包"，当好金牌"店小二"：帮助艾科朗克申请科技贷款，由高新区背书提供南京银行、江苏银行信用贷款，对接社会风险投资，最大力度满足公司融资需求；通过白下高新公众号等平台帮助宣传推介艾科

朗克品牌产品、所获荣誉，提升公司知名度和美誉度，推荐公司产品先试先用，申报科技创新产品推广示范推荐目录；协调借用四号楼公共会议室作为展示窗口，助力公司拓展市场、开拓业务、方便客户实地考察参观，协调置换原办公用房至三号楼 B 栋 101 室满足场地扩大需求。随着公司发展规模日益扩大，目前秦博士意向租赁天安数码城整层千平方米办公场地，为公司腾飞打牢载体基础，高新区也将一如既往做好服务保障。凡此种种不胜枚举，秦博士表示，衷心感谢高新区的大力帮助和贴心服务，公司一定扎根园区努力发展好！

此外，高新区还致力于为企业进阶发展添砖加瓦，近年来通过量身匹配合适政策、层层对接负责部门、积极争取推荐名额，协助秦博士申报了一系列后续人才培育计划及荣誉资质，2014 年承担国家创新基金项目，任秦淮区青年委员会委员；2015 年起连续两届任江苏省国际商会理事会理事；2015 年任秦淮区青年企业家联合会理事，被评为 2015～2017 年南京市劳动模范；先后入选国家"重点人才工程"、江苏省六大人才高峰人才、南京市科技顶尖专家人才、南京市领军型科技创业人才、南京市中青年拔尖人才、南京市劳动模范、南京市秦淮区优秀民营企业家、南京市秦淮区十大杰出青年等。秦博士已成为高新区具有模范代表性的个人品德良好、政治素质过硬、学识业绩突出、创业成果丰硕的优秀人才。

● 引进人才，成效优异

艾科朗克在秦博士的带领下，凭借团队共同努力奋斗，技术不断突破，业绩连创新高，积累了国内海通、中信、国泰君安等前十位知名期货公司、投行机构在内的近 50 家重要客户资源；并打破行业国企资源垄断，作为国内首家民营科技企业，开创与上海证券交易所、郑州商品交易所等国家交易所核心系统建设项目新的篇章。公司累计销售收入近 1 亿元、累计净利润近 3000 万元、累计纳税近 700 万元，2020 年销售收入 2868 万元，当年度纳税 100 万元。公司目前共 78 人，博士 1 人，硕士 20 人，研发人员占 85%，本科以上占 90%。公司专注研发成果创新，取得丰硕科技成果，持续提升市场竞争力，获国家高技术企业、软件企业资质；已授权发明专利 3 项；获 21 项软件著作权、10 项注册商标、1 项高新技术产品认定；通过 ISO9001 系列认证；获省民营科技、省科技型中小企业、"科技小巨人"企业资质；获江苏省最具成长潜力的留学人员创业企业资质；多家投资机构认可公司发展实力，2021 年 1 月 5 日获 5000 万元 A 轮融资，沣扬资本、万得、君盛投资、兴富资本共同投资。

四、白下高新区"双招双引"取得的成绩

在招商引资方面，2020 年 1～11 月公共预算收入（预测）6.34 亿元，进度 91.9%，超序时进度 0.18%，同比增长 14.7%。实际利用内资完成 41.8 亿元，

目标完成率 119%；签约项目投资额 169 亿元，目标完成率 101%；亿元以上签约项目 28 个，目标完成率 147%，其中亿元外资项目 2 个；到账千万元企业完成 35 家，目标完成率 106%；新引进科技型企业 577 家，目标完成率 361%。具体来说，一是围绕实际利用外资等关键指标重点突破，确保全面完成全年指标。与美国 Bee's Home 公司签订合作协议共同设立海外科技招商联络站，与五星集团联手共同打造孵化器，引进联童有限公司、橙工到家、星众投资、星轩创投、村鸟供应链等 12 家五星项目。二是围绕特色产业，强化发展动能。牵头制订秦淮区车联网发展三年行动计划，围绕应用示范、平台建设、人才团队、创新创业、产业集群等方面制定具有可行性和针对性的措施。与百度 Apollo、亚信集团签署战略合作协议，开展深度招商合作，建设南京首家省级车联网先导区，打造"一体两翼、分区迭代"的车联网产业创新基地，构建车联网产业发展新业态。三是围绕重点工作，强化综合实力。梳理车联网产业链，确定 6 个细分产业作为重点产业方向，加速推进百度江苏总部落地，加快建设车联网产业孵化基地，加快推进千方科技、箩筐达通等行业龙头企业区域总部项目洽谈。策划紫云智慧广场招商工作，年内全面完成在手项目签约和装修方案。洽谈重大项目，积极推动尚昆投资、紫金山实验室 5G 场景创新中心、千方科技、江苏四川商会总部基地、华侨城南京总部、国汽智能华东分院、江苏中农国发集团等优质项目实际落地。与联通物联网公司、PNP 共同组建秦淮区物联网产业招商专项工作组，研究制定了《秦淮区物联网产业招商工作实施方案》《关于进一步促进秦淮区物联网产业发展若干政策措施》《秦淮区物联网产业三年发展行动计划》，为物联网招商工作明确了目标和方向。

在引才方面，截至 2020 年底，白下高新区集聚各类科技创业人才 352 人，其中院士 10 人，国家级重点工程专家 20 人，江苏省双创人才 25 人，南京市科技顶尖专家 12 人，南京市科技创业家、创新型企业家 27 人，南京市领军型科技创业人才 139 人，南京市高层次创业人才 73 人，区级高层次创业人才 195 人。当年度新增留学回国人员 68 人，1 名人才入选江苏省外专百人计划，1 家企业荣获省"最具成长潜力留学人员创业企业"称号，3 名人才入选省有突出贡献的中青年专家计划，6 名人才入选市中青年拔尖人才计划，1 名人才入选市 2020 年度留学人员科技创新项目择优资助 C 类计划，1 名人才荣获 2020 年"金陵友谊奖"，1 家企业入选区企业专家工作室计划，5 家人才企业入选市级创业训练营。全年承办各类科技人才政策 21 项，累计服务 200 余家企业。总的来说，白下高新区人才工作十分出色，并得到了区级政府的认可，2016~2020 年，获得了"文明科室""南京市五一巾帼标兵岗""创业金陵"大赛优秀组织奖等十余项荣誉。

在创新平台方面，截至 2020 年底，白下高新区已列入市级统计的新型研发机构共计 15 家，纳入市级备案管理 14 家，其中 2020 年新增备案机构 4 家，完成全年指标的 100%；孵化引进企业共计 214 家，2020 年新增 62 家。注册资金共计 17631.5772 万元，已实到资金 15395.8272 万元（高新区已实到 1529.9 万元）。2020 年各方计划投入资金总额近 10260 万元，当前已实际投入 33947.7 万元，完成全年指标的 330%。2020 年累计营业收入 49021 万元，其中纵向科研到账金额 1170.6 万元，横向科研到账金额 31621.01 万元。已引进院士 7 名，科研与管理人员 915 名，博士 78 名，硕士 168 名；累计申请专利 609 件。

在海外交流方面，截至 2020 年底，白下高新区已促成芬兰合作项目 37 个，促成日本合作项目 16 个，成功落地芬兰项目 1 个、日本项目 7 个，引进 1 名芬兰籍"创业南京"高层次人才引进计划（市级）入选人才，引进 1 名日本籍"创业南京"高层次人才引进计划（区级）入选人才，实现 4 批次出访芬兰及周边国家、3 批次出访日本及周边国家，在芬兰开展 74 场集聚创新资源活动，在日本开展 127 场集聚创新资源活动，在芬兰开展 26 次海外宣传推广活动，在日本开展 62 次海外宣传推广活动。在南京，先后举办南京—芬兰智慧建筑与健康生活技术对接交流会、2019 北欧创新企业春季路演（南京站）、南京创新周芬兰专场推介会、秦淮灯会多国使领馆参访交流、芬兰罗瓦涅米市长代表团对接会、中国·江苏第七届国际产学研合作论坛暨跨国技术转移大会——绿色增长领域芬兰专场等近 300 场国际合作交流活动。此外，在"中芬合作在南京"系列项目、南京创新周芬兰"主宾国"系列活动、南部新城建设等工作中，均取得了一系列成果。其中，2019 南京创新周期间，推动落实"主宾国"芬兰参会，邀请 36 名芬兰嘉宾来宁参会（其中 13 名为重要嘉宾），制作芬兰国家开放创新视频在紫金山创新大会播放，发布"中芬合作在南京"合作框架，举办 18 场"主宾国"系列活动，与芬兰凯米市建成友好合作城市，推动和芬兰市长协会、凯米市、萨洛市、萨洛市物联网科技园签约友好合作，中芬"5+1"小学就秦淮区和凯米市区域教育合作签署协议，促成芬兰 3 家企业与联通物联网总部签署合作研发协议等，20 名芬兰科技企业代表携 13 项芬兰"黑科技"参加展览展示，并获得"最佳组织奖""最佳人气奖""十大黑科技奖"，切实推动国际创新资源集聚。2020 南京创新周期间，秦淮区、白下高新区"国际化"芬兰成果汇报视频在开幕式"紫金山创新大会"上隆重放映，惊艳全场，1600 万人次在线观看；芬兰驻沪总领事、芬兰贸易和创新领事来宁；芬兰驻沪总领事在紫金山创新大会上台领取大会优秀项目合作奖，并在 T20 论坛上进行演讲和参加大咖对话环节，芬兰贸易和创新领事在 T20 论坛上进行芬兰科技案例分享；3 家来自芬兰的高科技企业亮相黑科技展览，且其中 1 家参与并获得"三创大赛"创新组优胜奖。

第四节　创新生态协同发展：高新区 "双招双引" 再出发

一、高新区 "双招双引" 实践启示

招商引资与招才引智本质是组织资源的获取、扩展与整合，在我国高新区发展中资本资源与创新资源两类资源成为关键成功因素。因此，无论高新区发展到什么阶段，作为资源管理的重要内容，招商引资与招才引智都必然占据重要地位。进一步解放思想、深化改革、扩大开放，用高质量招商引资、招才引智推动高质量发展，也必然是高新区建设与管理重要组成部分。

白下高新区作为面积最小的省级高新区，区域资源禀赋如土地资源、政策资源、金融资源等与其他省级高新区、国家级高新区相比并不具备天然优势，白下高新区在招商过程中，很难将物质资源作为优势吸引龙头企业。但白下高新区还是取得了令人高兴的成绩，在不断深化与完善过程中，其经验有值得总结的价值。

（1）"双招双引" 系统化，摆脱土地招商思维。产业园区之间的低层次竞争，招商方式单一，其核心是 "双招双引" 的思维问题。产能过剩和主导产业雷同是造成这种现象的客观外部原因，地方之间竞争与发展压力都迫使各级地方政府纷纷通过土地出让、税收优惠、资源价格优惠等各种手段吸引投资。但是不能忽视的原因是我们对于产业和 "双招双引" 认知深度。优惠政策和土地招商思维本质是懒汉思维，一个地区不能找准发展产业，不能通过助力企业实现竞争优势，"双招双引" 工作都只是空谈，没有根基。产业招商，需要我们将有限资源集中在刀刃上，发挥市场中介和企业主体作用，搭建专业聚才平台，树立 "投行思维"，坚持长期主义，要通过长期努力，系统化工作形成高新区自己的基础资源与核心资源。

（2）做足企业与人才服务，"双招双引" 可持续。高新区招商的另一个难点是短期指标压力，愿望越迫切，越要克服 "急" 的心态，保持 "稳" 的定力。"双招双引" 并不只是招商部门的事情，需要建构在高新区整体服务能力与服务水平基础上，体现在后续的跟踪服务上，要做到及时掌握企业的需求和困难，并积极为其解难纾困。不仅要提供 "有求必应、无事不扰" 的 "店小二式服务"，还需做到全方位、全天候、无微不至、无私奉献的 "妈妈式服务"，构建 "亲"

"清"新型政商关系。这不仅考验服务意识，更考验服务的方式方法以及专业化水平。随着国际创新力量在全球的重新分布，高端人才出现了新的流动。全球创新资源的重新布局和价值链重组为白下高新区引进高端生产要素和整合全球创新资源带来了契机。面对招商困境，白下高新区另辟蹊径，集中自身的企业服务、人才服务力量深入推进"双招双引"战略，以形成与产业结构优化升级相匹配的技术环境和人才资源结构，进而实现"腾笼换鸟、凤凰涅槃"和产业优化升级，实现创新链、产业链、人才链与资源链深度融合。

（3）深化校地与企地融合，"双招双引"生态化。"双招双引"生态化基础是人才载体，充分利用高校和央企资源助力"双招双引"，需要打破组织边界，进行制度创新，通过有机更新，秦淮区向存量空间要增量价值，将老校区、老厂区、老园区改造成创新综合体，形成无边界、星罗棋布的城市硅巷。白下高新区引进各类孵化器、科研机构甚至留学生创业园等创新载体，聚焦和承载创新和产业要素资源。建立以市场为主开展技术创新和转化，配置创新要素，形成"市场—技术"的发展模式。兼顾创造新需求，承担科技计划项目，打造具有显著优势和区域经济发展迫切需求的工程技术研发中心，对自由探索的基础研究成果和关键核心技术加大在新型研发机构转化，推进产业化成果的小试、中试进程，解决共性技术难题。

（4）聚集创新资源，面向产业链"双招双引"。白下高新区紧紧围绕主导产业——物联网、芯片应用、智能制造、无人机，通过出政策、建平台、优服务等强链、补链、延链，引进具有重要支撑作用的产业项目，以产业引才、以人才助力项目建设，形成产业与人才的良性互动，让人才有用武之地、产业有人才支撑，资本发挥应有的效益。例如，白下高新区依据主导产业与人才专业背景的相似性，全力引进艾科朗克创始人秦轶轩博士。目前，艾科朗克在秦博士的带领下，积累了国内海通、中信、国泰君安等前十位知名期货公司、投行机构在内的近50家重要客户资源，已成为白下高新区的明星企业。另外，通过"引进一个高端人才、带来一个创新团队、助力一个产业发展、培育一个经济增长点"的倍增效应，引进点燃助推白下高新区高质量发展的"新引擎"，如云创大数据创始人刘鹏教授的引进，成功推动了白下高新区从混杂产业向科技产业的转变。

二、协同发展创新生态的高新区"双招双引"

高新区"双招双引"已经在从土地招商、产业招商发展到创新生态招商新阶段。创新生态的"双招双引"模式是对环境招商模式和众创孵化模式的整合与演化，它将更加注重通过创新生态来实现"双招双引"，通过"双招双引"达到创新生态提升。从"大双招双引观"出发，"双招双引"不是招商部门的职能工作，而是高新区组织资源的获取、扩展与整合整体工作，是高新区通过功能定位、规划建设、企业服务、创新发展、招商引资等整体行动的结果。虽然高新区创新生态思想提出有了一段时间，但是不管是理论还是实践，基于创新生态的高新区"双招双引"都还需要新的思考与新的实践。

（1）构建协同发展的创新生态。高新区是一种协同进化的调适系统，高新区既是国家创新体系的重要组成部分，又是区域社会经济发展的重要技术极，这种功能定位决定了研究机构、培训机构、科技企业、科技成果、科技精英以及服务机构等创新资源的吸聚与整合利用，成为高新区企业衍生、产业发展、结构优化和功能转型的关键环节。"双招双引"要与创新发生的完整的技术基础设施体系相结合，包括大学和研究院所、技术学院、职业培训机构、咨询和技术转移机构以及技术中心等。要积极构建国际关系通道，促进园区技术创新体系、全球技术社区和国际战略网络的生成。

（2）立足创新生态，实施精准引智。精准引智要依据高新区的产业优势引进各行各类的人才资本，既包括"高精尖缺"的精英人才，也包括以青年拔尖人才队伍、海归青年创新创业人才、本土青年大学生为重心的青年人才，以及为区域经济发展做出重要贡献的专业人才、高技能人才等基础型人才。根据各类人才的不同需求，构建有效的用才机制，做到产才融合，充分激发出各类人才的创新创业活力。精准引智，必须坚持"分类指导、错位竞争、刚柔相济"的工作思路。对高端创业人才，要"不求多、重在精"，整合各部门资源力量，着力引进带技术、带项目、带资金的创业人才，做好后续配套服务，培育新的经济增长点。对高端创新人才，树立"不求所有、但求所用"理念，通过项目合作、短期兼职等灵活多样的方式，吸引更多的"候鸟型专家""周末工程师"等高层次人才和紧缺型人才为区域经济发展做出贡献。

（3）促进创新生态主体多元共生融合发展。"双招双引"要与服务保障机制相结合，包括服务水平、政府支持力度、金融环境等，提升创新主体间协同能力，通过企业、高校和研究所、服务中介的互动加强科技园区的协同创新模式，最终促进园区核心创新主体的创新能力提升与发展。要通过"双招双引"实现科技园区产出与市场对接。园区企业产品是否有市场、是否符合市场需求成为园区生态化发展的根本基准，园区生态化建设过程中需要时刻关注市场需求，进行市场拓展，保证产品被顾客所接受认可，满足市场需求的生态化建设才能走得更远。协同进化是管理意图、环境影响和机构效应综合作用的产物，高新区演化就是政府管理、环境影响和机构效应综合作用而形成的螺旋式调适过程。解决持续系统性创新和分散单点创新之间的矛盾。行业龙头企业要在系统性创新中发挥关键作用，通过政府出资、企业出技术的方式，开放优质资源打造公共创新平台，

"破解合作悖论"。

（4）从创新生态到创新生态城区。高新区的实践活动效率与高新区的环境密不可分，高新区的"双招双引"也是在这种特定环境下开展的。过往"双招双引"的理论与实践主要集中于高新区自身的环境问题上，包括高新区自然环境、产业环境和人文环境。未来"大双招双引"还要从空间环境出发。产城融合的矛盾在实践中不断被凸显出来，如通勤时间较长、基础设施建设重复浪费、城市空心化等，产城发展矛盾失衡成为了影响高新区经济发展和创新活动的重要因素。创新生态城区是全球科技创新发展背景下的产城一体化发展新路径，空间赋能与协同创新产业平台发展已紧密相连。打破创新空间阻隔，增强空间要素联系，形成有机的空间生态系统，对实现空间赋能、保障功能空间传导具有重要作用。如何以"双招双引"实现创新综合体、三区（校区、园区、社区）融合区域等，不仅仅是"生态+创新街区"或"生态街区+创新街区"的简单相加，而是创造更广义的协同创新生态。

第六章　高新区服务管理：行政推动与市场拉动融合

第一节　高新区服务管理理论与实践

一、高新区服务体系内涵与运作形式

从广义角度来看，管理就是服务。管理核心工作是对人的管理，这里的人既包括组织内部成员，也包括外部相关利益者。因此，它需要高度重视组织内外行动者的感知与满意度，从而激发他们的内在潜能，克服各种行动困难，实现组织目标。从这层意思讲，管理过程就是对组织内外行动者服务的过程。就高新区管理来说，其工作的主要内容是对入驻企业服务。由于高新区组织特性具有复杂性，高新区管委会作为政府派出机构，承担着一定行政服务职责，承担着社会事务管理（如安全监管等）；同时，作为以经济发展和科技创新为主要使命的功能区，区别于一般的行政区政府，其平台公司具有市场服务职责。高新区服务管理可以说是行政与市场服务融合。

（一）高新区服务体系的内涵

根据丁孝智（2012），现代产业发展服务体系的内涵和框架应该由三个层面、八大体系构成（见图6-1）。

1. 高新区服务体系三个层面

（1）现代产业发展的专业性服务。主要指为现代产业或产业集群的活动提供纵向或横向专门化服务的功能体系，包括产业发展分类政策体系、企业商务活动服务体系、企业融资服务体系和中介咨询服务体系等。它们为园区的主导产业、支柱产业、新兴产业、薄弱产业及相关产业集群的各类要素聚集和辐射过程

提供高水平的专业服务。

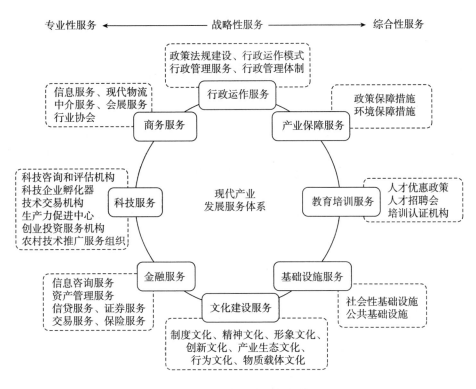

图 6-1 现代产业发展服务体系

（2）现代产业发展的综合性服务。主要指以政府或园区管委会为主导，整合各种资源，为企业经营和产业成长提供综合性社会化服务的功能体。包括政府办事服务体系、教育培训和人才支撑体系、科技和信息服务体系、产业发展保障体系、文化生活服务体系和基础设施建设体系等。其基本功能是通过地方政府和高新区管委会整合资源，提供服务，为现代产业发展创造良好的发展环境。

（3）现代产业发展的战略性服务。主要指围绕支撑区域产业发展和园区经济发展重大战略实施而出台的一系列针对性的服务政策措施。其目的是通过针对性的政策服务，强化环境、人才、品牌等重大战略要素对区域和园区产业或企业成长和振兴的支撑作用。

2. 高新区八大服务体系

（1）行政运作服务。行政运作服务体系是区域和高新区经济和社会发展的重要支撑系统，包括区域和高新区行政管理体制和运作机制、政策法规和行政职能等在内的促使区域和高新区整体发展的全部要素和活动。具体包括：行政管理体制和运作模式、政策法规建设、行政管理服务。

（2）产业保障服务。包括两个层面：一是产业发展的政策保障；二是产业发展的环境保障。前者指地方政府和园区管委会为规划、干预和诱导现代产业发展而制定的各项产业政策。后者主要指为地方政府和园区产业发展提供的各种安全保护。其重点是：社会保障、生态环境保护、信用环境保护和治安保护。在良好的安全环境下，企业生产、员工的生活才能得到保障，企业才能生产、员工才能安心工作。因此，营造良好的产业发展安全环境，对园区产业发展具有举足轻重的作用。

（3）基础设施服务。基础设施是指为社会生产和居民生活提供公共服务的物质工程设施，是用于保证区域和园区社会经济活动正常进行的公共服务系统，包括公共基础设施和社会性基础设施两个部分。前者包括公路、铁路、机场、通信、水电煤气等公共设施；后者包括教育、科技、医疗卫生、体育、文化等社会事业。基础设施服务是高新区吸引投资的重要条件，是投资环境的主要组成部分。

（4）金融服务。金融服务是有关资金的集中、流动、分配和再分配的系统。主要功能是满足企业的投融资需求，其主要构成要素是金融机构、金融工具和金融制度。金融服务主要包括信贷服务、证券服务、交易服务、保险服务、资产管理服务和信息咨询服务等。

（5）商务服务。商务服务是指为企业从事交易或贸易等商业活动而提供的各种直接和间接服务。它主要包括信息服务、现代物流、中介服务、会展服务和行业协会等。

（6）科技服务。科技服务是面向社会开展技术扩散、成果转化、科技评估、创新资源配置、创新决策和管理咨询等专业化的服务。一般意义上的科技服务主要包括生产力促进中心、科技企业孵化器、科技咨询和评估机构、技术交易机构、创业投资服务机构、农村技术推广服务组织等，它们主要提供的服务内容涉及投融资服务、成果转移服务、企业孵化、人才服务及法律监督等。近年来，随着科学技术的迅猛发展，科技中介多以科技咨询为载体，以大学科技园为依托，呈现出一种新的发展态势。

（7）教育培训服务。教育培训与员工招聘服务是指区域和高新区政府以及其他机构在教育培训和员工招聘方面直接提供的各种免费和收费服务，它是区域和高新区内产业服务体系的重要组成部分，属于生产性服务。其基本范畴包括招聘和培训两个层次。

（8）文化建设服务。关于产业文化的概念和内涵尚缺乏明确界定，我们通过对实践领域已经取得的产业文化建设成果，包括文化诉求、文化特征和文化载体与传播方式等进行系统归纳，并结合企业文化塑造的共性和内在逻辑，将其概括为：差异化的制度文化、创新型的精神文化、统一的形象文化、全方位的物质载体文化、规范的行为文化、可持续发展的创新文化、共生和谐的产业生态文化。

（二）高新区服务体系的运行方式

2000 年，原国家经济贸易委员会根据党的十五届四中全会提出的关于"培育中小企业服务体系，为中小企业提供信息咨询、市场开拓、筹资融资、贷款担保、技术支持、人才培训等服务"的精神，制定了《关于培育中小企业社会化服务体系若干问题的意见》，形成了高新区普遍遵循的运作和管理逻辑：政府部门→服务中心→中介机构。高新科技园区服务体系的运行，是园区内高新科技企业运行质量的外在反映，也是园区体制和发展成熟度的内在要求。因此，高新科技园区服务体系的运行不外乎行政性推动、市场需求性拉动和政策导向性互动三种方式。

1. 行政性推动决定高新科技园区的性质

行政性推动的内容，包括法律政策的制定、行政职能的履行、规划的实施、社会环境的维护等。总之，它是政府意识性很强的行为，有比较明确的目标规范。就以上每一项服务内容看，又有共性和特性之分。共性即所有高新科技园区的要求都是相同的，特性则表现为不同的科技园区有不同的要求。如果对行政职能履行的要求是依法行政、廉洁勤政、热情、高效等，对社会环境的要求是安全、秩序良好等，对于这些方面所有高新科技园区的要求都是相同的，那么法律政策的制定、规划的实施等则由高新科技园区的性质所决定。目前，世界上的高新科技园区不外乎综合性和专业性两种。前者不规定内容，任何高新科技企业都可以入园；后者则有内容的规定，如软件园区、高科技通信园区、现代生物园区等。这些性质不同的园区首先在法律政策上做出规定，属于软环境的规范；其在规划方面体现出来，是硬环境的要求。

我国多数科技园区都是综合性的，这不利于发挥某些地区或科研院所、大专院校的科技特长和优势。一般来说，综合科技园区所需要的投入比较大，而专业性的科技园区所需要的一次性投入则相对较少。综合性的科技园区适合由国家办、省级政府办，而专业性的科技园区省级以下的政府可以办，甚至高等院校、科研院所都可以办。并非是相同的高科技企业聚集在一起不利于市场开发和竞争，实际上既有利于人才培养，也有利于客户。

2. 市场需求性拉动是市场法则的体现

市场需求性拉动是在企业（包括事业性单位）经营或行使职能的过程中实现的，是按照市场法则运行的。这里的需求，既包括高新科技企业的需求，也包括服务性企（事）业单位的需求。需求拉动服务体系的发展，而服务体系的发展又进一步促进高科技企业和服务业的发展。在这个过程中，首先表现为劳动的交换，其次表现为社会劳动的节约，由此促进社会专业化分工的深化。之所以产生需求，深层次的原因是为了提高效率。因此，所有需求者对服务的要求都是低成本、高质量、方便和快捷。为了实现这些要求，就应当开展竞争。这里，除了政府垄断的部分外，特别是以盈利为目的的服务行业，竞争是提高服务质量、降低成本的唯一方式。在市场欠发达的条件下，企业所需要的服务项目可由其自己解决，如对客户信息的收集。但是随着市场的发展，不仅出现了一些新的服务项目，而且一些老的项目靠自己的力量也难以完成。以对客户信息的收集为例，在市场日益发展的今天，就必须依靠专门的市场调查机构。这里既有技术上的难题，也存在降低成本的实际需要。这就是为什么市场竞争可以促进专业化分工的基本原理。高新科技园区的发展需要各方面的服务，这可以说是一条规律。认识了规律就应当利用规律，认识是为了利用，在认识基础上的利用就能够促进事业的发展。所以，高新科技园区的规划就不能不体现出服务的要求，即规划专门的服务区。例如，国外高新科技园区的许多成交项目就是在咖啡馆中谈出来的（也包括服务性的项目），由此来看，咖啡馆类的服务项目也必不可少。也许有人认为，此类项目可以利用周边发展，其实服务项目对服务半径的要求较高，特别是咖啡馆之类的服务，超过一定的距离人们就会感觉不方便。

3. 政策导向性互动是一种调控方式

这是指政府运用政策调控服务行业的发展方向。政策也是服务体系的组成部分，由它调控其他服务部门发展方向，形成导向性互动关系。它包括两个方面：第一个方面是制度性的，即在制度上的创新；第二个方面是经济性的，即在经济方面的优惠。在这里，应当正确认识市场调节与政策导向之间的关系。这两者是密不可分，相辅相成的。如前文所述，我国高新科技园区都是以政府为主导建立起来的，政府对科技园区的制度规范，对包括服务业在内的所有企业都会产生极大的影响。制度创新有两个方面的内容：一是包括立法在内的涉及科技园区体制的宏观制度；二是涉及企业方方面面的微观制度。这两个方面的制度都应当立足于改革，并尊重科学，而科学的灵魂是创新。以上说过规划必须尊重规律，政策就更应当如此。所以，问题不在于应不应当调控，而在于调控是否正确，是否符合规律性。政府的主要职能是制定和执行政策，因此，作为政府就要力求所制定的政策符合高新科技园区的发展规律。其中，也包括充分发挥市场调节作用的规律。即使是市场经济发达国家，也没有忽视经济优惠政策的导向作用。例如：几乎所有经济发达国家，都有财政对中小企业咨询、培训等方面的补贴政策；还实行对中小企业产品出口、技术改造等方面的税收、贷款优惠；资助中小企业的信息网络化建设等。高新科技园区服务体系建设的基本要求服务体系是高新科技园区建设不可或缺的内容，因此要精心策划，精心操作，容不得半点拖沓懈怠，更容不得有屡犯错误的行为。这就要求一方面要有积极性，另一方面要讲究科学性，二者结合，才能促进发展。就服务体系建设本身而言，它要求体制宽松、服务方便、服务效率高、负担轻。

二、高新区企业服务管理的理论基础

尽管高新区体制改革一直在不断深入进行，但高新区企业服务运营兼有行政推动与市场拉动双重属性，是不争的事实。这个特殊性质就决定了其服务管理既不能简单套用行政服务管理方式，也不能照搬市场组织服务管理方式。高新区企业服务管理需要理论融合创新，即结合中国高新区实际情况，依据高新区发展战略目标，克服行政推动与市场拉动的冲突，兼收并蓄融合两套管理理论，实现高新区高效运营。

（一）市场组织服务管理相关理论

1. 服务质量管理理论

服务质量研究是服务管理研究者关注的重点领域之一，与实体产品相比，服务具有无形性、易逝性、异质性、不可分离性等特征，这些特征导致其不可能像实体产品那样依据产品外观、寿命周期等客观指标进行质量判断。服务质量形成的核心机制是顾客感知与期望的差距，而顾客特征因素则可以通过影响顾客的期望和感知，进而影响服务质量。

（1）顾客感知服务质量。顾客期望质量受市场沟通、形象、口碑和顾客需要等因素的影响，企业的技术质量和功能质量通过企业形象决定了实际感知质量，同时，总体感知服务质量反过来影响企业形象。顾客感知服务质量差距细分为技术质量差距和功能质量差距。

（2）服务质量的评价是服务质量管理的信息基础。服务质量评价被分解成五个维度，分别为可靠性、响应性、安全性、移情性和有形性[①]。可靠性是指可靠地、准确地履行服务承诺的能力。可靠的服务行动是顾客所希望的，它意味着服务以相同的方式，无差错地准时完成。响应性是指帮助顾客并迅速提供服务，减少顾客等待时间，出现服务失败时，迅速解决问题。安全性是指员工表达出自信和可信的知识、礼节的能力。移情性是指设身处地为顾客着想和对顾客给予特别的关注，包括接近顾客的能力、敏感性，理解顾客新的需求等。有形性指有形的设施、设备、人员和宣传资料等。

---

① 范秀成，杜建刚. 服务质量五维度对服务满意及服务忠诚的影响研究［J］. 管理世界，2006（6）：8.

（3）服务质量管理与改进包括面向服务接触改善的服务质量要素管理和内部支持及优化的服务质量系统改进。服务接触过程是由服务提供者和消费者共同实现的，服务接触中的相关要素包括顾客心理、员工行为、组织文化以及服务设施等。服务质量的要素管理可以改善服务接触，是功能质量的主要影响因素，还通过运作管理顾客特征及心理机制等影响期望质量，并且一定程度上影响了技术质量。服务质量系统改进主要是实现内部系统的支持和优化，是技术质量的主要影响因素，在一定程度上也会影响到功能质量。

2. 个性化服务管理理论

现有的服务系统满足了人们一定的需要，但由于其通用的性质，仍不能满足不同背景、不同目的和不同时期的需求，个性化服务管理理论是与现代信息技术发展带来新的管理思想。个性化彻底将以往"我提供什么，用户接受什么"的服务机制改为"用户需要什么，我就提供什么"。与传统的服务模式相比，它更具有针对性。通过收集和分析用户信息来学习用户兴趣和行为，其能够更好地理解用户，发现用户隐藏的兴趣和群体用户的行为规律，从而制定相应的服务策略和服务内容，按照用户的个性化信息主动推荐服务。

为了实现个性化服务，首先个性化服务管理跟踪及学习用户的兴趣和行为，它涉及用户描述文件的创建和表示。用户的兴趣和行为是时刻变化的，因此文件需要及时更新。其次，对于察觉到的情境信息必须进行情境融合才能准确地推导用户的行为方式，有效地为人们提供服务。情境描述的准确性是服务质量的决定性因素。再次，为了把资源推荐给用户，必须组织好资源，准确选取资源的特征，并采用合适的推荐方式。最后，还需考虑系统的体系结构及对个性化系统的评估等。这些问题也是设计一个具体的应用系统所必须考虑的，各部分之间不是独立的，它们是相互影响和制约。个性化服务管理的相关技术有用户建模、个性化推荐、个性化信息检索、个性化站点、用户隐私保护等。

（二）行政服务管理相关理论

1. 新公共管理理论

新公共管理的开先河者是英国撒切尔内阁和美国里根政府。1979 年撒切尔内阁掀起这场运动，直接目的是减少预算赤字，提高政府效率。新公共管理理论的理论基础有两个方面，分别是经济学理论和私营部门的管理。新公共管理运动的倡导者从"理性经济人"假设中获得绩效管理的依据；从公共选择和交易成本理论中获得政府应以市场或顾客为导向提高服务效率、质量和有效性的依据；从交易成本理论的成本—收益分析中获得对政府绩效目标进行界定、测量和评估的依据。新公共管理理论普遍相信市场作为资源配置机制的效率，认为提高政府组织的效率、纠正政府失败的最佳方法是在公共领域引入市场机制以促进竞争，提高公共产品和公共服务的效率和质量。

新公共管理运动对于行政服务管理影响包括①：①效率驱动，强调公共服务部门与私人服务部门一样要以提高效率为核心。强烈关注财政控制、成本核算、钱有所值和效率问题，关心信息系统的完善；建立更强有力的一般管理中心，采用层级管理和"命令与控制"的工作方式，要求明确的目标定向和绩效管理，权力向资深管理者转移。②创新管理方式，充分借鉴企业管理手段，如项目招投标、质量管理、使用者收费、合同外包、人力资源开发等，实现政府管理创新；运用现代信息技术，推进电子政务，再建政府管理流程。③分权模式，政府应善于下放权力，实行参与式管理，通过参与及合作，分散公共行政机构的权力，简化其内部结构上的等级，从标准化的服务向灵活多样的服务系统的转变等②。

2. 新公共服务理论

新公共服务理论是以美国著名的公共行政学家罗伯特·登哈特等对新公共管理思想理论和实践的反思而提出创新公共行政改革的理论。新公共服务把公共利益和为公民服务看作公共管理的规范性基础和卓越的价值观，公共组织如果能在尊重公民的基础上通过合作和分享过程来运行就一定能获得成功。登哈特夫妇提出新公共服务的七大原则：服务而非掌舵；政府供给公共利益是目标而非副产品；战略地思考，民主地行动；服务于公民而不是顾客；责任并不是单一的；重视人而不只是生产率；超越企业家身份，重视公民权和公共事务③。

新公共服务管理理论对于行政服务管理影响包括：①清晰界定政府的责任和义务，转变政府职能，推行公共服务行政④。对于需要政府提供公共产品和服务的纯公共物品和准公共物品领域，政府必须要承担起供给责任；对于私人产品领域和第三部门等领域，政府的责任在于监管和纠正市场失灵，使其朝着健康有序、不损害公共利益、增进公共福利的方向发展。②政府应把其职能重心放在为公民社会提供服务上。行政过程中要注意公共利益的维护与实现，必须致力于建立公共利益观念。这个目标不是要在个人选择的驱使下找到快速解决问题的方案，而是要创造共享利益。③摒弃新公共管理中的顾客概念，发展非营利组织。新公共服务理论中，政府存在的意义和目的不是直接供给公共产品和服务，而是要把政府从无所不包、无所不做的公共服务提供者、全能政府，转变为集中精力做好决策工作，提供有限服务。④促进组织之间的合作、网络和协

① 高小平，沈荣华．推进行政管理体制改革：回顾总结与前瞻思路 [J]．中国行政管理，2006．

② 刘柯．行动主义：基于合作治理的新型制度模式 [J]．公共管理与政策评论，2018（5）：9．

③ 珍妮特·V．登哈特，罗伯特·B．登哈特，等．新公共服务：服务，而不是掌舵 [M]．北京：中国人民大学出版社，2004．

④ 李松林．论新公共服务理论对我国建设服务型政府的启示 [J]．理论月刊，2010（2）：3．

作①。政府力图从一系列明确且互相增强的目标中找出一整套使各机构有一种良好关系的工具，促进政府各部门无缝合作，整合的程度越高，凝聚力就越大，各自为政就越少，连接就越紧密。

三、土地经营与高新区企业服务管理

土地经营是我国科技园区服务经营的基本功能。科技园区作为承载产业集聚的物理载体，必然面临与土地经营相关的两个核心问题：一是土地开发，即将生地开发为熟地，转换成适合产业集聚的空间载体；二是土地的集约化利用，即设法在一定的土地面积上实现更大规模的产业集聚，从而提高单位土地面积的产值。

（一）土地开发的内涵与特性

土地开发是指组织或个人通过各种措施对农用地或者其他用地进行改造的活动。土地开发的两个最主要目的是：扩大土地利用范围和提高土地利用效率。具体方式是通过对尚未利用的土地进行开垦实现土地有效利用范围的扩大，通过对已利用的土地开展整治实现土地利用深度的提高。根据不同标准，可以将土地开发进行分类：第一，按照开发后土地的用途可以分为农用地开发和建设用地开发；第二，按照土地开发中基础设施完善水平可以分为土地一级开发和土地二级开发；第三，按照被开发土地所处城乡位置，又可分为城市土地开发和农村土地开发等。开发公司开发模式的特点是：开发公司的压力较大，可促使开发效益的提高；有利于发挥开发商的招商积极性，提高招商能力（尤其是非全资的开发机构）；政府招商工作往往与公司的效益产生矛盾。

土地开发的特征包括：①垄断性。我国土地分为城市国有土地和农村集体所有土地，而经过开发改造后土地的所有权只属于国家（集体土地通过征用的方式将所有权转移给国家）。②强制性。公共利益是现代行政强制的逻辑起点。政府以公共利益为依据，通过行使公权力将国有土地或者集体所有土地实施强制拆迁和征收，最终反映的是公权力对被征地者土地权力的制约，具有强制性。③利益关系的复杂性。土地一级开发体现着政府、开发企业、被征地者（城市居民、农村集体组织、农民、企事业单位）等多方的利益关系，错综复杂的利益关系协调不好就会引发各种冲突，对社会的稳定和发展造成不良影响。

（二）土地开发主要模式

土地开发主要模式包括两种：①政府开发模式，即政府作为土地开发的主体，承担最终的损益。收入为土地出让收入，支出为征地、拆迁配套和财务费

---

① 竺乾威．从新公共管理到整体性治理［J］．中国行政管理，2008（10）：7.

用。但由于土地开发的加速，政府不可能拿出足够的财政资金周转投入土地开发，因此，需通过一个承债主体融资，解决资金需求。该模式的特点是：有利于政府的招商，集责权利为一体，土地让利和损益由政府承担，而政府可通过财税来平衡；有效地解决了开发的融资问题；有利于企业的市场化运作，而避免政企不分所导致的一系列问题。②开发公司开发模式，即政府委托（授权）开发公司作为土地开发的主体，并由开发公司承担最终的损益。政府所收的土地出让金全部以支付开发成本的方式转入开发公司。一般公司开发的园区没有财政收入，如开发公司"入不敷出"，则往往通过财政的专项补贴解决。

不同的土地开发模式存在不同的特点，不存在最佳，只有更适合。选择哪种模式主要考虑是否有利于融资、是否有利于提高资源运行效率、是否有利于增强招商能力。随着外部环境的变化和自身能力的增减，可以适时地调整开发模式，使其更有效。也可以在开发区的不同层次、不同范围采用不同的开发模式，以扬长避短、提高整体的竞争力。

（三）高新区土地经营主要问题与挑战

根据现有土地经营研究，课题组从白下高新区获取的访谈资料，总结出目前高新技术产业园区建设土地经营的主要问题有以下六点：

（1）与周边城镇关联度不高，配套设施不完善。随着时代的发展，产业园区也开始出现新的发展趋势。单一的产业功能无法满足价值链发育过程中第二、第三产业融合的需求，产业园区需要注入更多的服务业和生活方面的功能。但是，无论是20世纪70年代的卫星城建设，还是20世纪90年代至今产业园区向郊区的拓展过程，各类产业园区的建设都不太注重与周边区域城镇的关系，过分地侧重于本身的发展，结构单一且系统化程度不高，基础设施及相应配套设施的建设严重滞后，第二、第三产业综合发展欠缺以及相应外迁政策不配套。另外，配套服务设施的设置缺乏引导。规划对于产业园区的配套服务设施的设置缺乏相应的技术规范，产业园区内的配套服务设施的配置类型和配置规模等，都需要规划人员根据经验确定，导致不少园区配套设施偏少，员工生活不够便利等问题，由此也影响了产业的融合发展和城市化的推进。

（2）内部土地利用结构不合理，产业关联度有待提高。产业园区发展的趋势之一是更加注重产业集聚，强调企业和企业之间围绕产业链条形成产业集群。以上海为例，目前上海不少工业园区缺乏明确的主导产业定位，相关企业的进驻选择具有盲目性，工业园区内部的产业链、产业集群大都没有形成，一定程度上导致了工业用地的低效利用和产业园区的低端运作。尽管一些园区具有较高水准且具有共同的用水、电、热及交通道路等基础设施，但同在一个园区内的企业之间几乎没有任何联系。由于企业间缺乏诚信，交易成本高，因此无法形成有效的创新环境。在土地利用结构上，产业园区内部还是以传统的生产基地为主，而相关的生产性服务业用地比例则很小，难以适应产业集群发展的需要。

（3）新增建设用地日趋紧张，产业同质竞争现象严重。一方面，产业用地缺乏统筹规划。目前长三角区域的国土规划工作尚未开展，在生产力布局上缺乏统一协调的机制，各地区的产业定位和空间布局上只重视自身的功能定位，对于区域合作关注不够；同时缺少全市工业发展战略性研究，未能从全市统筹的角度对各区县、开发区的产业现状基础、发展定位进行深入研究，也缺少一以贯之的产业导向；缺少全市性工业用地规划，未对全市及各区县、开发区的工业用地总量，增量工业用地和存量工业用地的关联性，工业用地的空间布局和城镇建设、人口就业等做出全面的规划安排。一些开发区虽然有经批准的规划，但在建设过程中，存在较多的短视行为，土地利用方向不明确，也没有执行相关的发展规划。另一方面，新增用地空间十分有限，导致了一些新兴产业落地困难。以上海为例，从开发情况来看，国家级开发区开发率达 76.7%，市级开发区达 67.76%，国家级开发区可供应的工业用地仅剩 9.67 平方千米。

（4）土地利用效率亟待提高。与土地短缺不相称的是，目前我国还存在大量低效利用的开发区用地，具体体现在开发区用地开发强度较低，工业集中度、主导产业集聚度仍有待提升。部分企业追求花园式工厂，建有大面积的绿地，甚至足球场。这些绿地作为企业的私有空间，实际使用率较低，造成了一定程度的土地资源浪费。此外，大部分地块的建筑层数较低，即便是科研、办公等功能的用地，其建筑大多也只有 2~3 层，容积率在 1.0 左右。有的地块以绿洲、绿岛等名义，实施更低强度的开发，容积率仅为 0.5~0.7。一些地块的地下空间没有得到很好的利用，停车场和一些市政配套设施大多设置于地面，造成了用地上的不经济。在土地利用效率上，虽然我国近年来节约集约用地水平有了显著提高，但与国外发达城市相比还有很大差距，提高土地利用集约化水平的潜力仍然很大。

（5）存量用地盘活难度较大。①现有的开发区规划标准难以适应产业转型升级的需要。从国家层面来看，关于开发区的规划管理办法还主要是 1995 年建设部发布的《开发区规划管理办法》，但该办法也只规定了开发区的编制和审批程序以及规划审批和变更的要求，而对开发区本身的规划技术标准和规范并没有涉及。②落后产业退出难。受现行的规划管理体制、土地使用制度等方面的制约，一些低效用地和闲置土地还缺乏相应的退出机制，二次开发难度较大，导致目前很多园区的产业用地调整面临较大困难，新兴产业用地不足与落后淘汰型产业低效占地并存。

（6）产业用地管理协同性有待提高。目前的产业用地管理涉及规划、土地、工业、发展改革、环保等部门，关系到市、区两级政府及开发区，职责界定不清晰，各个部门存在如信息共享不足、沟通机制不畅等问题。产业用地各管理部门如何携手建立一个产业用地管理平台，强化各部门之间的分工与合作机制，也需进一步研究。

（四）高新区土地经营管理对策[①]

1. 加强产业项目全程管控，扎实推进工业定制地出让

按照省市关于工业标准地的有关要求，高新区结合产业发展实际，制定出台了《工业定制地出让制度管理办法》（暂行），工业定制地更加明确细化了几个方面：一是对实施范围要求更加广泛，高新区所有工业项目必须采取定制地出让方式，后期向其他用地推广；二是对控制性指标要求更加严格；三是对规划设计方案要求更加明确，工业定制地必须带规划设计方案出让；四是对各部门职责要求更加细化，制定了具体工作流程图，产业实施方案、投资建设合同以及产业发展承诺书示范文本等，还制定了更为灵活的先租后让供地模式等。

2. 积极探索土地复合利用新模式，满足新兴产业发展需求

针对传统工业用地复合利用效率不高、相关指标和配套设施无法满足新兴产业需求等实际问题，高新区发挥自创区政策先行先试优势，经政府批准，试行新型产业用地（M0）政策。新型产业用地主要是依据规划，在依法合规的基础上，将工业用地和商业用地兼容复合利用，解决了传统工业用地配套生活设施面积比例的限制等问题，同时在地价及建设指标方面均给予支持，在引进高水平人才、实现职住平衡方面进行了有益探索。

3. 加大存量建设用地盘活力度，主动谋划实施产城更新

主要是通过政府主导，委托国有公司，以市场化运营方式，招引社会主体联合组建SPV（特殊目的公司），开展产城更新服务（包括一级收储谈判、二级产业导入、三级产业赋能等），通过腾换结合，促进低效企业转型升级，落实亩均论英雄，倒逼落后产能淘汰出清机制，提升区域基础设施及公共服务配套水平，实现产业的"腾笼换鸟、凤凰涅槃"。

四、高新区企业服务管理问题与挑战

根据现有企业服务体系研究（周评等，2015；罗仲伟、崔翰文，2016；周平军，2017；胡凤磊，2019）及各高新区企业服务中的实践摸索，如课题组从白下高新区和郑州高新区获得的访谈资料，总结目前高新技术产业园区建设企业服务体系的主要问题。

---

① 本对策研究受到了郑州（国家）高新技术产业开发区土地经营实践的启发，感谢郑州高新区对本课题调研大力支持。

（一）行政程序复杂，条块关系难以理顺

中国大部分高新技术产业园区都存在着行政授权不到位、条块关系难以理顺的问题。首先，高新技术产业园区管委会不是我国政府体系中的一级政府，高新技术产业园区管委会工作的开展需要上级政府进行行政授权，但针对这种行政授权，我国并没有相关的法律法规来进行规范，因此存在着很大的不确定性，这种不确定性在实际中往往表现为上级政府对高新技术产业园区管委会的行政授权不够。其次，如果上级政府将关键的权力授权给高新技术产业园区管委会，在高新技术产业园区管委会的实际执行工作中也经常出现变形走样的现象，达不到精简行政程序、提高行政效率的效果。最后，高新技术产业园区管委会对中央驻地区垂直管理的单位和机构的协调能力弱，存在着高新技术产业园区内条块关系难以理顺的问题。国家为了减少地方政府对税务、工商、金融、技术监督等机构的干预，先后对这些机构实行了垂直管理。这导致了高新技术产业园区对园区内税务、工商、金融、技术监督等机构的协调能力弱，协调程序复杂，不利于高效的高新技术产业园区管理体制的构建。总之，中国大部分高新技术产业园区存在的行政授权不到位、条块关系难以理顺的问题，阻碍了高新技术产业园区高效产业服务体系的建立和发展。

（二）陷入无序竞争，服务环境未被重视

由于国家对高新技术产业园区管理者的招商规模、产值、引进外资的规模进行考核，致使许多高新技术产业园区都走"以地引资、以地养区"的粗放式外延发展道路，高新技术产业的集约程度明显不足。从而在高新技术产业园区招商引资过程中，经常出现某些企业为了追求短期的低成本，在一个高新技术产业园区生产经营较短时间就立即搬迁到其他地区高新技术产业园区的行为。另外，个别高新技术产业园区管理者过度强调规模的扩张，而无视企业及项目的质量，使高新技术产业园区之间以及高新技术产业园区和所在地的经济圈之间形成低水平重复建设和盲目无序竞争。

我国高新技术产业园区的产业发展环境，特别是产业发展的软环境有待进一步优化。在我国，部分高新技术产业园区还存在着管理人员作风官僚、随意变更政策、侵害企业利益等行为。有些高新技术产业园区为了达到国家对高新技术企业、高新技术产业等相关的占比要求，想方设法让企业被认定为高新技术企业，而不去实事求是地考察这个企业的技术含量、发展前景等，这无疑不利于我国高新技术产业园区的发展。还有一些高新技术产业园区在园区管理的过程中只重视硬件设施的建设，只重视引进高新技术企业和高新技术产业，既不重视如创新文化培育、行业协会发展、中介组织服务等软环境建设，也不重视本地区高新技术企业的创建和培育。

（三）服务体系粗疏，存在服务资源浪费

政府主导下组建不久的大多数中小企业服务机构都是新的事业单位，而且设想中的服务内容将是全方位的。但这样极有可能形成新组建的服务机构、高新区、事业单位组建的服务机构、商业性服务机构各成一体，并且都在容易展开、容易取得收益或效果的领域进行竞争，难免造成服务资源的重叠与浪费。实际履行职能比较好的是政策咨询与"一门式"服务，其服务效果更多体现在提高政府办事效率与招商引资方面。依靠政府财政建立的服务性机构应为社会提供公共服务，应发挥其社会化的服务优势，其中最显著的优势就是信息服务、融资服务与人员培训服务，而这是我国目前服务机构并不擅长的方面。

（四）服务下沉不足，个性化需求无法满足

目前，我国高新区企业服务体系建设中存在的突出问题是，政府发挥着主导作用，又通过资金支持和购买服务等政策措施，进一步强化了导向作用，许多服务机构特别是政府主管的服务机构开展的服务往往落在完成政府交办的任务上。往往服务不在第一线，下沉不足，因此不可能切实了解中小企业的服务需求，这必然导致服务意识与服务理念的偏差。中小企业是否得到实实在在的收益，这是高新区需关注的问题。

第二节　白下高新区企业服务实践

一、深入企业，精准识别企业需求

白下高新区一直将企业服务放在园区管理的重中之重，反复强调要不断强化服务意识，要积极搭建、拓宽、畅通企业诉求表达渠道，做到零距离沟通、面对面交流，及时了解企业生产运营状况，帮助企业解决难题，通过专业服务为企业实现"价值增量"。管委会将现代化信息手段和企业走访制度相结合，建立了企业常态化走访和接待平台，使园区与企业无缝对接。企业走访制度促使了高新区能将注意力集中于一些企业焦点问题，为了呼应企业期盼，园区主动与公交部门沟通对接，确定开通多条接驳专线，切实缓解企业员工出行难的问题。通过多年的努力，白下高新区已经形成完整的常态化企业服务的"四每机制"：每日有走访，每周有对接，每月有路演，每季有迎新。把服务落到细微处。日常的拜访企业，园区也有"标准流程"——"三问两送一对接"，具体来说就是：问发展、问安全、问党建；送政策、送服务；对接招商、人才、高企等资源。白下高新区走访给企业带来极大的超值感受，未来物联负责人在谈到园区走访制度时说："大走访活动可不是让我们填填表，我们填写了三个需求之后，他们有不同的部门分别跟我们进行了具体需求的对接，比如说你的场地需要多大，因为我们现在是 300 平方米的场地，我们后期可能要扩充到 500 平方米，所以企业有了扩大人员机会……就开始逐一给我们安排这种针对性的活动，每次活动中我们这种企业能获得的实物就更充分一些，做得很深入，他们切实解决问题，非常高效"①。

案例 6-1：白下高新区开展领导班子大走访专题活动②

2017 年 7 月，白下高新区为深入贯彻省委、市委、区委关于大走访活动一系列部署要求，持续推动园区大走访活动深入开展、取得实效，对前期大走访活动情况进行梳理，并对正在开展的下一轮大走访活动进一步提出要求。领导班子整理了责任片区内大走访覆盖情况，问题梳理情况及解决情况。前期走访活动共联系企业（项目）227 家、基层站所 2 个，梳理问题 179 个，解决问题 166 个，严格按时间节点完成了报表、信息报送和督查工作。在前期大走访活动中，园区深化责任片区挂包制度，建立了横向到边、纵向到底的网格走访，在走访中坚持问题导向，确保"件件有回音、事事有落实"。

园区党工委书记张仲金对正在开展的第二轮大走访活动提出三点要求：一是前置任务节点，园区要在 8 月中上旬实现企业走访全覆盖，动员所有的党员进行走访活动，形成领导牵头带头、人人担责任、个个有压力、全员齐行动的工作格局。二是严格走访要求，做到"五个到位"，即走访企业到位、对上级要求贯彻落实到位、梳理的问题解决到位、人员落实到位、对企业需求理解到位。三是坚持问题导向，对梳理的问题每周汇总一次、解决一次，把发现问题、解决问题贯穿始终。随着企业发展，企业的需求也不断增长，园区要继续坚持"按需服务"的理念，通过大走访常态长效化，为企业解决实际困难，更加有效、精细、专业地提升服务水平。

二、以"客户"为中心，积极转变服务职能

随着全球化进程加快、国内外竞争日益激烈、数字化时代的到来，政府机关需要重新审视身份角色的定位，从老旧的管制型模式走出来，转变为服务型政府。白下高新区以行政管理主体与开发主体、政府与企业的双重分离为基础，在政府职能转变方面进行了成功的探索。

---

① 引自未来物联负责人访谈，《白下高新区服务企业调研资料》（课题组整理）。
② 案例根据白下高新微信公众号（2017-07-24）整理而成。

首先，在园区改革的大背景下，白下高新区明确了自身管委会"搭平台、定规则、做统筹、促创业"的功能定位，突出"全局统筹、开放合作、勇于试点、专业管理"的新特征。加快推进政企分开，进一步转变政府职能，减少管委会政府对微观经济活动的干预，加快在公共服务领域由服务提供者向服务组织者的角色转变，打造嵌入型政府。

其次，白下高新区开展"凝聚计划"，提倡"以工代训"。园区内的所有领导干部通过深入企业，将政策对接地送到每个企业，使园区管委会了解清楚，政府与企业之间的关系不是管理者与被管理者的关系，而是服务者与服务对象的关系，政府所做的不是"管什么"，而是"为谁服务"和"怎样服务"。在园区转化为服务型政府的大环境中，政府负责政府需要管辖的事情，企业负责企业需要承担的事情，政府不干预企业的经营活动，不增加企业负担；同时，企业照章纳税，自负盈亏，不对政府承担其他责任。

案例 6-2：白下高新区行政审批的便民改革

优化政务服务，各地都在和时间赛跑、同服务较劲，白下高新区的"致胜法宝"就是政务服务做"加法"、行政审批做"减法"、营商环境做"乘法"，聚焦群众所需所盼，打造出了"流程最优、效率最高、服务最好"的政务服务环境。2018 年江苏省批准成立的首个省级高新开发区"白下高新区行政审批局"正式揭牌。白下高新区勇于在体制机制改革上探索。白下高新区行政审批局在实践过程中注重处理好审批部门与职能部门的关系、审批责任与监管责任的关系、上下衔接关系、审批制度改革和其他改革的关系这四个关系，依托"互联网+政务服务"信息化手段，打造一支专业、敬业、廉洁、高效的队伍，实现"一窗受理、一网通办，一站服务、一章审批"。

白下高新区始终把"便企"服务放在打造更优营商环境重要位置。2020 年以来，优化提升"1+X"公共服务平台，打造出总体量 6000 平方米的一站式公共服务中心，涵盖政务、科技、产业、阵地和展播五大服务功能。在已配有税务自助服务终端（代开、申领、个人缴税查询及个人社保查询）、个人社保信息自助打印终端、营业执照自助打印终端等基础上，还引进企业信用自助查询终端和商标注册智能顾问终端系统，方便查询企业信用报告打印、注册商标及自助查询等多项业务功能。以打造 24 小时政务服务中心为目标，引进市场监管局证照登记自助服务系统，方便新入园企业申领营业执照，实现"企业申领营业执照不出高新区"的服务需求，切实提高白下高新区营商环境办事满意度，获得企业好评。

三、运用制度化协调手段，创新企业服务的网格管理

（一）部门联动协调，确保网格管理常态化

细化网格、分块管理，明确网格职责，形成齐抓共管。白下高新区高度重视园区的网格化管理，明确各方职责，确保网格工作规范化，促进各部门间的协同创新，确保人人时刻具备"金牌店小二"的服务意识。各个部门间既有职能的边界，又有相互之间工作的协同，因此，在网格化管理过程中，各个部门应明确自己的工作职责，形成既各负其责又齐抓共管的良好局面。

白下高新区已经实行了企业市场化的改革，采用绩效考核的方式，在园区现有管理机制上形成了比较完整的管理体系。通过目标化分解、过程化管理、绩效化考核、网格化支撑，白下高新区实行为企业服务片区挂包制，全体员工下沉片区进行挂包服务，是企业服务从"菜单式服务"转向"订单式服务"的制度基础。白下高新区将核心区设置为 18 个片区，将企业服务部 18 人——对应挂包片区楼宇，进行片区化管理，参考社会治理的网格管理，进行经济网格化的管理，使企业清楚了解遇到不同类的问题应该找谁解决。

（二）项目经理服务制，实现"一对一"服务

与片区挂包制配套的是项目经理服务制。每一个服务单元由部门对接一名"项目经理"，定期联系企业，上门走访服务。针对企业的个性化问题，提供一对一"私享会"等辅导方式，帮助企业解决运营过程中的各类具体问题，提升优质孵化率。2021 年科创部采用项目经理一对一挂包服务制，实施精准服务培育，全程覆盖、全域覆盖、分类培育，力争将优质服务打造成白下高新人才工作的亮眼名片。项目申报期间，组织东南大学、南京理工大学、南京水滴至诚创业投资管理顾问有限公司成立专家小组，开展多轮次线上辅导及 25 场线下辅导，提升人才创业的"幸福感""满意感""归属感"。

（三）强化培训管理，提供网格管理人才保障

首先，针对服务人员。企业服务部建立"以会代训"制度，每周召开"部务会"安排工作；每月召开"经验交流会"，用空杯心态，分析重点工作中的难点，找到突破方向；每季度召开"能力提升分享会"，用归零心态挑战自我，永不满足。针对新同志，企业服务采用师徒制，以"手把手""一对一"的形式，尽快帮助其适应工作岗位，提高工作业绩。

其次，针对中介服务机构。为进一步提升科技公共服务水平，发挥白下高新区科技创新要素与资源的集聚、扩散与利用作用，壮大秦淮区"1+X"公共服务中心优秀服务机构队伍，更好地服务秦淮区、白下高新区企业，优化科技创新环境，经管委会批准，决定开展秦淮区"1+X"公共服务中心年度"十佳服务机

构"评选活动，以此促进中介机构服务能力的提升（见图6-2）。

图6-2　白下高新区"1+X"公共服务中心

（四）以党建工作为抓手，为网格管理提供组织保障

白下高新区网格化管理的一个特色是与党建工作统一，以党建工作为抓手，把网格化管理权分到园区各个党小组，通过党建渠道将企业服务带到企业中，既有效开展了党建活动，又实现了园区加强网格化管理的最大效应。在进行党建的同时，各部门的人员帮助企业了解政府政策，及时与企业内部人员进行沟通，帮助他们解决困难。同时通过党建活动的开展，促进支部书记与企业家的对话会，使企业对党建有充分的了解，可以借助相应渠道提出自身需求。此外，将党建文化与企业文化相融合，通过开展党建活动，将不忘初心、牢记使命等精神带入企业，为企业带来正面的企业文化，确保网格化管理取得实效。

四、"线上+线下"新架构，实现服务全程覆盖

孵化器理论认为，由于新创办的中小型企业往往存在企业发展计划脱离实际、资金短缺、创业者缺乏经营管理知识和经验、市场开拓能力有限等问题，高新区应有组织地、适时地提供新创企业"孵化"期的营养条件，依据生命周期的不同需求提供全过程服务。因此，"苗床"的完整性与完善度对新创企业的生存起到巨大作用。

2018年，白下高新区成立了全省首家省级开发区行政审批局，实现"一枚印章管审批"。按照全程覆盖、全域覆盖、按需服务的理念，白下高新区打造了

"1+X"公共服务中心。秦淮区"1+X"公共服务中心是南京白下高新技术产业开发区企业服务的窗口。中心秉承"按需服务、全程覆盖、全域覆盖"的企业服务理念，通过整合政府和社会化资源，为高新区企业提供全方位、多层次、精准化科技服务，推动企业高质量发展，进一步提升高新区企业对白下高新营商环境的满意度。

（一）线上线下协同实现按需服务、全程覆盖

"1"指白下高新区行政审批局为入园企业提供以行政审批为主的政务服务功能，设立市场准入、项目建设、社会保障、企业服务、科技创新、党群服务6个审批、服务窗口。目前，共承接内资企业登记、建筑工程施工许可证的发放等省、市、区行政许可权限47项。"X"代表围绕政务服务功能不断衍生、拓展的综合科技服务功能，包括科技金融、知识产权、管理咨询、财税服务、法律服务、专业技术、人力资源、综合服务8大服务领域等。平台集聚110余家社会各类优质中介机构、70位服务专员、534个服务产品，为高新区企业提供全方位专业服务。

"1+X"公共服务平台同步"智慧园区"项目，为高新区企业提供行政审批、信息咨询、业务办理、供求对接等线上服务；线下利用服务大厅服务窗口，结合企业需求，定期开展政策解读、资本对接、申报指导等专场培训。形成"线上+线下"企业服务完整闭环。"1+X"公共服务平台与高新区科技企业共同成长。截至目前，白下高新区占地2.29平方千米，有1600余家企业，培育挂牌上市企业10家、高新技术企业218家、省市独角兽企业6家、瞪羚企业15家，累计专利申报5000余件，帮助科技企业申请各类产业资金和项目资金近2亿元。公共服务平台获得工人先锋号、青年文明号、巾帼文明岗、江苏省技术产权交易市场秦淮分中心等资质荣誉。

（二）线上线下协同实现服务全域覆盖

白下高新区持续优化营商环境不停步，为全面落实"六保"任务提供有力支撑。全面推进"1+X"公共服务中心服务功能再增强，全力推动"智慧园区"平台全覆盖，精心搭建"线上+线下"企服新架构，力促高新区创业生态环境再优化。

（1）白下高新区24小时政务自助服务中心。针对企业工作时间灵活、办事时间不固定等特点，高新区按区行政审批局要求，特意新建24小时政务自助服务中心，为高新区企业办事提供错峰服务，让企业更加合理、高效地安排作息时间，使企业办事更方便。政务自助中心内设发票申领、发票代开、企业个税查询、营业执照打印、企业信用查询、企业（个人）社保查询、商标查询办理等多台自助办理终端。

（2）白下高新南京理工大学双创基地分中心。高新区和南京理工大学共同开发白下国际人才孵化器资源，服务学生创新创业。南京理工大学双创基地分中心将核心区"金牌店小二"服务覆盖到南京理工大学科技园、国际人才孵化器、金融中心、德兰大厦等载体企业，该分中心内设税务发票申领、发票代开、企业个税查询共三台自助办理终端。

（3）紫云智慧广场政务服务分中心。紫云智慧广场位于秦淮区卡子门大街宁溧路东侧，纵享多元交通和完善配套。项目总建筑面积约 28 万平方米，规划产业集科研办公、总部基地、配套商业、人才公寓于一体，是秦淮区"四新工程"重要载体，是科技创新的重要阵地，是南部新城的先期启动区和核心区。该分中心内设税务发票申领、企业信用查询、企业（个人）社保查询共三台自助办理终端。

五、塑造营商服务品牌，人人争当智慧小白

服务形象拟人化，拉近用户心理距离。白下高新区打造了一个萌趣的白下高新 IP 形象（见图 6-3），培育一个符合大众审美和兴趣的品牌，以更加多元的可能性，以品牌特点为壁垒，打造有亲和力、智慧的 IP 形象，依托白下高新区独特的布局规划为品牌加持，塑造易于传播且多元的品牌。"白"是白下高新区品牌的基因，白下作为南京唯一保留的区域名称，"白"是白下高新区品牌的独特识别。智慧小白以智慧科技为主要特征，以智慧服务为发展方向，向企业提供便捷、高效、人性化的服务。

图 6-3　白下高新区"智慧小白"形象

智慧小白提供"管家式服务"，让园区更有温度。从形式和内容上看，"管家式服务"其实是一种全方位、全时空的立体式服务。"管家式服务"并不是一个新名词，也不是一个新概念，而是在服务业不断发展的今天，人们对这种服务赋予了新的理念。顾名思义，"管家式服务"就是像管家那样服务，也就是把园区当作家，把来园的企业当作家人，进行情感互动近距离式的服务。"管家式服

务"既是一种服务理念，也是一种服务习惯，更是一种服务态度。

高新区人人都承担着"金牌店小二""智慧小白"的服务责任。白下高新区秉承"金牌店小二"的服务理念，事事为企业着想、处处为企业谋利，通过走访了解企业需求，最大程度地解决企业遇到的房租减免、子女上学、税收转引、纳税申报、行业对接等各种困难，切实做到细心服务、用情服务、精准服务。

六、助力服务平台化，创新服务个性化

为进一步推动白下高新区服务创新发展，特别是通过聚焦服务品质提升、完善园区创新机制、激发企业创新活力、构筑产业发展创新优势，破解科技企业在创新创业发展过程中的"卡脖子"问题，高新区倡导成立了秦淮硅巷创新实验室。创新实验室成立伊始就借助第三方力量，引入专业化团队，贯彻"无边界"理念构建开放式合作平台，推动高校、政府、大企业的创新资源共享共用，实现各类创新主体紧密联结、各类创新要素顺畅流动。

秦淮硅巷创新实验室不同于常规的、已有的企业服务平台和社会组织，而是将"创新"的强大基因贯穿方方面面，聚焦于创新服务本身的创新，立足于实践过程，在探索中不断发展，通过服务创新实现硅巷的创新创业新形态。

（1）以缝隙创新实现精准创新服务。硅巷不同于一般的园区载体，而是校、产、人、城融合发展的新空间。硅巷企业的创新伴随着自身独有的难点和痛点问题，这些问题往往很细微，容易被各类服务企业所忽视，是创新服务的认知盲点，也是阻碍企业创新的顽疾。缝隙创新就是要精准挖掘企业创新创业过程中存在的缝隙问题，摆脱创新服务认知陷阱，通过创新服务的"微方案"和"微活动"，踏踏实实探索缝隙问题解决方案。

（2）以整合创新实现全流程创新服务。创新服务的整合创新就是以创新的全要素、全流程和全领域为对象，通过并行的方法把服务创新要素、创新能力和创新实践整合在一起，产生新的服务核心竞争力。秦淮硅巷创新实验室从整合式创新出发，在服务实践的过程中持续开发迭代，探索以"战略""全面""开放""协同"四大核心要素为特征的创新服务体系。

（3）以协同创新实现区域创新生态改善。为了在各类具体的创新活动过程中，解决条块分割造成的障碍问题，实现创新主体协作，发挥各自的优势，整合互补性资源，实现各方的优势互补，秦淮硅巷创新实验室围绕秦淮区的重点产业创新过程中的创新资源和要素有效汇聚，通过突破具体过程中创新主体间的壁垒，充分释放彼此间的"人才、资本、信息、技术"等创新要素活力而实现深度合作，探索打通各类创新主体协作堵点的有效方案，助力升级低效载体，打造创新"熟地"。

目前，秦淮硅巷创新实验室已经集成研发了八大功能模块：①组织专家解读，推介最新的产业、人才、平台、载体、金融等各项政策。②邀请高校导师学者开设名师分享，帮助企业完善全方位发展能力。③邀请大咖助阵，为遇到发展瓶颈的企业进行上门问诊。④推出案例呈现，聚焦企业真实案例问题进行深度剖析、研判论证，为企业提供定制化解决方案。⑤举办私董对弈，通过创业私董会，用集体的智慧共同探究企业未来成功之路。⑥举办创新路演，形成企业展示自身的大平台、对接资源的强磁场、共赢合作的催化剂。⑦打造论坛荟萃，为秦淮硅巷建设发展创造更多契机。⑧要打造线上线下相结合的服务超市，为企业和企业家提供全周期、模块化、流程化服务。

秦淮硅巷创新实验室扩大创新创业朋友圈，开展各种活动，让秦淮硅巷创新实验室智库专家与园区企业家面对面交流。创新实验室与园区各部门有机协作，实验室通过搭建专家平台，促进专家与服务企业互动，为园区企业服务提供新解决方案，建成"共性问题集中会诊+个性问题上门问诊"模式，实现"共性问题集中解决，个性问题专项化解"，形成了园区服务新特色。特别是在"秦淮夜话"和"智改数转"等活动上，具有较好的创新度，已经走在前列。在如何推进大院大所与园区企业融合上，实验室也进行有益探索，实验室工作取得初步成效，得到服务企业高度认可。

案例6-3：创新服务平台，助力解决企业个性问题

秦淮硅巷创新实验室创新了一系列服务项目，针对这些企业成长的烦恼，集成服务产品，聘请创业专家，定期把脉问诊。要改变初创企业单兵作战、闭门造车的状态，将企业聚合在一个生态体系里协同创新。"秦淮夜话"是秦淮硅巷创新实验室于2022年推出的互动栏目，旨在为专家和企业家们营造更舒适的交流氛围，提供更有效的问题解答和思想启发，并进行更广泛的宣传推广，让更多的企业家和管理者们积极参与进来，帮助企业走出发展困境。为进一步谋划"智改数转"产业服务布局，策划"智改数转"行动发展路径，创新实验室举办了系列专家讲座、企业家沙龙、标杆企业参观走访、"智改数转预诊断"、私董会等活动，解答企业对于"智改数转"等疑虑问题，促进企业"智改数转"活动深入。

秦淮硅巷创新实验室矩阵首期共成立10个分支实验室，秦淮硅巷创新实验室阶段工作成绩如下：截至2022年6月，实验室已开展活动63场，其中企业上门走访22场，企业深度诊疗14场，私董对弈8场，专家解读5场；创新推出了"秦淮夜话"12期；组建秦淮硅巷创新实验室专家团队，已有专家成员106名，

涵盖创业孵化、企业管理、资本证券、银行金融、风险投资、法律服务、行业科技、人力资源等领域。截至 7 月中旬，实现集成集合创新创业服务 138 项，包括迭代更新 25 项，实现开发新增创新创业服务产品和服务项目 57 项，并推出了 2.0 版本的服务产品项目手册。

图 6-4　秦淮硅巷创新实验室首届人才私董会（实验室主任张仲金担任主持人）

第三节　白下高新区的安全管理实践

安全管理是高新区企业服务与监管管理的特殊部分，在中国建立与完善社会主义市场经济体制过程中，政府监管是一个不断加强的重要政府职能。所谓政府监管就是在市场经济体制下，具有监管职能的政府行政机构基于公共利益目标，依据法律法规制度并运用多种监管方式，对微观市场主体所采取的各种制约与激励行为。安全监管可分为职业安全监管、安全生产监管和产品安全监管。高新区的服务与监管是一个问题的两个方面，两者相互促进、相互统一。监管的本质是为高新区企业服务，服务的核心是严格、公正、高效监管。而服务则是为了引导企业的发展，在提供服务的过程中发挥监管的作用。

一、高新区安全生产监管工作机制

发达国家工业园区内的企业安全意识都较高，可自行进行严格监管，国外对工业园区安全生产管理研究主要集中在风险管控和土地规划方面。我国高新技术产业开发区中的企业组织形式多样化，规模大小相差悬殊，人员流动性大，系统培训和教育欠缺，安全生产意识淡薄，考虑更多的是经济效益，忽视安全发展，导致安全事故易发。一些国内高新区仍存在一些突出的问题：企业人员安全意识落后、政府监管不到位、隐患整改不彻底等。

（一）江苏省高新区安全生产工作成效

为了落实国务院安委会公布的《全国安全生产专项整治三年行动计划》以及江苏省委办公厅、省政府办公厅公布的《江苏省安全生产专项整治三年行动工作方案》，江苏省扎实开展安全生产专项整治工作，高新区安全生产工作已经普遍成为高新区日常管理工作的重要环节，逐步形成了各具特色的安全生产工作管理模式①。

（1）围绕安全生产工作目标，压实工作责任。江苏省51家高新园区都制订了整改方案，确保即知即改、应改、尽改。苏州工业园区制定园区安委会成员单位等部门安全生产工作职责任务清单和考核评价指标体系，基本消除监管漏洞和空白。

（2）严格项目准入条件，严把招商引资安全关。麒麟高新区从招商源头注重项目把关，实行环保一票否决制。按照产业功能划分引进项目，实现全面招商向绿色招商转变，优先发展高新技术产业，严格把握能耗和排放指标空间准入、总量准入和项目准入"三位一体"的准入原则，杜绝"两高一资"等不符合环保规范的项目。

（3）建设项目安全条件审查机制，开展安全生产"三同时"，通过实行项目审批、建设、竣工、投产和达产全程检查监管和考核评估等方式，确保项目单位严格依照投资承诺的责任和条件实施，并作为监督管理和奖惩的重要依据。

（4）建立健全企业退出机制，推动产业提质增效。南京白马高新区等对区内企业实施亩均效益综合评价，对低效企业予以清退；苏淮高新区制定实施《园区生产经营单位安全生产失信行为黑名单管理办法》。

（5）实行安全分级监管，开展隐患排查治理。按照《江苏省化工（危险化学品）企业安全风险评估和分级办法》，对区内企业进行"红、橙、黄、蓝"安全风险分级。

（6）执行政企分离，加强高新区安全管理。明确高新区管委会承担全区安全生产监督管理责任，依法行使安全生产综合监督管理职权。运营公司采取市场化运作的方式，具体承担园区基础设施建设、投资运营、招商引资、管理服务等功能。

（7）构建安全生产长效机制，营造浓厚整治工作氛围。聚焦全媒体平台，广泛利用新媒体、微信公众号等平台，对专项整治工作进行宣传报道，营造浓厚

---

① 何程，陆红娟，黄睿，等．江苏省高新区安全生产工作机制探索研究［J］．江苏科技信息，2022，39（4）：4.

整治工作氛围。

（二）打造全链条的高新园区安全管理体系

高新技术产业开发区具有高技术性、企业高密集性、产业多样性等特点，基于安全系统工程和全生命周期理论，将园区的生命周期分为建设阶段、运行阶段和退出阶段，根据高新技术产业园区的产业特点，设置安全管理体系建设方案①。

（1）建设阶段。园区应当严格按照规划进行建设，安全、消防方面的建设必须严格按照国家、行业相关法律法规的标准进行，避免在后期运行过程中出现硬件设施不符合要求的情况，阻碍园区、园区企业的发展。环保方面，重点解决危废处理能力问题，对危险废物种类、产生量、流向、贮存、处置和转移等全过程的风险实施监督和管理。公共设施布局合理，供水、供电、通信技术、道路交通等满足企业的发展需求，避免出现制约企业发展的情况出现。科学评估企业风险以及企业危险源之间的相互影响、公共设施保障、应急救援等因素，合理布置功能分区，风险性较高的企业应远离行政办公等人员集中区域，同时避免企业间的相互影响。

（2）运行阶段。入驻企业需严格按照《产业结构调整指导目录》及园区规划等要求执行，严格准入，严禁淘汰类企业入园，积极引进鼓励类企业，与园区规划存在冲突、制约园区发展的企业一律不得入园。根据《中华人民共和国安全生产法》等法律法规，建立适合园区的安全管理制度体系，健全并层层落实安全生产责任制，通过风险辨识评估、安全监督检查、隐患排查治理、教育培训等制度体系保障园区安全平稳运行。园区的主管单位应明确园区安全生产和应急管理机构，实施安全生产与应急一体化管理，建立健全园区自主监管、协同安全监管部门执法、聘用专家和应急救援的联动机制。制定园区总体应急救援预案及专项预案，与上级应急管理部门的应急预案衔接，并指导园区内企业根据本单位风险特点制定适用于本单位的应急预案，使企业应急预案与园区级应急预案相衔接。定期组织安全事故应急救援演练，对应急预案进行总结、评估、完善。

（3）退出阶段。对于退出阶段而言，应当制定严格的要求，重点落实危化品、废弃物的处理，设备设施拆除以及环境污染恢复。

二、白下高新区安全监管工作亮点

（一）完善安全监管机制，实现同步管理

白下高新区制定了《安全生产管理制度》，明确职责分工和制度机制，落实安全生产岗位责任制；建立《安全生产工作同步管理机制》，实行入园审批同

---

① 钱城江等．高新技术产业开发区安全管理体系建设研究［J］．江苏科技信息，2022，39（7）：3.

步、装修管理同步、企业走访同步，做到招商、财税、环境、扫黑除恶等工作源头抓、全员抓、全程抓，实现安全生产管理与其他工作的一体化融合；建立了领导班子成员挂包责任制，党政主要领导亲自研究、亲自部署、亲自检查，各处室领导分片挂包，督促企业履行好安全生产主体责任。

（二）多形式安全教育，强化文化建设

白下高新区高度重视无形的安全文化和安全能力建设，通过横幅、资料册宣传等多种形式，大力开展安全生产法律法规的宣传教育。高新区微信公众号定期推送内容生动的安全常识，提高安全意识。结合"安全生产月""消防宣传月"活动，每年举行中小企业消防器材联合演练活动、企业安全员上岗专业培训、人员密集场所应急逃生演练。组织首届"平安高新"安全知识竞赛，辖区100多家企业踊跃报名参加，现场气氛热烈，取得了良好效果。

（三）加强过程管控，消除安全隐患

通过《白下高新区关于开展安全生产大检查工作方案》，紧盯风险等级较高、容易漏管失控的重点行业、重点领域、重点区域、重点环节，研究分析在责任体系、源头管理、过程控制、制度机制、风险防控、监管手段和力度等方面存在的突出问题、薄弱环节，全面系统梳理，列出问题清单，从15个方面罗列了52条"是否"逐条逐项对照抓好整治，确保十五条措施在高新区得到有效落实。

坚持安全检查与隐患整改并重，日常检查与联合大检查结合，建立了高新区"安全生产日"制度，结合片区企业走访工作，每月的最后一个周五，各责任片区挂包部门深入企业巡查。元旦、春节、劳动节、国庆节和重要会议期间，以及高温天气、汛期等时节，组织消防、用电用气、工地施工等专项安全检查。陆续开展了安全生产大排查大整治、高层楼宇消防专项检查、夏季安全生产百日攻坚战、电动车消防专项治理、空中坠物隐患整治、群租房整治、"环保油"整治、餐饮场所"瓶改管"等行动。

2019年，发放"安全生产一封信"、告知书、上级通知400余份，检查企业1550家次，排查各类事故隐患约380处，着力提高安全保障水平。2020年，和创物业累计迎接消防大队、光华路消防支队检查16次；组织各项目员工参加消防、安全生产培训56次；夜查及日常品质巡查155次，排查了900个消防栓、1500个灭火器，新更换、增补灭火器214个；在每幢楼宇规划1~2处"消防车道、禁止占用"网格图示，新增13个"消防车道、禁止占用"提示牌。2021年，重点关注消防设施情况、消防通道和应急作业面的畅通情况等问题，发现并解决隐患80余处，并对高新区核心区内全部食堂、餐饮、商超等场所再次排查。

三、新冠肺炎疫情防控下的安全生产管理

安全管理其本质是满足社会和个人安全方面的要求，保证社会经济活动和生产、科研活动顺利进行、有效发展。2020年新冠肺炎疫情暴发，疫情防控下的安全管理，就是既要落实好复工复产政策，保障生产顺利进行，又要确保采取一切切实可行的预防和保护措施，以最大限度减小疫情风险，包括：①评估企业员工、供应商、客户和访客在工作场所之间可能存在的潜在互动风险以及工作环境的污染，并采取措施应对已识别的风险；②按照控制措施的层次结构，确定预防和保护措施的优先顺序。采取预防措施，保护工人免受新冠肺炎病毒的感染。

案例6-4：防控复工两手硬，科技企业复工率达100%

新冠肺炎疫情期间，白下高新区驻地企业面临的困难各不相同。白下高新区多措并举，助力安全生产与疫情防控。为了尽快恢复正常经济秩序，保障高新区企业高效有序复工，白下高新出台《防疫情·稳发展八项政策举措》，从政策落实、企业服务、费用减免、科技创新、金融保障、物资保障等环节，为企业复工提供全方位政策支持。

针对疫情防控期间企业复工复产难题，白下高新区及时启动"智慧园区"项目，全面升级"1+X"公共服务中心线上云平台，形成"互联网+企业服务"平台，同步建立一站式联审代办服务体系，让企业"不用跑一步"即可复工，白下高新区在全市率先实现100%复工。

白下高新区充分利用"智慧园区"等线上平台挖掘2020年潜在高企培育对象，通过片区挂包制，借助防控网格力量同步开展疫情防控、高企动员等科技创新工作，梳理高企申报及运营中遇到的相关问题，并通过项目经理服务制安排挂包经理对拟入库企业进行一对一的线上沟通，协助企业扫清申报、经营中存在的障碍，坚决落实疫情防控、科技创新工作两手抓、两不误。

第四节　数字化的融合服务体系设计与能力保障

一、特色企业服务再上新台阶

随着全球化进程加快、国内外竞争日益激烈、数字化时代的到来，政府机关需要重新审视身份角色的定位，从老旧的管制型模式走出来，转变为服务型政府。由于天然因素局限，白下高新区的土地资源、金融资源、政策资源与其他省级高新区相比均处于劣势。因此，白下高新区转换思维、另辟蹊径，通过打造服务型政府，成功打响服务品牌，获得入驻企业、高端人才的高度认可。2021～2022 年，白下高新区的特色企服再上新台阶。

（1）加强企业培育。坚持深化"项目经理初评指导、辅导专家一对一辅导、模拟评审"递进式辅导模式，帮助企业优化申报质量，为企业进阶创造良好条件。2021 年新增高企 68 家，培育科技型中小企业 605 家；新增 13 家市级培育独角兽企业和 7 家市级瞪羚企业。云创大数据首批登陆北京证券交易所，为南京市唯一。云创大数据、金陵智造研究院获得国家第三批专精特新"小巨人"企业。

（2）提升孵化运营。全面走访白下高新区内社会孵化器、众创空间，摸清底数；秦淮孵化器通过注入自有载体资源，解决了孵化器面积不足、品质不高等问题；紫云创益工场众创空间引入专业团队，探索市场化运营，提升现有孵化水平，加快国家级众创空间创建。2021 年完成孵化器、众创空间新增在孵企业 91 家，毕业企业 12 家，完成率 107%。

（3）加强知识产权建设。对照省级知识产权示范园区验收自评表及工作计划，大力推动高新区知识产权建设，营造良好氛围，举办"4.26"世界知识产权活动、知识产权质押融资等。

（4）优化营商环境。多频次举办落地企业季度座谈会、环保产业对接会、电力产业对接会等活动，积极搭建务实合作平台，拓宽联络渠道。挖掘企业市场合作需求，积极为企业对接各方面资源，2021 年发布应用场景 33 个。

（5）打造服务平台。引入 20 家专业服务机构，打造公共服务中心，与"智慧园区"线上服务平台相呼应，构筑"线上+线下"双轨服务架构体系。打造企业专属招聘平台，联合前程无忧共同搭建"白下高新区企业专属招聘平台"，常态化解决企业招聘难等问题，降低企业招聘成本。打造培训活动平台，组织"高新讲堂·企服沙龙"系列活动 20 余场次，帮助企业提升业务能力。

（6）常态化服务赋能。建立"每日有走访"机制，保证联系服务企业频率，擦亮"智慧小白"营商品牌；建立"每周有对接"机制，保证企业成长有助力，打造好企业成长训练中心；建立"每月有路演"机制，促进创新资源横向互动、纵向联动，打造发展要素撮合平台；建立"每季有迎新"机制，让新入驻高新区企业感受"家"的温暖，打造企业发展温馨港湾。

白下高新区企业服务管理得到入驻企业和社会的高度赞誉。江苏无线电厂有限公司负责人表示："我们在合作过程中，感受到了白下高新区'管家式'的贴心服务。我们属于硅巷企业，秦淮硅巷部会定期来与我们进行交流，询问我们目前存在的问题，并针对问题及时、精准地解决。服务的主动性是相较其他园区，

高新技术产业开发区建设与管理：基于白下高新区案例研究

做得很好的地方。"① 南京未来物联科技有限公司主要聚焦于电路设计、信息系统集成服务、人工智能行业应用系统、物联网设备制造、物联网服务、物联网技术服务，负责人说："我们公司成立于 2020 年，刚好是在疫情期间，遇到了很多困难，比如说场地的问题、注册、政务问题等。白下高新区积极帮我们协调了工商部门，将注册周期以及流程都做了简化处理。后来，在园区的帮助下获得了一笔 500 万元的社会投资。总之在各个环节都得到了园区的帮助和扶持，服务意识非常强。"②

2021 年白下高新区获得"中国产学研合作创新示范基地""首批南京市数字经济产业园区（智能网联汽车）""南京市服务业集聚区"等多项国家级、省级、市级品牌荣誉。

二、高新区企业服务管理实践启示

能否做好高新区企业服务管理有关高新区经济与社会发展，有关高新区行政监管的合理性与有效性，有关能否办一个人民满意的高新区。白下高新区服务管理实践对于如何做好高新区服务管理有很好的启示，它既践行了服务管理理论提出的管理思想，又在一定程度上创新地解答了当前高新区在服务管理方面的难题。

（一）坚持顾客导向

从传统管理走向服务管理，克里斯丁·格朗鲁斯提出管理重点已经改变③，已经从基本产品效用向顾客关系中的总效用转变，从核心产品质量或产出的技术质量向持续的顾客关系中的全面顾客感知质量转变。从顾客导向出发，才能将管理重点从关心园区产出的绩效指标，转向顾客忠诚管理，降低顾客流失率，留住那些合适的入驻企业，获得企业终身价值。坚持顾客导向是持有长期主义理念，而非短期绩效。

受历史因素和考核体系影响，我国高新区管理很多是从政府行政管理中分化出来的，在相当长时间传承了政府行政管理的特点，难以转向市场效率，难以转向真正的顾客导向，过度关注当下考核指标，如高企数量、高新产业占比等；在经营手段上，也倾向于短期的成本降低和规模扩张。这是导致高新区服务环境难以被重视、高新区间竞争无序的主要原因之一。当然，白下高新管理不是不看这些指标，而是其更看重企业需求，将企业满意度放在第一位。白下高新企业服务

① 引自江苏无线电厂负责人访谈，《白下高新区服务企业调研资料》（课题组整理）。
② 引自未来物联负责人访谈，《白下高新区服务企业调研资料》（课题组整理）。
③ 范秀成. 从科学管理到服务管理：服务竞争时代的管理视角［J］. 南开管理评论, 1999（1）: 4-7.

· 186 ·

的一个显著特点就是企业走访，走访不是某一个部门的事情，而是网格化的集体协作；走访不是临时的偶发性行为，而是制度化设计与安排。南京云创大数据科技股份有限公司是一家聚焦于大数据存储与智能处理业务，是集人工智能、大数据、云计算、云存储技术于一体的高新技术企业。在访谈过程中，负责人对白下高新服务十分认可："我们公司做的很多都是前沿性的研发，技术性很强，但是这个市场还没有完全成熟，所以在市场方面很薄弱。园区在这个方面扮演了很好的服务角色，比如帮助建立智慧路灯项目、促进我们与百度无人车的合作等。"①

（二）坚持顾客感知质量导向

克里斯丁·格朗鲁斯（2004）认为顾客感知质量是一个黑箱，顾客感知的质量来自顾客的感受，它具有主观性、相对性和个性化特征。顾客按自己对产品的使用目的和需求状况，综合分析市场上各种经由正式或非正式途径获得的相关信息，对一种产品或服务做出抽象的、主观的评价。坚持顾客感知质量导向，不仅是要使得服务质量"看得见"，更是要通过细分顾客市场，注重目标顾客心理、行为、期望，准确地确认顾客的感知质量和期望差距，提供个性化服务，弥补和改善服务质量，保留顾客。

目前，我国高新区企业服务管理中的突出问题是形式化，许多服务机构开展的服务往往落在完成政府交办的任务上，服务项目之间高度重叠，大量的服务难以被入驻企业所认可，园区活动成为摊派任务，一些活动甚至成为扰民活动。对于这个问题，白下高新区特别注意。以企业走访为例，园区负责人反复强调，避免形式化，避免影响企业经营。在规定例行走访外，要做到"不叫不到、随叫随到、服务周到、说到做到"。秦淮硅巷创新实验室在服务质量的差距分析上下功夫，开展个性化服务，将创新服务做到实处。如在开展创业融资私董会时，实验室专家会针对每个企业的具体融资项目，讲解如何明确寻找投资人的条件和范围，寻找接触投资人的方法；以及如何在产品展示环节突出优势，强化企业商业模式；如何有效处理政府市场关系，提升企业抗风险能力，明晰企业股权架构；如何转化报告视角，思考市场投资人需要，重视市场营销策划推广等内容，手把手传递管理经验。

在访谈过程中，园区负责人张仲金告诉笔者："有的活动，企业不愿意来的，是给面子，不是真的戳到企业的痛处，隔靴搔痒，那是在浪费别人的时间，要在听得见炮声的地方指挥战斗。……其实所谓服务是永远满足不了企业发展的需求，所以我们要不断更新、完善、比对，根据企业需求去做。政务相对一致，而服务是有差异性的。服务是一篇大文章，一定要在差异性中找到绝对竞争力。"②

---

① 引自云创大数据负责人访谈，《白下高新区服务企业调研资料》（课题组整理）。
② 引自张仲金访谈，《白下高新区内部访谈资料》（课题组整理）。

（三）建立服务质量综合保障系统

顾客感知质量是靠服务质量保障系统来实现的。良好的服务质量保障系统具有以下特点：服务质量保障系统的每一个要素都与企业的运作核心一致；系统对于顾客是友好的；系统具有稳定性；系统具有结构化特点，保证服务人员和系统提供一致性服务；系统为后台和前台提供有效的联系方式；系统对有关服务质量的证据加以管理，使顾客了解系统所提供服务的价值；系统所耗费的都是有效成本。

目前我国高新区企业服务上普遍存在服务体系粗疏、服务资源浪费的问题。这些问题不是简单体现于高新区企业服务内容与内容结构上，而是更多体现于园区服务大量存在着"真空"与缺位上以及大量重叠浪费上。白下高新能够对此进行改进，就在于其网格化管理并不是简单分任务，而是出现了跨部门协作，缓解了服务的"真空"与缺位问题。白下高新的服务人员参与培训，也为服务保障提供了能力基础。"我们企业服务好像就形成了一个闭环，有打前战的，也有做后勤保障的，然后企业进来以后，也有些人才，需要科技创新指标配套，然后有科技创新部这边来负责……"[1]。中国航天科工集团八五一一研究所负责人告诉笔者："硅巷将政策与服务带到了八五一一所。之前各政策要去不同的部门寻找，要跑教育局、科技局等。但硅巷可以统一所有政策，比如孩子上学、员工生活等各项政策。八五一一所和秦淮硅巷建立了沟通渠道，并形成了一种非常好的互动关系。从产业的角度上来说，在工作对接、政策促进上也都非常好。八五一一所有困难，硅巷也会积极协调，例如拆迁。总之，通过秦淮硅巷这个载体，很多资源都被盘活。重要的是，因为秦淮硅巷有一种比较好的服务意识，所以合作很开心。"[2]

（四）行政管理与市场服务融合

高新区管理是中国特色实践，虽然高新区创立是借鉴了国外发展经验，但中国的高新区企业服务运营兼具行政推动与市场拉动双重属性，这就使其服务管理既不能简单套用行政服务管理，也不能照搬市场组织服务管理。因此，高新区服务管理一直缺乏系统的理论化思想。在管理实践上也必然出现行政授权不到位，条块关系难以理顺的问题。如何将行政管理与市场服务相融合就成为高新区管理的一大难题。

白下高新的探索经验就是积极主张转变管理者角色；从分解问题出发，将难以解决的大矛盾冲突化解为每个具体问题，用创新精神和实事求是的态度，寻找行政管理与市场服务融合。白下高新区明确了自身管委会"搭平台、定规则、做

---

① 引自园区企服负责人访谈，《白下高新区内部访谈资料》（课题组整理）。
② 引自八五一一所负责人访谈，《白下高新区服务企业调研资料》（课题组整理）。

统筹、促创业"的功能定位。紫云创业广场项目建设就是典型，它本身就是服从组织要求、合规建设，同时用市场手段保障项目顺利交工。张仲金说："第一个要研究的问题是高新区的工作和机关的工作到底有什么样的不同？高新区发展不能用机关干部的思维。高新区的工作和机关部门工作是思维很不同的，高新区所有的工作都是自己想出来的。高新区干部一定要有强烈的主动思维，围绕着高新区具体发展的目标，怎么样去思考自己的工作，去干什么，怎么干……所有的经验都是思维的转变，首先是务实，不是拍脑袋办，而要按照实际规律循序渐进地干，以结果导向来做事情。[①]"

三、高新区服务管理的发展方向：顾客参与+数字化技术

服务管理理论在不断进步，高新区服务也永远在路上。当前，复杂的世界政治经济格局深刻改变全球产业链、价值链、供应链；中国经济已经由高速增长阶段转向高质量发展阶段，高质量发展不仅注重产品供给的高质量，更注重服务供给的高质量。如何通过服务管理来提升技术创新，如何能利用新的动能来提升服务效率，打造高质量的园区服务，都给高新区服务管理提出了新的挑战。

（一）构建顾客参与的服务创新

传统的高新区服务管理思维将服务质量核心集中在顾客感知与期望的差距上。事实上，服务不是一个产出单位而是一个过程[②]。它是在高新区经营活动过程中，由相关利益者彼此进行反复交互行动、处理和执行，进而实现价值共创的动态过程：①在服务主导逻辑下，服务是一切经济交换的根本性基础，所有经济都是服务经济。从"以顾客为导向""以人为本"的服务思维出发，高新区的服务不仅是在顾客感知与期望的差距上找到弥补的方案，进行修复，而且还要从入驻企业创新活动中寻找企业创新发展的解决之道。②这个过程不是静态的资源转化，而是复杂的、动态的资源（知识、技能）整合。③高新区是企业的高新区。企业与高新区在价值创造上是互利和互惠的；企业为顾客的价值创造活动提供投入，而且顾客也为企业做同样的事情。顾客不仅为企业的价值创造提供货币投入，更以其他附加的方式共创企业的价值，提高企业的品牌和关系权益。从本质上来讲，高新区服务是利益相关者在其生态系统中价值共创的过程。

因此，要实现这种服务创新的转变，高新区要维护知识接口，保障知识的收集、吸收、传播、扩散、整合；要提升与利益相关者协作的能力，并把顾客服务看作一种推动组织变化的机制；要提升顾客导向的动态响应能力，不断探究与顾

---

① 引自张仲金访谈，《白下高新区内部访谈资料》（课题组整理）。

② 刘林青，雷昊，谭力文. 从商品主导逻辑到服务主导逻辑——以苹果公司为例 [J]. 中国工业经济，2010（9）：10.

客合作创造价值的创新方法。

（二）导入系统的服务设计

为了达到更好的顾客体验，服务管理要考虑如何能积极作为以满足潜在客户合理与可预见的需求，并经济地使用可用的资源。服务质量形成过程应当包括服务设计、服务提供及顾客关系保持。服务设计是一个创新或改进全面体验服务的设计，并作为一个接口，以一种新的方式连接组织和客户端，使其更加有用、易用、理想化以及高效。[①] 因此，服务设计可以视为提升体验的必经之路，它通过建立用户为先的服务立场，追踪体验流程中的所有接触点，致力于打造完美的用户体验。Jakob Trischler 将服务设计导入公共服务之中，微观层面上，重点应该放在潜入公共服务用户的生活世界，探索用户为什么以及如何参与基础服务以创造价值。中观层面上，应该对行动者进行系统规划，包括行动者的角色、互动和相互依赖性，这些都是提供和实现价值主张的基础。宏观层面上，调查的重点应该是促成新的价值创造方式所需的制度工作[②]。

高新区服务设计首先要具有战略思维，展现组织的服务蓝图和服务系统，给出服务的顾客市场定位和服务的技术质量，反映所能给予顾客的服务结果和水准以及服务效率，提供服务质量承诺。其次，建立服务质量的执行和评价标准，提供顾客认为是可行的服务证据。由于不同的顾客有不同的期望，服务设计在强调一致性和标准化的前提下要具有一定的柔性。服务设计所包含着的文化诉求需要人们去发现和感悟，需要高新区文化成为设计的核心价值所在，使高新区文化通过服务设计这一载体作用于整体的高新区可持续发展。

（三）更有效的数字化赋能

数字化技术一直处于高速发展之中，利用数字化赋能高新区服务，还有很多值得做的工作。从数字化个性服务理论来看，现有高新区服务都难以达到较好地理解用户、发现用户隐藏的兴趣和群体用户的行为规律，从而制定相应的服务策略和服务内容，按照用户的个性化信息主动地推荐服务。除此之外，VR、AI、元宇宙、区块链等技术也为数字化赋能提出更高的要求，例如：①数字虚拟人服务。数字虚拟人所承担的作用也不再只是代言人或者企业形象代表，更多地可以为消费者提供更深层次服务，数字虚拟人作为未来元宇宙生态不可缺少的部分，需要承担服务的角色和性质。②分布式企业服务。分布式企业服务是一种虚拟优先、远程优先架构方法，用于数字化消费者接触点并构建支持产品的体验。有预测表明，75%的利用分布式企业的组织将实现比竞争对手快25%的收入增长。分

① Ted Levitt. Ted Levitt on Marketing, Boston ［M］. MA: Harvard Business School Pub., 2006.

② Trischler J, Westman Trischler J. Design for experience-a public service design approach in the age of digitalization ［J］. Public Management Review, 2022, 24（8）: 1251-1270.

布式企业服务也是服务设计创新中催生出的一种方式，可以打破异步通信，实现资源各地域流转，用最短的时间和路径帮助实现价值最大化。③园区数字安全服务。数字化转型面临的最大挑战之一是数字安全。它是对许多领先和新兴企业和行业进行广泛研究得出的。这是最重大的挑战之一，要战略部署园区的数字安全服务，以确保数字产品适当安全的方式有效，还要让产品经过测试以确保安全性和可靠性。④元宇宙试错服务。任何企业品牌或产品创新者都必须准备好进行大量的反复试验，并关注最终的用户体验。企业品牌或产品创新者将在元宇宙中建立自己的空间，或者期待大型科技公司创建他们可以参与的元宇宙即服务平台。在那里可以进行微妙和复杂的交互，并以流畅和自由的方式进行。

第七章　高新区组织建设与管理：
从体制改革到内部管理

第一节　高新区组织管理理论与实践

一、高新区组织建设发展、内涵与意义

（一）高新区管理体制机制改革历程

我国高新区组织建设的一个核心问题就是管理体制机制问题。在高新区三次创业的历史上，管理体制机制也持续三次改革创新。

"一次创业"阶段初步形成了"领导小组+管委会+公司"管理架构。在这个阶段，高新区还处于发展初期，高新技术产业发展基础总体薄弱，需要强有力的管理机构创造发展环境，大多高新区采取集中授权、封闭管理的模式，初步形成了具有中国特色的"领导小组+管委会+公司"管理架构，实行"决策层—管理层—服务层"管理模式。

"二次创业"阶段的管理体制机制改革主要集中于深化"精简、高效"改革，积极探索经济与社会统筹管理体制机制。随着高新区的不断发展，产业规模持续扩大，创新驱动与内生增长的重要性越发凸显，在这个过程中，产城融合成为现实需求，对新发展空间、社会事务管理的需求和矛盾逐步显现。2005年国家出台了《关于国家高新技术产业开发区管理体制改革与创新的若干意见》，推进高新区管理体制改革与创新，充分体现建设我国社会主义市场经济体制和适应经济全球化的改革方向。这一轮改革的核心在于完善高新区服务管理体制建设，完善高新区的管理体制与运行机制，建立健全社会中介服务体系，建立多元化投融资体系。国家高新区管理机构需要按照"精简、高效、优质"的原则不断推

进职能转变，以适应新的变化，一批高新区开启了新一轮管理体制改革，积极探索"一区多园"、托管街镇、"政区合一"等管理体制。

"三次创业"是创新驱动发展阶段。2019年，面对高新区规划建设不够集约节约、主导产业优势不够突出、管理体制机制不够健全、改革创新和全方位开放不够深化等问题，国务院出台了《关于促进国家高新技术产业开发区高质量发展的若干意见》，体制机制改革以培育发展具有国际竞争力的企业和产业为重点，以科技创新为核心着力提升自主创新能力。一批国家高新区开始积极探索符合新时代要求的行政审批、组织机构、人事管理、薪酬激励新机制等领域的改革，构建精简高效的管理服务体系，优化内部管理架构，实行扁平化管理，整合归并内设机构，实行大部门制，合理配置内设机构职能；鼓励有条件的国家高新区探索岗位管理制度，实行聘用制，并建立完善符合实际的分配激励和考核机制。

（二）高新区管理体制管理类型

目前，高新区管理体制机制多种模式并存，包括派出机构模式、混合模式、"政区合一"模式和企业化模式。

1. 派出机构模式

派出机构模式主要决策和管理权都由政府派出的管委会行使，管委会作为所在地市政府的派出机构，被认为是由市委或市政府主要领导任组长、其他重要负责人为成员组成。作为开发区发展的决策层，管委员代表市政府全面负责开发区的基础设施建设、土地开发、招商引资和经济管理等工作，集中政府的部分管理职能，负责开发区各项事务并组织实施，其机构和人员编制比行政区管理体制要精简得多，我国大多数开发区采用这种管理模式。管委会内部机构并不与现在政府机构一一对应，设置相对精简。管委会对干部的任免实行任命制，对下级干部实行聘任制。

2. 混合模式

混合模式包括"管委会+托管乡镇"和中外合作型两大类型。①"管委会+托管乡镇"就是开发区受市政府的委托，将周边乡镇纳入其中，对其进行经济社会的统一管理和统一规划，不仅使开发区获得了更深度的发展，也带动了周边乡镇经济的发展。武汉东湖高新技术开发区就是"管委会+托管乡镇"模式的代表。②中外合作型指由中国当地政府和国外一级政府管理机构共同开发产业园区的形式，也就是当地政府提供政策环境和土地资源，国外政府提供管理经验和部分资金，中外双方共同开发、共同管理、共同收益。苏州高新技术产业开发区就是最典型和最成功的案例。

3. "政区合一"模式

"政区合一"模式是园区与行政区融合发展的创新机制，在管理上实行"一套班子、两块牌子"，即园区和政府合署办公，园区不仅具有经济建设的功能，也作为行政区划具有政治与社会管理的职能，如苏州高新区（虎丘区）的"政区合一"模式以及无锡高新区（新吴区）的"政区合一"模式。其中，苏州高新区的"政区合一"模式主要是为了解决区域空间受限、经济发展不畅的问题，无锡高新区与新吴区的"政区合一"是无锡新区（现新吴区）在不断突破规划、拓展面积的过程中形成的。

4. 企业化模式

企业化模式也称行业管理模式，属于开放式的管理，目前国内只有深圳高新区运作得最成功，这种模式的管理类似发达国家的科技园区的管理模式，开发区内不设专门的行政管理机构，而是设立一个如开发总公司之类的法人管理主体，被赋予一定的行政职能，承担开发区内经济活动的组织和管理。这样更容易调动和发挥区内大企业开发、研究、创新的积极性，但这需要有良好的外部环境，即开发区内的其他行政性事务仍然由所在地市政府的相关职能部门来管理。

（三）高新区组织管理界定与内涵

什么是高新区组织建设？其内涵应当包括哪些内容？从目前的国家角度并没有明确的规定，包括《关于国家高新技术产业开发区管理体制改革与创新的若干意见》也没有具体界定。学术界理论研究中也对高新区组织建设有多种差异的表述，如"高新区行政管理体制机制""高新区管理体制""高新区管理机制""高新区产业管理体制""高新区管理""高新区内部管理"等。

高新区组织管理界定是以清晰界定高新区运营的不同行动者为前提，合理划分高新区活动的不同层次，并在此基础上把握它们之间的行动逻辑关系。目前高新区建设与管理包括两个不同视角：即行政管理视角和组织管理视角。本书将两个视角相统一，将高新区组织建设分为治理体制与管理机制两个层面。

1. 高新区治理体制

所谓治理体制（或者称为广义管理体制）是指高新区不同行动者间的一种监督与制衡机制，即通过一种制度安排，合理地配置行动者之间的权利和责任关系，用于协调利益相关者之间的利益关系，以保证决策的科学性与公正性，从而最终维护各方面的利益。

从组织治理理论出发，高新区运营的不同行动者包括各级政府、高新区内部运营者、高新区入驻企业和其他利益相关者。他们之间包含了三类复杂的监督与制衡机制：一是政府与高新区之间的监督与制衡机制，这一类型是目前研究和实践关注的重心，多数研究成果和政府文件所指的高新区管理体系均是这一类治理体制问题，本书称为宏观的高新区管理体制（治理体制）。二是高新区内部行动者间的监督与制衡问题，高新区各部的各类行动者，包括一区多园利益相关者等，这是高新区内部微观的治理体制（或者狭义的管理体制）。三是高新区和各产业主体之间的监督与制衡问题，这是高新区内部中观的治理体制（或称产业管理体制）。

面向高质量发展，国家特别优化新区管委会机构设置，健全法治化管理机制，科学确定管理权责，进一步理顺与所在行政区域以及区域内各类园区、功能区的关系。允许相关省（区、市）按规定赋予新区相应的地市级经济社会管理权限，下放部分省级经济管理权限。研究推动有条件的新区按程序开展行政区划调整，促进功能区与行政区协调发展、融合发展。

2. 高新区管理机制

高新区管理机制有时也被称为内部管理体制或者管理体制，这就客观上造成了管理体制与机制的混乱。笔者认为，管理机制是指管理系统的结构及其运行机理。管理机制本质上是管理系统的内在联系、功能及运行原理，是决定管理功效的核心问题。管理机制可以从管理的纵横两个维度来划分。纵向来看，主要是通过管理机制保障内部管理活动有效进行，一般可以分成管理的决策机制、组织机制、领导机制、控制机制和创新机制。横向来看，主要是通过管理机制保障重要的要素资源在内部管理活动中能有效发挥，这些资源包括了人、财、物、信息、土地、技术等。对人的管理机制中包括了如何求才、选才、用才、激才和留才上。对资本的管理机制中包括融资与投资机制。资本扩张机制是指企业在短期内大量集聚资本，发挥跳跃式发展企业经营规模的作用和过程。企业只有形成规模效应，才能降低成本，提高竞争力。

面向高质量发展，国家特别需要人才队伍管理机制和组织机制。在组织机制上，强调优化内部管理架构，实行扁平化管理，整合归并内设机构，实行大部门制，合理配置内设机构职能。在人才机制上，强调创新完善选人用人和绩效激励机制，包括实施聘任制、绩效考核制，允许实行兼职兼薪、年薪制、协议工资制等薪酬制度等。

（四）强化高新区组织建设与管理意义

高新区组织建设与管理是实现组织目标的手段与保障机制，不管是对于不同的利益相关者（包括各级政府、高新区内部运营者、高新区入驻企业等），还是各类行动者的组织目标差异，强化高新区组织建设与管理都是必然追求。

高新区要实现高质量可持续发展，根本动力在于创新，且是螺旋形集群创新。知识溢出是造成产业集聚的主要动力，是经济持续增长和企业技术创新的重要源泉。只有强化高新区组织建设与管理，才能使较高信任度能有效地减少集群交易费用，促进集群式创新系统有效运转。人力资源竞争力是形成螺旋形集群创新系统的基础和源泉。高新区人力资源竞争力的宏观生成过程就是人力资源通过作用于知识溢出机制和信任机制，推动高新区螺旋集群创新系统的有效运转，从而促使高新区人力资源在其作用过程中生成竞争力。

二、高新区组织建设与管理问题

虽然我国高新区发展取得了显著成效，但高新区在管理体制与管理机制两个方面都还存在不少问题。最突出的问题是主体地位不明、体制僵化、利益固化和动力弱化，这已经成为高新区面向高质量发展的主要障碍。

（一）高新区管理体制建设问题

我国高新区管理体制是在改革开放中不断与旧体制碰撞，不断调速逐步形成，进入新历史时期，面对新的发展需要，出现了一系列的体制建设问题，这些问题已经引发全社会关注。

（1）功能定位不清晰，主体地位不明确。由于高新区功能不断扩大，现有高新区普遍兼具着创新功能、经济功能与开发功能。行政主体资格一直是困扰国家高新区发展的难题，因缺乏行政主体资格，国家高新区常处于一个尴尬的境地，严重影响了工作的开展。高新区既不能像政府面面俱到，又要接受方方面面考核。不能建立强有力的行政执法体系，使管委会无法在环境建设、减少行政审批、提高办事效率、保护高新技术企业合法权益等方面发挥其应有的作用[①]。

（2）运行机制不优化，行政制授权不到位。按照"小政府、大社会，小机构、大服务"建立的管理机构与现有管理体制不对应，产生了新旧管理体制性矛盾。条线工作的重要性对于高新区管理产生了较大冲击。另外，行政授权不到位，在实际运作中关键权力往往不能完全下放给高新区，致使高新区在产业规划、土地征用、工商注册、人才引进、资金融通等方面受制于所在地方的其他有关部门和有关政策条文的制约，所授权力落实困难，得不到有效调度和合理发展[②]。

（3）宏观管理交叠，体制内部摩擦。随着我国从传统计划经济向市场经济过渡，行政区经济效应会逐渐弱化并被经济区取代。政区改革的滞后在一定程度上倒逼地方政府建立各类开发区、高新区等经济功能区，功能区割裂了原有的行政区划空间，造成了功能区与行政区管理体制的碎片化，引发了行政区与功能区的利益之争。此外，功能区与职能部门的派驻机构协调过程复杂，降低了功能区处理公共事务的效率[③]。

① 贾效兵. 江苏开发区管理体制的创新发展研究——以苏南国家级开发区为例 [J]. 中国高新区，2010 (7)：5.

② 陈文丰，吴卉晶. 国家高新区发展的历史背景和演变进程 [J]. 中国高新区，2012 (7)：4.

③ 匡贞胜，赖思振. 管理体制、空间类型与功能区经济绩效——基于国家级高新区 2008-2017 年面板数据的实证分析 [J]. 管理评论，2022，34 (4)：10.

（二）高新区管理机制建设问题

高新区管理机制突出问题主要表现在组织机制和人才队伍管理机制上。

1. 市场机制尚未健全，组织机制僵化

受传统行政惯性的影响，许多高新区管委会有着管理多头、审批主体过多、办事程序复杂等弊端，存在运行机制的功能性障碍。突出表现在以下两个方面：

（1）科研体制僵化，很多高新区基本上照搬原有体制，没有独特的创新机制。高新区科技服务业仍处于发展的初级阶段，市场主体发育不健全、发展环境不够完善、服务机构专业化程度不高，高新区社会配套改革滞后，以及市场竞争环境方面尚不完善。

（2）融资体制不全面，缺乏融资平台和融资机构。根据目前的高新区投融资服务体系现状来看，大部分高新区金融服务业水平整体发展缓慢，中介机构数量不多不全，高端专业性金融人才匮乏，资本市场发育不成熟，对高新技术产业发展的支撑作用明显薄弱。资金短缺，投融资环境不完善，资金问题已经成为企业发展的最大瓶颈。同时，风险投资渠道较窄，投资途径不够完善，投资方式相对单一，缺乏科学管理机制，资金利用率和周转率较低。此外，相关扶持政策缺位，缺乏系统性组织管理，难以聚集金融资源。

2. 人事制度行政化，人才机制动力不足

在人才管理机制上，主要表现有：

（1）人事制度不健全、用人机制僵化。不少高新区的人事管理制度不完整，管理制度沿用传统的行政人事管理，高新区现有的人事制度与新时代人员能力建设不匹配，对于市场紧缺的人才难以引进①。

（2）人员结构复杂，岗位规范不到位。不少高新区曾经为了发展需要采用了灵活进出制度，解决了补充上编制限制，现有干部中有行政身份、事业身份、企业身份，给人事管理制度带来较大冲击。高新区普遍存在缺乏科学的岗位分析、岗位职责不明问题，员工人数少、任务重、工作量大，采用"一人多岗、一人多技、一岗多能"的管理方法，为了缓解人手不足，采取借用员工、劳务派遣等，存在不同用工主体、不同编制、不同部门混用的情况，没有能够有效地实现岗能匹配。

（3）薪酬缺乏激励性。员工薪酬参照国家行政部门的工资体系执行，职工工资差距小，福利待遇统一，也未能考虑不同岗位员工的责任大小、实际绩效和贡献度，平均主义倾向明显，难以实现差异化的按劳分配，一定程度上存在着"干多干少一个样，干好干坏一个样"。

---

① 李明华. 创新管理激发活力——南京高新区人力资源管理的经验启示［J］. 海峡通讯，2014（9）：2.

（4）绩效考核体系不完善。高新区普遍未能建立规范的考核体系，各部门指标下达的科学性不足，考核标准不明确，考核依据不清晰，数据来源不准确，是否达到考核标准在很大程度依赖于上级领导评判，主观随意性比较突出，不能有效反映员工实际贡献，导致薪酬与实际绩效脱节现象时有发生。

三、高新区组织管理的相关理论

高新区组织建设与管理涉及组织管理众多领域，包括行政管理、人力资源管理、财务与金融管理、组织结构设计、领导学、市场营销与服务管理、创新管理、公司治理等。以下三个理论对于解决当前高新区组织管理问题可能更加直接，这些理论不是一个独立的理论，而是在一个主题下相关研究成果的集成。

（一）战略性人力资源管理理论[①]

当企业外部环境，如经济、政治、文化或技术环境变动时，将会影响组织内部的战略、组织结构及人力资源管理做出适度的调整，以通过相互间协调整合，使组织能迅速适应环境的变化。同样，组织内部也须自发地调整战略、组织结构与人力资源管理，才能构建出完整的战略性人力资源管理，将人力资源提升到战略性角色。

战略性人力资源管理就是用来联系企业人力资源管理和组织战略进程，并强调企业各种人力资源管理活动间的协作。战略性人力资源管理有别于传统人力资源管理所扮演的职能性角色，而以总体导向的方式，探讨人力资源管理与组织的互动关系，审视组织外在的各项活动与内在的优缺点，确认可能的机会与威胁，将人力资源管理的各项活动与组织竞争战略相结合，提升企业人力资源管理的地位，协助组织获取竞争优势，达成组织目标。

（二）高绩效组织理论[②]

高绩效组织是可靠与可信赖的组织，是以人为本进行管理的组织，是可持续发展的组织，是将人力资源作为核心竞争力的组织，是可以快速应对商业环境变化的组织，是创新与积累的组织。相对传统组织而言，高绩效组织通常更具有下列倾向：技术创新与冒险，重视学习，设计工作去要求许多技能，组织跨部门团队，以援助者与训练者的角色来代替管理者的角色，能够为员工的表现提供回馈，只有极少的管理阶层，让每一位成员都接近客户，能够提升应变力与平衡力，能够支付与工作表现相称的酬劳，将企业有关的资讯与全体员工共享，规划资讯系统以支持团队工作，做到社会面与技术面的平衡。高绩效组织建立的前提

① 赵曙明，张正堂，程德俊. 人力资源管理［M］. 机械工业出版社，2011.

② Do T T, Mai N K. High-performance Organization：A Literature Review［J］. Journal of Strategy and Management，2020，13（2）：297-309.

是与组织领导力、组织设计、人员配置、变革管理、文化和敬业度高度关联。

（三）组织设计与公司治理理论

组织设计理论包括组织的体制（权、责结构）、机构（部门划分的形式和结构）和规章（管理行为规范）。组织结构设计是指以企业组织结构为核心的组织系统的整体设计工作，组织设计的实质是通过对管理劳动的分工，将不同的管理人员安排在不同的管理岗位和部门，通过他们在特定环境、特定相互关系中的管理作业来使整个管理系统有机运转起来。组织的横向设计就是根据管理幅度的限制，确定管理系统的层次，并根据管理层次在管理系统中的位置，规定管理人员的职责和权限。组织的纵向设计是将管理权力在不同管理层次之间进行分配。组织的不同部门拥有的权力范围不同，会导致部门之间、部门与最高指挥者之间以及部门与下属单位之间的关系不同，从而造成组织的结构不同。公司治理是一套程序、惯例、政策、法律及机构，是如何带领、管理及控制公司。公司治理方法也包括公司内部利益相关人士及公司治理的众多目标之间的关系。狭义的公司治理是指所有者（主要是股东）对经营者的一种监督与制衡机制，即通过一种制度安排，来合理地界定和配置所有者与经营者之间的权利与责任关系。公司治理的目标是保证股东利益的最大化，防止经营者与所有者利益的背离。其主要特点是通过股东大会、董事会、监事会及经理层构成的公司治理结构的内部治理。

第二节　白下高新区人才管理机制建设

在任何一个组织里，都缺不了人、财、物、信息等要素。其中，人是最重要、最活跃、最有潜力的因素。同样，在高新区中人的因素同样发挥着至关重要的作用。人是高新区发展的瓶颈，能为高新区稳健地向前发展提供保障。随着中国经济体制的改革，对我国高新区人才的培养也提出了更高的要求。对高新区管委会内部管理人才的培养关系到高新区的区域竞争力，可以提高高新区的整体综合服务能力。

一、白下高新区的薪酬与考核制度建设

（一）规范人力资源管理体系

和国内高新区一样，在相当长时间里，白下高新区也面临着众多的人力资源管理问题。不仅是人员结构复杂，存在不同用工主体、不同编制、不同部门互相混用的情况，给人力资源管理增加很多难度；同时，组织本身也在不断变化中，

园区成立初期就是管委会主任和几个公务员，领导基本上一年换一个，高新区内部基本上一直是混岗。组织内部没有专业的人力管理人员，而无法套用政府人事管理制度，人才队伍管理陷入混乱状态。

首先是薪酬管理不合理，无法调动高新区员工的积极性。"薪酬基本上没有工资结构，根据不同的学历、工龄、岗位适配度划分……快退休的同志如果没有职务，拿的工资跟刚刚入职的同志差不多，只多一个工龄工资，大家主要靠奉献。"①

其次是员工离职率高，人才流失严重。虽然高新区责任重大，锻炼机会多，大家都感受到了园区工作很锻炼人。但是，很多比较优秀的男孩，出于生活压力，要养家糊口，在集团得到锻炼后纷纷跳槽。

面对这种现象，高新区领导特别重视。2016年，集团开始绩效考核改革，明确职责，建立重点项目组长制，明确项目推进责任，实行"一个项目、一个领导、一套方案、一抓到底"落实机制；项目完成情况与该项目组长的绩效考核直接挂钩。2017年，完善"因园施策、一园一策"的目标考核体系，实施一体化考核管理。由此开始了薪酬改革，2017年实际上已经把工资结构调整了。

2019年，按照区委、区政府加快高新区赋权赋能综合改革工作要求，高新区聚焦在省市综合考核中争先进位、聚焦招商引资目标任务，启动推进"两聚焦、一考核"综合改革。一是以岗定薪、以绩定薪、突出岗位、突出业绩，充分体现岗位责任、工作效率的重要性；二是效率优先、奖勤罚懒、奖优罚劣、兼顾公平，体现多劳多得、优劳优得、按劳分配，充分调动高新区全体干部的积极性和创造性；三是动态管理，先考核后分配，建立绩效奖金能升能降的运行机制。通过树立"以实绩论英雄"的鲜明导向，探索建立更具发展活力、更加专业高效的管理运行体制机制，为建设高新区成为秦淮建设创新型城市示范区主阵地奠定坚实制度基础。

2020年，结合白下高新区体制机制改革，优化集团人力资源结构，高新区重新出台《科创集团薪酬福利制度》，制订集团人员任职资格体系方案。白下高新区的考核与薪酬体系基本到位，改革后，员工的成就感更强，薪酬收入提高、技能有所掌握、晋升渠道被打通。

（二）建立与完善差异化绩效评价

白下高新区制定了差异化绩效评价办法，实施"绩效考核"企业化管理，优化岗位职责体系，实行园区指标层层分解、量化到岗位的目标考核体系，引入KPI（关键绩效指标）考核原理，实行全员KPI考核，年度考核结果作为员工薪

---

① 引自科创公司董事长朱奕访谈，《白下高新区内部访谈资料》（课题组整理）。

酬奖惩的主要依据。实施市场化薪酬制度，建立与目标考核相对应的绩效奖励机制，树立能上能下、多劳多得的价值导向，构建新型分配激励体系。突出业绩与收入挂钩，分等级考核，不同人员按各自年度任务考核情况实行差异化收入分配。下放薪酬管理权限，由高新区管委会自主确定人员薪酬水平、分配方法，实行以岗定薪、优绩优酬，对特聘高层次管理人才、各类专业技术人才，采取兼职兼薪、年薪制、协议工资制等多种分配方式，实行特岗特薪。逐步实现薪酬管理由行政化"铁工资"向企业化"活薪酬"转变，激发工作人员积极性，形成干事创业浓厚氛围。白下高新区的差异化绩效评价具有以下特点：

（1）注重整体结果达成，强化部门协调。高新区早期出现比较多的混岗现象，很多部门工作是相互交叉、相互影响的。例如，招商和企服工作其实不是一个部门能完成的，不只是一个部门的工作，招商与企服需要各部门相互配合，工作难以具体量化。在园区差异化考核中，协作就被提升到重要的位置，不仅要考核协作效果，还要考核协作态度与协作沟通情况。

（2）360°考核，将个人考核与部门考核相结合。园区考核体系年度综合测评用于对被考核者的全面绩效表现进行综合测评，包括上级测评、平级测评、下级测评。测评者分别从各自不同的视角针对被考核者在执行力、协作力、领导力三个维度的综合绩效表现给予测评。

（3）综合运用关键指标，定量与定性结合。虽然白下高新区考核命名为"KPI 绩效考核办法"，但其执行过程突破了传统 KPI 方法，避免了 KPI 的一系列问题，最突出的就是将关键指标与关键目标综合起来，整体考虑。园区在每年工作安排中，特别强化年度关键性目标达成，因此大家心里都有一杆秤，一开始定目标的时候就要心里有数，对于各部门来说，大家不会"唯 KPI"。

二、白下高新区选才用才管理：竞岗与赛马

（一）打破原有身份界限

把人才资源作为"第一资源"，激活选人用人"一池春水"。白下高新区领导班子特别注重人才培养，将人才培养与事业发展相结合。原白下高新区党工委书记张仲金说："我们的责任就是推动事业发展中培养干部，干部成长了，事业也会随之而发展。"

2019 年开始推行探索打破原有身份界限，干部能上能下。以招商运营、人才引进、项目建设、投融资管理等专业岗位为重点，探索试行干部编内任职与岗位聘职相分离、档案工资与实际薪酬相分离、人事档案管理与合同聘用管理相分离的灵活机制，实现人员能进能出、职务能上能下、待遇能升能降，让优秀人才脱颖而出，将最合适的人放到最需要的岗位上。

在 2019 年工作探索的基础上，2020 年白下高新区开始推行"抽掉板凳全员起立"，所有岗位通过全员竞岗确定聘任人选。当时的环境是南京正在实施创新型城市建设战略，市委、市政府对加快高新区体制机制改革作出一系列部署。白下高新区确定了《白下高新区体制机制改革实施方案》，形成"8+1"的扁平化大部门管理架构。以此为契机，白下高新区实施了所有岗位实行全员聘任，"抽掉板凳全员起立"的改革。

（二）实施全员竞岗改革①

1. 确定《竞岗工作实施方案》

2020 年新年伊始，高新区就确定了《竞岗工作实施方案》，明确了竞岗对象、竞岗方式；综合评审工作方法步骤，包括评审时间、地点、评审方式、评审评委组成、评审计分办法；民主测评工作方法步骤；领导小组业绩评估工作方法步骤；确定拟聘人员决策程序；竞聘工作纪律。其中，第一批次综合评审采取演讲和答辩相结合的方式。演讲、答辩试题由竞聘工作领导小组办公室委托南京市干部测评与高层人才服务中心负责命制。第二批次综合评审采取结构化面试的方式。结构化面试试题也由竞聘工作领导小组办公室委托南京市干部测评与高层人才服务中心负责命制。

本次竞岗工作分综合评审、民主测评和领导小组业绩评估三个环节，其中综合评审采用演讲、答辩、结构化面试等方式进行，主要考量竞岗者的专业素养、业务能力及岗位匹配度等。民主测评环节重在了解对竞岗者的群众认可度。而领导小组业绩评估则参考了近两年年度考核情况，着重考量测评对象的政治素质、思想品德和工作实绩。综合评审、民主测评和领导小组业绩评估三个环节工作结束后，按权重计算汇总每位竞聘者最终得分和排名。三个环节，三个不同的考量维度，力图立体化、全方位为干部画好"肖像图"，让那些真正素养过硬、业绩突出的优秀干部拿到竞岗上岗的"入场券"。

2. 规范有序的实施过程

首先，为了保证本次竞岗工作程序更公开，命题工作园区不介入、不参与、不打听。此次综合评审环节所有试题均由南京市干部测评与高层人才服务中心负责命制，且从试题的保管到保密再到在准备室向竞岗者的告知，在全部环节管委会自上而下都遵循了"不介入、不参与、不打听"的"三不"原则。

其次，考务组织的精细化。为扎实做好竞岗各项工作，白下高新区坚持严格标准条件、严密程序步骤、严肃组织纪律，用每一刻度的精细度保证竞岗工作的高质量、高水准。全高新区近 150 人的大规模考试组织得不仅规范有序，而且科

---

① 相关内容参考微信公众号"秦淮发布"（2020-01-10）《白下高新区：抽掉板凳全员起立激活创新发展一池春水》。

学高效。一些参与竞岗人员表示，这么专业的、严谨的结构化面试，类似于公务员考试，还是第一次参加。这次竞岗活动调动了大家工作的积极性和主动性，这样的经历对大家来说既是一种学习，也是一种锻炼。

白下高新区全员竞岗突出岗位、淡化身份，突出业绩、淡化资历，建立能上能下、能进能出、人岗相适、以岗择人的干部任用机制，真正实现无差别的人力资源管理。

三、有温度的、开放的"赛马场"

组织的人才队伍机制建设并不是只靠冷冰冰的制度，要建立公平、公正、合理的，可以鼓励先进的处罚后进的规范管理。懂得将用才与爱才相结合，构建有温度的人才队伍机制，才可能吸引人才、留住人才，更好地激励人才。人才队伍的管理机制本质在于创造一种人才辈出、人尽其才、才尽其用的良性循环环境。"用一贤人，则贤人毕至"。白下高新区的"赛马场"不仅是有温度的，更是开放的。多年来，白下高新区培养了很多干部，也走出去了很多干部。国资办、市场监管局、科技局、5个街道的书记主任，都是白下高新区这里出来的。一个组织不能将人才当成"私有"财产，将"爱才"变成"囚才"，人才得不到才尽其用，最终也形成不了有效的人才队伍的管理机制。

案例 7-1：白下高新领导带队伍经验

白下高新领导班子在带队伍上有自己一套。张仲金书记说："带队伍没什么诀窍，就是第一个要做表率，别人不吃的苦你能吃，别人不干的你干，别人未到我先到，天天如此，才能提要求，指挥他们，批评他们。我们要做表率，才能服众。第二个要规范、立规矩，带队伍要有章法。第三个要扛责任，无论是不是自己的责任，作为一把手就要把它扛下来，领导会满意，副职也会内疚，自然而然就服众了。我们有时候自己要扛事情，不能把事情推出去，要帮员工扛事情。成绩要给大家，问题自己扛，这才是担当，以后领导终究会知道的。"

白下高新坚持开放地任用干部，高新区人员变动较为频繁，高新区在干部培养提升中起到了枢纽作用，坚信干部能力成长最重要，只要有好的成长机会，不管是职务上下，园区都会放人。干部出门要谈话，进来也要谈话，要给他们提要求和想法，要求他们能够代表高新区形象，不要丢脸。白下高新坚持用"板凳"队员，"板凳"队员上场了，副部长成为部长。团队建设是高新区建设的根本，要从精神和能力层面解决问题，提高干部的能力，要比前任干得更好才行，一任超越一任，高新区才能不断发展。

四、白下高新区的团队能力建设

为更加聚焦主责主业、充分发挥部门战斗单元作用，不断提升团队政治素养、理论水平、协作精神、业务能力，白下高新区党工委明确创建"五好"团队（政治素质好、团结协作好、工作业绩好、业务能力好、工作作风好）的目标。围绕高新区中心工作和目标方向，以各部门（集团）为基础战斗单元开展创建活动，不断增强团队的凝聚力、创造力和战斗力，实现政治素质好、团结协作好、工作业绩好、业务能力好、工作作风好"五好"目标，具体做到：①坚持围绕中心、服务大局原则。把创建"五好"团队放到高新区中心工作大局中认识和把握，使创建工作的成效体现到工作业绩上，强力推动高新区在省市高质量发展综合评价中争先进位。②坚持务求实效原则。立足于各部门（集团）业务工作实际和自身建设实际，通过开展创建活动，进一步找准差距、采取措施、落实责任，切实解决团队建设和自身建设中存在的突出问题。③坚持以人为本原则。按照"以人为本"要求，增进团队交流沟通，提升团队凝聚力，促进团队成员政治素质和业务水平双提升，增强高新区队伍建设水平和干事创业斗志。

白下高新区"五好"团队的创建围绕以下标准：①政治素质好。每月召开一次团队学习会，或党组织理论学习会议；学习党的重要会议精神和习近平总书记系列重要指示精神，开展解放思想大讨论活动组织扎实，效果明显；能够圆满完成安排的干部培训任务。②团结协作好。团队成员思想交流机制健全，经常开展谈心谈话活动，该活动交流质量较高，能够解决工作协作和磨合中出现的突出问题；部长、副部长能够经常关注和解决联系团队工作和日常运行中的突出问题；对后备干部培养锻炼有计划、有安排，措施得力，成效显著。③工作业绩好。团队日常工作效率高，目标管理落实到位，团队领导挂包片区、挂包党支部制度落实到位，党建工作有效开展、服务企业有效落实。重点工作计划全部完成，团队全体人员年度考核在"称职"等次（行政身份人员）或"合格"等次（企业身份人员）以上。④业务能力好。加强理论和业务知识学习，提升自身综合素质，在思想上跟上新形势的发展，在行动上符合工作的规范，在工作中不断提升原则性、科学性、预见性。立足自身实际，带着问题学，联系实际学，不断提升履职尽责能力。⑤工作作风好。熟悉自己岗位的职能职责，自觉落实各项管理制度，严肃会风会纪，严守工作纪律，工作不拖拉、不敷衍，配合协作效果明显，对党工委管委会布置的工作事事有回音、件件有落实。

"五好"团队的创建给白下高新的工作带来全新面貌。在工作作风上，高新区全体干部员工要始终保持有激情、有动力的良好精神状态，心中有想干事、干成事的强烈冲动，积极作为，奋发向上，切实增强为高新区发展贡献力量的使命感和责任感，树立与高新区同发展共命运的大局意识。各项工作要高标准、快节奏、严要求，全面抓落实。要破除畏难情绪，要敢于较真、敢于碰硬、敢于攻坚克难。面对困难和问题，要积极查找分析原因、研究解决办法、提出对策建议，高质量地推进完成各项工作。

白下高新区不断创新、追求发展，离不开组织内各个部门、各位成员的艰苦奋斗。白下高新区队伍使命感强，每个干部都必须有义不容辞的责任担当和使命感，积极工作、积极进取，在工作上主动补位，主动协同。白下高新区把握队伍的方向感。高新区进入深水区和转型期，面对困难，每个成员要把准方向，发展高质量、服务高效率、环境高颜值、队伍高能量。白下高新区追求队伍的价值感。各个成员对团队有高度认同感，每个干部都是同舟共济的合作伙伴，他们要在团队中体现价值，在奋斗中放大价值。个人有追求，团队有力量，工作有成绩，园区有形象。白下高新区品味队伍的幸福感。在比学赶超中收获学习的快乐，呵护团队荣誉，凝聚队伍力量。这些都离不开成员敢于拼搏、不断创新的精神。

白下高新区党工委书记张仲金曾提出："因为是'我们'，所以队伍中不能有看客。要消灭看客，做最强大的'我们'。各部门负责人要敢于管、善于管、严格管；责任在肩，才能尽心尽责。每个部、每个中心、每个人，都要对自己干的事情负责，每个人都心中有责、担当尽责，才能推动团队不断取得成功。我们要做加法，更要做乘法；分工不分家，既要有分工，还要有协作。部门内部要协作，部门之间也要协作。任何工作的牵头部门，要敢于牵头、善于牵头、有本领牵头，要有'舍我其谁'的勇气，重视团队建设，重视合作协同，做大格局；找准定位，实现角色和责任的互补。一方面，角色要补台；另一方面，责任要补台。我们需要开拓创新的干部，也需要俯首甘为孺子牛、勤勉务实的'老黄牛'干部。团队的力量一定来自集体。只有把每个人把自己放到团队里，融入到团队里，这个团队才能最有力量。只有坚持每天努力，比昨天的自己更优秀，才能让我们集体走在全市全省前列。只有坚持每天奋斗，才能实现个人的超越和团队的超越。"

团队的力量一定来自集体，白下高新区的每个人都开拓创新、走在前列，为高新区的创新创业行动添砖加瓦、为高新区走在全市全省前列坚持奋斗。

案例 7-2：白下高新区科创集团的团队建设

团结协作面对新冠肺炎疫情的艰难考验。在科创团队里有五种人：第一种是勇于突破的科创人，第二种是乐于创新的科创人，第三种是敢于拼搏的科创人，第四种是善于奉献的科创人，第五种是团结一致的科创人。他们坚持"团结力量办大事，凝聚协同共战斗"的原则，健全思想交流机制，既做到实行绩效考核体系明确分工，又做到分工不分家，全员积极配合协调群策群力，实现了各项工作快速有序的发展。遇事帮着干，遇险一起担。遇到重大活动，全员一起上，真正形成"一盘棋"的局面。

紫云智慧广场提前6个月竣工。工程建设过程中使用了建设部推广应用的10项新技术，其中涵盖高强钢筋应用技术、预应力技术、基于BIM的管线综合技术和基点消声减振综合施工技术等20个子项。为加快建设进度，尽早实现项目投入使用，尽快产生社会经济效益，项目现场采取每日例会梳理完成进度，按照9月底建成倒排计划节点，制定赶工措施，多工种平行穿插，24小时倒班，日夜兼程、加班加点，同时定人定项跟踪进度。为保障幕墙原材料和单元板块供应及时，组建驻厂小分队跟踪催货、查找问题、日报进度，通过分析问题及时调整加工能力，从1家加工调整至6家，化整为零、分散加工、缩短周期，同步现场安装采取增加班组、多工艺安装、多面同步安装、日夜倒班等手段，提升安装进度。在赶工期间，无论是在安全质量、手续办理、现场治安，还是扬尘管控、夜间施工、投诉工单等方面，各级部门以最大的政策优惠、措施倾斜，全力支持、指导、帮扶项目施工，有效帮助解决项目遇到的各类问题，为项目提早竣工奠定了基础。

2021年科创集团获评主体信用AA等级，科创集团由此成为秦淮区属国企集团中首家拥有主体信用评级集团，又在12月16日成功获得上海证券交易所债券上市发行批文，科创集团成为全秦淮区国企集团中首家国家级资本市场上交所上市公司。

第三节　白下高新区组织体制与机制改革

一、白下高新区管理体制市场化改革

和全国高新区组织制度建设情况一样，白下高新区也是政府主导色彩浓厚。2001年与南京理工大学共建大学科技园，只有一个科技园管理办公室，代表地方政府行使行政职权，全面负责园区整体事项。其成立的投资公司（白下风险投资管理公司）基本空壳。到了2006年成立开发区时，园区的三个部门规划建设部、招商部和综合办公室也是属于体制内运行，"一个运作平台都没有"。从2008 年开始，由于园区进入了快速发展阶段，出于大量资金需求和工程建设需要，园区逐步加大了运作上的市场化手段，园区运作平台规模逐步扩大，在体制上逐步进入了一个混合阶段，主要形式就是园区管委会主任兼任投资公司董事长。

白下高新区这种体制变革有其积极作用，它打破了传统僵化的行政体制，将地方政府创新职能与经济职能落到了实处，表现出地方政府的创造力。它也是与中国实际情况一致的，高新区还处于发展初期，高新技术产业发展基础总体薄弱，需要强有力的管理机构创造发展环境。随着中国改革开放深入，政府与市场关系成为社会核心问题，2002 年科技部发布的《关于国家高新技术产业开发区管理体制改革与创新的若干意见》就已经明确，"推进高新区管理体制改革与创新……充分体现建设我国社会主义市场经济体制和适应经济全球化的改革方向……对于经济事务，凡通过市场机制能够解决的，应通过市场机制解决"。随着市场经济水平的不断提升，国家高新区体制机制改革的不断深化，政府主导的开发运营模式也在快速发生变化，越来越多的市场机构正化身为新时期园区建设的主力军，内部管理上也逐渐引入企业化理念。白下高新也是在这种情况下不断导入市场机制，2014 年开始组建科创集团。

2017 年国务院办公厅发布《关于促进开发区改革和创新发展的若干意见》，明确要求开发区积极推行政企分开、政资分开，实行管理机构与开发运营企业分离，支持以各种所有制企业为主体，按照国家有关规定投资建设、运营开发区，或者托管现有的开发区。白下高新区积极响应国家政策，提前推行科创集团实体化运作，并深化了人才管理机制改革。2019 年又在此基础上，推进组织结构的体制改革，推进了所有岗位实行全员聘任机制改革。至此，白下高新区的体制改革基本完成。

2019 年国务院发布的《关于推进国家级经济技术开发区创新提升打造改革开放新高地的意见》，明确经开区建设基本原则之一是市场主导、政府引导，并提出积极支持国家级经开区开发建设主体申请 IPO 上市，健全完善绩效激励机制，经批准可实行聘任制、绩效考核制等，支持按市场化原则开展招商、企业入驻服务等。国家高新区改革创新力度势必"有增无减"，国家高新区市场化发展将进入新阶段。白下高新区进一步聚焦市场化，构建创新的融资机制，围绕融资主体的有效运营，规范经济行为，破局单一的传统银行融资。围绕科创集团上市目标，规范治理机制和内控架构。通过创新运作，切实进行集团无形资产建设，使信用评级成为科创的一项重要的无形资产，全面提升集团融资和经营的重大推动能力。

二、白下高新区组织制度机制建设

改革是创新创业动力之源，推动开发区体制机制改革创新，是实现"走在前列、全面创新"的重大举措。白下高新区顺应新形势要求，坚持市场化取向，积极探索体制机制改革，通过"政府主导、企业主体、专业化运营"的市场化机制创新，加快建立更加精简高效的管理体制、更加灵活实用的开发运营机制、更加激励竞争的干部人事管理制度、更加系统集成的政策支持体系，努力把园区打造成为科技创新引领区、深化改革试验区、对外开放先行区、新旧动能转换集聚和高质量发展示范区。

（一）完善组织结构，明确责权关系

白下高新区改革前在组织结构上存在职权不清、职责不明的问题，以党群工作为例，只设立党政办公室，分工混乱、职责不清。在区委区政府主要领导的密切关心关注和区委组织部、区纪委监委、区委编办、区人社局、区国资办等部门的全力支持指导下，白下高新区先后到苏州工业园区、江宁经开区、江北新区、高淳高新区取经问道，广泛学习外省市经验，先后经三轮区委书记专题会和区委书记办公会、区委常委会研究，确定了《白下高新区体制机制改革实施方案》。

按照"企业化管理、市场化运作、专业化服务"的要求，改革后的白下高新区将明确"管委会+平台公司"一体化运作的模式，形成"8+1"的扁平化大部门管理架构。

（1）纪工委：负责纪检工作。负责全面落实监督责任，协助高新区党工委主体责任落实。协助高新区党工委加强党风廉政建设和反腐败工作，负责对党风廉政建设责任制执行情况进行监督。履行党章赋予的执纪、监督、问责职责。负责高新区效能督查和党员干部廉政教育工作等。负责上级机关、高新区党工委赋予的其他监察、督查工作。

（2）党群工作部：协助工委、管委会开展日常工作，制订工作计划、工作总结和各项管理规章制度，保障综合性事务和会务，协调推进深化改革、目标管理、重大工作部署的贯彻落实，组织开展绩效考核和督查督办事项，办理人大代表建议和政协委员提案，牵头开展调研、满意度测评等工作。负责党务工作，落实机关党建及基层党组织建设、组织人事、宣传和精神文明建设、意识形态建设、统战群团、机要保密、党务政务公开等工作。负责政务工作，落实综合文稿、信息上报、档案管理、公文流转、网站管理、印章管理、值班值勤、后勤接待、对外联通等工作。负责法治建设，落实依法行政、政法综治及信访维稳、来电来访、12345工单办理等工作。落实安全、招商等任务。完成工委管委会交办的其他工作。党群工作部组织结构见图7-1。

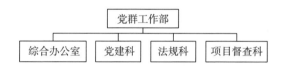

图 7-1 党群工作部组织结构

（3）综合财务部：落实区政府安全生产目标管理责任制，实施安全生产属地管理，开展安全生产宣传教育培训及应急演练活动。负责统筹高新开发区核心区范围内生态环境、大气污染防治工作。负责财政资金的财务管理、会计核算、稽核审计、预算安排、风险控制、统计上报、税务申报等工作。负责服务高新区自身运营管理、项目建设等工作任务的资金需求、高新区企业的金融服务及高新区非法金融企业的防范排查、削减管理等工作。负责高新区企业税收收入组织、税务需求服务、异地税源转引、迁出企业留户、财税法规宣传等工作。负责高新区平台公司的财务管理、资金计划管理、会计核算、财务风险把控、统计上报、税务申报等相关工作，协助金融服务部门完善财务数据要求。完成工委管委会交办的其他工作。综合财务部组织结构见图 7-2。

图 7-2 综合财务部组织结构

（4）企业服务部：承接和行使各级职能下放、划转给白下高新区的行政审批权限。牵头优化高新区营商环境建设，负责完成高新区"放管服"改革和营商环境考核评价工作。负责牵头建立和运转高新区"宁满意"工程投资事项的"代办中心"。做好科技企业的培育和提升计划，完成培育高新技术企业、瞪羚企业等指标任务。完成发明专利申报、PCT 申请等知识产权方面指标任务。组织企业做好信用体系建设，指导企业做好各类专项资金和各类资质的申报工作。做好孵化器、众创空间管理和服务工作。做好"智慧园区"平台的后期运营与推广。进一步完善秦淮"1+X"公共服务中心社会化服务体系。做好高新区内企业家、员工、专业人才等各类人员的精准服务工作，做好企业人力资源招聘活动和社保服务工作。完成工委管委会交办的其他工作。企业服务部组织结构见图 7-3。

（5）招商发展部：负责招商引资计划和产业扶持政策的研究、制定；负责境内、外的招商引资工作；负责高新区产业发展总体规划和战略研究、编制工作；

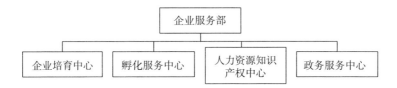

图 7-3　企业服务部组织结构

负责高新区高质量发展产业政策制定工作；负责高新区各项经济运行数据统计、分析等工作。完成工委管委会交办的其他工作。招商发展部组织结构见图 7-4。

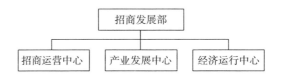

图 7-4　招商发展部组织结构

（6）秦淮硅巷部：牵头组织编制秦淮硅巷、特色小镇区域发展规划和年度发展计划；推进"一区多园"管理模式，实施秦淮硅巷管理一体化；牵头组织秦淮硅巷、特色小镇区域空间规划、载体建设运营、产业项目集聚、创新生态建设等工作；负责秦淮硅巷产业政策的拟定和执行；负责组织编制秦淮硅巷与大院大所合作工作中长期规划和年度计划，并推动落实；完成工委管委会交办的其他工作。秦淮硅巷部组织结构见图 7-5。

图 7-5　秦淮硅巷部组织结构

（7）规划建设部：负责高新开发区的建设项目策划，规划、编制开发区内重大项目和自建载体的建设计划、目标和任务；负责高新开发区"一区多园"范围内各项功能详细规划的研究、编制和管理，完善开发区相关功能规划编制工作；负责高新开发区范围内自建科技载体的项目建设，统筹、协调、推动高新开发区承担的社会企业项目建设；负责协调、策划和实施高新开发区内公共基础设施的建设；负责高新开发区自建项目的安全生产和质量控制工作，积极对接上级主管部门，配合做好安全生产、工程质量等工作；完成工委管委会交办的其他工作。规划建设部组织结构见图7-6。

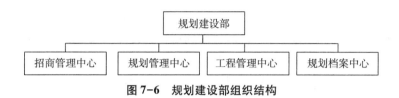

图7-6 规划建设部组织结构

（8）科技创新部：编制并组织实施国内外科技合计计划，建设科技合作平台；负责境内外的招才引智工作，研究制定高新区招才引智相关措施；打造"创业私享会"品牌，做好高新区企业的人才进阶培育工作；负责高新区新型研发机构引资优惠政策、措施的研究制定及项目引进工作；完成市、区下达有关集聚全球创新资源、国际出访等工作任务；完成工委管委会交办的其他工作。科技创新部组织结构见图7-7。

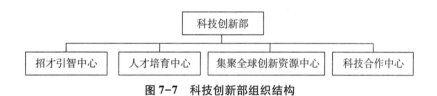

图7-7 科技创新部组织结构

（9）科创集团：负责资产运营及管理，合理规划园区载体资产的使用和管理。负责对外投资及投后管理，充分调研分析，选择优质投资对象，并对投资对象的经营情况进行跟踪监督、考核管理，保障国有资产的保值增值。做好成本及风险管控，从招标、合约、法务、审计等角度进行成本和风险控制，实现科创集团的健康发展。从事担保业务，利用担保公司的金融资源优势为区域内企业提供融资性担保、非融资性担保、委托担保及苏科贷业务等金融服务工作。科创集团组织结构见图7-8。

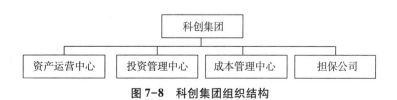

图7-8 科创集团组织结构

王洛锋在总结白下高新区制度体系时说："目前白下高新区已经实行了企业市场化的改革，采取绩效考核的方式，在管理机制上面形成了一个比较好、比较完整的管理体系。管理体系是什么？是一个目标化分解，过程化管理，绩效化考核，网格化支撑。现在白下高新区是片区的管理，分为8个片区进行片区化管理，参考社会治理的网格管理，进行经济网络化的管理，每个人员要让企业知道的，他对接的服务员是谁？最熟悉的服务员店小二是谁？这个需要通过网格来实现，要有制度化的保障。我到白下时间不长，就是把过去一些好的经验做法形成一个制度，让大家在共同制度的引领和约束下，有序地开展工作，包括怎么去理顺部门和部门之间的关系，部门间既有职能的边界，又有工作的协同。"①

（二）明晰产权体系，规范制度建设

现代企业制度核心就是产权明晰、责权明确。白下高新区深入贯彻"国企改革三年行动"计划，召开职工代表大会，选举产生职工董事；打磨优化"一委两会"下的体制机制；明确现代企业管理制度建设任务，将强化现代企业产权制度做细做实。

为了充分发挥国有资产运营效能，提高投融资能力，构建全区科技创新发展平台，全面落实了科创集团实体化运作，明确科创集团负责资产运营及管理，合理规划园区载体资产的使用和管理。负责对外投资及投后管理，充分调研分析，选择优质投资对象，并对投资对象的经营情况进行跟踪监督、考核管理，保障国有资产的保值增值。从事担保业务，利用担保公司的金融资源优势为区域内企业提供融资性担保、非融资性担保、委托担保及苏科贷业务等金融服务工作。

产权制度的落实依靠管理制度，高新区建立了一整套的管理制度，包括规划建设管理、招投标管理制度、工程审计管理制度等。从根本上做好成本及风险管控，从招标、合约、法务、审计等角度进行成本和风险控制，实现科创集团的健康发展，卓越的管理带来了组织活力迸发和难以想象的创造力。

1. 创新"全生命周期"专业化服务机制，强化企业主体地位

白下高新区创新"全生命周期"专业化服务机制，强化企业主体地位，促进有规模优势、竞争优势和产品特色的骨干企业，更好发挥主导功能，通过企业之间的集聚效应降低综合成本，增强竞争优势。依托企业服务中心，建立入园企业"全生命周期"评价制度，形成企业从落地到发展的全周期服务体系。汇总分类入园企业从建设购置、租赁使用，到产值税收、科技人才、产业扶持、物业服务等各方面信息，形成完整的园区企业健康档案，建立企业服务需求制度化提交、办理和反馈机制。改革企业服务机制，以高投集团为主体成立专业服务公

---

① 引自王洛锋访谈，《白下高新区内部访谈资料》（课题组整理）。

司，建立"楼长制"工作制度，实现政策"点对点"推送，全面提升企业服务水平。

2. 开启"双链融合"市场化招商模式，促进产业融合

围绕主导产业和发展目标，白下高新区聚焦科技创新，创新招商引资新模式，积极引导社会资本参与高新区建设，鼓励境外资本、民营资本投资建设、运营特色专业"园中园"，面向全球集聚科技创新要素，有效提升创新策源能力。突出"建链、补链、强链"三个关键环节，构建完善的高新区产业链招商体系，推动产业链与创新链深度融合、现代服务业与先进制造业深度融合。优化项目引进决策制度，科学测算园区项目引进"投入产出"平衡情况，分类形成高新区招商决策、报区会审工作制度。建立第三方评估制度，成立项目投资决策委员会，对重大项目实行"项目路演制"，进行科学深度评估。

3. 深入推进"一区多园"分工负责机制

白下高新区全面改革专业园区运营体制，深入推进"一区多园"模式，充分整合社会园区为一体。作为全区经济发展的重点辐射带动区域，白下高新区围绕南京市对高新（园）区高质量发展监测指标和省级高新区创建工作要求，建立"一区多园"分工负责机制，深入推进高新区对各分园区的整合工作，形成各分园区产业特色鲜明、空间布局优化、工作协同推进的发展格局。在科技创新资源、高新技术企业培育、公共技术服务平台等方面，实行政策、品牌、技术、资源共享，整体提升白下高新区的竞争力。同时，进一步厘清高新区与街道职责边界，园区核心区自建载体的安监、环保、信访、维稳等职能由高新区管委会负责，社会载体的上述监管职能由街道办事处负责，园区核心区以外的企业服务职能由街道办事处承接。

案例 7-3：白下高新区科创集团体制改革成效

2020 年为白下高新区的改革元年，科创集团在园区、集团领导的带领下将"守初心、担使命，找差距、抓落实"总体要求贯穿全年工作，聚焦目标指标、争先进位、责任担当、工作落实，扎实有序推进科创集团各项工作，主要做了如下工作：

在投融资方面，2020 年，白下高新区为企业融资提供专业化服务金额 14130 万元，完成年度目标 128%；为区内企业（含关联企业）提供担保、委贷、苏科贷等金融服务金额 8930 万元，完成年度目标任务 101%。2020 年科创集团新完成投资的参股、控股企业 5 家（新研机构 3 家），累计完成注册的参股、控股企业 30 家（不含集团全资控股的子公司），其中新研机构和创新型企业 20 家。总

投资额超过 2.6 亿元。2020 年，科创集团对晨光集团实业公司的控股并购是在资产收购上做的一次突破，拓展了集团的投资渠道。集团将以此次并购为契机聚焦产业，拓展渠道挖掘优质项目，完善储备项目库，在以政策性投资为主的模式上，同时做好财务性投资。在基金方面，2020 年，科创集团完成秦淮产业基金参与的第一只天使基金创熠信安呈益科技股权投资基金的设立和第一期出资。

在资产管理方面，疫情期间科创集团积极出台《关于减免受新冠肺炎疫情影响的中小微企业房屋租金的实施办法》，为中小企业纾困，推动复工复产。园区内有 100 多家企业提交了房屋租金减免申请，房屋租金减免总额突破 500 万元。2020 年，白下高新区完成自建载体房屋收缴率超 90%，载体收入突破 5000 万元（含政策扶持）。此外，集团还承担了第一机床厂北侧地块危旧房改造及周边环境整治工程项目。该项目占地面积约 1100 平方米，建筑面积约 2100 平方米，共涉及居民 49 户，工企单位 1 家。启动东八区文化创意园翻新改造工作，一是意向与新工集团合作，运营东八区范围，重新改造为"柳树湾文化科技园"；二是对园中"棚户区"实行征收，建设人才公寓。在人力资源方面，结合白下高新区体制机制改革，优化集团人力资源结构，于 2020 年 6 月重新出台《科创集团薪酬福利制度》（秦科创发〔2020〕11 号），目前正在制定集团人员任职资格体系方案。

"十三五"期间科创集团联合市科创基金完成基金决策，参股基金规模 2 亿元，该只基金是白下高新区与新研机构、社会合作方合作落地的第一只天使基金。2020 年，科创集团已经启动硅巷专项基金的设立，该只基金规模 2 亿元，秦淮产业基金拟占比 30%，完成之后将是南京第一只专业服务硅巷的专项基金。此外，科创集团协同银行、政府部门，落实"秦淮紫金快贷"业务，为区内企业提供便捷、高效的金融服务支持，2020 年已向银行成功推荐区内企业 24 家，其中 10 家已获得银行授信。"十三五"期间科创集团团支部荣获"2019 年江苏省五四红旗团支部"称号。

三、白下高新区组织协同机制建设

白下高新区经过多年发展，目前存在园区运营模式混乱、产业转型升级压力加大和区域内呈现条块分割状态等多种运营问题。因此，正从以下几方面进行改进。

（一）网格化管理机制助力内部协同

白下高新区高度重视园的网格化管理，明确各方职责，确保网格工作规范化，促进各部门间的协同创新，方便服务企业。

1. 细化网格、分块管理，明确网格职责，形成齐抓共管

目前白下高新区已经实行了企业市场化的改革，采用绩效考核的方式，在园

区现有管理机制上形成了比较完整的管理体系。通过目标化分解、过程化管理、绩效化考核、网格化支撑，白下高新区将核心区设置为 18 个片区，将企业服务部 18 人一一对应挂包片区楼宇，进行片区化管理，参考社会治理的网格管理，进行经济网格化的管理，使企业清楚了解遇到不同类的问题应该找谁解决。各个部门间既有职能的边界，又有工作的协同，因此，在网格化管理过程中，各个部门应明确自己的工作职责，形成既各负其责又齐抓共管的良好局面。

2. 依托党建平台，创新思路方法

高新区在积极探索园区网格化管理模式的同时，创新管理方法，以党建工作为抓手，把网格化管理权分到园区各个党小组内，通过党建渠道将企业服务带到企业中去，既有效地开展了党建活动，又实现了园区加强网格化管理的最大效应。在进行"两新"党建的同时，各部门人员帮助企业了解政府政策，及时与企业内部人员沟通。同时，通过党建活动的开展，促进支部书记与企业家的对话，使企业对党建有充分的了解，可以借助相应渠道提出自身需求。此外，将党建文化与企业文化相融合，通过开展党建活动，将不忘初心、牢记使命等精神带入企业，为企业带来正面的企业文化，确保网格化管理取得实效。

3. 部门联动协调，综合管理，确保网格管理常态化

促进园区与企业间的亲密互动，需要通过网格化来实现，以制度化进行保障，让园区各部门在共同制度的引领和约束下，有序地开展工作。白下高新区实行"两手都抓，两手都硬"的网格化运作方式，既抓招商引资，又抓拆迁开发；既抓规划建设，又抓综合管理。高新区在稳步抓好经济开发建设的同时，重点抓好社会管理，积极推进高新区平安和谐的园区建设，着力打造出"小高新特"的独特高新区新型格局。例如，在疫情防控期间，将所有商务楼宇设置为网络上的节点，一对一分配给高新区的各个部门，通过设置网格化管理，为各个部门分派任务，管理自己部门负责的楼宇中的防疫工作、安全工作、税收工作，提高管理效率，促进企业和园区内关系的提升。

（二）构建共赢机制，融合政产学研资源

创新空间理论提出，产学研政结合的城市创新空间能够有效地将科研成果转化为企业生产力，以科技带动经济快速发展，同时良好的经济基础也促进科技研发的深入，从而形成良性循环。因此，在高新园区发展壮大的过程中，要积极发挥政府和市场的作用，突出高新技术企业的主体地位，构建大学—产业—政府的三螺旋关系，完善科技创新发展体系，提高自主创新能力，有力驱动高新科技园区创新发展。

围绕园区主导产业发展，依托高校院所和骨干科技服务机构，积极建设科技产业园创新平台、科技企业孵化器和公共服务平台等，建成后将为科技创新提供

完善的公共服务和公共技术平台，有力地促进战略性新兴产业发展。白下高新区与南京航空航天大学、金陵科技学院等校友企业家联盟共同指派招商专员成立"秦淮硅巷招商联盟"，聚合项目资源，聚焦行业领域的领军企业、独角兽企业，推动校友以才引资、以才引才、以才引智，实现"校友经济"最大化。白下高新区经过二十多年的发展和积累，集聚了大量的高质量知识信息，通过与周边政府、高校建立政产学研合作，为异构的创新主体之间搭建了知识交互的桥梁，有效管理知识溢出方向，促成技术的应用、落地、迭代、商业化和高精尖技术的探索。

（三）打破嵌入性约束机制，推动高效政府管理

我国高新区普遍存在功能区与行政区间功能定位不清晰，主体地位不明确问题。用好高新区平台，需要各部门来支持，如何实现区域资源整合，协调市区政府职权与利益冲突，提升区域内高新区的整体竞争力，是当下我国政府管理体制面临的一大难题。

在区委区政府的决策部署和党工委的全面领导下，在白下高新区的管理体制方面，强化市级政府对高新区整体的经济发展权，保留区级政府对所辖高新区园区的行政管理权，采取行政管理权与经济发展权相分离的"双重分管"体制。白下区领导积极推进政府管理创新，一个有效形式就是高新区直通车，区领导将每月 1 号确定为白下高新区调度会，融合各方资源来解决白下高新的问题，如一区多园实施后如何解决税收指标封闭运作、重点指标共担共享、招商引智先引先得、GDP 指标分片负责、"一区多园"增量扩容等，都存在街道与园区的配合问题。白下高新区通过打破管委会和区市级政府间的约束机制，创新高新区的政府管理体制，打造管委会和区市级政府的协同生态，从而实现资源最大化，推动高新区经济等多方面的稳步发展，交出了一份令人振奋的高质量发展成绩单。

第四节 白下高新区党建管理

一、"两新"组织的内涵与特征

（一）"两新"组织的内涵

理解"两新"组织，需要把握"组织"的含义。在西方国家，"组织"基本上被分成三大类，即党政类的政治行政机构、企业类的经济组织和社会团体类的民间组织。在我国，一般把"组织"分为四类，即党政机关、企业、事业单位

和民间组织。从归属上来看，新经济组织大致归属于企业类的经济组织，新社会组织大致归属于社会团体类的民间组织（或称广义上的社会团体）。

其中，新经济组织是与传统国有和集体经济组织相对而言的经济组织，它是指社会主义市场经济条件下新建立的，在所有制性质、产权结构、运作模式等方面，与传统国有和集体企业不同的经济组织。它可以分为广义和狭义两大类。广义上的新经济组织指改革开放以来出现的，相对于传统国有和集体企业而言，所有新建立的经济组织。其中，既包括从传统国有企业和集体企业改制而来的经济组织，如股份合作制企业、国家参股并相对控股的外商投资企业、港澳台企业等；也包括各类非公有制经济组织，如个体工商户、私营企业（包括民营科技企业，下同）、非公有制经济控制的外商投资企业、港澳台投资企业等；还包括近年来不断发育壮大的国有资本参与的新型混合所有制企业。狭义上的新经济组织则指非公有制经济组织，包括个体工商户、个人独资企业、私营企业以及其他非公有制经济控制的外商投资企业、港澳台投资企业等。

新社会组织是与传统的纳入我国政治体制结构内的工会、共青团、妇联、科协、工商联、文联、侨联、台联八大群众团体相对而言的社会组织，它是指八大群众团体外，为了追求和实现一定的社会性宗旨或目标，在法律规定或许可的范围内，以公民或团体身份自愿结成的并按其章程开展活动的、不从事经营或不以营利为目的的民间性组织，主要包括社团、民办非企业单位、基金会以及主要活跃在社区的、松散的群众自发性活动群体等。

（二）"两新"组织的特征

1. 新经济组织的特征

就个体而言，新经济组织主要具有不同于其他经济组织、社会组织等的以下特点：第一，经济性。不同于行政、军事、政党、社团组织和教育、科研、文艺、体育、慈善等组织，新经济组织以经济活动为中心的，实行全面经济核算，追求并致力于不断提高经济效益。第二，营利性。新经济组织作为经济组织，是市场经济的基本单位，是单个的职能资本的运作实体，以赢取利润为目的，利用生产、经营某种商品的手段，追求资本增值和利润最大化。第三，非公性。从所有制性质和产权归属上看，新经济组织不同于传统的国有企业、集体企业，一方面，就所有制性质而言，它主要是归属于非公有制经济范畴；另一方面，就产权而言，它主要不是归属于国家或集体所有，而是归属个人、私人财团等。第四，独立性。新经济组织还是一种在法律和经济上都具有独立性的组织，不同于经济（财产、财务）上不能完全独立的其他社会组织，其拥有独立的、边界清晰的产权，具有完全的经济行为能力和独立的经济利益，能够自决、自治、自律、自立，实行自我约束、自我激励、自我改造、自我积累、自我发展。

从整体来看，新经济组织主要具有以下特点：第一，种类丰富、数量众多。目前，新经济组织已有私营企业、外商投资企业、港澳台投资企业、民营科技企业、个体工商户等许多种类。第二，发展速度快、规模相对较小。新经济组织自20世纪80年代以来一直保持着快速发展态势，尤其是1992年之后更是加速发展，开业户数、从业人数、注册资本总额的增长都很快。2018年末，全国私营企业1561.4万家，比2013年末增长178.6%，占全部企业法人单位的比重由68.3%提高到84.1%①。第三，组织形式逐步完善。新经济组织的成长过程也是一个自身制度创新和完善的过程。近些年来，各地新经济组织的规范化经营程度明显提高，由20世纪80年代的以个体工商户为主转变为以有限责任公司为主。这些有限责任公司作为现代企业的一种组织形式，具有产权清晰、权责明确、机制灵活、管理科学的特点。另外，随着新经济组织组织形式的完善，其在市场上的信誉度也逐步提高。第四，人员流动性大、稳定性差。在新经济组织，企业可以选择职工，职工也可以选择企业，职工队伍的不稳定性很高。第五，从业人员素质逐步提高。起初，新经济组织从业人员主要是城镇无业人员和弃农经商的农民，总体素质不高。20世纪90年代以后特别是近些年，一大批分流公职人员、科技人员、国有集体企业原厂长经理、归国留学生加入这个行列，人员素质、管理水平和经营能力逐渐得到改善和提高。

2. 新社会组织的特征

从个体情况来看，新社会组织与其他经济组织、事业单位等不同，主要具有以下特点：第一，组成自愿性。组成自愿性是新社会组织与公共服务组织的最大区别。第二，非营利性。非营利性是新社会组织区别于经济组织的一个基本特征。新社会组织不是从事产品生产和流通，而是以从事非营利性的社会服务活动为主业，以保护社会公共利益和促进社会的进步与发展为主要宗旨，营利不是其目的。第三，民间性。举办主体和资金来源的不同，是新社会组织与事业单位的主要区别所在。由国家自身举办或者其他组织利用国有资产举办的，从事教育、科技、文化、体育、卫生等活动的社会服务组织，属于事业单位。而新社会组织主要是由企事业单位、社会力量以及公民个人等举办的，不是由政府或政府的部门举办的；其资金来源也是多渠道的，如单位主要创办人员的个人财产、集体所有的财产、社会各组织和公民个人的无偿捐赠和资助等，主要不是政府财政性投资，因此具有民间性的特点。第四，"合法性"。从法律地位上看，新社会组织应该按照法律规定接受审查批准并经登记机构登记注册，即使不需要登记注册的群众自发性活动团队也需要按照要求进行备案。

---

① 数据来自国家统计局第四次全国经济普查报告。

从整体来看，新社会组织主要具有以下特点：第一，涉及领域广泛，种类繁多。第二，发展速度快、数量较多。根据民政部发布的社会组织数量信息，截至2018年底，全国共有社会组织81.6万个，与2017年的76.2万个相比，增长了5.4万个，增速为7.1%，增速下降了约1.3%①。与十年前相比，全国社会组织数量增长了近1倍，即便是增速下降，一年来新增社会组织的总量并不少。第三，人数增多、社会参与规模扩大。包括离退休人员、年轻人、兼职、下岗人员等，其成员结构日益复杂，并集聚了大量的新社会阶层人员。第四，运作积极，社会影响不断扩大。随着市场经济的发展，新社会组织的发展逐步走向成熟，活动日趋频繁，对整合社会资源、加强社会管理、促进政府职能转变的作用和影响逐渐凸显。

二、高新区"两新"组织党建工作问题与挑战

（一）"两新"组织的新情况与新问题

首先，高新区内企业无资产纽带，工作不相隶属，以致党的组织状况底数不清。高新区的开发公司兼有政府的职能，来自国内外的企业只要批租了土地，即可进区生产，与开发公司并无产权关系，所以对其经营情况、人员状况尤其是有多少党员、是否建立党的组织等很难了解清楚。

其次，进区企业种类繁多，经济成分多元，必然使党的工作对象多样。不同性质的企业、不同的经济主体，造成了员工心态不同。开展党的工作，就要针对不同的对象，采取不同的方式、方法对症下药。

再次，进区企业发展不平衡，人员流动频繁，容易使党的组织化工作出现空白点。由于高新区内企业依据市场规律生产经营，难免会出现或发展壮大或经营不善，其结果就是员工的增加或减少。特别是一些公司虽然注册在高新区，但实际工作场所不在区内。这就使党组织对其中的党员很难掌握在视野之内，管头难管脚，管点难管面，出现了党员管理上的空白点。

最后，产业园区实现城乡一体、共同发展，必定要求党建领域向区域化拓展。新区的四大开发公司尽管功能定位不同，但有一个共同的特点是，规划区域、集体征地、实现城乡一体、共同发展。因此，高新区的党建，实际上是社区党建的新的延伸——区域党建。

面对新情况、新问题和新形势，在市场经济的浪潮中，必须进行制度创新，这种制度创新必然要迎合和适应环境发展的需要，正如布坎南所言"在市场经济中，凡是所产生的制度结构，都必定是有效率的制度结构"②。否则这一制度变

① 黄晓勇等．中国社会组织报告（2019）［M］．社会科学文献出版社，2019.

② 詹姆斯·布坎南．自由、市场与国家［M］．上海：上海三联书店，1993：109.

迁就不是制度创新，无法迎合社会发展的需要。而制度创新的需求对执政党提出了新的挑战，高新区党的组织化所面临的主要问题有：第一，如何占领党建工作的制高点。超前研究在高新技术行业、在资本密集型企业如何加强党的建设来面对新的挑战。第二，如何拓展党建工作的增长点。在高新区开发初期，组织很不健全，常常出现无组织的现象。第三，如何缓解民营企业和小企业里面的"三有三无现象"：有党员无组织、有组织无活动、有活动无效果。企业可以抓大放小，党建不行；企业可以没有上级主管，党组织不能没有上级领导；企业可以没有党员，但是不能没有党的工作，党的工作要逐渐渗透到企业中。

（二）高新区的党建工作挑战

在市场经济浪潮的冲击下，高新区的经济发展取得了巨大的成就，党领导和执政所处的现实经济与社会环境也随之发生了深刻变化，高新区的政治环境与经济环境的发展之间出现了一定程度的不平衡。毋庸讳言，党的组织功能创新在整体上落后于现实的经济与社会发展的要求，其结果不仅影响了党组织动员和组织党员的能力，也影响了党组织联系群众、动员社会和凝聚社会的能力。高新区党建工作面临以下挑战：

第一，由于企业间在文化背景、社会制度、意识形态等许多方面存在差异，导致它们对新经济组织党建工作的接纳程度偏低。

第二，新经济组织行业跨度大、地域跨度广，不少企业跨行业、跨区域经营，注册地与经营地分离，企业中党员占员工比例较低，并分散在各个地区，难以被召集和组织，给新经济组织党建工作造成很大困难。

第三，新经济组织变动频繁，开业、歇业、停业受市场波动影响很大，因此这些组织中的党员流动性也很大，难以把他们纳入稳定规范的管理之中，不少党员处于游离状态。有的支部甚至刚建立不久，由于人员不断变动，导致支部不复存在。支部书记的转岗、下岗、离职、退休，以及非公有制经济组织本身的变动频繁，均易使初见成效的党组织工作出现低效、虚效或失效的新情况。

第四，新经济组织规模大小不一，小到个体工商户，大到跨国集团公司，员工人数从一两人到几千人不等，相当一部分新经济组织没有或只有数量很少的党员，党建工作难度较大，发挥作用困难。

三、白下高新区的"两新"组织党建实践与成效

（一）大力建设党建队伍，强化党建刚性考核

1. 党建队伍建设

白下高新区党群工作部党建中心直接负责基层党建工作，党建中心设有"两新"组织党委办公室。高新区"两新"基层党组织均有挂包联系领导和兼职党

建指导员，此外，还对尚不具备组建条件的重点企业通过派驻兼职党建指导员的方式进行工作覆盖，兼职党建指导员由管委会和科创集团的党员骨干担任。

截至 2020 年 10 月，高新区有兼职党建指导员 35 人，专职党建指导员 2 人。其中 2 名专职党建指导员通过社会化招聘，4 月上旬人员到岗工作，充实党建工作力量。5 月举办基层党组织书记培训班，按季度组织党建指导员业务培训，让每名支部书记和党建指导员掌握干什么、怎么干，不断提升基层党务工作水平。

2. 科学设置党建考评

根据《南京市党支部标准化规范化建设指标（试行）》（宁党建办〔2019〕2 号）文件精神和高新区的实际情况，明确机关、国企和"两新"组织等各类党组织党建工作考评内容和标准，将基层党建工作细化分解到各党组织和党组织书记身上，把党建"软任务"变为"硬指标"，推动基层党建落地生根。坚持分类考评，机关、国企党组织从抓党建工作情况、落实意识形态工作责任制情况和落实党风廉政建设主体责任情况三大方面细化考评指标；"两新"党组织从组织健全、队伍建设、组织生活落实、作用发挥、学习强国、参与疫情防控情况等方面制定了详细的考评标准。

通过加强考核结果运用，有效调动基层党组织书记抓基层党建工作的主动性和创造性。高新区党工委把考核结果作为党内评先选优、年度绩效考核、示范点建设的重要依据，与年度党组织评定等次挂钩，与党内评优评先挂钩，与"两新"党组织书记津贴补贴挂钩，对获评一等、二等、三等的"两新"党组织书记采取以奖代补的形式给予奖励。对考核结果末位的党组织，列为软弱涣散党组织，督促整改。

（二）完善党建责任体系，实现党建企业服务一体化

新公共服务理论强调，政府必须对公民的需求和利益做出反应，关注来自公民的声音。对应到高新区中，党务工作者不是单一地向园内主体提供公共服务，而应该建立远见与洞察力，明晰主体需求。

在探索新公共服务职能方面，白下高新区为压实党建责任，将党建工作与企业服务有机结合，高新区工委构建"条块"结合的党建责任网。"条"上构建"党工委—部门—党建指导员"的党建责任体系，强化部门党建责任，实行"部门—片区"挂包负责制。每个基层党组织配备 1 名党建指导员、1 名企业服务员，将党建引领和创新发展、企业服务紧密结合，不断增强党建工作合力。"块"上构建"党工委—两新组织党委—两新基层党组织"的三级组织体系，"两新"党委具体指导基层党建工作，直接联系下辖"两新"党组织，形成纵横联动、一体贯通、高效运转的工作机制。

（三）以服务促党建，实现党建与企业发展同频共振

以创建先进党支部为目标，对企业支部推行考核奖励等次评定管理，通过以

奖代补政策奖励，营造比学赶帮、创先争优的浓厚氛围；开展"党建领航、企业扬帆"系列党支部书记与企业家对话活动，搭建沟通交流平台，让双方在交流中集聚智慧、产生共鸣，在互动中增进了解、达成共识；在推进"两新"党支部建设中，注重"双向培养"，一方面，将党员发展工作的重点放在生产经营管理者、科技骨干和一线优秀青年上，坚持把业务能手、管理骨干发展成党员，另一方面，注重把党员培养锻炼成业务和技术骨干，让党支部成为企业发展的推进力量和战斗堡垒，实现企业发展和支部建设互促双赢新局面。

案例7-4：加强和改进党支部建设的探索与实践
——友西党支部

南京友西科技股份有限公司（以下简称友西）成立于2002年，多年来致力于新型建筑材料、高性能砼工程技术、混凝土外加剂等产品的开发、生产和推广应用。公司通过ISO9001质量体系认证和ISO14001环境体系认证，为江苏省高新技术企业、江苏省文明单位、江苏省信用管理示范企业、江苏省民营科技型企业、中国外加剂协会会员单位、江苏省混凝土协会会员单位、南京市名牌产品、南京市混凝土协会会员单位、南京市再生资源协会会员单位、江宁区守合同重信用企业、江宁区安全生产先进单位。

● 公司存在党建工作停滞问题

2006年6月1日，友西成立了党支部。支部成立之初仅有3名党员，由财务经理韩立霞担任支部书记。由于业务工作繁忙，且支部对于党建工作重视程度不够，认为民营企业党建工作可有可无，总是抱着干得差不多就行了的态度。加上2007年底，友西由南京理工科技园搬迁至河西中泰国际广场，距离变远造成支部参加高新区各类党组织活动不方便，支部的党建工作一度处于停滞状态，甚至出现了因离职时没有妥善处理好党组织关系，最后有党员想要退党的情况。

● 党建工作部协作整改，实现党建促企建

针对友西党支部存在的党建工作发展思路不清、重视程度不够、党组织服务意识和服务能力相对薄弱等问题，党群工作部积极展开各项措施，协助引导友西党支部进行整改，让支部意识到自身问题所在，通过整改使支部从思想认识到具体党建工作落实都得到较大转变，夯实党建基础。

一是抓实理论学习，筑牢思想根基。由党支部书记刘斌带头厘清工作思路，提升思想认识，制订学习计划，要求支部全体党员包括发展对象坚持每天登录"学习强国"打卡学习，积极引导党员每天按时完成学习任务、获取积分，实现有组织、有指导、有管理、有督导、有考核的学习、推广、运用机制，让线上学习成为常态，将理论学习融于日常。

二是严格落实党内政治生活。要求支部认真落实"三会一课"等基本政治制度，努力提高党支部组织生活质量。组织开好每月党员大会、每年党支部组织生活会、每月党支部集体理论学习和每季度的党课活动，推进党员学习教育常态化，不断提高支部党员的政治素养，更好地发挥党支部的战斗堡垒作用。

三是加强支部标准化规范化建设。对照党支部"星级评定"标准，抓实支部组织生活会、民主评议党员等制度执行，规范做好支部工作台账记录，党群工作部定期进行检查和监督，推进支部标准化规范化建设。

四是加强党员教育管理。强化党员教育和实践锻炼，积极开展革命传统教育、党性教育和意识形态等教育，引导党员增强党员意识、发挥主体作用，规范开展发展党员、党费收缴管理、组织关系转接等工作。

经过党群工作部的引导和友西党支部全体党员的努力，支部积极转变政治思想作风，树立大局观点，建立和完善相应的规章制度，按时召开党支部大会，规范党员的发展程序，壮大支部队伍，充分发挥支部的战斗堡垒作用和党员的先锋模范作用，友西党支部从当初的后进支部不断改进，在 2019 年度的评星定级中荣获三等奖，2020 年度评星定级中荣获二等奖。党支部工作的改进也为企业发展产生了积极作用，党员骨干们在业务建设中充分发挥党员先锋模范作用，带领公司获得安全生产先进企业、江宁区守合同重信用企业、江苏省文明单位等荣誉，实现支部与企业发展同频共振，助推公司争创"一流产品、一流服务、一流企业"。

（四）不断反思，提升思想高度

白下高新区的党建建设经历了转变与进步。白下高新区最早的一批支部成立于 2006 年，包括南京通用电器有限公司党支部、南京友西科技股份有限公司党支部。随着企业数目增加，截至 2018 年底，除机关、科创支部外，非公党支部增加至 17 家，党员增加至 380 余人。

随着高新区的快速发展，支部数目和党员人数逐年增加，而高新区的党建工作没有跟上快速发展的步伐。究其原因，一是党建任务逐渐加重，但专职党务人员只有 1 人，2016~2018 年，因个人原因党务人员频繁更换，工作的完成质量和工作的延续性受到影响；二是非公企业党员流动性大，零散党员多，截至 2019 年白下高新区企业联合支部人数已达 100 余人，相当一部分支部存在挂靠离职党员，结构不合理造成管理困难。

1. 第一个提升过程

2019 年"不忘初心、牢记使命"主题教育期间，区委组织部将白下高新区企业联合支部列为软弱涣散支部，要求立行整改。高新区立即制订整改方案：一是排查摸清党员现况底数，汇总分析企业党员分布情况，做好离职挂靠党员组织关系及时转移，每名在册党员定企定位，并及时向党工委上报变动情况；二是督促辅导符合条件企业建立支部，做到应建尽建、应管尽管；三是按照行业划分、区域统筹等方式，各挂包片区以片区、楼宇为单位对企业联合支部按《党支部工作条例》进行规范拆分调整，选派党组织书记，设置各支部活动场所，并配备相应党建指导员；四是依照党章、条例规定，做好"失联"党员的处理。

2019 年 9 月，各片区负责人按照"同楼宇、同片区、同行业"的原则，通过上门调研、集中约谈等方式，扎实开展拆分调整工作。走访企业，约谈定企定位党员，耐心讲解拆分的重要性和必要性，充分了解每个党员的归属意愿，每个楼宇、片区党员集中面对面讨论推荐书记候选人，确保基础工作做深做细做实，挑选出最适合的党务人员，获得广大党员的理解与支持。10 月上旬，管委会领导班子走访龙盘建设、生命源医药两家公司累计 4 次，通过反复耐心的思想工作，打消企业在成立支部方面的顾虑。两家企业均递交了支部成立申请，片区挂包领导和党政办一起，对支部做了成立前的辅导，完成组建筹备工作。这两家独立企业支部的成立，标志着高新区完成现有党员满 3 人企业支部的应建尽建工作。10 月中旬，所有楼宇支部确定人员、书记、支委人选，召开成立前支部筹备会议，结合主题教育开展集中学习，相互交流学习、工作体会，增进党员之间的熟悉程度，为支部工作的开展打好基础。集中整治期间，通过公安系统查找等办法，查到离职党员，转出企业联合支部党员 35 人。10 月 22 日，拆分情况经党政办汇总上会，经党工委研究决定，同意成立联合党支部 10 个、独立企业支部 5 个，按期完成集中整治。

2. 第二个提升阶段

根据省委统一部署，省委第二巡视组于 2019 年 8 月 6 日至 2019 年 9 月 25 日对秦淮区开展了巡视，并于 12 月 26 日进行了反馈。巡视发现的问题是"两新"组织党建工作基础薄弱，对流动党员教育、管理、监督存在"空白点"。白下高新区非公企业党员 600 多名，其中 100 多名党员失联或离职，甚至出现两名党员有退党意愿的问题。巡视反馈了 135 人的失联或离职党员名单。工委将省委巡视整改作为 2020 年度推进党建高质量发展的重要政治任务，第一时间召开工委会议专题研究布置，成立整改工作小组，制订整改工作方案，明确措施和责任清单，同时把整改情况纳入年度述职述廉报告和党建考核内容，确保整改工作有力有序开展。

白下高新区通过梳理底数、联系查找、完善制度、教育引导，加快离职党员组织关系转出。巡视整改上报离职党员 135 人，其中 133 名党员组织关系已按规定办理接转；1 名党员因违法犯罪被开除党籍；1 名党员经秦淮区公安、民政、社保系统查找未果，9月赴其户籍地湖北恩施与其家人联系，得知其本人与家人也多年处于失联状态，通过户籍地组织部门和公安系统查找均无结果，经支部申请，10月工委会研究决定对该名党员给予停止党籍处理。由此完成了全部135人的组织处置。

巡视整改过程中，高新区党工委坚持问题导向，积极构建完整有效的党建责任体系和推进机制，通过完善"两新"党组织书记评议考核制度、明确挂包片区领导党建工作首要责任、招聘"两新"党组织专职党建指导员、部门党员兼任片区党组织党建指导员等多项举措，织就党建工作"一张网"，严把出入关，立好组织关系办理规矩，探索"两新"组织党员离职人事劳动关系和组织关系同步办理机制，精准抓好党员日常教育管理，规范贴心解决好"两新"组织党员的需求和困难，为每位离职党员量身找好"婆家"。

此外，白下高新区对"高质量党建引领高质量发展"理念的有力践行得到了交汇点新闻、《新华日报》、《南京日报》的大力报道。

案例7-5：协助离职党员办理党员组织关系转接

● 离职党员基本情况

张婷，原企业联合党支部的1名离职党员，离开高新区已近半年，离职后未参加组织生活和交纳党费。2019年9月，在主题教育集中整治期间，通过党群工作部和支部多方了解，与本人取得联系，得知张婷现居住地在杭州下沙街道沩澜社区，单位无党组织。党群工作部与张婷电话联系，向其讲明党员组织关系属地化管理的要求后，张婷表示愿意积极配合，并补缴党费。党群工作部指导张婷与所在地社区取得联系，根据张婷反馈，因她属于租房居住且是企业在职人员，社区不予办理组织关系接收。得知该情况，党群工作部主动与对方社区联系，准确了解到当地社区对于临时居住及没有正式工作的党员是可以办理组织关系转接的，但需要提供暂住证、失业证、党员档案等证明材料。

● 党群工作协调组织关系转接

党群工作部与张婷对接，指导张婷先后申请办理暂住证、失业证，于4月20日拿到两证。在办理双证的同时，党群工作部积极查找张婷的党员档案。张婷本人只记得自己是在高新区转正的，记不清转正后是否按要求将党员档案交人才市场存档。张婷本人身在杭州，疫情期间不便在南京与杭州来往。征得本人同意后，党群工作部受张婷委托，代其到南京市人才市场、秦淮区人才市场查阅档案，最后在南京市人才市场找到其档案。按南京市人才市场调档要求，需张婷持本人身份证原件方可调阅，通过与南京市人才市场沟通，最后由党群工作部工作人员持张婷的委托书和张婷本人身份证原件去人才市场调档，但遗憾的是在人才市场并没有查阅到张婷的党员档案。经过园区反复查找以及张婷原所在支部党员发展培养人、支部书记和组织委员等多人回忆，最终在科创集团档案室找到了张婷的入党材料。当张婷把准备好的相关材料带去所住社区报到时，社区得知其已成为某企业的正式员工，要求她将组织关系挂靠到企业所在党组织，社区不予接收，一切又回到了原点。由于张婷现就职企业没有成立独立党组织，在进一步了解到其现所在企业注册地为杭州大江东产业集聚区江东片区后，党群工作部与该片区党务工作人员联系沟通，最后由党群工作部王明慧副部长一行2人，赴杭州上门协调对接张婷同志党员组织关系转出事宜，在现场办理好了张婷的党员组织关系转接手续，至此张婷的组织关系终于有了着落——杭州大江东产业集聚区江东片区企业联合党支部。借此机会，王明慧副部长与杭州市钱塘新区党群工作部（组织部）两新科孙姣钗科长、郑淑娟同志从党建责任体系建设、党务工作推进机制、党员日常教育管理等几个方面，深入交流探讨了"两新"基层党组织党建工作。

第五节　塑造高新区发展的核心能力：突破关键障碍

　　白下高新区是一个基础条件相对薄弱的园区，不仅园区空间有限，而且创立初期也面临较大资金短缺和人员短缺。白下高新区能够从小到大、从弱到强，当然离不开外部因素，包括秦淮区政府支持、南京地区丰厚的人才资源等，但更在于其内部能力持续提升。高新区管理不管是战略定位、基础建设、招商引智还是企业服务都取决于其内部能力，取决于对内部发展关键障碍的突破，即人才队伍与组织体制机制管理。从内部管理出发，结合人力资源管理和组织理论，可以说白下高新区要能突破内部组织关键障碍，塑造自身发展的核心能力，务必要做好以下几个方面工作：

一、提升人力资源管理水平

　　高新区发展的一大障碍就是人力资源管理问题，高新区发展组织问题如岗位规范不到位、人事制度不健全、薪酬缺乏激励性等，都是人力资源管理问题。白下高新区的成功经验在于其在解决薪酬水平问题的同时，还充分考虑了绩效评价、人才选拔、团队建设、人才培养等方面因素。这种做法是符合系统人力资源管理体系的，也与一些优秀组织人力资源管理实践一致。但是，人力资源管理是一个综合管理体系，提升人力资源管理水平对每一个组织来说都是长期的工作。从已有的研究成果来看，高新区人力资源管理还处于长期上升阶段。高新区人力资源管理提升不仅包括人力资源规划、岗位职责管理、招聘与培训管理、绩效管理、劳动关系管理，还包括职业生涯、人员激励等众多内容。此外还有几个内容需要特别注意：①高新区的发展需要建立组织核心价值观，用发展愿景激励奋斗意志。核心价值观在组织中不仅引领和规范组织成员的行为，也是组织决策的基础。核心价值观要内化到人力资源管理各个职能模块，包括人员招聘、绩效考核、干部任用、薪酬福利等。华为的经验表明，核心价值观在组织中的确立、传承与发扬，需要依靠各级干部长期的率先垂范、以身作则。但高新区普遍面临人员变动大、组织调整过快的问题，组织核心价值的建立与传承是一个难题。②建立以选拔制为核心的干部管理机制是不小挑战，高新区既有事业编制，也有市场化用人，高新区干部管理机制需要多方共治，需要高新区在实践中根据环境变化和组织要求不断发展。③人力资源管理数字化战略转型，其实质是实现是以战略为核心的人力资源管理"组织—人—机"的交互，即组织、员工以及数字技术的交融。在这样的战略转型过程中，人力资源管理形成了员工与组织之间雇佣关系灵活化，组织通过技术的应用实现管理决策的智能化、人机协作的纵深化格局①。

二、完善利益相关者治理模式

中国高新区管理体制正在走向市场化治理模式，市场化治理模式的采用与我国经济改革整体思想保持统一，更主要是可以解决高新区发展过程决策链长、反应速度慢、运营效率低的管理问题。但是，市场化体制本身也面临着许多需要完善的内容。例如，白下高新区在市场化改革中就面临着管委会与运营企业（科创集团）两个主体单位之间的管理问题，从实际管理过程来看，不仅可能出现两套班子重叠而造成资源浪费问题，还可能因为两套班子面临相同的任务和指标，出现内部抢资源、抢载体、抢政策，形成内耗，也可能在协作过程中，在三重一大事项、财务管理方面，存在决策权与决策机制问题等。另外，中国高新区管理体制的一个重要问题是忽视了高新区主体，入驻企业如何能够参与组织治理的问题。

事实上，行政运作有行政运作的问题，市场运作也有市场运作的问题。以经济指标为导向的市场运作，如何能够保障社会价值创造核心地位，如何落实以人

①　陈煜波，马晔风．数字人才——中国经济数字化转型的核心驱动力［J］．清华管理评论，2018（1）：30-40.

民为中心，都是整个社会发展面临的新思考。利益相关者治理模式对高新区管理体制进一步改革有一定帮助。所谓的"利益相关者"治理就是要让所有通过专用性资产的投入，而为组织的财富创造做出过贡献的产权主体参与到组织的治理中。这种模式更具有社会正义性，一个社会的经济组织结构能够为该组织中每个成员的自由发展和才能发挥提供公正平等的机会和手段，同时还应提供一套合理分配利益的程序规范；组织成员在做出一定的经济行为时能充分考虑到社会的利益，并履行其对社会的责任。这种模式也更具有经济民主性，它考虑并尊重了不同利益主体的意志、多元利益的自由发展，为公司管理者提供了一个合理的行动方向，能实现公司利益最大化和长远化[①]。

三、构建柔性双元组织机制管理

双元组织是现代高绩效组织的一个新的发展。双元组织是一个多面向的组织，双元组织的特性就是当组织遇到矛盾、遇到相反力量时，经营者和领导人还能够进行整合思考，并找到有效解决问题的途径。这里既有优化和利用存量的能力，也有探索和预判未来的能力，更有平衡两者矛盾的能力。

高新区组织应当打造柔性双元组织，首先，高新区具有双元组织结构特征，高新区行政治理体制与市场治理体制并存是其市场目标和社会目标双元化导向的结果。因此，高新区组织既要遵从市场逻辑，也要顺应社会逻辑。它将从市场逻辑与社会逻辑双重双元制度逻辑共生共荣，组织领导者必须平衡相应的双元制度环境。其次，高新区从诞生就面对不断创新发展的历史使命，拥有必须能应对当前环境的适应能力以及面对未来环境的变革能力，通过对稳定和变革两种具有相对性质的组织能力予以整合，提高组织的灵活性和稳定性。任何一项高新区主导产业的选择都是历史的调速过程，高新区在其主导产业航道上前进时，都需要面对新的发展需要，不断扩张业务领域，跟上创新发展需要，产生跨界行为，实现多元业务布局的路径演化。

高新区柔性双元性组织构建可以从三个方面进行：①从结构双元入手，根据组成元素的特征来决定组织结构，并负责对空间上分离的结构进行整合。②发展组织成员双元化能力，培养双元化人才，满足情境型双元需求。使组织成员保持主动性，并对工作范围之外的机会保持警觉，善于和不同组织合作，实现成员在两种相互冲突的需要之间自主转换。③形成双元领导，组织领导可通过整合机制来管理由结构分离造成的子结构间的冲突[②]。

① 刘黎明，张颂梅."利益相关者"公司治理模式探析［J］.西南政法大学学报，2005（2）：97-105.

② 周俊，薛求知.双元型组织构建研究前沿探析［J］.外国经济与管理，2009，31（1）：50-57.

四、打造学习型组织，发展数字化领导力

突破高新区发展障碍，最终都是靠组织的学习能力和与之相适应的领导力。高新区的组织发展和其他组织一样，都会遇到"学习智障"，这是由个体认知与组织认知偏差所造成的。因此，组织需要进行建立愿景、系统思考、改变心智、团队学习和自我超越。在这个不断学习和探索过程中，组织领导力至关重要。如同我们在白下高新区案例所看到的，领导力对于组织改变所起到了巨大影响。在高新区管理中，组织往往具有较强的行政化色彩，大多数领导方式还停留在上下级的领导方式中，往往强调的是监管、指令、指挥和考核等。学习型组织更需要的是平行领导，在平等、非借助权力的状态下，用企业的愿景和价值观、个人的情商和性格魅力、良好的沟通协调等方式推动团队向前发展并有效完成既定目标。

数字化时代组织学习还要求组织具有数字化领导力，它需要领导者勇于突破和创新，克服困难推动转型；需要领导者构建并维护组织的网络、平台、生态环境，赋能以实现组织目标；需要构建新的组织模式和组织文化，以长远的目的和价值观维护组织的向心力，赋能员工更多的自发自主性。数字化领导要具有积极的冒险精神，敏锐察觉到数字环境细小而关键的变化，和组织成员进行平等沟通。

业务流程上，领导者需要适应数字时代的变化，敏捷调整业务策略，达成业务目标。和传统领导力中的驱动业务相比，数字化领导力的特点在于"用导弹打移动目标"，一方面领导者需要把目光放得更加长远，以数字化洞察力引领组织的变革方向；另一方面还需要紧盯不断变动的短期目标，在战略执行和目标管理上进行动态管控，在信息不完整的时候当机立断地及时决策。同时，成功地描绘新的蓝图、新的愿景，从架构调整、文化方面来做全方位的组织变革，重构组织关系，带领组织成员完成数字化转型。

第八章　高新区评价管理：组织
控制与保持竞争优势

第一节　高新区评价理论与方法

迄今为止，我国高新区发展历程已有 30 多年。为了指导和管理高新区的发展，各方在不同阶段确立了不同的高新区评价标杆，高新区评价贯穿高新区建设和发展的全过程。高新区相关评价可大致划分为综合评价和专项评价。

一、综合评价

（一）综合评价的理论基础

高新区综合评价涉及的相关理论基础主要包括三大理论，即系统评价理论、信息论和管理控制论。

1. 系统评价理论

系统评价（System Evaluation）是一个过程，它由设想、议题或问题开始，用明确的系统思想对评价对象进行分析，以评价目标来衡量评价对象的系统属性，并将此属性转化为系统价值。由于系统评价理论（System Evaluation Theory）最初受益于运筹学（OR）、系统分析（SA）和系统工程（SE），因此表现出面向问题管理的"硬"方法（"Hard" Systems Approaches）特征，这种方法的前提条件是问题能够被完全定义。但 20 世纪 70 年代到 80 年代初期，由于系统的复杂性和人们理解的差异性，越来越多的问题无法提前被完全定义，这就导致具有"硬"方法特征的系统评价理论受到各界的批评。在此情景下，"软"系统思想便应运而生，这一时期系统评价理论受益于模糊数学、认知科学和社会科学方法的发展，导致这一时期的系统评价模型不仅限于数学模型，而且还可以给出其他形式的描述，系统评价给出的评价方案也出现了满意解的情况。到 80 年代后期，一种"软"系统方法学（"Soft" Systems Methodology）被 Check land 和 Scholes 提出，但其中一些评价方法并未同系统评价理论有机结合。80 年代中期批判主义系统思想（Critical Systems Thinking，CST）发展了起来，它是在批判各种系统思想的局限性基础上发展起来的，可视为一种集成性思想。CST 有四个原则，分别是寻求社会意识、致力于人的解放、以互补观点包容所有系统方法和显示出批判意识。基于此四项原则，Flood 和 Jackson（1991）提出了全面系统的介入法（Total Systems Intervention，TSI），此方法包括三个阶段，即确定议题、选择介入系统的方法和改变系统状况，也即创建、选取和实现三个过程。该方法在社会、资源和环境评价中不断发挥着作用。

系统评价的主要任务是从评价主体所给定的评价尺度出发，进行首尾一贯、无矛盾的价值测定，来获得大多数人都可接受的评价结果，从而为正确决策提供信息支持。现有的系统评价理论大致可分为三类：第一类是以数理理论为基础的评价理论，此理论多用严密、定量的数理解析方法对评价对象加以描述；第二类是以统计为主的评价方法；第三类是重视决策的方法。

综合评价强调对高新区进行系统、合理且全面的评价，通过系统分析和计算，提高对高新区总体的认知水平。综合评价不可一概而论，应该根据具体的评价对象、评价主体、评价目的、时期和地点而定。

2. 信息论

信息科学是一门以问题为导向的科学，信息论（Information Theory）是研究信息的变换、储存和流通规律的理论。在高新区的评价中，学者多用到"信息熵"（Information Entropy）的概念。"熵"最早是热力学的一个概念，后来被应用到信息论中。信息熵的概念最早由信息论的创始人申农提出，他利用概率统计的方法，将熵看作随机事件的不确定性和信息量的测量，这奠定了现代信息论的理论基础。

在高新区评价时，评价者用信息熵来确定各个指标的权重（也称熵权）时，熵值越小，表明提供的信息量越多，指标越重要；熵值越大，表明提供的信息量越少，指标越不重要。显然，熵权法是一种客观的赋值方法，各项指标权重皆由数据本身确定，具有科学性和合理性。

3. 管理控制论

控制论（Cybernetics）的创始人是数学家维纳（Nobert Wiener），他利用经典和现代控制理论、智能控制和人工智能技术对复杂系统的通信和控制进行研究。1959 年，英国教授比尔（Stafford Beer）提出了"管理控制论"（Managerial/Management Cybernetics）的概念，他认为管理控制论是有关有效组织的概念。除比尔之外，英国管理学者贝克福德（John Beckford）和达德利（Peter Dudley）也给管理控制论下了一个定义，即管理控制论属于管理科学的一个分支，它以结构、信息和人员为出发点研究任何组织的集成整体。管理控制论有很多方法，主要包括以下几种独特和典型的控制论方法：一是戴明（Deming）的生产流程改进法，他提出了一个持续改进质量的模型，即 PDCA 循环；二是比尔（Beer）的活力系统模型法，他指出一个有活力的系统必须适应不断变化的环境；三是阿柯夫（Ackoff）的交互规划法，此方法强调系统思维；四是福雷斯特（Forrester）的系统动力学法，这是一种对不同规模动态系统进行综合定量研究的方法；五是圣吉（Senge）的五项修炼法，他的五项修炼包括自我超越、改善心智模式、建立共同愿景、团队学习和系统思维；六是贾圭斯（Jaques）的必备的组织和五音阶法；七是恩登堡（Endenburg）的全民协管法；八是贝克福德（Beckford）的整体管理控制论法，他强调从整体上对组织进行研究。

迄今为止，管理控制论已有 60 多年的历史，其不断被应用到高新区的管理中，高新区评价实质是用评价指标和结果对高新区进行有效的管理和控制。

（二）综合评价的目的与意义

综合评价对于高新区的管理和发展具有重要意义。由于高新区具有多重性质，为了实现对高新区的有效管理，不断促进高新区更好更快发展，对其进行综合评价就必不可少。

从学理上看，高新区是一个复杂的系统。系统具有整体性，系统内各个要素之间相互影响，因此需要从全局考虑。在高新区里，区位因子、文化因子、集群因子、技术因子和网络因子等综合发挥作用，从而形成高新区发展的动力。因此，在分析高新区发展时，需要综合考虑这些因素。此外，各个高新区之间的发展是不平衡的，对高新区之间的差异进行整体性认识也需要综合评价。

从管理实践上看，要提高对高新区管理的科学性，综合评价必不可少。对于政府主导兴建的高新区，管理委员会和相关政府部门需要监督其发展状态，对高新区内的情况有整体的把控，国家或省级政府管理部门需要对多个高新区的工作进行考核比较。此时，为各个高新区制定统一的综合评价体系就必不可少了。综合评价的目的可以大致概括为以下两点：

（1）引导高新区的发展。在市场经济条件下，由于隐蔽信息、隐蔽行为时有发生，"市场失灵"也越来越频繁，加之各个区域之间的竞争日益激烈，可能会导致高新区的发展背离政府最初的期望，因此，政府需要不断监督、引领高新区的发展。政府的意图可以通过制定综合评价体系传达至各个高新区，当高新区的发展出现偏离时，能通过决策实时进行调控。

（2）考核业绩，改进工作。在政府主导兴建的高新区中，一般会有政府的派驻机构——管理委员会对其进行管理，而综合评价的结果可以衡量管理委员会的工作业绩。这是因为高新区的发展绝不能仅仅用某一方面的成绩来展示，而应该是各个方面协调发展。在这方面，专项评价并不能展示出高新区的发展质量和发展水平，而综合评价能对管理委员会的工作结果有更全面的展示，其评价结果可作为管理委员会未来改进工作的参考。

二、专项评价

高新区的兴起带动了相关专项评价研究，如创新驱动发展评价、高质量发展评价和土地集约利用评价等。

（一）创新驱动发展专项评价

1. 创新驱动发展的内涵

当前，关于创新驱动发展内涵的阐述主要涉及两个领域，一个是政府关于创新驱动发展内涵的阐述，另一个是学术界关于创新驱动发展的阐述。此处仅讲解政府的阐述。

政府关于创新驱动发展内涵的阐述以《国家创新驱动发展战略纲要》（以下简称《纲要》）为代表。《纲要》指出，创新驱动发展是创新成为引领发展的第一动力，不断推动科技创新和制度创新、管理创新、商业模式创新、业态创新和文化创新相结合，并指出创新是发展的形势所迫，创新驱动打造发展新引擎，培育新的经济增长点，在此情境下，所以要推动发展方式向依靠持续的知识积累、技术进步和劳动力素质提升的方向转变，不间断地促进经济向形态更高级、分工更精细、结构更合理的阶段演进。

2. 创新驱动发展的理论基础

目前，政府和学术界关于创新的界定多采用约瑟夫·熊彼特（Joseph Alois Schumpeter）的观点，对创新驱动发展的界定多采用迈克尔·波特（Michael Porter）的观点。

约瑟夫·熊彼特在其《熊彼特：经济发展理论》一书中认为，发展不仅是对经济循环轨道的改变，更是对均衡的扰乱和打破。这里所谓的改变、扰乱和打破就是创新，即创新是通过新的生产方式、产品特性、市场、供应来源、组织方式的重新组合实现的。熊彼特认为，创新的衡量标准或界定标准应该包括以下方面：①是否解决了生产要素报酬递减的问题。创新可以通过不断地提高单一或者综合要素的生产率来抵消因为要素投入数量的增加而导致的单一要素或者全要素报酬递减的趋势。②是否解决了稀缺资源的瓶颈问题。创新可以通过生产要素的重新组合来突破经济发展中由于要素或资源的短缺所造成的瓶颈。

迈克尔·波特在其《国家竞争优势》一书中指出，一个经济体的发展会依次经历四个阶段，即要素驱动发展阶段、投资驱动发展阶段、创新驱动发展阶段、财富驱动发展阶段。其中，要素驱动发展阶段的主要动力是充足的劳动力和丰富的自然资源；投资驱动发展阶段的主要动力是大规模的投资；创新驱动发展阶段的主要动力是创新能力与水平；财富驱动发展阶段的主要动力是充足的财富资本投入到金融等财富型产业。

（二）高质量发展专项评价

1. 高质量发展的内涵

党的十九大提出中国特色社会主义进入了新时代，而高质量发展是中国特色社会主义进入新时代的新表述。所谓高质量发展，是指高新区在发展过程中，不应只是某一方面取得突出成就，而应该实现全方位、多角度的产业链发展。高质量发展的内涵大致包括以下四个方面：①创新是高质量发展的驱动力。在构建高新区高质量发展评价体系时，应当注意考察高新区的科技创新能力，不只是考察其创立的科技产品，还应具体到知识产权方面，以全面、深入地评估高新区的科技创新能力和科技创新效率。②实现集约高效发展是高质量发展的目标。在新的发展阶段，不应该只关注 GDP 总量的增长，还应该注意资源的投入和产出效率对比。③平衡充分发展是高质量发展的内在要求，避免出现过大的贫富差距，实现经济的可持续健康发展。④坚持绿色生态发展是高质量发展的环境要求。

2. 高质量发展的理论基础

德国物理学教授赫尔曼·哈肯（Hermann Haken）于 20 世纪 70 年代首次提出了协同学理论。协同学理论认为，任何复杂系统内都有两种运动趋向，一是子系统自发无序的运动，二是关联的子系统之间的运动。最终系统是由有序走向无序还是由无序走向有序要通过其子系统的发展形态而定。在一定条件下，各子系统之间的要素流通和相互合作就产生了协同效应。协同发展强调相互促进、共同发展，它是指两个或两个以上个体或资源相互协调、合作，共同完成目标，进而实现共同发展。协同发展强调"和谐"，因此，可以说协同发展是可持续发展的基础，同样也是实现高质量发展的理论基础。

可持续发展理论要求经济、社会、环境、技术和资源等各个层面指标之间的相互协调、共同发展。可持续发展理论主要包括：①基于经济层面的可持续发展。过度依靠要素投入的粗放型经济增长方式是不可取的，因为这种增长方式会破坏环境，最终会制约经济的增长。②基于社会层面的可持续发展。可持续发展强调实现人类社会的协调发展，而社会可持续发展也是可持续发展的最终目标。社会可持续发展主要包括人口综合治理、提高全民文化素质和改善人居环境等方面。③基于资源环境层面的可持续发展。资源可持续发展是可持续发展的基础和前提。可持续发展强调在维护现有资源的基础上，不断强化自然为人类服务的能力。④基于技术创新层面的可持续发展。技术创新是可持续发展的手段。通过技术工艺和技术方法的不断改进，相应地提高生产效率，在增加经济效益的同时，减少污染物的排放，实现资源和环境的可持续发展。

（三）土地集约利用专项评价

在高新区发展的过程中，也出现很多资源浪费的现象，如土地资源的浪费就不利于高新区健康有序发展。因此，必须坚持对高新区进行定期或不定期的土地开发利用评价工作。

1. 土地集约利用的内涵

在国外，著名英国古典政治经济学家大卫·李嘉图（Davaid Riocardo）提出的地租理论中就涉及了农业用地集约利用方面的研究，它的含义是在一定面积的土地上投入更多要素，如劳动力和更先进的技术、工具等，以达到从小面积的土地上尽可能地获得更多的收益和产能。之后，德国经济学家杜能（Johann Heinrich von Thünen）在其著作《农业区位论》中提出了"杜能圈"理论，这本书也开启了对土地集约利用研究的新大门。土地集约利用的概念也在之后西方学者的推动下逐渐推广开来。

在国内，学者们关于土地集约利用的内涵尚未形成统一的定义。陶志红（2000）界定了城市土地集约利用的概念，即以合理布局、优化用地结构和可持续发展思想为依据，利用增加存量土地投入、改善经营管理等手段，进而提高土地的使用效率以及增加其经济效益。吴郁玲、曲福田和周勇（2009）提出了开发区土地集约利用的概念，他们指出开发区土地集约利用分为相对集约水平和绝对集约水平两个概念，两者的区别在于是否把开发区经济发展水平与土地集约利用联系起来，例如，绝对集约水平就是将开发区经济发展状况与土地开发利用分开研究，而相对集约水平是将两者结合在一起研究。

2. 土地集约利用的理论基础

土地集约利用相关理论主要包括边际报酬递减理论、脱钩理论、地租理论和系统论等。下面简要介绍边际报酬递减理论和地租理论：

边际报酬递减规律显示，要素在生产周期内有着最佳的投入比，在技术水平保持不变的情况下，当某一产品的要素投入量小于最佳投入比要求的要素投入量，这时边际报酬将随要素投入量的增加而增加，然而一旦超过最佳投入比要求的要素投入量，边际报酬就会随着要素的不断增加而减少。在技术水平保持不变的情况下，单位面积土地产出随着资本、劳动等要素的投入而不断增加，但超过最佳投入比要求的要素投入后，单位面积土地产出将会随着劳动、资本等要素的投入而出现递减的趋势。但若此时社会制度或科学技术出现巨大的进步，土地利用的生产资源组合会再一次趋于合理，从而导致单位面积土地产出再次出现递增的趋势，当科学技术和社会制度再次趋于稳定时，单位面积土地产出会再次出现递减现象。

地租理论源于斯密时代，这一时代地租理论的代表作是威廉·配第的《赋税论》和亚当·斯密的《国富论》。斯密认为，地租是使用土地所付出的代价，其地租理论可以分为对生产者和宏观分配两个方面。首先，对单个生产者而言，由于地租是土地用作某种用途时所放弃的机会成本，所以可以说地租是成本的一部分，也正因为此，地租可以演变为单个厂商产品价格的一部分。其次，在宏观分配理论中，地租作为一个整体，没有可供选择的其他用途，可以说其机会成本为零。也由于土地供给曲线是一条垂直的线，因此地租的大小就取决于土地需求的多少。当代地租理论是以新古典经济学为理论基础形成的。其代表人物之一是美国经济学家萨缪尔森，他认为地租是由土地数量固定的特性和土地需求之间的矛盾决定的，是使用土地所付出的代价。由于土地的供给缺乏弹性，因此地租完全取决于土地需求者给出的竞争性价格。

（四）专项评价的目的与意义

由于各个高新区土地面积、发展基础、支撑环境等存在差异，因此对各个高新区的评价体系设计不能一概而论，需要根据认知或管理需求的内容进行针对性评价指标体系的设计，这样才能对高新区的现状有更深刻的认识，进而实施更加科学的管理，引导高新区朝着更好更快的方向发展。

专项评价的目的与综合评价比较类似，但比综合评价更具针对性。专项评价也是为了引导园区发展，但可能更多是引导评价的专项这一方面的发展，如创新发展指数的应用，更有利于形成对高新区创新发展的全面认识，有利于引导高新区创新方面实现良性发展。专项评价也是为了考核业绩、改进工作，但更利于发现评价专项方面出现的问题，从而有助于管理委员会改进相关工作。

三、高新区评价方法论

（一）高新区评价系统

高新区评价是指评价主体根据其特定的目的，采用相应的评价手段与标准，对高新区的属性和状态的一种认识活动。从系统论的角度来看，高新区的评价系统是由若干相互联系、相互依存的要素组成的有机整体。

如图 8-1 所示，当学术界或管理部门出于某种目的，需要对科技园区的属性或状态有更深刻的认识时，就产生了评价需求。而这些产生的具体的评价需求就决定了评价内容。根据已经明确的评价内容，评价主体依据相应的评价理论，遵循一定的评价原则，运用恰当的评价方法，确立科学合理的评价指标，对科技园区进行评价。这一过程受到一定的边界条件的限制，这些边界条件构成科技园区评价体系的环境。边界条件具体包括时间条件、空间条件和发展条件。时间条件是指对科技园区的评价应在一定的时间节点内，只能是从"过去"到"现在"，"未来"不在评价的范围内。空间条件是指评价的区域范围，即对谁评价、评价主体位于哪个地理区域内的问题。发展条件是指评价要考虑当代社会的技术、经济、文化和生态等发展水平。评价指标具有双重性质：首先，评价指标具有主观性，它在一定程度上是评价主体主观意志的体现，反映了评价者的某种目的或期望；其次，评价指标具有客观性，其设立遵循了一定的原则方法，且评价指标是评价的客观依据，规定了评价者的评价范围。最终，通过对科技园区的评价得出相应的评价结论，为科技园区现有问题的解决和未来的发展提供指导。

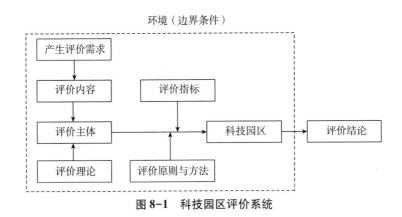

图 8-1　科技园区评价系统

（二）指标权重确定方法

在对高新区进行评价时，通常会需要多个评价指标，每个指标的相对重要性不可能完全相同，因此用权重系数来表示评价指标的相对重要性。但不同的评价方法可能得出的权重系数是不一样的，所以进行高新区评价时需要选取恰当的评价方法，下面介绍的是现在学者常用的四种高新区评价方法。

1. 层次分析法（AHP 法）

层次分析法通过分析复杂问题所包含的因素和指标，把这个复杂问题进行分解，形成不同的指标，并将这些指标进行层级和类别的划分，进而形成多层多类别结构。通过从上到下比较两两因素的相对重要性，按照 1~9 分制进行比较打分。之后，将相关打分结果列成矩阵形式，利用相关软件进行分析，通过计算矩阵的标准化特征向量和进行一致性检验，得出层次单类别权重值，在此基础上，与上一层次本身权重进行加权综合，即可得出层次总排序权重值。

2. 主成分分析法

主成分分析法是把原来多个变量划为少数几个综合指标的一种统计分析方

法。从数学角度来看，这是一种降维的处理技术。主成分分析法认为，一个研究对象往往是多要素的复杂系统，而变量过多会大大增加问题的难度。利用原有变量之间的相关关系，用较少的新变量替代原先的复杂变量，并使这些较少的新变量尽可能地保留原先变量的信息，这样问题就相应地简化了。主成分分析法的具体计算步骤大致可分为如下几个部分：①将原始数据标准化（无量纲化处理）；②建立相关系数矩阵；③计算相关系数矩阵的特征值、特征向量、特征值累计贡献率；④确定主成分个数；⑤计算各个主成分得分；⑥计算各样本的综合得分。

3. 熵值法

熵值法属于客观分析法的一种。"熵"最早作为热力学的概念被提出，后来被引入信息论中表示对不确定性的一种度量。熵值越小，表明提供的信息量越多，指标越重要；熵值越大，表明提供的信息量越少，指标越不重要。可以通过计算熵值来判断一个事件的随机性及无序程度，也可以用熵值来判断某个指标的离散程度，指标的离散程度越大，该指标对综合评价的影响越大。

4. 系统聚类法

系统聚类法是运用数学工具将事物进行科学分类的方法，能够在对一组庞大样本进行分析时，迅速找到一些可以衡量样本之间相似程度的统计量，并以这些统计量为依据，将一些相似程度大的样本聚合为几个大类。可以说，系统聚类法是一种理想的多变量统计方法。在对高新区进行评价分析时，系统聚类法可以迅速帮助研究者把握高新区的特点，更有利于高新区相关政策的制定。

第二节　高新区现有评价指标体系

高新区评价指标体系是引导高新区发展的指向标，各方都应该对高新区评价指标体系有深刻的认识。下面将按照综合评价和专项评价的分类，对相关评价指标体系的研究概况和一些典型的指标体系进行介绍。

一、综合评价指标体系

（一）综合评价指标体系研究概况

作为国家高新区管理机构，科技部火炬高技术产业开发中心自1988年成立以来，就不断地加深对高新区的认识和思考，并在不同阶段确立了不同的高新区评价标杆，以标杆指导和管理高新区的发展。科技部火炬高技术产业开发中心分别于1993年、1999年、2004年、2008年和2013年先后制定和修改了国家高新技术开发区评价指标体系，这成为高新区综合评价体系构建的典型代表。此外，李梦玲和赵希男（1995）利用专家咨询法和层次分析法，基于高新区集聚、孵化、开放、示范和辐射五大功能，构建了高新区综合评价指标体系，对协调高新区进一步发展起到推动作用。陈益升和欧阳资力（1996）通过对高新区的功能分析、国际经验分析和国情分析，构建了涉及经济、科技和环境三个方面，共计 9个一级指标、37 个二级指标的评价指标体系。宋化民等（2000）以系统论、信息论和控制论为指导，从投入和产出两个方面构建了高新区综合评价指标体系，这个评价体系更多地关注高新区自身发展。其他学者也对高新区的综合评价做出了突出贡献。

显然，随着高新区的不断发展，综合评价指标体系所涉及的内容和侧重点也有所变化，如经济指标已经不再是高新区评价的标志性指标，这也体现出我国高新区综合评价指标体系设计与时俱进的特点。

（二）典型综合评价指标体系介绍

在现有的众多的综合评价体系中，最典型、最权威、最具代表性的应该是科技部火炬高技术产业开发中心分别于 1993 年、1999 年、2004 年、2008 年和2013 年先后制定和修改的国家高新技术开发区评价指标体系。

1. 评价指标的演变背景

1988 年火炬计划开始实行，要求在有条件的地区建立高新技术开发区，以给高新技术企业提供成长的土壤。1991 年 3 月 6 日，国务院印发《关于批准国家高新技术产业开发区和有关政策规定的通知》，拉开了"一次创业"的序幕。高新区第一次创业阶段为 1991～2001 年，主要是在国家制度的安排下，利用优惠政策等"外力"强力推动生产要素向高新区集聚。这一阶段，入园门槛设置不高，很多传统企业和传统生产要素有时也会被引进，且此时的园区主要是依靠土地开发等实现扩张式发展。

国家科委"火炬办公室"于 1992 年开始酝酿国家高新区考核评价指标体系，并于 1993 年颁布实施了《国家高新技术产业开发区考核标准（试行）》。该考核标准包括经济、资本、建设、企业、创业中心、人才、外企、工业产值 8 个一级指标和 27 个二级指标。此次评价侧重于对高新区的经济总量、发展状况、利用外资情况等硬环境的考核。1996 年，国家科委"火炬办公室"会同有关专家学者共同组成了"中国高新区考核评价指标体系研究课题组"，在对高新区进行系统分析、功能分析、国情分析、国际经验分析的基础上，将原有考核标准进行了修改完善，并于 1999 年颁布实施《国家高新区评价指标体系（试行）》。

科技部火炬中心这两次指标体系的颁布，为"一次创业"阶段提供了指标指引，全国高新区建设也取得了显著成效。截至 1992 年，国务院分两批建立的

52 个高新区，加之北京市新技术产业开发试验区，共 53 个高新区，1992 年的总收入仅为 230.9 亿元，其中工业总产值仅为 186.8 亿元。而到 2000 年，总收入达到 9209.3 亿元，其中工业总产值为 7942.0 亿元。相较 1992 年，总收入增长了 39.9 倍，工业总产值增长了 42.5 倍。

"一次创业"推动了高新区产业的发展，这为"二次创业"提供了良好的基础。"二次创业"的基本内涵可概括为：国家高新区要努力实现依靠科技创新的内涵式发展；要注重优化配置科技资源和提供优质服务的软环境建设；要不断开拓国际市场；要集中优势发展特色产业和主导产业；要建立适应中国特色的社会主义市场经济和适应高新技术产业发展规律的新体制、新机制。

应"二次创业"的要求，国家科技部火炬中心于 2003 年重新制定颁布了《国家高新区评价指标体系》。在 2004 年，国家科技部火炬中心又重新修订了原体系的创新创业环境部分，并在长春会议期间以会议文件的方式再次公布了《国家高新区评价指标体系》。这两套指标基本相同，只是 2004 年对 2003 年指标体系中创新创业环境部分进行了部分修订，但依然都是对高新区发展状况的总体反映。2007 年，科技部结合时任国务院总理温家宝于 2005 年考察中关村科技园时提出的"四位一体"的高新技术产业园定位，重新修订了对国家高新区发展指标的评价导向，并于 2008 年正式颁布实施第四版《国家高新区评价指标体系（试用版）》。

"二次创业"阶段火炬中心评价指标体系的颁布，有力地推动了中国高新区的进一步发展。2001 年，高新区企业总收入为 11928.4 亿元，其中工业总产值为 10116.8 亿。而到 2010 年，总收入达到 105917.3 亿元，其中工业总产值为 84318.2 亿元，分别增长了 8.9 倍和 8.3 倍。且出口创汇从 2001 年的 16.0 亿元增长到 2010 年的 92.7 亿元，这 5.8 倍的增长体现了我国出口创汇水平的不断提高。

2013 年至今，高新区迎来了"三次创业"阶段。这一阶段，高新区的发展更加注重营造创新创业生态，将创新创业作为重点，努力形成创新支撑发展、产城高度融合的创新经济体。为了实现"三次创业"阶段高新区的高质量发展，2013 年《国家高新区评价指标体系（修订版）》随着科技部《国家高新技术产业开发区创新驱动战略提升行动实施方案》一同发布，这次评价指标体系主要根据现阶段各国家高新区发展实际和发展态势，对世界一流高科技园区、创新型科技园区、创新型特色园区这三类园区实施战略提升行动，这为我国高新区又好又快、科学发展提供了理论指导。

在新指标体系的指引下，我国高新区"三次创业"阶段取得了不菲的成绩。2013 年，高新区企业营业总收入为 199648.9 亿元，工业总产值为 151367.6 亿元。而到 2018 年，高新区企业营业总收入增加到 346213.9 亿元，工业总产值增加到 222525.5 亿元，分别增加了 1.7 倍和 1.5 倍。

2. 1993~2008 年指标体系建立思路

为顺应不同时期的发展要求，科技部火炬中心不断建立和修改国家高新区评价体系。

1993 年指标体系是高新区评价过程的探索阶段，是国家科技部门首次将评价指标体系的方法引入我国高新区的管理之中，试图利用此模式来监督我国高新区的整体发展质量。此体系包括经济、资本、建设、企业、创业中心、人才、外企和工业产值 8 个一级指标，以及 27 个二级指标。这套指标体系的建立主要是为考核和监控我国高新区发展状况，因此较侧重于对高新区当期经济总量及发展状况的考核评价，强调利用外资情况和外资企业数量，以及对国外学成人员的招揽力度，偏好对硬环境的指标考核。

1999 年的高新区评价指标体系是在 1993 年评价体系的基础上，考虑到技术创新对高新区发展的推动作用，明确了高新区的功能，即集聚、孵化、辐射、开放和示范，进而在对高新区进行系统分析、国情分析、国际经验分析后确立的。这套指标体系包括技术创新、创业环境、发展、贡献和国际化五个一级指标和 24 个二级指标。这套指标体系的设立遵循以下原则：①体现导向型，能够引导高新区发展。②突出重点，指标少而精。③体现客观、公开、公正、公平。④以定量指标为主，辅以一定的定性指标。⑤体现分类指导的思想。⑥需要具有可操作性。⑦按照"三个有利于"原则，高新区的发展目标应为：第一，产业结构以高新技术产业为主，经济、产业协调发展；第二，实现较快的经济发展和良好的经济效益；第三，发展主要依靠科技进步和劳动者素质的提高；第四，具有科学的管理制度和管理水平；第五，社区环境优美，基础设施较为完善。

为了响应"二次创业"阶段的要求，2004 年高新区评价指标体系的设立考虑了需要汇集创新资源，营造创新环境，增强自主创新能力、推动科技创业等要求，在 1999 年指标体系的基础上，再次进行了修改。2004 年高新区的评价指标体系包括技术创新能力、经济发展和创新创业环境三个一级指标，以及科技产出、科技经费、科技人才、科技孵化、经济总量、经济质量、经济发展贡献、政策和服务环境、企业培育状况、硬件和基础设施环境 10 个二级指标与 33 个三级指标。其指标设立应遵循以下原则：①导向性原则。②突出重点、指标少而精。③体现客观、公开、公正、公平。④坚持现状与发展相结合。⑤体现分类指导思想。⑥按照"发展先进生产力的原则"，高新区的发展目标应为：第一，产业结构应该以高新技术产业为主，实现经济、产业的协调发展；第二，实现较快的经济发展和良好的经济效益；第三，发展主要依靠科技进步和劳动者素质的提高；第四，突出重点，指标少而精；第五，评价过程应该体现出客观、公开、公正、公平；第六，应体现分类指导的思想。

2008 年高新区评价指标体系定位于"政策评价"，强调目的性；动态监测，强调与国际接轨；突出重点，引导高新区发展方向；考虑高新区之间的差异，强调分类指导；指标设计也注重以定量为主、定性为辅。此指标体系由知识创造和孕育创新能力、产业化和规模经济能力、国际化和参与全球竞争能力、高新区可持续发展能力 4 个一级指标，以及 44 个二级指标构成。国家高新区评价指标体系建立原则主要有：从体现国家目标要求或政策导向的角度建立指标体系；从支撑性、投入性和产出性等不同角度选取指标，尽量使同一层次的各指标具有独立性；用效率等比值型指标以消除一些指标政策覆盖面的差异性影响；尽可能使用可统计的量化指标，选取适当的定性指标；按少、简、易操作的原则选择指标。

3. 2013 年指标体系建立思路

2013 年高新区评价体系是认真贯彻落实创新驱动发展战略的体现。从知识创造和技术创新能力、产业升级和结构优化能力、国际化和参与全球竞争能力及高新区可持续发展能力这四个维度出发，根据"三类园区"战略提升行动目标要点，构建了"三次创业"阶段的高新区评价指标体系。其中，对"三类园区"建设提出了如下目标：

第一，建设世界一流的高科技园区。建设世界一流高科技园区需要确立创新引领、战略示范的地位和作用，将其建设成为支撑国民经济持续发展的创新经济体、高效发达的局域创新系统，以及现代文明进步的新型城区。其目标要求如表8-1 所示。

表8-1　建设世界一流高科技园区目标要求

序号	指标	要求
1	企业研发投入占销售收入比例	8%
2	从业人员中硕士和博士占比	20%
3	从业人员中归国留学生和外籍常住人员占比	3%
4	国家级研发机构数	100 个
5	万人新增发明专利授权	40 项
6	国家级创新服务机构数	100 个
7	服务收入占营业收入比例	50%
8	产业集群与巨型企业数	2 个以上具有国际影响力的创新型产业集群，2 家超千亿元企业或 4 家超 500 亿元企业
9	从业人员人均增加值	70 万元/人
10	高新技术企业出口额占营业收入比例	15%

资料来源：中华人民共和国国家发展和改革委员会官网。

第二，建设创新型科技园区。创新型科技园区建设要求全面实现创新驱动、创新能力显著提升、创新环境进一步优化，使园区成为具有引领示范作用的科技、经济、社会等可持续发展的现代城市功能区，并进一步形成创新型产业集群，培育和集聚创新资源。其目标要求如表8-2所示。

表8-2　创新型科技园区目标要求

序号	指标	要求
1	从业人员中硕士和博士占比	8%
2	国家级研发机构数	50个
3	万人年新增发明专利授权	25项
4	国家级创新服务机构数	50个
5	经认定高新技术企业占企业总数比例	35%
6	服务收入占营业收入比例	35%
7	产业集群与巨型企业数	2个国内领先的创新型产业集群，2家超300亿元或4家超100亿元的企业
8	从业人员人均增加值	50万元/人
9	高新技术企业出口额占营业收入比例	10%
10	营业收入利润率	8%

资料来源：中华人民共和国国家发展和改革委员会官网。

　　第三，建设创新型特色园区。创新型特色园区要求实现创新驱动、内生增长，产业发展特色突出，特色产业链较为完整，围绕特色产业推动企业品牌、产业品牌和区域品牌建设，发展模式需有所创新。其目标要求如表8-3所示。

表8-3　创新型特色园区目标要求

序号	指标	要求
1	从业人员中本科（含）以上占比	25%
2	国家级研发机构数	20个
3	国家级创新服务机构数	20个
4	经认定高新技术企业占企业总数比例	30%
5	服务收入占营业收入比例	25%
6	产业集群与巨型企业数	2个在国内有重要影响力的产业集群，2家超100亿元或4家超50亿元的企业

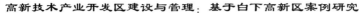

续表

序号	指标	要求
7	从业人员人均增加值	40 万元/人
8	出口额占营业收入比例	10%
9	营业收入利润率	7%

资料来源：中华人民共和国国家发展和改革委员会官网。

根据以上分析，2013 年高新区评价指标体系的构建具体如表 8-4 所示。

表 8-4　2013 年国家高新区评价指标体系

一级指标	二级指标
知识创造和技术创新能力（30%）	1.1 万人拥有本科（含）学历以上人数
	1.2 企业万元销售收入中 R&D 经费支出
	1.3 国家级研发机构数
	1.4 国家级孵化器数
	1.5 内资控股企业万人当年新增发明专利授权数
	1.6 管委会当年财政支出中对科技的投入额
	1.7 人均技术合同交易额
	1.8 工业增加值率
	1.9 企业利润率
	1.10 园区管委会的体制机制创新和有效运作评价
	1.11 园区发展符合国家导向评价
产业升级和结构优化能力（30%）	2.1 营业收入超 30 亿元高新技术企业数
	2.2 服务收入占营业总收入比例
	2.3 人均增加值
	2.4 高新技术企业数占企业总数比例
	2.5 国家级产业服务促进机构数
	2.6 万人当年新增的知识产权数（含注册商标）
	2.7 万人拥有的上市企业数量
	2.8 企业净资产利润率
	2.9 从业人员人均工资性收入占人均增加值比例
	2.10 园区科技金融发展状况评价
	2.11 园区战略性新兴产业和创新型集群培育及发展状况评价

续表

一级指标	二级指标
国际化和参与全球竞争能力 （20%）	3.1 海外留学归国人员和外籍常驻人员占从业人员的比例
	3.2 高新技术企业出口额占园区营业收入的比例
	3.3 技术服务出口额占出口总额的比例
	3.4 企业设立的境外分支机构数
	3.5 万人当年新增欧美日注册商标数
	3.6 万人当年新增欧美日专利授权数
	3.7 企业累计参与制定产业国际标准数
	3.8 当年内资控股企业的海外直接投资额
	3.9 园区实施人才战略与政策的绩效评价
	3.10 园区宜居性和城市服务功能的完善程度评价
	3.11 海外留学归国人员和外籍常驻人员占从业人员的比例
高新区可持续发展能力 （20%）	4.1 从业人员数增长率
	4.2 从业人员中硕士和博士占比

资料来源：中华人民共和国国家发展和改革委员会官网。

从科技部五次指标体系的发展变化来看，评价指标体系从最初的只关注定量指标向以定量指标为主、定性指标为辅转变；从注重硬环境建设向注重软环境建设转变；从注重招商引资、企业数量向注重企业质量转变；从注重引进创新技术向更加注重自主创新转变；从注重土地、资本等物质要素的投入向更加注重人才、技术等智力要素的投入转变。

二、专项评价指标体系

高新区的专项评价涉及很多方面，结合白下高新区现有的评价指标，本书选取了创新驱动发展、高质量发展和土地集约利用三个专项评价进行介绍。

（一）创新驱动发展评价指标体系研究概况

国内学术界关于创新驱动发展能力评价主要从三个角度展开：①基于创新过程的创新驱动发展能力评价。王进富等（2016）对全国各省创新驱动发展能力进行了评价，主要利用创新驱动主体要素、创新驱动发展投入要素、创新驱动发展产出要素、创新驱动发展环境要素四个一级指标构建评价指标体系。蒋玉涛（2009）从创新的含义和创新型区域的定义出发，构建了以创新投入、知识创造、技术应用、创新产出和创新环境为一级指标的创新驱动发展指标体系。②基于创新内容的创新驱动发展能力评价。吴海建等（2015）从创新驱动发展的内涵和工作维度出发，构建了由创新基础、创新支撑、创新成果、服务驱动和发展绩效 5 个一级指标、14 个二级指标和 97 个三级指标组成的创新驱动发展评价指标体系。王珍珍等（2017）基于创新驱动的内涵，构建了包括创新驱动投入、创新驱动支撑和创新驱动绩效三个一级指标的创新驱动发展评价体系，进而对福建省创新驱动发展情况进行评价。③政府关于创新驱动发展的考核评价。广东省出台了《广东省创新驱动发展工作考核实施办法》，其构建的创新驱动发展评价指标体系包括科技进步贡献率、战略性新兴产业增加值占地区生产总值比重、高新技术产品产值占规模以上工业总产值比重、技术自给率等 10 个指标。

综上所述，创新是第一驱动力，创新驱动发展能力评价受到社会各界的关注，其指标体系的研究也呈现百花齐放、百家争鸣的场景。

（二）高质量发展评价指标体系研究概况

殷醒民（2018）提出，高质量发展评价指标体系应该从以下五个维度进行构建，即全要素生产率（测定发展质量的核心）、科技创新能力、人力资源质量、金融体系效率和市场配置资源机制。朱启贵（2018）提出，依据高质量发展的内涵，建立高质量发展评价指标体系应包括六个方面，分别是动力变革指标、产业升级指标、结构优化指标、质量变革指标、效率变革指标和民生发展指标，他还指出，要推动高质量发展就必须完善国民经济统计体系。孟祥兰和刑茂源（2019）基于经济发展高质量、创新发展高质量、绿色发展高质量、协调发展高质量和民生发展高质量这五个维度构建了相应的高质量发展评价指标体系，采用加权因子分析法对湖北的 16 个地级市高质量发展水平进行了综合评价。李金昌等（2019）基于"人民美好生活需要"和"不平衡不充分发展"这个社会主要矛盾的两个方面，构建了包含五个部分共 27 项指标的高质量发展评价指标体系，这五个部分分别是经济活力、创新效率、绿色发展、人民生活和社会和谐。张震和刘雪梦（2019）将主客观赋权法和聚类分析结合，构建了包含七个一级指标、38 个二级指标的城市经济高质量发展评价指标体系，并对 2016 年我国副省级城市经济高质量发展水平进行了测量。

通过对高质量发展指标体系研究概况进行回顾，可以发现国内外学者基于不同角度进行高质量发展指标体系的构建，各有侧重。特别地，由于高质量发展是中国式概念，可以看出国内学者对高质量发展的指标体系研究更为透彻。

（三）土地集约利用评价指标体系研究概况

在国外，早在 20 世纪 30 年代，欧洲一些发达国家为了征收土地税，制定了一系列的土地评价系统。其中最突出的土地评价系统有 1933 年美国提出的"斯托利指数分等"（Storie Index Rating）、康奈尔评价系统（Cornell System）和德国同期提出的土地指数分等，这一时期的土地评价系统得到不断的完善。20 世纪末，环境、人口和资源之间的矛盾越发突出，这也导致社会对土地集约利用越发重视。于是，这一时期土地集约利用的评价伴随着经济社会的发展获得更加深入的研究。如在 1976 年，联合国粮农组织公布了《土地评价纲要》，这份纲要基本成为各国土地评价的参考标准，同时也促进了土地评价工作在全球范围内的展开。进入 21 世纪以后，伴随着科学技术的进步，城镇用地需求增长，生态环境面临更大的挑战，这导致探寻土地可持续利用的方式变得越发急切，土地集约利用的评价系统也更加深入和完善。

在国内，关于土地集约利用评价体系的构建，我国学者不仅获得了大量的科研成果，而且在实践中进行了广泛的应用。如彭建（2000）利用目标法构建了针对我国城市的土地高效集约化利用评价指标体系，该体系包括高效化和集约化两个主目标，其中集约化包括土地利用的紧凑化、土地利用的充分化和土地利用的综合化三个子目标。汪波和王伟华（2005）在理解城市土地集约利用内涵的基础上，构建了包含社会目标、经济目标和环境目标三个主目标的土地集约利用评价指标体系。刘超等（2018）利用系统论的要素—结构—功能原理构建了包含经济功能、社会功能和生态功能三个一级指标和七个二级指标的土地利用多功能分类评价指标体系。丁一等（2020）同样基于系统论原理，认为各个子系统及其要素均存在着相互作用与相互影响，因此决定从局部对土地利用进行评价，依据土地功能方面的差异性，将用地类型分为商业用地、工业用地和居住用地三大类，基于其揭示的城镇低效率用地认定的内外部特征，构建了三种不同用地类型的城镇低效用地识别评价指标体系。

综上所述，关于土地集约利用的评价系统，国内外都进行了大量的研究，为了实现可持续发展，建立资源节约型、环境友好型社会，对高新区进行土地集约利用相关评价是不可或缺的。

第三节　白下高新区现有评价指标体系

白下高新区现有的评价指标体系主要包括省级高新区创新驱动发展评价、南京高新区高质量发展评价和白下高新区土地集约利用评价三类专项评价。

一、白下高新区创新驱动发展评价指标体系

由于高新区是江苏省实施创新驱动的重要载体，因此为深入实施创新驱动发

展战略，必须推动全省的高新区在转方式、调结构、促转型中发挥引领和示范作用。基于此，2016年6月，江苏省政府办公厅首次发布了《江苏省高新技术产业开发区创新驱动发展综合评价办法》，其中包括《江苏省高新技术产业开发区创新驱动发展综合评价指标体系》，在各个高新区递交相关材料后，省科技厅又聘请专家学者组成创新驱动发展综合评价专家小组，最终得出各个高新区创新驱动发展综合评价的结果和排序。

《江苏省高新技术产业开发区创新驱动发展综合评价指标体系》包括知识创造和技术创新能力、产业升级和结构优化能力、国际化和参与全球竞争能力以及可持续发展能力四个一级指标和44个二级指标（见表8-5）。可以看出，此指标体系在一定程度上参考了科技部历年的典型综合评价指标体系，但此指标体系更为重点地突出了创新驱动发展导向。

表8-5　江苏省高新技术产业开发区创新驱动发展综合评价指标体系

一级指标	序号	二级指标	单位
知识创造和技术创新能力（30%）	1	万人拥有本科以上学历（含本科）数	人
	2	规模以上工业企业万元销售收入中R&D经费支出	元
	3	省级以上研发机构数	个
	4	省级以上科技创业载体面积	万平方米
	5	内资控股企业万人当年新增发明专利授权数	件
	6	财政科技经费投入及增幅	万元，%
	7	人均技术合同交易额	元
	8	工业增加值率	%
	9	企业利润率	%
	10	企业科技税收减免额	万元
	11	省级以上人才计划人才数	人
	12	园区管理机构、体制机制创新和有效运作评价	定性
产业升级和结构优化能力（30%）	13	高新技术产业产值占规模以上工业产值比重	%
	14	营业收入超30亿元高新技术企业数	家
	15	服务收入占营业总收入比例	%
	16	高新技术企业占企业总数比例	%
	17	万人当年新增的知识产权数（含注册商标）	件
	18	万人拥有上市企业数量	家
	19	企业净资产利润率	%

续表

一级指标	序号	二级指标	单位
产业升级和结构优化能力（30%）	20	从业人员人均工资性收入占人均增加值比例	%
	21	高新技术产业投资额占固定资产投资额比重	%
	22	高新技术产业用地率	%
	23	园区科技金融发展状况评价	定性
	24	战略性新兴产业和创业型产业集群培育及发展状况评价	定性
国际化和参与全球竞争能力（20%）	25	海外留学回国人员和外籍常驻人员占从业人员比例	%
	26	高新技术企业出口额占园区营业收入比例	%
	27	技术服务出口额占出口总额比例	%
	28	企业设立境外分支机构数	个
	29	万人当年新增欧美日注册商标数	件
	30	万人当年新增欧美日专利授权数	件
	31	企业累计参与制定产业国际标准数	件
	32	当年内资控股企业的海外直接投资额	亿元
	33	实际使用外资额	万美元
	34	进出口总额	万美元
可持续发展能力（20%）	35	园区宜居性和城市功能的完善程度评价	定性
	36	从业人员数增长率	%
	37	从业人员中硕士和博士占比	%
	38	企业数量增长率	%
	39	企业上缴税收总额增长率	%
	40	高新技术产业用地产出强度	万元/公顷
	41	省级以上科技公共服务平台数	个
	42	单位增加值综合能耗	吨标煤/万元
	43	生态园区建设情况评价	定性
	44	园区创新政策先行先试、"政产学研资介用"合作互动与知识产权保护评价	定性

资料来源：江苏省科技厅网站。

二、南京高新区高质量发展评价指标体系

为加快推进南京市高新区的高质量发展，促进争先进位，根据《国务院关于促进国家高新技术产业开发区高质量发展的若干意见》（国发〔2020〕7号）、

《南京高新区深化管理体制改革实施方案》（宁委发〔2020〕15号）、《南京市推进高新园区高质量发展行动方案》（宁委发〔2018〕44号）等文件精神，结合南京市高新区发展实际，制定了南京市高新区高质量发展评价指标体系。

制定南京市高新区高质量发展评价指标体系的指导思想可概括为以下几点：第一，坚持问题导向。针对南京高新园区发展中的薄弱环节，设定相应指标，着力推动园区深化对标找差，激发创新发展内生动力，补短板、拉长板、争样板，做强优势、突出特色，不断推动创新发展。第二，坚持目标导向。对标"世界一流高科技园区"建设核心指标，以考核传导压力，以考核引领发展，以考核促进落实，明确高新园区发展目标任务，找准重点考评方向，促进高新园区建设发展提质增效。第三，坚持产出导向。坚持扩容与提质并举，夯实基础、制度先行，突出产业支撑，加强考核指标产出，加大核心任务考核比重，强化园区企业核心竞争力，发挥高新园区高质量发展的主阵地、主战场作用。

南京市高新区高质量发展评价的指导思想主要包括以下几点：第一，量质并重原则。聚焦高质量发展，坚持以质为主、量质并重，统筹考虑绝对量指标和相对量指标设置，既强调奋斗目标激励，又体现产业指标引导。第二，分类指导原则。坚持统筹协调，注重分类指导，兼顾园区发展规模与效益，细化共性指标和个性指标，突出差异化，鼓励园区特色发展。第三，科学规范原则。遵循科学规范的程序，采用定量与定性相结合的方法，力求指标设置的科学性和可操作性，提升考评数据的权威性和可靠性，确保评价结果的客观公正。

南京市高新区高质量发展评价指标体系包含创新能力与创业活力、企业培育与产业竞争力、开放创新和国际影响力以及创新驱动与持续创新力四个一级指标和36个二级指标。具体指标体系内容见表8-6。

表8-6　南京市高新区高质量发展评价指标体系

一级指标	序号	二级指标		指标类型	数据来源
创新能力与创业活力	1	规模以上企业研发投入	总额（亿元）	定量	市统计局
			同比增幅（%）		
			总额占营业收入比重（%）		
	2	新型研发机构当年新增备案数（家）		定量	市委创新办
	3	新型研发机构新增孵化与引进企业产业创新集群集聚度（%）		定量	市科技局
	4	新型研发机构当年实现营业收入总额（亿元）		定量	市委创新办
	5	省级以上（国家与省级当量比为1:4）研发机构数（家）		定量	园区报送

续表

一级指标	序号	二级指标		指标类型	数据来源
创新能力与创业活力	6	园区研发投入强度达5%且营业收入过亿元的规模以上企业数（家）		定量	市统计局
	7	有研发活动的规模以上企业	总数占规模以上企业总数的比重（%）	定量	市统计局
			占比同期提升百分点（%）		
	8	园区当年新增工商注册企业数（家）		定量	园区报送、市市场监督管理局
	9	园区每平方千米已开发面积的全口径生产总值（亿元）		定量	园区报送、市统计局
	10	园区管委会营造创新创业环境及发展导向符合创新型城市建设总体要求		定性	总结报告、调查问卷
企业培育与产业竞争力	11	高新技术企业	总数（家）	定量	市科技局
			当年净增高新技术企业数（家）		
			同比增幅（%）		
	12	规模以上高新技术企业占规模以上企业比重（%）		定量	市统计局
	13	规模以上企业营业收入利润率（%）		定量	市统计局
	14	当年获得国家科技重大专项和省重大科技成果转化专项数（项）		定量	园区报送
	15	当年新增科技型中小企业数（家）		定量	市科技局
	16	当年新增高成长性（独角兽与瞪羚当量比为1∶5）企业数（家）		定量	园区报送
	17	当年新增上市企业（不含新三板挂牌）数（家）		定量	园区报送、市金融监管局
	18	创投企业	当年新增备案数（家）	定量	园区报送、市发展改革委、市金融监管局
			管理创投资本规模（亿元）		
			管理创投资本规模同期增幅（%）		
	19	规模以上高技术制造业	产值（亿元）	定量	市统计局
			产值同比增幅（%）		
			产值占规模以上制造业产值比重（%）		
	20	规模以上高技术服务业	营业收入（亿元）	定量	市统计局
			营收同比增幅（%）		
			营收占规模以上服务业营收比重（%）		
	21	园区新业态新产业培育及创新型产业集群打造情况评价		定性	总结报告、调查问卷

续表

一级指标	序号	二级指标		指标类型	数据来源
开放创新和国际影响力	22	园区拥有海外留学归国和外籍常驻从业人员数（人）		定量	园区报送
	23	园区企业在境外设立的研发机构（含离岸孵化器和海外协同创新中心）以及全球知名企业在园区设立的高端研发机构数（家）		定量	园区报送
	24	技术合同成交额（亿元）		定量	市科技局
	25	企业发明专利授权	当年新增数（件）	定量	省知识产权信息服务中心
			同期增幅（%）		
	26	企业当年新增 PCT 专利申请量（件）		定量	省知识产权信息服务中心
	27	园区创新政策先行先试、重点工作落实情况评价		定性	总结报告、调查问卷
创新驱动与持续创新力	28	高新技术产业投资	投资额（亿元）	定量	市统计局
			同期增速（%）		
	29	园区产业投资（固定资产投资）增速（%）		定量	市统计局
	30	园区当年新增引进高层次人才数（人）		定量	园区报送
	31	省级以上（国家与省级当量比为1：4）创业服务机构数（家）		定量	园区报送
	32	省级以上科技孵化器在孵企业数（家）		定量	市科技局
	33	高新技术企业享受研发费用加计扣除减免税	总额（亿元）	定量	市税务局
			享受研发费用加计扣除的高新技术企业数占高新技术企业总数的比重（%）		
	34	规模以上企业税收贡献率（%）		定量	市税务局、市统计局
	35	园区管委会当年可支配财力（万元）		定量	园区报送
	36	园区工作体系建设与报送数据资料及时性、准确性及完整性情况评价		定性	总结报告、调查问卷
加分项	37	在深化创新型城市建设和推进高质量发展中做出突出贡献的视情加分			
减分项	38	评价年度内发生重大安全生产事故的视情扣分；园区年度发展任务目标未能完成的视情扣分			

资料来源：南京高新区发展领导小组办公室文件。

三、白下高新区土地集约利用评价指标体系

白下高新区为深入贯彻《国务院办公厅关于促进开发区改革和创新发展的若干意见》（国办发〔2017〕7号）和《中共江苏省委江苏省人民政府关于促进全省开发区改革和创新发展的实施意见》（苏发〔2017〕19号）文件精神，全面准确掌握开发区土地开发利用状况，提升土地供给质量，推动经济高质量发展，充分发挥节约集约用地评价考核机制的导向作用，从而进一步提高开发区土地利用质量和效益，组织开展了2020年度白下高新技术开发区土地集约利用评价工作，并构建了相应的土地集约利用评价指标体系。

白下高新区土地集约利用评价指标体系的构建依据以下原则：①综合性原则。即相关评价工作应从开发区土地利用状况、用地效益和管理绩效等方面综合评价高新区的土地集约利用状况。②主导性原则。此次评价工作的重点应放在分析对土地集约利用起支配作用的主导因素上面。③政策导向性原则。即评价工作要符合相关法律法规，贯彻国家对开发区的管理政策，指标的选择也要体现高新区的定位和发展方向。④因地制宜原则。即评价标准的确定需要考虑到开发区的区位条件、地理状况、园区类型、发展阶段等情况。⑤点面结合原则。即在整体评价的基础上要选择典型样点深入分析。

依据《开发区土地集约利用评价规程（2014年度试行）》，从白下高新区批准范围的土地利用状况、用地效益和管理绩效三个角度，构建了相应的南京白下高新技术产业园土地集约利用评价指标体系，具体如表8-7所示。

表8-7 南京白下高新技术产业园土地集约利用评价指标体系

目标	子目标	指标
土地利用状况	土地利用程度	土地开发率
		土地供应率
		土地建成率
	土地利用强度	综合容积率
		建筑密度
用地效率	综合用地绩效	综合地均税收
		人口密度
管理绩效	土地利用监管绩效	土地闲置率

资料来源：2020年度南京白下高新技术产业开发区成果报告。

对于开发区来说，土地集约利用评价指标的权重能够反映相应评价因素对土地利用集约度的影响程度，评价因素对土地利用集约程度影响力越大，权重越

大。白下高新区此次土地集约利用评价指标的权重由自然资源部统一下发，具有较好的科学性和适用性。具体评价指标的权重如表8-8所示。

表8-8　南京白下高新技术产业园土地集约利用评价指标权重

评价范围	权重值	目标	权重值	子目标	权重值	指标	权重值
批准范围	1	土地利用状况	0.62	土地利用程度	0.41	土地开发率	0.24
						土地供应率	0.34
						土地建成率	0.42
				土地利用强度	0.59	综合容积率	0.55
						建筑密度	0.45
		用地效益	0.28	综合用地绩效	1	综合地均税收	0.53
						人口密度	0.47
		管理绩效	0.1	土地利用监管绩效	1	土地闲置率	1

资料来源：2020年度南京白下高新技术产业开发区成果报告。

　　评价指标理想值的确定无疑是开发区集约评价的重点和难点，理想值的合理性会直接影响评价结果的科学性，开发区土地集约利用评价指标的理想值应当按照集约用地原则，在符合有关法律法规、国家和地方制定的技术标准、土地利用总体规划和城市总体规划等要求的前提下，结合开发区实际确定。理想值原则上应不小于现状值。《开发区土地集约利用评价规程（2014年度试行）》中推荐了目标值法、经验借鉴法等确定方法。此次白下高新区理想值的设定主要依据开发区所在地区区域发展规划和城市规划，并结合开发区自身经济发展状况，应用规程中相应的理想值确定方法设定本次评价的具体理想值。具体土地集约利用指标的理想值见表8-9。

表8-9　南京白下高新技术产业园土地集约利用评价指标理想值

目标	子目标	批准范围评价指标	现状值	理想值	理想值确定依据
土地利用状况	土地利用程度	土地开发率	100	100	目标值法
		土地供应率	100	100	目标值法
		土地建成率	100	100	目标值法
	土地利用强度	综合容积率	1.51	2	经验借鉴法
		建筑密度	31.15	35	目标值法
用地效益	综合用地绩效	综合地均税收	528.86	600	目标值法
		人口密度	219.03	250	目标值法

续表

目标	子目标	批准范围评价指标	现状值	理想值	理想值确定依据
管理绩效	土地利用监管绩效	土地闲置率	0	0	目标值法

资料来源：2020 年度南京白下高新技术产业开发区成果报告。

第四节　白下高新区现有评价指标结果分析

考虑到评价结果的可获取性和对白下高新区工作的反映，本章主要对白下高新区创新驱动发展和土地集约利用的评价结果进行分析。

一、白下高新区创新驱动发展评价结果

江苏省高新技术产业开发区创新驱动发展评价工作由省科技厅牵头组织，各高新区负责该项评价数据资料的收集、汇总和报送。综合评价工作每年开展一次，评价数据采用上一年度数据，评价结果反映全省高新区上一年度创新驱动发展综合情况。江苏省创新驱动发展评价一般每年 12 月开始，次年 4 月底结束。下面将从横向和纵向的角度分别对白下高新区创新驱动发展评价结果进行分析。

（一）白下高新区创新驱动发展评价的横向比较分析

横向比较是指对空间上同时并存的事物的既定形态进行比较。截至 2021 年 5 月，2020 年度的江苏省创新驱动发展评价结果尚未发布。因此，本章关于白下高新区的横向比较的数据将采用 2019 年度的江苏省创新驱动发展评价的结果。

本节主要从三个方面对白下高新区创新驱动发展评价结果进行横向分析，分别是 2019 年江苏省高新区创新驱动发展评价结果比较、2019 年江苏省省级高新区创新驱动发展评价结果比较和 2019 年江苏省高新区创新驱动发展评价重要指标比较。

1. 2019 年江苏省高新区创新驱动发展评价结果比较

参与本次江苏省创新驱动发展评价的高新园区共有 51 家，包括 18 家国家高新区、3 家国家高新园、21 家省级高新区和 9 家筹建的省级高新区。白下高新区在 2019 年度江苏省高新区创新驱动发展评价中的得分和排名如图 8-2 所示。

在全省高新区共同参与的创新驱动发展评价中，白下高新区总得分为67.094，位列全省高新区第 16。其中，知识创造和技术创新能力得分为 17.847，

位列全省高新区第 37；产业升级和结构优化能力得分为 22.061，位列全省高新区第 7；国际化和参与全球竞争能力得分为 12.056，位列全省高新区第 43；可持续发展能力得分为 15.130，位列全省高新区第 13。

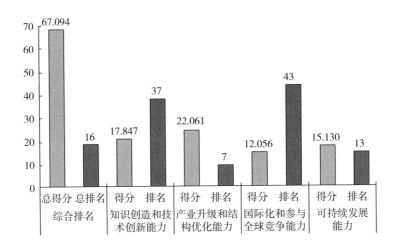

图 8-2 2019 年度白下高新区在江苏省高新区创新驱动发展评价中的表现

就总体排名而言，可以看到，南京市白下高新区的总排名在 51 个参评高新区中居于较上层次。由于江苏省包含 18 个国家级高新区，它们获得的各方面支持远比省级高新区要多，而白下高新区作为省级高新区，能超过一些国家级高新区，取得全省高新区第 16 的成绩，实属不易。其具体原因可大致概括为以下几个方面：第一，白下高新区位于江苏省的省会城市——南京市，相比淮安国家高新技术产业开发区、宿迁国家高新技术产业开发区和连云港国家高新技术产业开发区等位于苏北的高新区而言，区位条件总体较好；第二，白下高新区紧紧围绕省市区委决策部署，不断创新发展思路，扎实推进各项重点工作。

就各分项排名而言，知识创造和技术创新能力位列全省高新区第 37，国际化和参与全球竞争能力位列全省高新区第 43，这两项低于白下高新区的总排名。排名较低一方面是由于参评的高新区较多，且包括很多实力强劲的国家级高新区；另一方面是由于白下高新区占地面积仅为 2.29 平方千米，其知识创造和技术创新能力这一指标下的二级指标——省级以上科技创业载体面积相对就比较少，这也导致此项指标不是很理想。南京市委、市政府于 2018 年第四季度提出"集聚全球创新资源"指示精神和"国际出访"工作要求，秦淮区的"国际化"对接国家为日本和芬兰，芬兰由于是欧洲国家，与我国文化等方面差异较大，且距离较远，所以项目的落地并不是很顺利迅捷，且白下高新区 2019 年度还处于初步执行"国际化计划"阶段，因此国际化和参与全球竞争能力排名相对较低也情有可原。相比之下，产业升级和结构优化能力与可持续发展能力评分都相对较高，这归功于白下高新区不断地深化综合改革，调整产业结构，注重经济高质量发展。

2. 2019 年江苏省省级高新区创新驱动发展评价结果比较

参与 2019 年度江苏省省级高新区创新驱动发展评价的省级高新园区共 30 家，其中白下高新区在省级高新区创新驱动发展评比中的具体表现如图 8-3 所示。

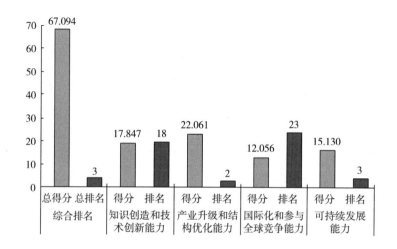

图 8-3 2019 年度白下高新区在江苏省省级高新区创新驱动发展评价中的表现

如图 8-3 所示，白下高新区省级创新驱动发展评价中，总得分为 67.094，位列省级高新区第 3，知识创造和技术创新能力位列省级高新区第 18，产业升级和结构优化能力位列省级高新区第 2，可持续发展能力位列省级高新区第 3。

在省级创新驱动发展评价中，总得分同样是 67.094，却取得第 3 的好成绩。不可否认，评比中剔除了国家级高新区，白下高新区可称得上是江苏省省级高新区中的佼佼者。总得分位于白下高新区前面的，分别是江苏省中关村高新技术产业开发区和江苏省太仓高新技术产业开发区。其中，江苏省中关村高新技术产业开发区位于苏、浙、皖三省交界，规划面积约 40.6 平方千米，面积要远远大于白下高新区，且属于常州市，而常州总共有四个高新区，能够给予该开发区较大的支持，除此之外，其依托"中关村"品牌、科技、人才、项目等资源优势，知识创造和技术创新能力这项得分要远远高于白下高新区。而江苏省太仓高新技术产业开发区东濒长江，南依上海，西接苏州，区位条件要好于白下高新区，其知识创造和技术创新能力、国际化和参与全球竞争能力得分也是高于白下高新区的。但总体而言，白下高新区排名全省省级高新区第3仍然是不菲的成绩。

在知识创造和技术创新能力方面，白下高新区位列全省省级高新区第18。如前所述，其土地面积限制了科创载体的进一步发展，另外，由于白下高新区内的企业大多是中小微企业，其科创实力相对于那些拥有大企业的园区而言较低，这也是导致白下高新区在此项得分较低的因素之一。但白下高新区在此项工作中仍有很多亮点之处，如其人才工作，集聚院士增加到了4人，省"双创"人才增加到了25人，科技领军人才也增加到了139人，可见人才方面的工作是卓有成效的。除此之外，虽然其创新载体面积不大，但白下高新区聚焦创新载体的特色打造。目前，有国家级孵化器1个、省级孵化器1个、市级孵化器4个，建成二月兰创新工坊、紫云创益工场等，可见创新创业生态各具特色。

在产业升级和结构优化能力方面，白下高新区位列全省省级高新区第2。这是因为白下高新区紧紧围绕"政府主导、企业主体、专业化运营"方向，不断地深化高新区体制机制改革，包括始终坚持党建引领、构建一体化的管理架构和实施"大部制"改革等各项举措。除此之外，白下高新区积极引导产业集聚，围绕物联网、云计算和军民融合等主导产业，面向全球集聚科技创新要素。多措并举，最终导致白下高新区在此项的得分较为理想。

在国际化和参与全球竞争能力方面，白下高新区位列全省省级高新区第23。如前所述，白下高新区在2019年度仍处于"国际化计划"的初期，且与芬兰等国家文化制度差异较大，"国际化计划"项目团队成员又多次变动，导致项目难以落地。虽然此项指标未取得过高的得分，但白下高新区也取得了一些值得瞩目的成绩。如2018年第四季度以来，共组织200多场双边对接活动和会谈，接待70多批次芬兰、日本及周边国家政府、机构、企业代表团回访；累计实现4批次代表团出访芬兰及周边国家，3批次代表团出访日本及周边国家；先后组织钟山虚拟现实研究院、云创大数据、苏伦大数据、联通物联网、生命源、弘业环保、零距离文产集团、锦创科技股份、江苏博子岛、南京新化原、南京天航智能装备、江航智等新型研发机构及知名企业随团出访芬兰及周边国家，达成一系列双边潜在合作意向。

在可持续发展能力方面，白下高新区位列全省省级高新区第3。原白下高新区党工委书记张仲金指出，知识产权是企业创新能力、市场拓展能力及可持续发展能力的标志，白下高新区十分重视知识产权的建设，2019年白下高新区当年新增发明专利授权数为1844件，位列所有高新区新增发明专利授权数第2，对知识产权的重视力度由此可见一斑。除此之外，白下高新区积极建设一流创新生态体系，不断提升土地产出率和资源循环利用率，2019年重点打造了东西玉带河、明御河以及明城墙沿线三条景观风光带，实施瑞金路、大光路等一批道路、街巷和老旧小区整治工程。这也有利于提升其可持续发展能力方面的得分。

3.2019年江苏省高新区创新驱动发展评价重要指标比较

江苏省高新区创新驱动发展评价根据《评价办法》的有关规定，将高新区规上工业企业R&D经费支出、当年新增发明专利授权数、高新技术企业数和规上高新技术企业占规上工业企业数比重4项指标作为重要创新指标。白下高新区在这4项重要创新指标上的表现如图8-4所示。

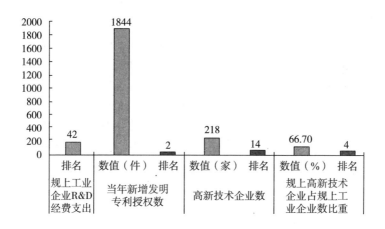

图8-4 2019年度白下高新区在江苏省高新区创新驱动发展评价重要指标中的表现

白下高新区规上工业企业R&D经费支出排名第42，当年新增发明专利授权数1844件，排名第2，高新技术企业数218家，排名第14，规上高新技术企业占规上工业企业数比重为66.70%，排名第4。

由图8-4可见，白下高新区规上工业企业R&D经费支出并不是很高。"四上"（规上）单位是统计工作对现阶段达到一定规模、资质或限额的法人单位的总称，包含规模以上工业、有资质的建筑业和房地产开发经营业、限额以上批发零售业和住宿餐饮业、规模以上服务业。而白下高新区规上工业企业R&D经费支出不高的原因主要是白下高新区面积较小，规上工业企业数量与规模等比不上较大的高新区，因此R&D经费支出排名较低，但其规上高新技术企业占规上工业企业数的比重还是较高的，这也体现出白下高新区规上工业企业的质量。

（二）白下高新区创新驱动发展评价的纵向比较分析

纵向比较一般是指单个事物与过去某个时间状态进行比较，以达到揭露事物规律的目的。本章关于白下高新区创新驱动发展的纵向比较分析将主要从以下三个方面进行：2017~2019 年江苏省高新区创新驱动发展评价结果比较、2017~2019 年江苏省省级高新区创新驱动发展评价结果比较和 2017~2019 年江苏省高新区创新驱动发展评价重要指标比较。

1. 2017~2019 年江苏省高新区创新驱动发展评价结果比较

如图 8-5 所示，2017 年度江苏省共有 48 个国家和省级高新园区参加创新驱动发展评价。其中，白下高新区总得分 54.646，位列江苏省高新区第 22；知识创造和技术创新能力得分 15.649，排名第 27；产业升级和结构优化能力得分 18.438，排名第 8；国际化和参与全球竞争能力得分 8.789，排名第 35；可持续发展能力得分 11.770，排名第 25。2018 年度共有 50 个国家和省级高新园区参加创新驱动发展评价。其中，白下高新区总得分 64.706，位列江苏省高新区第 18；知识创造和技术创新能力得分 18.324，排名第 19；产业升级和结构优化能力得分 22.032，排名第 5；国际化和参与全球竞争能力得分 10.024，排名第 50；可持续发展能力得分 14.326，排名第 22。2019 年度参与江苏省创新驱动发展评价的高新园区共有 51 个。白下高新区总得分 67.094，位列全省高新区第 16。其中，知识创造和技术创新能力得分 17.847，位列全省高新区第 37；产业升级和结构优化能力得分 22.061，位列全省高新区第 7；国际化和参与全球竞争能力得分 12.056，位列全省高新区第 43；可持续发展能力得分 15.130，位列全省高新区第 13。

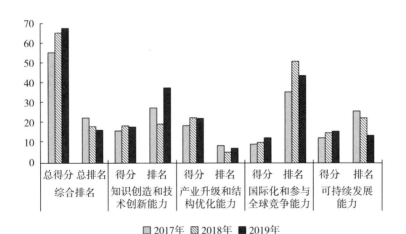

图 8-5　2017~2019 年白下高新区在江苏省高新区创新驱动发展评价中的表现

可以看到，白下高新区这三年的总体得分是上升的，从 2017 年的 54.646 增

长到 2019 年的 67.094，增幅大约为 22.8%。其总排名也呈现上升的趋势，2018
年比 2017 年上升 4 个名次，位列第 18，而且当年参与评价的国家级高新园区有
21 个，这意味着白下高新区超过了 4 个国家级高新园区；2019 年又比 2018 年上
升 2 个名次，说明白下高新区的综合实力越发强劲。但是白下高新区在全省高新
区共同参与的创新驱动发展评价中，三年里都没有进入前十，这主要是因为全省高新
区中包括大量的国家级高新区，由于白下高新区只是省级高新区，所享受的
政策和园区面积皆不如江苏省其他国家级高新区，能够取得这么大进步，且得分
和排名还超过了一些国家级高新区已实属不易。

如图 8-6 所示，值得注意的是，这三年里，国际化和参与全球竞争能力与知
识创造和技术创新能力这两项一级指标的排名可以明显看到是较为落后的。其
中，国际化和参与全球竞争能力排名更为靠后，这是因为南京市于 2018 年第四
季度提出"国际化计划"，在市里划分下，白下高新区对接的是日本和芬兰，但
由于文化制度模式差异大、各部门对集聚全球创新资源的支持力度不够和市场化
合作难度较大等原因，白下高新区的"国际化计划"并不是很理想。但观察图
8-5，可以看到，此项的评分是逐年提高的，这也说明白下高新区在此方面的工
作也有可圈可点之处。但由于别的高新区对接的国家比较具有优势、参与全省创
新驱动发展评价的高新园区又较多等原因，2018 年和 2019 年白下高新区此项排
名反倒不如 2017 年的排名。知识创造和技术创新能力在 2018 年的评分较 2017 年
和 2019 年都较高，这是因为 2018 年白下高新区大力推进创新载体建设，2018 年

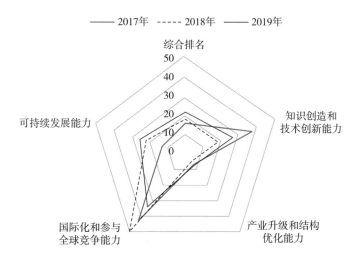

图 8-6 2017~2019 年白下高新区在江苏省创新驱动发展评价中的评分变化

9月白下高新区牵头实施"秦淮硅巷"建设，这使省级以上科技创业载体面积大大增加，此外，白下高新区2018年成立了全省首家省级开发区行政审批局，实现了"一枚印章管审批"，这使园区管理机构、体制机制创新和有效运作评价的得分也就相对比较高。当然，由于全省高新区共同参与评价，因此这两项一级指标排名较低也是情有可原的。

2. 2017～2019年江苏省省级高新区创新驱动发展评价结果比较

如图8-7所示，2017年有27个省级高新园区参评，白下高新区总得分54.646，位列第4。其中，知识创造和技术创新能力得分15.649，排名第11；产业升级和结构优化能力得分18.438，排名第1；国际化和参与全球竞争能力得分8.789，排名第16；可持续发展能力得分11.770，排名第9。2018年参评的省级高新园区有29个，白下高新区以总分64.706的成绩排名第4。其中，知识创造和技术创新能力得分18.324，排名第5；产业升级和结构优化能力得分22.032，排名第2；国际化和参与全球竞争能力得分10.024，排名第29；可持续发展能力得分14.326，排名第9。2019年参评的省级高新园区有30个，白下高新区以总分67.094的成绩名列第3。其中，知识创造和技术创新能力得分17.847，排名第18；产业升级和结构优化能力得分22.061，排名第2；国际化和参与全球竞争能力得分12.056，排名第23；可持续发展能力得分15.130，排名第3。

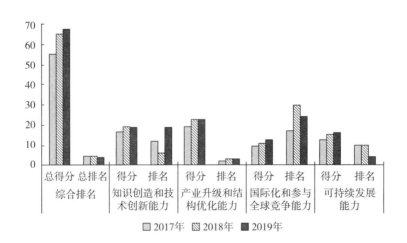

图8-7　2017～2019年白下高新区在江苏省省级高新区创新驱动发展评价中的表现

从总得分和总排名中不难看出，白下高新区在江苏省省级创新驱动发展的评价中处于上游。三年里，白下高新区总得分不断增长，2019年综合排名更是实现了前进一名的具有极大意义的进步。截至 2019 年，白下高新区地区总产值已经增加到 55 亿元，企业总数也增加到了 1600 余家，这与白下高新区坚持高质量发展，在全区发展中勇挑重担息息相关。

在知识创造和技术创新能力方面，如前所述，仍是白下高新区的薄弱环节，虽然不像全省高新区共同参与评比时排名那么靠后，但除了 2018 年排名第 5，其余年份皆排在 10 名以外。除了 2018 年表现较好外，2017 年和 2019 年表现都不尽如人意，当然 2019 年此项的评分还是高于 2017 年的，但总排名却下降了，这说明其他高新区此项得分更高了。不可否认，截至 2019 年，白下高新区可供开发的土地已经很少了，科创载体的建设也会受到一定的影响，这可能会对此指标排名造成一定的负面效应。

在产业升级和结构优化能力方面，三年间，此项得分呈逐步上升的态势。值得注意的是，2018 年得分比 2017 年增长 19.49%，且三年间排名稳定在前三，这说明白下高新区在产业结构升级和结构优化能力方面仍在不断进步，且处于强势地位。白下高新区始终坚持高质量发展，不断地进行产业调整。如白下高新区 2017 年高新技术企业有 46 家，排名第 33；2018 年高新技术企业有 115 家，排名第 24；到 2019 年高新技术企业增长到 218 家，排名第 14。这三年来，白下高新区不断瞄准高端项目，聚焦特色产业的发展，不仅启动了省级车联网先导区项目，还成立了南京车联网产业联盟，并逐步在物联网、云计算、智能交通等产业领域形成产业优势和区位优势。这也使白下高新区的产业升级和结构优化能力评价得分和排名较为优秀。

在国际化和参与全球竞争能力方面，如前所述，白下高新区这三年间的表现并不是十分理想。一方面是由于一些原因，白下高新区对南京市提出的"国际化计划"对接不是十分理想，出现了一些问题。如文化制度模式差异大、各部门对集聚创新资源的支持力度不够、集聚全球创新性资源针对性政策不足、市场化合作难度较大、"国际化出访"代表团人员变动较大、国际化办公载体不足、海外协同创新中心和海外创新联络站的运营成效距离预期存在差距等问题导致"国际化计划"成效不是十分显著。另一方面是同质化竞争压力较大。南京市有 15 个高新园区，同质化竞争压力还是存在的，白下高新区在海外留学归国人才等的招揽方面可能会遇到一些问题。但除此之外，白下高新区在国际化和参与全球竞争能力方面也有很多亮眼之举。截至目前，白下高新区已经促成芬兰项目合作 37 个、日本项目合作 11 个，成功落地芬兰项目 1 个、日本项目 7 个，引进 1 名芬兰籍"创业南京"高层次人才引进计划（市级）入选人才，实现 4 批次出访芬兰及周边国家、3 批次出访日本及周边国家，在芬兰开展 74 场集聚创新资源活动，在日本及周边国家开展 52 场集聚创新资源活动，在芬兰开展 26 次海外宣传推广活动，在日本开展 42 次海外宣传推广活动。由此可见，白下高新区在国际化和参与全球竞争能力方面正在加大努力，未来此项评价得分和排名提高的可能性极大。

在可持续发展能力方面，白下高新区在 2017 年和 2018 年的排名都是第 9，但 2019 年排名实现了极大的飞跃，取得了第 3 的好成绩。观察白下高新区此项的得分发现，得分在这三年里是在不断提高的，这也印证了白下高新区在可持续发展方面取得的长足进步。白下高新区十分重视知识产权保护，如在 2019 年 4 月 26 日举办"2019 年白下高新区知识产权政策宣讲暨'4.26'世界知识产权日活动"，类似知识产权宣讲活动接连不断。除此之外，由于面积较小，白下高新区高新技术产业用地产出强度也是较高的；也由于高新技术企业占比较高，因此二级指标"从业人员中硕士和博士占比"也是较为理想的。

3. 2017~2019 年江苏省高新区创新驱动发展评价重要指标比较

如表 8-10 所示，2017 年白下高新区规上工业企业 R&D 经费支出为 0.99 亿元，排名第 48，2018 年此项未公布，2019 年仅公布了此项的排名，为第 42。从这两年公布的排名可以看出，白下高新区在规上工业企业 R&D 经费支出方面是在不断进步的，这与白下高新区管委会重视科创工作密不可分。同样，白下高新区规上高新技术企业占工业企业数的比重在 2019 年高达 66.7%，这与白下高新区管委会的工作也是密不可分的。白下高新区现在建立了从科技型中小企业、瞪羚企业到独角兽企业的链式培育机制，构建了相应的一站式企业服务体系，除此之外，还成立了全省首个省级开发区行政审批局。对于企业而言，其行政审批"不用跑一步"，无疑节省了企业大量的时间，这也有利于白下高新区形成一流的创新生态和浓厚的科创氛围。

表 8-10　2017~2019 年白下高新区在江苏省高新区创新驱动发展评价重要指标中的表现

年份	规上工业企业 R&D 经费支出		当年新增发明专利授权数		高新技术企业数		规上高新技术企业占规上工业企业数比重	
	数值（亿元）	排名	数值（件）	排名	数值（家）	排名	数值（%）	排名
2017	0.99	48	541	10	46	33		
2018			1339	6	115	24		
2019		42	1844	2	218	14	66.70	4

资料来源：江苏省科技厅。

如图 8-8 所示，当年新增发明专利授权和高新技术企业数在三年里都进行了公示，这两项指标的数值和排名都呈现逐年上升的态势。其中，当年新增发明专利授权数在 2019 年更是获得了第 2 的好成绩。究其原因，除了园区管委会高效的工作外，还与白下高新区特殊的地理位置有关，其周边集聚着南京理工大学、南京航空航天大学、解放军理工大学、南京农业大学和八五一一所、五十五所、二十八所等一批国家重点高校和科研机构及 6 万余名高科技人才，值得一提的是，白下高新园区与南京理工大学仅一墙之隔，这些高校和科研院所的存在，给予了白下高新区科研、专利等方面有力的支撑。同时，很多高新技术企业为了人才、服务和特殊的地理位置选择白下高新区，加之白下高新区自身培育的一批高新技术企业，导致在高新技术企业数这项指标上也取得了不错的成绩。

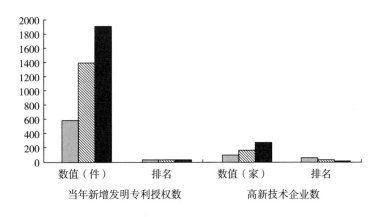

图 8-8　2017~2019 年白下高新区在江苏省高新区创新驱动发展评价重要指标中的表现

二、白下高新区土地集约利用评价结果

白下高新区此次土地集约利用评价的时点为 2019 年 12 月 31 日。本次评价范围为南京白下高新技术产业开发区的批准范围，土地总面积 1.09 平方千米。其中，批准范围是指开发区依法审批且经四至范围公告目录确定的范围，位于秦淮区东部。根据《中国开发区四至范围公告目录》（国土资源部公告 2006 年第 29 号），南京白下高新技术产业开发区公告四至范围见表 8-11，审批面积为 1.14 平方千米。根据南京市规划和自然资源局提供的勘测落界技术图件和边界拐点坐标，通过 ArcGIS 量算出南京白下高新技术产业开发区审批范围内土地总面积为 1.09 平方千米。具体如表 8-11 所示。

为了准确掌握不同类型开发区土地集约利用状况，评价将根据开发区批准范围内的用地结构，把开发区划分为工业主导型和产城融合型。经过分析，南京白下高新技术产业开发区批准范围内工矿仓储用地比例为 12.55%，住宅用地比例为 39.05%，依据开发区批准范围内工矿仓储用地比例小于 30% 或住宅用地比例

表 8-11 南京白下高新技术产业开发区公告四至范围

评价类别	片区	范围
批准范围	A 区	东至联合村，南至宁芜铁路，西至军农路，北至光华路
	B 区	东至石山村，南至宁芜铁路，西至联合村，北至光华路
	C 区	东至绕城公路 300 米，南至光华路，西至清新家园，北至南京理工大学

资料来源：2020 年度南京白下高新技术产业开发区成果报告。

大于 25% 为产城融合型开发区的划分标准，确定南京白下高新技术产业开发区评价类型为产城融合型。至评价时点，批准范围供地总面积为 1.06 平方千米，具体各年份供地面积如图 8-9 所示。

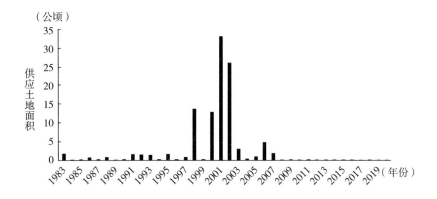

图 8-9 白下高新技术产业开发区各年土地供应面积

由开发区历年土地供应情况可知：①不同年份土地供应量存在较大差别，大致可将开发区供地变化分为三个阶段：起步期、快速发展期和稳定期。在起步期，开发区为了提高自身竞争力，加快基础设施建设，在供地方面划拨土地较多，而且基本上都用于基础设施建设；在快速发展期，开发区已经初具规模，政府加大招商引资力度，大批企业在开发区落户，开发区迅速发展，在供地方面表现为土地供应数量趋于平稳，划拨供地面积逐步减少，且供应的土地绝大部分为工矿仓储用地；在稳定期，开发区批准范围已基本完成大规模建设，企业已经投入生产。②随着时间的推移，开发区的开发建设渐趋完成，2002 年以后供应土地面积较少，开发区土地供应截至 2007 年已基本完成。

（一）白下高新区土地集约利用评价指标分值

本节关于白下高新区土地集约利用程度的计算是按照表 8-8 所示的南京白下

高新技术产业园土地集约利用评价指标体系进行的。

1. 子目标分值计算

开发区土地利用集约度各子目标分值按照下面公式计算：

$$F_{ij} = \sum_{k=1}^{n} (S_{ijk} \times W_{ijk}) \qquad (8\text{-}1)$$

式中，F_{ij} 表示 i 目标 j 子目标的土地利用集约度分值；S_{ijk} 表示 i 目标 j 子目标 k 指标的实现度分值；W_{ijk} 表示 i 目标 j 子目标 k 指标相对 j 子目标的权重值；n 表示指标个数。

2. 目标分值计算

开发区土地利用集约度目标分值按照下面公式计算：

$$F_i = \sum_{j=1}^{n} (F_{ij} \times W_{ij}) \qquad (8\text{-}2)$$

式中，F_i 表示 i 目标的土地利用集约度分值；F_{ij} 表示 i 目标 j 子目标的土地利用集约度分值；W_{ij} 表示 i 目标 j 子目标相对 i 目标的权重值；n 表示子目标个数。

3. 综合分值计算

开发区土地利用集约度综合分值按照下面公式计算：

$$F = \sum_{i=1}^{n} (F_i \times W_i) \qquad (8\text{-}3)$$

式中，F 表示土地利用集约度分值；F_i 表示 i 目标土地利用集约度分值；W_i 表示 i 目标的权重值；n 表示目标个数。

经过相关计算，南京白下高新技术产业开发区土地利用集约度综合分值为 89.87。其中，土地利用状况目标集约度分值为 89.13，用地效益目标集约度分值为 87.89，管理绩效目标集约度分值为 100.00。具体各项分值如表 8-12 所示。

表 8-12　南京白下高新技术产业园土地集约利用评价结果

目标	子目标	指标	指标分值	子目标分值	目标分值	综合分值
土地利用状况	土地利用程度	土地开发率	100	100	89.13	89.87
		土地供应率	100			
		土地建成率	100			
	土地利用强度	综合容积率	75.50	81.58		
		建筑密度	89.00			
用地效益	综合用地绩效	综合地均税收	88.14	87.89	87.89	
		人口密度	87.61			
管理绩效	土地利用监管绩效	土地闲置率	100	100	100	

资料来源：2020 年度南京白下高新技术产业开发区成果报告。

（二）白下高新区土地集约利用评价结果分析

通过对表 8-12 所显示的白下高新技术产业开发区土地集约利用评价结果进行分析，得出以下结论：

1. 白下高新区土地集约利用总体水平较高

开发区土地利用集约度综合分值为 89.87，而且各目标分值均在 80 分以上，由此说明开发区土地利用总体水平较高，符合相关集约用地的要求。

2. 白下高新区土地利用状况与开发区发展相协调

开发区土地利用结构相对合理，批准范围内用地结构集约度分值均在 80 分以上；土地利用程度较高，土地供应率、建成率、开发率等土地利用程度指标集约度分值为 100 分；土地利用强度得分 81.58，符合相关监管要求，开发区内批准范围土地利用监管绩效约为 100 分，说明土地利用监管效果较好，无闲置土地，无有偿使用且已到期但未处置土地。

3. 白下高新区土地利用强度总体较高

综合容积率、建筑密度两个指标值反映了白下高新技术产业开发区的土地利用强度。总体而言，南京白下高新技术产业开发区土地利用强度较高，但仍有提升空间，其中批准范围综合容积率和建筑密度分别为 1.51 和 31.15%，得分分别为 75.50 和 89.00；除综合容积率外，建筑密度指标均略低于 483 个国家级开发区 2019 年度土地集约利用评价成果均值（综合容积率 0.92，建筑密度 31.60%）。

4. 白下高新区批准范围用地效益较高

用地效益反映在综合地均税收水平上，批准范围综合地均税收为 52886 万元/平方千米，土地集约利用效益有待进一步提高。

5. 土地利用结构合理，产城融合性特征明显

南京白下高新技术产业开发区已建成城镇建设用地中，工矿仓储用地 174830平方米，占已建成城镇建设用地的 16.54%，主要由于南京白下高新技术产业开发区集生产、生活为一体，评价区范围内包含较大比例的住宅用地以及相应配套的商业用地，因此与其他工业主导型开发区相比工业用地率较低。开发区作为高新技术产业和生活性服务业的集聚区，产城融合性特征明显。生产生活配套设施用地结构进一步优化，住宅用地、交通运输用地、商服用地、公共管理与公共服务用地占比均衡。

第五节　构建创新驱动竞争优势：
评价指标运用与反馈

高新区评价指标体系是指导其发展的风向标，利用每年的评价结果，认识到

自身发展的不足之处，取长补短，方能实现高新区的持续健康发展。但同样，高新区指标体系不是一成不变的，作为指导高新区发展，传达上级意志的高新区评价指标体系有一个动态调整的过程。高新区在发展过程中，可以用自己的实践来不断丰富和反馈原有的评价指标体系。

关于白下高新区现有评价指标体系的运用，本节主要介绍对创新驱动发展评价指标体系的运用。关于白下高新区对现有指标体系的反馈方面，因为白下高新区推动现有指标体系不断丰富和发展的重要反馈成果就是形成了南京白下高新技术产业园土地集约利用评价指标体系和秦淮硅巷高质量建设发展综合评价体系，所以本节关于白下高新区的评价指标反馈主要涉及这两个评价指标体系。

一、创新驱动发展评价指标体系的运用

白下高新区很重视省里的创新驱动发展评价，其会根据省科技厅发布的上一年度全省高新技术产业开发区创新驱动发展综合评价通报结果，分析自身不足，在这一年度不断改进相关工作。

（一）知识创造和技术创新能力

《省科技厅关于 2017 年度全省高新技术产业综合评价成绩通报》结果显示，白下高新区知识创造和技术创新能力在全省省级高新区评比中排名第 11，这与其总排名第 4 有很大差距。于是 2018 年，白下高新区开始围绕重点指标，全力推进科技创新发展，采取了一系列措施，也取得了一些成就，如采取加快推进"融合发展"的措施；引进培育了新型研发机构 14 家，纳入市级备案管理 6 家，总体质数居主城区第一；采取了培育壮大创新型企业，集中力量培育一批科技型企业、高新技术企业、瞪羚企业、独角兽企业和上市企业的措施，取得了 2018 年新增市培育独角兽企业 4 家、瞪羚企业 3 家，苏南自创区潜在独角兽企业 1 家、瞪羚企业 3 家的好成绩。《省科技厅关于 2018 年度全省高新技术产业综合评价成绩通报》结果显示，白下高新区知识创造和技术创新能力排名提升到了第 5，这也是 2018 年白下高新区不断努力的结果。

《省科技厅关于 2019 年度全省高新技术产业综合评价成绩通报》结果显示，白下高新区知识创造和技术创新能力这一大项排名降到第 18 名，这与其全省省级高新区综合排名第 3 相差较大，可能是因为 2018 年取得的好成绩使其在 2019 年略微忽视了知识创造和技术创新能力。但在《省科技厅关于 2020 年度全省高新技术产业综合评价成绩通报》中，这一项排名在全省省级高新区中又重回第 5，这一年，白下高新区在此项评比中做了很多工作，如组织东部板块 213 家企业完成高新技术企业认定工作，新增 102 家入选省市培育库；新增 1 家市级培育独角兽企业（联童）和 5 家瞪羚企业（华设远州、力通达、艾文森、普旭、国辰）；孵化器、众创空间新增在孵企业 114 家（毕业 11 家），目标完成率 114%；等等。在新冠肺炎疫情肆虐的 2020 年，白下高新区还取得如此成就，实在令人瞩目。

（二）产业升级和结构优化能力

在创新驱动发展评价中，产业升级和结构优化能力占比 30%，这意味着想要在整个评价中获得好成绩，就必须要重视这一项指标。

在省科技厅关于各年度全省高新技术产业综合评价成绩通报中，白下高新区 2017 年产业升级和结构优化能力在全省省级高新区中排名第 1，2018 年和 2019 年都排名第 2，2020 年排名第 1。可见，在这一项中，白下高新区一直保持在前列。以当年新增发明专利授权数来说，2017 年为 541 件，2019 年为 1844 件，2020 年新增发明专利申请更是达到了 6000 件，这无疑体现出了白下高新区为了保持优势所做的努力。这些年，白下高新区致力于打造"金陵智造带"，加快推进"双创"基地的建设，不断加快主导产业集聚。这些工作进一步推动了产业升级和结构优化，使白下高新区在省级高新区评比中不断保持佳绩。

（三）国际化和参与全球竞争能力

国际化和参与全球竞争能力在评价体系中占比 20%。在省科技厅关于各年度全省高新技术产业综合评价成绩通报中，白下高新区国际化和参与全球竞争能力在全省省级高新区的排名一直在 20 多名，这无疑是其落后项。但白下高新区也做出了努力，取得了相应的成果。如自市委、市政府 2018 年第四季度提出"国际出访"工作要求后，白下高新区主动对接，截至 2020 年 11 月 15 日，白下高新区已经促成芬兰项目合作 37 个、日本项目合作 11 个，成功落地芬兰项目 1 个、日本项目 7 个，引进 1 名芬兰籍"创业南京"高层次人才引进计划（市级）入选人才，实现 4 批次出访芬兰及周边国家，3 批次出访日本及周边国家，在芬兰开展 74 场集聚创新资源活动，在日本及周边国家开展 52 场集聚创新资源活动，在芬兰开展 26 次海外宣传推广活动，在日本开展 42 次海外宣传推广活动。但终究还是因为文化制度模式差异大、各部门对集聚全球创新资源的支持力度不够、市场化合作难度较大以及新冠肺炎疫情等原因，相对于其他省级高新区而言，白下高新区在此项评比中得分不尽如人意。

但白下高新区一直未放弃提升这方面工作的意图，如在刚刚落幕的"2021 南京创新周"中，白下高新区成功举办 T20 国际城市创新链合作论坛、秦淮区集聚芬兰创新资源恳洽会等活动，这些活动邀请了英国、荷兰、芬兰等国家相关城市代表参加，以"深耕"促"国际化"、以开放促创新、以合作促共赢，进一步拓展了海外创新朋友圈。相信在不久的未来，白下高新区此项评比排名会有所提高。

（四）可持续发展能力

在可持续发展能力方面，2017 年和 2018 年白下高新区在全省省级高新区评比中都排名第 9，然而 2019 年和 2020 年此项排名都得到了第 3 的好成绩。其中很大一部分原因是在总结每年评比结果的基础上，白下高新区不断取长补短，创造佳绩：充分利用周围高校科研院所优势，从业人员中硕士和博士占比不断增加，深挖南京理工大学、南航科技园、军队院校等优质创业资源，将人才工作与招商引资、新研孵化、高企培育相结合；更加重视知识产权保护工作，如在 2019 年 4 月 26 日举办 "2019 年白下高新区知识产权政策宣讲暨 '4.26' 世界知识产权日活动"，类似知识产权宣讲活动接连不断；生态园区建设进一步得到推进，如重点打造东西玉带河、明御河以及明城墙沿线三条景观风光带，实施瑞金路、大光路等一批道路、街巷和老旧小区整治工程。其中，西玉带河旁原垃圾中转站通过改造建设，已成为供居民阅读、休闲的 "时光书屋"，并获得南京市 2018 年度 "微更新、微幸福" 项目一等奖。这些都表明白下高新区在可持续发展这一指标上所做的努力。

二、白下高新区对现有评价指标体系的反馈

高新区在实际发展中会出现很多状况，现有指标体系不一定能满足高新区实际的发展需要。白下高新区的发展实践极大推动了两个指标体系的形成，即南京白下高新技术产业园土地集约利用评价指标体系和秦淮硅巷高质量建设发展综合评价体系。

（一）白下高新区土地集约利用评价指标体系

开发区建设是我国改革开放的成功实践，对促进体制改革、改善投资环境、引导产业集聚、发展开放型经济发挥了不可替代的作用，开发区已成为推动我国工业化、城镇化快速发展和对外开放的重要平台。当前，全球经济和产业格局正在发生深刻变化，我国经济发展进入新常态，面对新形势，必须进一步发挥开发区作为改革开放 "排头兵" 的作用，形成新的集聚效应和增长动力，引领经济结构优化调整和发展方式转变。

在这种情况下，为深入贯彻《国务院办公厅关于促进开发区改革和创新发展的若干意见》（国办发〔2017〕7 号）和《中共江苏省委江苏省人民政府关于促进全省开发区改革和创新发展的实施意见》（苏发〔2017〕19 号）文件精神，全面准确掌握开发区土地开发利用状况，提升土地供给质量，推动经济高质量发展，充分发挥节约集约用地评价考核机制的导向作用，进一步提高开发区土地利用质量和效益，根据《自然资源部办公厅关于开展 2020 年度开发区土地集约利用评价工作的通知》（自然资办函〔2020〕1007 号）文件要求，白下高新区组织开展了 2020 年度开发区土地集约利用评价工作，并建立了相应的土地集约利用评价指标体系。

白下高新区土地集约利用评价指标体系的建立，有利于全面掌握开发区开发建设状况和土地集约利用情况，界定开发区未来规划空间发展方向和用地规模，完善开发区用地管理制度，为开发区扩区、调区、升级和退出提供审核依据，同时也可作为各级国土资源主管部门及开发区科学用地管地、提高用地效益、健全开发区用地保障机制的重要依据。

这也是白下高新区在实际发展中对现有指标体系的反馈，南京白下高新技术产业园土地集约利用评价指标体系的建立丰富了白下高新区现有评价指标体系，有利于高新区未来更好地发展。

（二）秦淮硅巷高质量建设发展综合评价体系

2018 年 9 月，秦淮区提出在老城区打造无边界创新园区，并由白下高新区牵头实施城市硅巷建设，以实现老城新旧发展动能转换为使命，探索以城市社区存量空间更新为主的科技创新产业集聚新模式。

秦淮硅巷自 2018 年 9 月正式启航以来，经过两年多的实践，实现了产业规模量质的提升。如形成"4+4"主导产业体系，即重点打造现代金融服务、高端商务商贸、文化旅游、软件和信息服务这 4 个主导产业，以及认知物联网、车联网、人工智能、大健康这 4 个新兴产业。连续两年，秦淮硅巷名列南京市硅巷建设第一，2020 年更是获得南京市创新型城市建设先进集体称号，其品牌效应逐步凸显。因此，构建秦淮硅巷建设发展综合评价体系，既是硅巷高质量发展的现实需求，也为南京推进硅巷建设、加快高质量发展提供了"秦淮样板"。

秦淮硅巷高质量建设发展综合评价体系构建项目由白下高新区会同省生产力促进中心于 2020 年 7 月组织开展，在 9 月形成阶段性成果的基础上，经过广泛征求意见，多次会议研讨论证，数轮迭代更新，不断优化完善内容，形成了最终研究成果。秦淮硅巷高质量建设发展综合评价体系包含 4 个一级指标，即载体特征、产城融合、创新要素和服务支撑；14 个二级指标，包括产业发展、人才引育、科研成果、品牌建设、配套设施等；39 个三级指标，包括产业集聚度、固定资产投资、孵化器数量、依托高校院所开展项目合作、公共基础平台建设、科技成果转化率、基金数量及规模等。

白下高新区表示，在今后的实施过程中，它们将强化动态监测，不断改进和优化调整秦淮硅巷高质量建设发展综合评价体系，按照实施路径，从完善机制、壮大主体、集聚产业、扩展空间、汇聚资源等方面进一步提升建设水平，点燃发展新引擎，激发发展新活力，聚合发展新动能。

三、构建高新区持续竞争优势

白下高新区虽然取得了不菲的成就，但在某些方面仍然存在着不容忽视的问题，这些问题也是白下高新区未来需要解决的，唯有如此，才能使白下高新区实现更好更快发展。

（一）知识创造和技术创新能力提升

通过对白下高新区创新驱动发展评价结果的分析，可以认为，在知识创造和技术创新能力方面，白下高新区主要的问题集中在四个二级指标上，即规模以上工业企业万元销售收入中 R&D 经费支出、省级以上研发机构数、省级以上科技创业载体面积和省级以上人才计划人才数。除此之外，还有一些琐碎的问题需要解决。在知识创造和技术创新方面，白下高新区具体存在的问题包括以下方面：

1. 增强 R&D 投资意愿，经费支出有待提高

近三年，白下高新区规模以上工业企业万元销售收入中 R&D 经费支出在全省高新区评比中排名较为落后，说明此项指标需要提高，而造成规模以上工业企业万元销售收入中 R&D 经费支出不足的原因，可以归结为以下几条：

（1）企业主动投入 R&D 的意识还没确立。R&D 的投入在许多企业看来还是一件具有公益性的事情。企业是追求利润的组织，其进行 R&D 投入也是为了能研究出新成果，进而增加企业的效益，但是 R&D 投入能否产出成果、成果能否给企业带来收益是未知的。特别是白下高新区很多是初创企业，主动进行 R&D 投入对它们而言增加了资金的负担，且短期不一定能有收益，因此进行 R&D 投入的意愿就比较低。但对规上工业企业而言，其企业规模已经发展到了一定的阶段，其有能力进行 R&D 投入，主要是缺少主动进行 R&D 投入的意识，这也说明白下高新区在 R&D 投入的思想工作方面还有待改进。

（2）缺乏健全的创新组织体系。不可否认，很多民营企业的创新组织体系差异较大，是否有专门的研发机构、是否有专人负责，各个企业多有所不同。这种差异的存在会阻碍 R&D 投入。白下高新区需要加强关注企业内部是否有健全的创新组织体系，以促进企业之间的交流。

（3）企业缺乏与 R&D 投融资行为市场化相适应的企业家队伍。企业家的素质与思想对企业 R&D 投入来说至关重要，如何建立企业 R&D 投资市场化体制、能否从市场上筹得 R&D 资金，这些都关乎企业家本身，企业家是否具有创新意识也十分重要，所以白下高新区应当采取一些手段或组织一些活动，开阔企业家的眼界和思维，白下高新区这方面的工作做得还不够多。

2. 探索发展道路，新型研发机构建设有待改进

白下高新区内新型研发机构出现的问题主要可以概括为以下几个方面：第

一，部分新型研发机构创新成果产业化进程较慢，充分利用市场资源、人才资源、资本资源等有效能力不足，协议履约、建设现状和困难之间的矛盾需要花大力解决，如秦淮创新研究院、天航研究院、中电芯谷研究院、砺剑研究院等。第二，部分新型研发机构核心团队人员到位率不高，专职研发人员少，技术研发能力薄弱，以项目运营代替研发、以生产加工代替研发、以技术服务代替研发的现象较为突出，同时与社会资本方或其合作企业职责界限不清晰，致使研究院与孵化企业营收能力弱，市场化运作优势不明显。第三，缺少专业人员或部门对政策资金进行跟踪管理和审计。落实政策资金跟踪管理和审计是提高政府资金利用率、优化资源配置的必要措施，新型研发机构的资金拨付侧重于事前监督，缺乏后续跟踪与督促，且资金拨付到研究院后的审计具有难度，难以最大化发挥资金效益。

3. 保障重点科技创业载体，创造发展新机遇

受白下高新区面积的限制，省级以上科技创业载体面积有待提高，白下高新区科创载体建设需要进一步加强。科创载体建设具体存在的问题主要包括以下方面：首先，老旧的科创载体需要升级换代。白下园区在原先历史背景下出借的地现如今逐步收回，这时要做的就是升级换代，建设符合现代化企业要求的高质量的科创载体，这样才容易申请省级以上科创载体。其次，新的科创载体建设、使用方面需要加强把控。白下高新区在建设新的科创载体时，要考虑好其区位条件，建设高质量的科创载体，要把控好入驻企业，努力使科创载体达到省级的标准。这样做有利于白下高新区省级以上科创载体面积的显著提高。

4. 加大留才力度，解决人才落地难的问题

由于配套基础设施、家庭成员工作和学习等方面的问题，很多培养良久的优秀人才最后也不得不离开园区，如何保留人才需要白下高新区的进一步思考。白下高新区在人才工作方面存在的问题主要包括：第一，工作内容涉及多，人员缺口大。由于指标压力大，业务战线长，日常琐碎多，客观上扶持资金、载体等兑现政策及时保障问题造成了额外的工作量，整个团队长年处于超负荷工作状态，很多工作需要依靠借调人员来持续推进。第二，企业数据收集难，渠道缺乏。针对海外留学回国人员的数据收集和统计一直以来缺乏有效的渠道，数据统计只能依赖人才企业和高新区个别规模企业，通过各部门的配合完成，缺乏对中小企业数据的收集和企业动态数据变化上报的渠道。第三，考核内容变化多，标准未定。每年新增的考核目标，有的没有正式发文，具体考核的标准尚未确定，只能按往年的标准进行梳理。第四，海外项目落地难，阻碍较大。芬中两国文化、制度、工作模式、竞争强度等方面差异较为显著，芬兰的人才、高校院所、企业等创新资源对来宁投资落地大多持谨慎态度，洽谈周期较长，且由于生活配套、社

群配套等现状与他们的预期存在一定差异，导致芬兰科学家、企业家等难以下定决心来宁长期工作生活。目前"国际化"对接的成果更多集中在政府合作、交流活动、框架协议签署上，而在实质落地方面心有余而力不足。日本和韩国文化融合度相对较高，项目较容易落地，但由于新冠肺炎疫情的影响，"国际化计划"方面的工作遇到了很大的阻碍。

（二）产业升级和结构优化能力再优化

白下高新区产业升级和结构优化能力这个一级指标出现的问题主要集中在三个二级指标上，这三个二级指标分别是营业收入超 30 亿元高新技术企业数、高新技术产业用地率以及战略性新兴产业和创业型产业集群培育及发展状况评价。具体问题如下：

（1）高新技术产业用地效率有待提高。白下高新区占地面积仅 2.29 平方千米，是江苏省最小的高新园区，面对这种情况，就需要进一步提高高新技术产业用地效率，在这方面，白下高新区管委会和企业还需要通力合作。

（2）产业集群尚未形成规模。虽然白下高新区提出现有的主导产业是物联网、航空航天、智能制造、芯片设计，但是相应的产业集群尚未形成规模，还处于产业集聚的初期，要利用中航做的民用和工业级无人机的优势，布局无人机等航空航天产业；利用五十五所的芯片，布局芯片设计产业链；利用晨光集团，布局智能制造；利用中国联通物联网产业，形成白下高新区的物联网产业集聚。但是这四大主导产业的集聚还需要很长的时间，需要白下高新区投入更多的精力。

（三）塑造参与全球竞争能力

关于国际化和参与全球竞争能力，白下高新区现在的主要相关工作就是"国际化计划"，对比长三角地区的优秀高新区，"国际化计划"不仅覆盖面窄，也存在拓展困难的问题。除了疫情影响因素外，还有如下方面的不足：

（1）集聚全球创新资源针对性政策不足。目前市委、区委"一号文"及相关配套政策对于"国际化计划"及海外资源集聚落地没有针对性政策，现有政策和芬兰、日本项目的实际情况难以匹配，导致芬兰、日本项目获得政策支持难度较大，来宁落户动力不足。

（2）市场化合作难度较大。目前，秦淮区及白下高新区内有意向并有能力承接和芬兰、日本创新资源合作的高校院所、新型研发机构、企业等市场主体严重不足，区内潜在合作商和客户的现状与芬兰、日本客商的预期存在较大差异，市场化合作难以开展。而多家在谈的"国际化国家"高校院所、科技企业等基于经济化考量，坚持只有在明确当地契合的业务合作商、明确当地投融资来源、明确当地批量化订单和明确当地市场收益预期的"四明确"前提下，才会考虑来秦淮落地事宜，导致项目落地抓手有限。目前，"国际化"对接的成果更多集中在政府层面合作、科技文化交流活动、高校企业交流和框架协议签署上，而在市场化合作和实质落地方面心有余而力不足。

（3）对集聚全球创新资源的支撑力度不够。目前，集聚全球创新资源和"国际化计划"工作的主体仅是白下高新区和区科技局，在工作接触中外方提出希望对接的教育、卫生、文旅、环保、城建、水利、规划、公安、交通、体育等部门尚未全面介入相关工作，存在对接积极性不高、支撑力度不够等问题，造成部分优质"国际化国家"资源无法对接匹配见效。另外，国际化生活社群配套不足。当前，秦淮区针对"国际化国家"企业家及其家庭的生活配套、社群配套、教育和医疗配套等硬件环境不足，与"国际化国家"科学家、企业家对来宁生活的预期存在较大差异，导致"国际化国家"客商无法安心来秦淮定居。

（4）"国际化计划"队伍建设有待加强。目前"国际化计划"专职工作团队人手不足，来访接待、活动筹办等事项经常需要多部门协助才能完成。随着"国际化"工作的常态化和集聚全球创新资源工作任务的不断加重，需要更多懂语言、懂科技、懂商务、有海外留学工作生活经历的优秀人才加入到工作队伍中来。

第九章 高新区模式创新管理：
组织升级动力机制

第一节 高新区管理创新理论与实践

从 1988 年国家开始正式批准设立第一批国家级高新区为起点，到如今，高新技术产业开发区经历了 30 多年的发展，其建设取得了重大成就，成为国家高新技术产业的重要载体，为调整经济结构、转变经济发展方式做出了巨大贡献。然而，高新区目前面临着发展中的一系列边界的局限和困境。根据区域创新理论，高新区作为一定意义上的区域创新系统，如何通过在生产体系中引入新要素或者实现要素的新组合而形成促进资源有效配置的网络体系，发挥自身创新最大效能，辐射周边地区创新活动，推动区域经济提质增效，形成区域竞争优势，已经成为高新区发展亟须解决的重大问题。

一、高新区管理创新的驱动因素

随着全球经济的快速转型，高新区以往依靠土地等资源优势驱动的发展方式面临着愈演愈烈的挑战，在一定程度上陷入"繁荣之下合法性之质疑"的尴尬境地。因而，高新区的进一步发展，首先需要对自身进行"把脉"和"诊断"，认真总结存在的问题以及可能遇到的新挑战。

（一）物理边界日趋模糊

高新区在 20 世纪 90 年代初期经国家批准设立时，有着明确的经科技部与有关部门审核批准的政策区面积，即核心区面积，高新区在全国不到万分之一的土地面积上形成了超过全国 1/10 的经济产出（除个别高新区外，近 30 年几乎没有大的变化）。高新区在发展初期，主要布局在人才密集和工业基础好的中心城市，真正可以利用新建的开发面积较少，高新区主要通过完善硬环境建设、实施政策优惠等措施来吸引企业和资源的集聚。围绕高新技术产业发展，国家和地方出台了相关支持政策：在国家层面，对高新区的高新技术企业实行多种税收政策优惠；同时，配合国家政策，各地也出台了促进当地高新区发展的优惠政策。在当时的条件下，通过打造这种"高地"，高新区迅速实现了高新科技产业资源的集聚，成为我国高新技术产业的主要集聚区。

经过 30 年左右的发展，由国务院拨给各高新区的土地面积基本已被用完。随着高新区的发展，土地限制成为其发展中的瓶颈，一些高新区出现了由于土地限制导致高质量项目无法落地的情况，严重制约着高新区的数量扩张、质量提升和发展方向，高新区扩大发展空间仅限于城市整体规划和土地利用规划的观念已经根深蒂固，在审批范围内的园区已经基本没有了发展的空间，导致高新区通过开发土地利用来拓展空间难上加难，因此高新区普遍存在土地严重不足的问题。

然而，在政策区面积多年未获批扩充的情况下，出于种种原因，各高新区纷纷自行扩展园区面积。有关数据显示，截至 2007 年底，经国务院审批的高新区总面积约 960 平方千米，而 54 个国家级高新区实际掌管的土地达到 6000 平方千米，有 16 个高新区实际管理土地达到 50～100 平方千米，26 个高新区实际地域超过 100 平方千米。随着高新区的快速发展，高新区数量在近几年获得大幅度的增长，除国家级高新区存在实际管理面积大于获批管理面积外，其他级别高新区也存在这种现状，同时，为解决土地严重不足的现状，部分高新区还采用了"一区多园"的发展模式。

国内外先进园区的发展经验表明，高新区日益呈现出城市化的发展趋势，扩展区的大面积膨胀、"一区多园"发展模式、"高新区城市化"发展趋势等因素使高新区与其周边区域的物理边界越来越模糊，因此，空间不足仍然是制约高新区发展的突出问题。

（二）紧跟国家发展政策方向

高新区以创新为第一动力，不断提质增效，逐步促进经济发展新旧动能转换，支撑着各地区区域经济平稳健康发展，成为了科技创新体系的区域创新高地。因此，高新区是各级政府贯彻落实中央部署的创新驱动发展战略的关键抓手，也是促进科技创新成果转化为现实生产力的重要政策创新，更是最具有中国特色的促进产业结构转型升级和自主创新能力提升的制度设计。

高新区历经的 30 多年，自 1991 年国务院下发《关于批准国家高新区和政策规定的通知》（国发〔1991〕12 号）文件以来，科技部先后于 1996 年 2 月下发《国家高新技术产业开发区管理暂行办法》、1999 年 8 月下发《关于加速国家高新技术产业开发区发展的若干意见》、2002 年 1 月下发《关于进一步支持国家高新技术产业开发区发展的决定》和 2002 年 3 月下发《关于国家高新技术产业开发区管理体制改革与创新的若干意见》四个专项文件。此外，科技部还与原国家体改委、财政部、国土资源部、住房和城乡建设部等部委联合下发扶持创新创业、服务高新技术产业、支持国家高新区建设发展等方面若干文件。各省市及各级政府为促进地方高新区发展也积极发布相关支持政策，全面推进高新区自身发展，提升区域经济发展水平和优化区域经济结构。这些重要政策文件对于指导和支持高新区建设和发展起到了十分重要的作用，从而使高新区在国家政策的支持下取得了辉煌成就。但同时，在新时期的新要求下，国家实施创新驱动发展战略，提出建设创新型国家、建成小康社会目标，使高新区承担的国家历史使命更重、引领发展的压力更大。

为进一步促进高新区高质量发展，继续发挥我国实施创新驱动发展战略的重要载体作用，国家于高新区建立后先后采用了一些重大的致力于自主创新与产业发展的政策工具，如 2008 年国家发展和改革委员会启动了以深圳市为首个的"国家创新型城市"试点工作，2010 年 1 月新批 16 个试点城市；国务院于 2010 年做出了加快培育与发展战略性新兴产业的战略部署；继 2017 年印发创新改革的通知后，取得了一批改革突破和可复制推广经验，国务院于 2018 年继续下发《关于推广第二批支持创新相关改革举措的通知》；2019 年，国务院发布了多条支持全国各省进一步深化改革、促进资源型经济转型发展的意见，建设创新型城市，推动全方位改革。国家及各级政府鼓励以国家高新区为主体整合或托管区位相邻、产业互补的省级高新区或各类工业园区等，打造更多集中连片、协同互补、联合发展的创新共同体，在多层次探索创新驱动发展的新路径。

从主要发展目标与关键发展路径来看，国家发布的政策工具与高新区具有很多交叠之处，随着新政策工具适用广度与深度的不断扩大与深入，其会给高新区建设与发展带来哪些挑战，是否会导致已有政策工具的弱化与替代，都是值得思考的地方。

（三）城区创新资源亟须整合

我国高新区自全面启动开发建设以来，先后经历了"以优惠政策、以地生财"为特征的"一次创业"时期和以"推动技术进步、提高自主创新能力"为主要特征的"二次创业"时期。党的十八大提出要大力实施创新驱动发展战略，高新区从此进入以"创新驱动、战略提升"为主要特征的新时期。

我国城市创新资源大多呈现整体较为分散的局面，城市存在创新合力不强、创新效率低下等问题，成为高新区所在城市以创新引领高质量发展的重要阻滞力量。而传统高新区作为创新集聚区，往往建在城市远郊或交通不便的位置，难以满足生活品质和家庭照料需求。随着"创新城区建设"的口号打响，高新区作为能够充分整合科技、资本、人才等高端创新资源要素的平台，如何实现创新跨越发展，完善城市功能，推动城市化进程，辐射带动区域发展是其值得思考的问题。

二、高新区管理创新的实践

在我国高新区发展过程中，各高新区由于没有现成模式可以遵循，在管理体制等方面还不明确的情况下，全国各高新区开辟了适合自身发展情况的管理创新方式。

（一）中关村的"一区多园"模式

2012年，国务院批复同意调整中关村国家自主创新示范区空间规模和布局，政策覆盖北京市十六区，形成了"一区16园"的发展格局，空间面积达到了488平方千米。2016年，中关村管委会印发《关于推动中关村国家自主创新示范区一区多园统筹协同发展的指导意见》，示范区"一区16园"统筹布局取得了长足发展。推进"一区16园"统筹发展，有利于促进示范区充分发挥政策效用，合理配置科技创新资源，促进各区高精尖产业发展，优化全市产业布局，对深入实施创新驱动发展战略，更好支撑北京全国科技创新中心建设具有重要意义。

经过30多年的发展，中关村走出了一条具有中国特色的科技与经济结合的新路子。"一区16园"推进中关村的自主创新能力显著提升，新经济新业态蓬勃发展，创新创业取得了全方位、突破性的成效。目前，"一区16园"的统筹发展已取得初步成效，成为高新技术企业聚集地、科技创新资源聚集地、人才资源聚集地、众创空间聚集地，在各区发挥了创新发展新引擎的重要作用，并成为北京科创中心建设和高精尖产业发展的重要阵地。

1. 初步建立了市区协同的政策体系

2012年，国务院同意示范区空间规模和布局调整后，市委、市政府高度重视示范区管理体制建设。市级层面相继出台系列文件，对"一区16园"发展进行统筹指导。2013年，印发了《关于健全完善中关村分园管理机构的通知》（京编委〔2013〕21号），要求建立分园管委会并完善分园职能。2016年，中关村管委会印发了《关于推动中关村国家自主创新示范区一区多园统筹协同发展的指导意见》（中示区组发〔2016〕2号），要求各区进一步完善分园功能定位和管理体制，从机构职能设置、人员配备等方面加强统筹领导。2017年，中关村管委会出台了一区多园统筹发展的"1+4"政策。区级层面，各区也相应出台了有关人才、土地、税收等配套政策，据统计，示范区各分园共计出台相关配套政策70余条。如顺义区出台了《顺义区促进入园企业发展扶持办法》（顺政发〔2017〕38号）、《顺义区促进产业结构调整和中小企业发展资金管理办法》（顺政办发

〔2015〕30 号）等 7 个政策文件，规定入分园企业可以叠加享受北京市、顺义区、中关村国家自主创新示范区的多重政策优惠；延庆区发布实施《延庆园促进创新创业发展支持资金管理办法》《中关村延庆园企业联系服务制度》等一系列政策，与中关村管委会联合出台了《关于促进中关村现代园艺产业创新发展的若干措施》，支持园区主导产业更好发展；海淀区出台 16 条入园政策；昌平区出台 10 条入园政策。

2. 初步形成了统筹发展工作格局

为加强"一区 16 园"的统筹发展，建立了由国家部委、北京市、示范区、分园多个层次组成的领导和管理体系。科技部牵头 21 个部委组成示范区部际协调小组，协调落实国务院对示范区发展的各项部署。北京市 27 个市级部门、区政府及相关单位组成示范区领导小组，负责研究推进示范区重大事件，办公室设在中关村管委会。中关村管委会为市政府派出机构，负责对示范区发展建设进行综合指导。各分园实行"双重领导、以区为主"的领导体制。16 个分园成立了17 个分园管理机构，其中 12 个分园成立了党的园区工作委员会。大兴—亦庄园分别由北京经济技术开发区管委会、大兴—亦庄园管委会管理。除经开区管委会为市政府派出机构外，其余均为区政府派出机构，除密云园外，其余分园主任均由区领导兼任。

3. 初步形成了点对点联系帮扶机制

2017 年，中关村管委会建立了"一处一园"工作机制，每个处室对接一个分园，管委会的每位副主任也分别联系几个分园。依托"一处一园"机制，对各分园发展现状、产业规模、特色园区、创新创业平台、重点领军企业等进行了深入的摸底调查，结合各区和各分园的"十三五"规划，研究优化了各分园的发展定位和特色产业，并研究制定《中关村产业发展规划（2020-2035）》，以更好统筹各分园产业发展。"一处一园"的服务工作机制实施以来，强化了对分园产业发展的指导、支持和有效协同，对"一区 16 园"统筹发展起到了积极作用。

（二）深圳"前海模式"的创新实践

2010 年 8 月，国务院正式批复《前海深港现代服务业合作区总体发展规划》，前海深港现代服务业合作区正式设立。在"一国两制"框架下，进一步深化深港紧密合作，以现代服务业发展促进产业结构优化升级，推动香港服务业向内地市场延伸，为深化内地与港澳合作、推进新一轮改革开放探索积累经验，成为前海的重要使命。10 多年的发展，使深圳前海"依托香港、服务内地、面向世界"，坚持以制度创新为引领，以实施比经济特区还要特别的先行先试政策为抓手，以全方位风险防控为底线，形成了以制度创新为核心、创新驱动发展的

"前海模式"，推动改革开放取得突破性进展，为新时代全面深化改革、扩大开放提供了有益借鉴。

1. 突出顶层设计与政策创新，构建引领高质量发展的先行先试政策体系

自国务院正式批复《前海深港现代服务业合作区总体发展规划》以来，各有关方面为支持前海发展，在金融、现代物流、信息服务、税收优惠等方面建立先行先试的政策体系，主要包括：①推出 22 条支持前海开发开放的政策，包括提出创新实施双 15% 税率；②前海大胆探索法治创新实践，目前前海已经构建起集仲裁、调解、律师、公证、司法鉴定、知识产权保护、法律查明为一体的全链条法律服务保障体系；③构建前海金融开放创新政策体系，前海在全国率先实现跨境人民币贷款、跨境双向发债、跨境双向资金池、跨境双向股权投资和跨境资产转让，同时，以创新金融为主导的现代服务业发展为实体经济提供了新动能，为经济结构优化注入了新动力；④前海完善创新人才管理体制，以市场化的标准评价人才，凸显人才集聚效应，为促进粤港澳大湾区人才流动积累了经验。

2. 牢牢把握"依托香港、服务内地、面向世界"定位，做好深化深港合作这篇大文章

前海充分发挥两个市场、两种机制的优势，推动与香港的规则对接：①组织实施利港惠港的"万千百十"工程，积极探索金融业对港澳地区开放，创新性地对香港服务业实行开放模式。②发布支持香港青年的政策，为港澳青年在前海创业发展提供大量的市场机会。③推出深港投资便利化举措，提升港企作为前海经济支柱的重要地位。④创新性地构建对接香港的贸易监管制度，通过监管机制创新，把香港机场国际空运的打板理货等业务前置、集约到前海，实现"航空货运直通登机"，减少货物通关时间，节约货运成本。⑤联动香港打造"一带一路"重要功能支点，启动"一带一路"法治地图项目，开展"一带一路"国家和地区税法配套研究；建立粤港澳商事调解仲裁联盟，构建"一带一路"国际仲裁多边合作机制；加强粤港澳商事调解机制的合作，为前海及内地其他企业积极参与"一带一路"建设提供有力支撑。

3. 着眼于、服务于粤港澳大湾区建设，打造国际化城市新中心

前海按照"国际化城市新中心"定位，创新规划、建设、管理模式。①以世界眼光、国际标准、中国特色、高点定位优化提升前海城市新中心规划，强化规划引领作用，编制完善"综合规划+单元规划+专项规划"的规划体系，实现了空间集约、规模适度、产城融合；②按照先规划后建设、先地下后地上、先路网后开发、先环境后发展的"四先四后"规划建设理念和开发时序，实行地上地下立体开发，高质量推进新城建设；③高水平建设"数字前海""智慧前海"，加快推动前海数字政府建设，提高城市管理的精细化、科学化水平。

4. 坚持以风险防控为底线，筑牢高质量发展坚固防线

通过提前扎牢篱笆、织密网络、完善制度、优化机制，牢牢守住了风险防范化解的底线，为经济持续健康发展和社会大局安全稳定提供了有力保障。①开展从体制机制到监管手段的全方位探索，完善丰富金融风险防范化解手段，实现了风险机构的早预警、早防控；②作为一座建设中的新城，前海目前有多种类型多个项目同步开发建设，具有基坑深、体量大、密度高、主体多、周期长等特点，安全生产的风险形势严峻，因此，前海把安全生产摆在突出位置，加密防控安全生产风险举措，有效化解安全生产的巨大风险；③前海借鉴香港廉政公署体制，设立前海廉政监督局，在全国率先探索建立集纪检、监察、检察、公安和审计于一体的廉政监督新体制，推进市政工程廉洁"双合同"制，打造廉洁示范区，为国家的监察体制改革做了有益探索，为经济持续健康发展和社会大局安全稳定提供了有力保障。

5. 创新引领高质量发展的体制机制，为前海生机勃勃提供有力支撑

前海作为新时代国家改革开放的战略平台，在各有关方面的大力支持下，积极创新体制机制，为开发建设提供了有力支撑。①建立法定机构区域治理体系，以打造市场化政府运作模式为目标，建立充分授权、高效灵活、高度示范的服务管理机制，前海 e 站通服务中心提供一站式、一门式、一网式、一枚印章对外的政务服务，推出"放管服"改革十大项目，实现了体制内强大动员能力和市场高效活力的有机结合；②构建高层级高效率领导决策机制，对前海开发开放相关重大问题进行定期研究解决，提高决策效率；③推进开放、高效的决策咨询机制，广泛吸纳各方智慧；④构建法定机构主导区域开发建设的执行机制，对前海管理局和辖区政府及有关部门履行各自职责赋予充分的自主权；⑤构建开放、灵活的市场化用人制度，为开发建设提供了有力支撑。

6. 探索开放条件下党的建设新路子，为高质量发展提供坚强政治保证、组织保证

前海始终坚持开发开放与党的建设两手抓、两手都要硬，充分发挥党总揽全局、协调各方的领导核心作用，为前海开发开放提供了坚强的组织保证，也为开放型经济新体制下党建工作探索了有效路径。①加强党的集中统一领导，充分发挥党总揽全局、协调各方的领导核心作用；②构建"1+6+9"前海党建工程体系，不断深化"拓展融合型"党建模式为"一个中心"；③打造"有队伍、有制度、有活动、有阵地、有作用、有保障"的"六有"党支部，促进基层党支部全面进步、全面过硬；④前海发扬改革开放精神、特区精神，凝练"前海精神"，打造忠诚、干净、担当的高素质专业化干部队伍楷模，加强干部队伍建设，激发干部员工干事创业激情。

（三）西安高新区"育苗"与"造林"

构建科创生态体系孵化培育产业项目，是西安高新区发挥科技创新优势、以项目促高质量发展的独特一招。在秦创原创新驱动平台和硬科技创新示范区建设的引领下，西安高新区构建了从研发到孵化再到产业化的全链条科创生态体系，通过优化政策体系、搭建产业平台、建设项目承载片区等方式，放大科技创新优势"育苗""造林"，为新动能培育提供主抓手，为产业发展储备充足后劲，走出了一条具有高新特质的高质量发展之路。

1. 给政策给资金，聚焦科创培育新动能

2021 年 3 月，西安高新区出台《关于支持硬科技创新的若干政策措施》（即"科创 9 条"），将政策发力点对准科技创新，制定了涉及硬科技研发转化、双链融合、创新创业生态三大方面的九条措施，为加大科技产业培育、以科创激发发展动力指明了新的路径。近年来，西安高新区坚持把发展硬科技作为实施创新驱动发展战略的首要任务，制定了《西安国家自主创新示范区关于支持重大创新和成果产业化政策》《金融支持产业发展的若干政策》等政策措施，以硬科技带动产业项目培育创新，为区域发展铸就新引擎。

此前，西安高新区还实行"五专政策"，以专班、专资等护航企业上市；搭建动态发掘梯度培育机制，对后备企业采取分层次、分梯队管理，并强化全生命周期的科技金融扶持体系，先后出台近 60 项科技金融扶持政策，给予科技型企业项目全方位支持，累计兑现超过 10 亿元。

2. 搭平台强承载，紧盯产业打造新生态

在密集出台一系列支持政策的同时，西安高新区紧盯重点产业，导入专业资源，规划建设一批专业特色的产业平台和承载片区，如西安科创基金园［丝路（西安）前海园］、秦创原集成电路产业加速器项目（西安电子谷）等。这些项目和产业园区的相继建成，不仅带动了相关产业的发展，也对资源、技术、人才优势转化为产业优势，以及西安高新区经济结构调整和经济增长起到了重要作用。

对于项目扶持工作，高新区将持续做强科技金融服务，引入较多数量的投资机构和科创基金，打造"一带一路"金融开放平台，目前打造的"产业发展+政策研究+金融创新+风险监管+投资服务"的全链条服务平台初具雏形。

西安高新区自成立以来，把打造最优创新生态作为"发展高科技、实现产业化"的关键，率先构建全链条式科创体系，聚集多所高等院校、科研院所、重点实验室等创新平台，孵化出更多的产业项目，激烈迸发出更多的科创活力，为西安高新区高质量发展赋予无限可能。

第二节 白下高新区"一区多园"模式创新

白下高新区要想实现园区自身和高新技术产业的聚集效应和创新扩散效应的适度均衡与有机统一，充分发挥高新区的引领和辐射作用，需要探索"一区多园"运行模式，实现白下高新区和其他园区的有效对接，对创新资源进行有机整合。所谓"一区多园"，是指扩大高新区原有的地理空间，通过增加新建园区或将已经具备一定发展基础的园区整合并入高新区，实施区位优势、资源优势、基础优势、政策优势和服务优势共享的政策，对核心园区与非核心园区、综合性创新孵化园区与专业性功能产业园区进行模块化分布、集中化管理、平等化待遇、层次化扩散，形成大高新区发展格局。

一、我国高新区"一区多园"模式实践

"一区多园"模式作为有望破解发展空间瓶颈，更好地复制管理模式、发挥品牌优势的有效手段，正在被各大高新区广泛使用。"一区多园"是以原有高新区为主体，扩大自身综合实力，在区域产业协同发展中形成互补共赢的局面。但不可避免的是，"一区多园"尤其是跨不同行政区域的"多园"，在实际运营过程中，对高新区的管理体制、各园区均衡发展、科学的利益共享机制等提出了更高要求。

（一）"一区多园"模式的形成原因

1. 土地资源约束日趋严重

截至 2021 年底，我国已建成国家级高新技术产业开发区 169 个，未来，高新区将由单纯发展产业向更加注重科技、经济和社会全面协调可持续发展转变。如今，高新区逐渐成为区域创新的重要节点和产业高端化发展的重要基地，随着各地产业的升级和扩大发展，高新区扩容也慢慢成为一个趋势，且扩大范围均以数十甚至数百平方千米计算。受实际地理空间的影响，很多城市难以提供大量的、连片的土地来支持高新区的扩容，增加的土地空间往往是有限、分散的。因此，土地资源对高新区发展的约束日趋严重，正在逐渐成为园区进一步发展的桎梏。

"一区多园"的园区布局逐渐形成创新孵化综合核心区和产业集聚特色园区群的分离与协调，适应了高新技术产业深化发展的要求。因此，为了更好地发挥高新区作为区域经济增长极的作用，突破已有土地使用空间的限制，扩大经济带动辐射范围，高新区走上扩张发展道路已经成为必然趋势，于是众多高新区纷纷

采用"一区多园"的发展模式。例如，2012 年北京中关村国家自主创新示范区由原来的"一区 10 园"增加为"一区 16 园"，面积由原来的 233 平方千米增加到 488 平方千米；上海张江国家自主创新示范区由 1998 年的"一区 6 园"发展到 2011 年的"一区 12 园"，至 2012 年规划阵容进一步扩大到"一区 18 园"+紫竹高新区；重庆高新区按照"一轴、两核、四片区"的总体规划形成"一区多园"布局；西安高新区确立了"两带、四区、七园（基地）"的"一区多园"发展布局；南京高新区争取 5～10 年扩至 50 平方千米的"一区多园"规模布局。

2. 社会园区间存在恶性竞争

1994 年中国进行税制改革，明确了中央和地方政府之间的税收分配按照分税制原则进行。分税制改革充分调动了地方政府发展经济的积极性。各地区为促进地区经济发展，纷纷将高收入弹性、高附加值的行业确定为本地区重点优先发展的行业，未将良性竞争、匹配资源、促进共同进步作为园区发展理念，由此引发了中国各地区盲目投资和低水平重复建设的浪潮，造成高新技术产业中的部分行业集聚水平下降以及资源的极大浪费。

此外，由于各园区为追求自身经济效益而盲目建设，导致大部分园区的集群依然停留在成本优势阶段，没有在价值链中发挥重要作用，仅停留于价值实现的低端环节，甚至有些集群没有完全地嵌入全球价值链。对于此种集聚，当它们的低成本优势消失以后，单纯依靠价格的低端竞争很难使它们在全球市场上长久立足。对于高新技术产业园区的发展来说，没有形成有效的创新源，也没有能够有效地实现创新扩散。

基于目前社会园区的状况，"一区多园"运行模式正是从"点"到"面"协调与互动的最佳形式，通过对园区间优势资源进行有效整合、对园区间的产业布局进行空间优化，有助于适应园区扩张和园区间竞争与合作的新需求。"一区多园"打破了高新区的固定边界，将各种优惠政策遍及其他园区，提升了区域内高新区协作效率；有利于区域内资源的优化配置，有利于避免各园区在创新上的无序化竞争和产业上的同质化竞争，有利于区域经济的统筹协调发展；强化了创新空间与产业功能上的互补，促进了创新价值链与产业价值链的结合，扩大了创新集群与产业集群的深度和广度，推动了区域经济联动。"一区多园"模式体现出高新区规模效应、集聚效应、辐射效应和带动效应的最大化。

（二）"一区多园"模式的发展现状

20 世纪 90 年代中期以来，中关村、天津高新区、深圳高新区等发展较快的国家高新区为进一步推进产业规模扩张，在现有范围内优化产业空间布局，相继开展了"一区多园"模式的探索。如 1991 年，中关村建立丰台、昌平两个科技园区，以弥补海淀区建成空间不足的问题，走上了"一区多园"的道路。目前为止，中关村已经发展成了"一区 16 园"。此后，上海张江高新区、福州高新区、宜昌高新区、江门高新区等均实施"一区多园"模式，助推高新区发展。

近年来，越来越多的国家高新区进入新一轮"一区多园"模式探索期，将地理上不连片的园区整合并入高新区，突破高新区原有的地理空间限制，形成多园。从高新区和区域层面来看，"一区多园"模式促进了高新区和区域的发展。"一区多园"能够有效地拓展发展空间，解决高新区土地资源不足的瓶颈；能够引导各分园突出特色主导产业，有利于统筹开展产业规划布局，实现区域优势产业集群发展；能够迅速做大高新区总体规模，提升在全市经济发展中的位势和显示度；同时，"一区多园"是高新区发挥品牌效应和辐射带动作用的关键模式，有利于推广高新区创新驱动发展的路径和经验，复制高新区高效的管理运营模式，促使更多区域享受高新区政策红利，有利于充分发挥国家高新区"金字招牌"的凝聚力，开展招商引资工作，促进高端人才、先进技术等创新要素集聚。

从国家战略层面来审视，"一区多园"模式的推进直接或间接提升了高新区的战略位势。"一区多园"模式有利于持续提高高新区经济总量、增速及在全国经济中的占比，进一步提升高新区的战略位势。着眼于未来，要长期保持规模优势，支持"一区多园"发展势在必行。因此，"一区多园"成为诸多高新区的发展模式。表 9-1 所示为部分国家高新区/自主创新示范区扩容情况。

表 9-1 部分国家高新区/自主创新示范区扩容情况

高新区	扩容时间	扩容情况	园区运营现状
深圳高新区	2019 年 4 月	从原来的 11.53 平方千米扩容至 159.48 平方千米	一区：深圳高新区 两核：南山园区和坪山园区 多园：包括南山、坪山、龙岗、龙华、宝安的多个园区
广州高新区	2019 年 3 月	广州高新区下属的广州科学城从 37.47 平方千米扩容至 144.65 平方千米	一区多园：广州科学城、天河科技园、黄花岗科技园、民营科技园、南沙咨询园
中关村国家自主创新示范区	多次扩容	2012 年 12 月从"一区多园"扩至"一区 16 园"	一区 16 园：东城园、西城园、朝阳园、海淀园、丰台园、石景山园、门头沟园、房山园、通州园、顺义园、大兴—亦庄园、昌平园、平谷园、怀柔园、密云园、延庆园
上海张江高新技术产业开发区	多次扩容	从 25 平方千米扩展到 531 平方千米	一区 22 园：漕河泾园、金桥园、闸北园、静安园、嘉定园、长宁园、青浦园等
武汉东湖国家自主创新示范区	多次托管、扩容	由最开始的 24 平方千米扩容到 518.06 平方千米	一区多园：光谷生物城、光谷未来科技城、光谷东湖综合保税区、光谷光电子信息产业园、光谷现代服务业园、光谷智能制造产业园、光谷华中科技产业园、光谷中心城

高新区	扩容时间	扩容情况	园区运营现状
佛山高新区	多次扩容	2019 年 7 月，佛山市召开了高新区体制机制优化创新发展大会，开启佛山高新区"一区 5 园"发展的新格局	一区 5 园：禅城园、南海园、顺德园、高明园、三水园
成都高新区	多次扩容	从最开始的 40 平方千米扩展到 657 平方千米	一区 4 园：高新南区、高新西区、成都天府国际空港新城、成都天府国际生物城
青岛高新区	多次扩容	由最开始的 9.8 平方千米扩展到 327.756 平方千米	一区多园：胶州湾北部园区、高科技工业园、高新技术产业开发示范区、科技街、市南软件园、蓝色硅谷核心区、海洋高新区

资料来源：基于各高新区官网进行整理。

（三）"一区多园"模式的运营问题

"一区多园"作为高新区高质量发展的重要推手，逐渐成为各个高新区采用的扩容手段，而"一区多园"模式属于我国高新区发展中的探索之路，在推进过程中存在一些运营问题，导致高新区整体发展质量有所下降。

1. "一区多园"多头政府管理存在矛盾

在"一区多园"模式广泛兴起的同时，核心区与其他非核心园区群之间的协调难度加大，对区域和街道两头政府已有的行政职权界限和利益格局构成威胁。园区企业注册、税收政策、进入与退出准则、招商引资政策、开发与管理权限、公共服务平台建设等诸多方面的利益冲突随之凸显，加大了多头政府对高新区的管理与协调难度，成为高新区进一步发展的障碍。因而，高新区多头政府的管理关系矛盾是"一区多园"模式中的根本性矛盾。

首先，市级高新区管委会和其他区级园区管委会的利益冲突。由于"一区多园"的重新规划，"多园"区群将成为"一区多园"整体布局的组成部分，其监管权自然会逐渐向市级高新区管委会偏移，这样对所在地的各区级园区管委会来说意味着管理权限的削弱。更为重要的是，"一区多园"模式的整合与扩张将打破原有利益分配格局，园区决策权、管理执行权和经济利益支配权必然随之调整，园区政策的制定和运行方式也需要进一步规范与统一。同时，各个园区管委会作为独立实体，在组织构成上与传统管理方式有较大差异，难免导致在某些具体功能定位、发展方向、利益分配等方面，市区两级园区管委会甚至园区群之间的目标指向发生冲突。如此，必然产生市区两级园区管委会的重组与利益调节矛盾。

其次，区级政府部门与街道政府部门的利益冲突。高新区作为区域经济增长极，"多园"区群是区域街道财政税收的主要来源，对各个街道政府的财政收支有着重要贡献。因而，在"一区多园"模式中，园区的财政税收政策是区域和街道两头政府利益冲突的焦点，直接关系到两头政府的财政支配能力，是双方竞争与博弈的焦点。"一区多园"发展模式对市级地域内众多园区实行统一挂牌，必然面临园区与入驻企业归属的政府级别问题。如果将"多园"区群以及入驻高新企业相剥离，地方政策红利就会消失，多方面的经济利益损失将变成事实。如此，必然导致区级政府和街道管理部门在高新区管理体制建立与政策制定方面产生不一致。

2. 核心区和多园存在协调难度

在"一区多园"的模式下，分园区管委会原有的管理权限或多或少会向市一级高新区（主园区）偏移，管理理念、发展方向等也会根据高新区的整体规划进行调整，核心区和多园间存在着企业规模、层次、产业功能和创新能力等方面发展不均衡的问题，分园无法紧跟核心区的发展步伐，对原有高新区管委会与众多园区群管委会的管理构成难题。同时，核心区和多园的产业空间关联度不高，呈现出大分散、小集聚、空间有聚集、内部少关联的格局，没有形成园区间分工协作的产业网络。

除此之外，在现有的"一区多园"运营中，还存在主园区通过资源共享、招商支持等方式，帮助某个分园区发展壮大后，分园区又脱离主园区独立发展的情况，造成主园区沉没成本过高、后期收益缩减的不利影响。

二、白下高新区"一区多园"模式的创新发展

针对园区面积不大、位置分散、定位重复的问题，白下高新区坚持"三个转变"发展路径，落实"一特三提升"开发区发展战略部署，学习借鉴北京中关村、上海张江经验做法，但同时也积极探索适合自己的"一区多园"管理体制，最终于 2016 年在全市率先探索出"一区多园"的创新举措，并与"硅巷"建设有机结合，形成了以白下高新区为核心，南工院金蝶大学科技园、南理工国家大学科技园等多个都市产业园联动发展的"一区多园"发展模式。

（一）"一区多园"模式运行机制的创新探索

"一区多园"作为一个有机组织系统，从知识创新源头开始，将园区的价值逐渐转化为产业化规模经营。在这个系统中，既有以科技创新与成果转化为核心的核心区，也有因产业供应与互动连接而形成的由多个园区组成的园区群，从而形成有效的创新聚集和创新扩散效应。白下高新区党工委书记张仲金就"一区多园"的整体工作提出了明确要求，要求多园主体方围绕"一区多园"高质量发展，推进三个强化，整合创新资源：

1. 建立科学管理体制，强化高质量管理

在"一区多园"发展模式下，加强招商团队建设，用足用好创业创新政策，形成叠加效应，提高招商成效。企业入驻园区前要先由管委会审核把关，形成当天申报、当天审批的机制，做到运行数据能高质量抓取，要强调底线思维，提高招商质量。

此外，淡化"一区多园"的政府规划性地理边界，放大招牌效应和政策资源，根据市场需求，自然扩展各园区的布局空间。采用先进的企业管理模式，创新高新区的组织形态，建立风险共担、收益共享的利益共同体；引进竞争机制，充分调动各方积极性和主动性，在紧密的互动与严格的监管机制下，实现高效能的政府治理与服务。

为提升区域内整体竞争力，协调区级政府和所属地域街道的职权与利益冲突，可强化区级政府对高新区整体的经济发展权，保留街道政府对所辖高新园区的行政管理权；区级政府重点铺路搭桥，充分挖掘利用优势资源，为多园提供共享资源和转移政策，街道政府主要提供社会扶持，为所辖园区做好社会公共服务。

2. 建立完善的技术创新体系，强化高质量服务

产业的创新往往来自不同领域的融合，要进一步提升园区环境品质，新园区要有新的特色，旧厂房要有旧的味道，同时要在增值服务上狠下功夫，通过建立实体机构促进政府、企业、科研院所、高等院校、国际组织、中介服务机构、社会公众等多个主体充分合作，让多个专业园区在一个开发区内聚集，让不同产业在较近的空间内产生关联。

加强多园服务企业的学习培训，企业的诉求要想尽一切办法予以满足，要建立相关机制，强化企业在技术创新中的主体地位，优化企业创新的发展环境，完善企业孵化、技术服务等服务功能，提高企业的满意度和获得感。

通过健全的体制机制和系统化的运作，调动各方积极性，汇聚各方的创新资源，实现强强联合、优势互补、互利共赢，跟上全球产业发展的新步伐，促进白下高新区"一区多园"的快速发展。

3. 聚焦项目建设，引导产业集聚，强化高质量产出

白下高新区优化东部集聚区、特色小镇、金陵智造创新带和集团项目管理，定期召开项目推进周例会以及社会企业项目建设推进会，围绕云计算、物联网、军民融合等主导产业，积极引导社会资本参与高新区建设，面向全球集聚科技创新要素，有效提升创新策源力。

继续推进众创空间、孵化器、加速器等孵化基地的建设，结合区域资源、发展基础和人口资源环境承载力，发展高端产业功能区、科研资源密集区、特色产

业创新园。以产业为纽带，打造重点优势产业集群，形成良好的产业链上下互动，通过对园区间优势资源进行有效整合，提高园区内产业的关联度，对园区间的产业布局进行空间优化，使园区逐渐适应园区扩张和园区间竞争与合作的新需求。

4. 引进大院大所，成立企业式园区，整合创新资源

南京作为六朝古都，拥有很多早期建立的大院大所大企，但限于目前的城市规划以及大院大所大企的发展路径，白下高新区为促进大院大所大企的发展以带动区域经济提升，另辟蹊径，与江苏无线电厂、中国（南京）普天科技等大企共同建立企业式园区。例如，普天科技园将在白下高新区的领导下，结合自身实际情况，结合总部与自身优势，致力于将中国普天（南京）科技园打造成"历史有根，文化有脉"中国首座信息通信主题示范园区。企业式园区通过与白下高新区构建合作关系，对接规模较大的政府审批项目，为园区开发提供保障；同时，基于自身企业，进行商业运营，以自身企业发展为核心，构建产业融合，形成相应的产业集群，以吸引更多上下游企业。

白下高新区通过与大院大所进行合作，借助社会园区的载体资源，打造多园独特的招商引资活动，有望破解多园的发展空间瓶颈，更好地复制核心区的管理模式，发挥"一区多园"的品牌优势，实现产业统筹布局、创新资源整合协同配置。

（二）白下高新区"一区多园"模式的探索现状

为充分发挥省级高新区服务管理及品牌优势，形成市场、政府"两只手"齐发力，使社会园区开发建设更快、产业集聚更优、经济效益更好，以及入驻企业更满意，白下高新区从2016年推进"一区多园"发展模式，经历了三个阶段的改革创新，最终形成"1+5"的"一区多园"模式。

1. 白下高新区"一区多园"模式的格局分布

2016年，秦淮区提出了"一区多园"的创新举措，园区积极响应，启动"一区多园"发展模式，以白下高新区为核心，实现紫荆科技园（含东八区）、中航科技城、1865创意园等多个都市产业园的联动发展，通过发挥白下高新区在培育发展和管理服务高新技术产业中的优势作用，推动园区的辐射带动能力，统筹全区科技产业资源，促进全区战略性新兴产业和高新技术产业集群化、规模化。

2. 白下高新区"一区多园"模式的发展成效

2016年，南京白下高新区在全市率先推进"一区多园"发展模式，涵盖紫荆科技园、南工院金蝶科技园、光华科技产业园、中航科技城、金陵智造创新带、秦淮硅巷。经过5年的成长与发展，白下高新区深化"一区引领、多园发

力、平台支撑"的总体推进格局，核心区发挥好服务品牌优势，辐射带动多园发展，按照"一个园区重点培育一个细分产业"的要求，打造特色产业，紫荆科技园、金蝶软件园和中航科技城军民融合等多园特色进一步彰显。

在"一区多园"主导产业方面，核心区以软件和信息技术服务、军民融合特色产业、智能制造、物联网为主导产业；紫荆科技园以航空电子、信息技术为主导产业，致力于打造具有军民融合特色的产业集聚区；南工院金蝶科技园以软件研发、电子商务为主导产业，已引进金蝶软件、中电科电气、指南针导航等知名企业170余家；光华科技园以电子商务、物联网技术开发与应用为主导产业，已集聚首屏科技等企业101家；中航科技城以科技、高端商业商务为主导产业，致力于打造全国首个"航空硅谷"；金陵智造创新带大力发展智能制造、通信技术产业，致力于打造科技创新特色产业集聚区、智能制造研究和众创空间的引领辐射区。秦淮硅巷将整合高校、科研院所、产业园区科创资源，依托产业空间载体，发挥政策优势，围绕创新生态链打造成为具有国际影响力、国际领先的政产学研金高度联动发展区、军民融合特色产业集聚区、科技成果转化引领辐射示范区。

在"一区多园"统筹规划方面，"1+X"公共服务平台全程全域覆盖实现招商、引才、服务、统计、政策一体化运行，行政审批局正式成立并实体化经营，充分调动平台合作机构，组织开展20余场各类企业服务活动，"一区多园"600余家企业参会受益。全年实施城南智慧总部基地、设计产业园、中航科技城、金陵智造创新带等19个重大项目，竣工6.5万平方米产业载体，完成固定资产投资14.74亿元，新引进工商落地的企业255家，其中科技型企业199家，新增4家南京市培育独角兽企业、3家瞪羚企业、1家苏南自创区潜在独角兽企业、3家苏南自创区瞪羚企业，获批江苏省技术产权交易市场秦淮区工作站，成为省技术产权交易市首批在宁设立的10家地方工作站之一，光华科技园获批创建省级大学科技园，金陵智造研究院入围2018年江苏省智能制造领军服务机构。

目前，白下高新区利用自身的资源品牌和服务管理专业性优势，为"一区多园"模式提供专业化的科技服务，推动社会园区的成长。

案例9-1：社会园区纳入"一区多园"
——南工院金蝶大学科技园

随着城市化和科技创新的发展，秦淮区非常重视老校区、社会园区综合资源利用，鼓励学校利用老校区科研资源和空间载体，通过校地共建、校企合作、学校自建等方式，积极打造大学科技园，促进校地融合发展。

秦淮硅巷·南工院金蝶大学科技园位于中山东路532号，占地面积5.1万平方米，总建筑面积近10万平方米。该园区于2012年4月5日由江苏省科技厅、教育厅批准筹建。2013年12月，由原白下区人民政府、南京工业职业技术大学、深圳金蝶投资发展有限公司合作共建，通过江苏省科技厅、教育厅联合验收，成为江苏省首家高职院校省级大学科技园。2017年6月，园区开启新征程，力求新突破，助力南工获批国务院第二批大众创业万众创新示范基地，成为全国首个也是唯一一个以高职院校为依托建设的"国家双创示范基地"。2020年，园区被成功认定为秦淮硅巷备案园区。2021年1月，园区被科技部认定为"国家级科技企业孵化器"。园区充分整合政府、高校、上市公司的优势资源，成功探索了一条按照"政、校、企合作共建"模式建设大学科技园之路。

　　南工院金蝶大学科技园作为秦淮硅巷区域创新发展的重要社会园区，围绕打造高品质的功能复合空间，集聚高层次人才及技术、资本、信息等多元创新要素，有效促进校企资源融合共享，增强区域创新驱动发展动力的总体目标，通过政校企合作，打造人才培养、科学研究、社会服务、文化传承创新和国际教育与合作的重要载体和孵化科技型中小企业平台；同时提高园区综合实力，着力转化、引进、培育、壮大一批具有竞争力的科技人才和企业，在营造"双创"生态环境等方面实现突破。

　　园区坚持产教融合理念，以"双创"孵化为目标，围绕南京市"4+4+1"主导产业方向，先后被认定为"高等学校学生科技创业实习实训基地""江苏省省级众创空间""江苏省大学生创业示范基地""江苏省省级大学科技园""南京市科技企业孵化器""南京市现代服务业集聚区""南京市小企业创业基地"等；2017年，获批国务院"第二批大众创业万众创新示范基地"，成为全国首个也是唯一以高职院校为依托建设的"国家双创示范基地"；2021年1月，园区被科技部认定为"国家级科技企业孵化器"。

　　为打造应用技术转化基地，构建政校企合作平台，实现企业发展与学校学科建设的良性互动，秦淮硅巷与园区充分发挥南京工业职业技术大学优势资源帮助入园企业开展科研项目申报与研发，支持师生创新创业，出台鼓励政策，构建新型孵化模式；同时，大力推进入园企业与南京工业职业技术大学二级学院开展产学研对接活动，促进专业链与产业链的融合，共建创新团队，着力解决企业应用型难题，如经管学院与江苏金蝶软件公司组建了金蝶会计教学软件开发团队，机械学院、能电学院与江苏省新能源行业协会组建了风力发电与装备技术研发团队，软件学院与南京坚卓软件科技有限公司组建了上汽财务好车e贷软件开发团队等。另外，按照秦淮硅巷备案标准，严格把关入驻企业类型，优先引进符合园区主导产业方向的社会企业、南京工业职业技术大学大学生创业园项目以及与南京工业职业技术大学教学专业契合度高的科技型企业。目前共有在园企业 150 余家，产业集聚度达 80.2%，吸纳科技型人才 4500 余人，企业员工大专及以上学历高达 96%。

近四年来，南工院金蝶大学科技园累计培育独角兽企业 1 家，瞪羚企业 1 家，新型研发机构 1 家，高新技术企业 14 家，上市企业 6 家，科技型中小企业 20 余家；同时，充分利用南工科研设施条件，通过协同成立工程技术中心、引进企业科技研发平台等方式，提升园区创新能力。截至目前，在园企业拥有自主知识产权共计 942 件，其中发明专利 239 件。开园以来，园区创造近 5 亿元的税收贡献，特别是近三年保持了持续的快速增长，2018 年实现税收 5500 万元，2019 年实现税收 6200 万元，2020 年实现税收近 7000 万元，2021 年实现税收超过 1 亿元。

案例 9-2：企业式园区成立"一区多园"
——江苏无线电厂

江苏无线电厂有限公司始建于 1958 年，坐落于六朝古都南京，是研制和生产军工电子产品的综合性高新技术企业。在 21 世纪初，南京的电子行业发展由于没有及时跟上国际电子产品的潮流，处于全面下滑阶段，江苏电厂无一例外也受到了市场行情影响，基本上进入需要政府补助发工资的时代。2003 年，市政府对工业企业，特别是电子行业进行资产、土地和人员三结合全面改制，于是江苏无线电厂成为国有企业改制中的一员。

2017 年 8 月，作为民企的江苏无线电厂本身具有一定规模，但由于企业内部加工厂的发展，需要增加占地面积，扩大现有空间资源。同时，江苏无线电厂作为老城区的主要企业，具有一些优质的科技地产资源，可以释放至区里带动区域经济发展。作为科技型企业，需要研发进行产品迭代升级，但是企业规模不足以支撑其完成全部资源的对接，在此发展背景下，白下高新区与江苏无线电厂达成合作，向区以及市级政府申请将江苏无线电厂纳入产业园区的规划中，此举获得秦淮区政府大力支持。考虑到晨光路、明池路和普天路等区域附近聚集了大量的军工企业，白下高新区根据军工企业具有相对较强科技资源优势的主要特点，采用了"一区多园、一园多点"的方式，将江苏无线电厂纳入白下高新区的一个点，改造成一个科技园区，利用其载体性质，将周边军工企业进行整合，引入园区规划中，该改造方案通过了市规划局的认可。

2021 年 5 月 10 日，在白下高新区整体规划下，江苏无线电厂综合电子产品研发基地项目开工，该项目规划建成综合电子产品军民融合科创基地，产业定位为卫星、通信、气象、智能信息等。通过打造该研发基地，江苏无线电厂对产业生态资源的市场需求得到满足，将为优化城市空间布局、提升城市功能品质及推动产业结构升级的战略布局提供长效支撑，同时以企业的产业龙头优势为引领，不断导入上下游企业落地，形成"产业上下游，工作上下楼"的产业创新生态圈，打造未来主导产业高地。白下高新区将贯彻落实区委政府对区域创新生态的建设要求，与江苏无线电厂发挥"一区多园"模式的优异效应，由白下高新区负责整个多园的招商引资和运营，江苏无线电厂负责园区的管理，共同孵化和服务入驻其中的企业，共同促进园区的建设和发展，从而实现产业优化升级，带动区域经济发展。

（三）"一区多园"模式的创新意义

从"创新孤岛"到"创新高地"，从产业集聚点到经济辐射带，白下高新区打破原有规划区域的固定边界，通过实施"一区多园"模式，拓展生存和发展空间。

1. 促进园区间的合作竞争，进行资源共享

通过开展"一区多园"模式，打破了高新区的固定边界，使白下高新区的核心区和多园产生共生关联度，将各种优惠政策遍及其他园区，有利于提升园区间分工联系的效率和迫切性，提升了区域内高新区的协作效率。

"一区多园"有利于区域内资源的优化配置，这种模式下的企业和园区之间的学习和创新具有层次性，根据参与主体的不同，分为基于价值链的企业主体层，以大学、科研机构、中介服务机构为主的服务辅助层，和以高新区相关政府部门、企业公司为主的协调层，通过多层次的互动学习，实现"知识溢出—知识转移—知识共享—知识整合—知识创造"的螺旋式累积上升过程，有利于避免各园区在创新上的无序化竞争和产业上的同质化竞争，有利于区域的统筹协调发展，最终实现知识创造和创新扩散。

2. 提高园区的价值，优化产业布局

"一区多园"模式促进了创新价值链与产业价值链的结合，扩大了创新集群与产业集群的深度与广度，推动了区域经济联动，有助于适应园区扩张和园区间竞争与合作的新需求，从而形成"一区多园"的有机组织系统，形成有效的创新聚集和创新扩散效应，实现产业聚集与创新扩散的适度均衡和有机统一。

白下高新区通过建立合理的产业布局和产业定位，促进白下高新区"一区多园"产业机制的高效运行，推进经济向创新型驱动发展，承接区域产业分工合作，促进产城融合互动，构建了健康环保的生态环境。同时，由于不同园区间有着各不相同的产业特色，导致各园区的发展水平参差不齐，但相互兼容，以此推动产业链上下游企业项目之间的耦合和横向不同产业梯度园区间的合作，在合作

中产生促进作用，最终实现跨区域的产业转移，促进产业的高端化发展。

第三节　"秦淮硅巷"的探索

作为全省面积最小的城区，秦淮区地处南京老城核心区，人口集中、建筑密集，城市拓展、开发、建设空间极其有限。如何推动老城转型发展，让城区和谐宜居更美好，一直是秦淮区思考探索、谋求突破的重要课题。而作为秦淮区内部的全省面积最小的省级开发区，白下高新区以"推动全区科技创新发展"为首要目标，在省委、市委关于科技创新决策部署政策的引导下，率先启航"秦淮硅巷"建设，探索形成一条推动老城创新发展的有效路径。

一、从纽约到秦淮的硅巷探索

美国西岸有"硅谷"，东岸有"硅巷"，如今，南京市秦淮区打响了"硅巷建设"的第一枪，推动破旧的老厂房实现华丽转身，散落的社会园区进行集中改造，激发了城市老城的活力。

（一）"纽约硅巷"的概念

"硅巷"这一概念诞生于20世纪90年代中期的美国，当时大量创新型企业开始向纽约城市中心聚集，而纽约老旧建筑多，不便于为这些企业提供密集型的创业空间，因此企业大多集中在从曼哈顿下城区到特里贝卡区等地由移动信息技术企业群所组成的没有固定边界的虚拟园区，并不是传统意义上的科技园区。

从空间上来说，初期的"硅巷"发源于曼哈顿第五大道和23街交汇的熨斗区及周边街区，后来不断扩张到其他地方，如今的"硅巷"则通常是指聚集在从曼哈顿下城区到特里贝卡区等地的移动信息技术的企业群所组成的虚拟园区。从行业上来说，"硅巷"是继硅谷之后美国发展最快的信息技术中心地带，其主要业务是技术的商业应用，并随着技术的不断发展，其具体业务也在不断更新，即"硅巷"的产业就是将科技应用到所有行业。因此，我们认为"硅巷"是指基于中心城区的产业转型模式打造的无边界科技创业园区。

"硅巷"的名字由"硅谷"衍生而来，这暗示其高科技性质，"硅巷"的主要业务不是技术开发，更多的是技术的多元应用。从典型案例中分析，我们认为"硅巷"具有人才多样性、产业多样性和配套多样性的特点。丰富的人才是技术创新和应用的前提。纽约每天大概有600万人进出，特大都市的人口密度为初创企业提供了充足的市场样本。他们每天接触到非常多的客户类型，从这些不同的人身上提取不同的需求，进而利用科技提供最贴近市场的产品。"楼上孵化器，楼下普拉达"，这些人在"硅巷"用科技解决生活中的问题，用科技让生活更有趣，让技术"活"起来，使科技向市场生长。产业是技术应用和发展的基础。以纽约的新媒体行业为例，这是被科技渗透的传统行业之一。"硅巷"出现初期，纽约拥有强大的传统媒体行业，18%的美国出版产业从业人员住在纽约，有80多家有线新闻服务机构、4家国家级电视网总部、至少25家有线电视公司、35家以纽约为基地的广播电台和100多家地区性广播电台，听众达1400多万人。这些传统媒体为新媒体的发展提供了良好的基础，而科学技术更新周期十分短暂，只有不断掌握最新技术才能抢占商机，新媒体应运而生。

完善的配套是"硅巷"成功的必要条件，"硅巷"良好的创新创业生态吸引着越来越多的初创企业落户纽约，中心城区完善的生活设施、大量的公共或半公共空间给予创新人才更多的机遇与活力，高机会、高利润和高生产率与高商务成本和生活成本并存，高密度的创新公司让创业者更容易找到潜在合作伙伴、技术人才等。而新媒体、科技金融等不同行业因科技相互依赖、不断渗透，又进一步完善了"硅巷"的创新生态。例如，纽约完善的金融系统将新媒体带到了国际舞台；同时，作为世界上最发达、最时尚的城市之一，其也为新媒体的发展提供了丰富的创作素材。

此外，纽约拥有强大的科研力量，截至2014年底，纽约高校集聚了全美10%的博士、10%的美国国家科学学院院士、近40万名科学家和工程师。各类资源的融合构成的创新生态系统，让纽约成为适合创新创业的"沃土"。Digital. NYC网站显示，截至2018年1月，纽约市共有10080家创业企业、234家投资者或投资机构、105家办公空间（包括联合办公）、122家孵化器和加速器，科技创业公司创造的新增直接就业岗位占纽约市总数的58%。多个行业的众多初创企业聚集在纽约的中心城区，大量独角兽企业在"硅巷"落户，Google、Facebook、Twitter以及Microsoft等科技巨头也纷纷在纽约开设大规模研发中心或第二总部。

（二）"纽约硅巷"的成功要素

与硅谷的郊区科技园不同，"纽约硅巷"是现代创新创业载体的一种形态，没有固定的边界，并不是传统意义上的科技园区，其特点是位于城市中心，是以存量空间更新为主的创新科技产业集聚街区，现代科技、新兴产业、创新人才、金融资本、先进管理等要素在这里高度汇聚。"纽约硅巷"拥有众多科技企业群，已成为纽约经济增长的主要引擎，被誉为继硅谷之后美国发展最快的信息技术中心地带，其成功主要得益于两大因素。

1. 顺应科技市场潮流

在信息技术发展中，第一批崛起的是纯粹的IT公司，紧接着是互联网和信息技术对其他产业的重塑。"硅巷"的发展顺应了这一潮流，"硅巷"的科技人才喜欢把互联网技术与传统行业结合，利用技术对商业、时尚、传媒及公共服务等领域进行改革并建立细分市场。

2. 良好的创新创业生态环境

第一，占据区位优势。纽约位于大西洋沿岸哈德逊河口，拥有便捷的水陆交通网络。独立战争后，随着公路、伊利运河和伊利铁路、纽约中央——哈德逊铁路的建设，纽约逐步成为美国东北部最重要的口岸。南北战争后，美国经济重心北移以及移民人数的激增进一步巩固了纽约的重要地位。第二次世界大战刚开始时，美国远离战争，政治宽容，纽约因此又吸引了一大批欧洲知识分子和高素质移民。纽约一直是美国人口最多的城市，较高的移民比例更是增加了其开放性、多样性和包容性，充足的劳动力促进了纽约的经济发展，高素质的人才在纽约高度开放和宽容的环境下能够充分发挥他们的创新作用，这正是"硅巷"得以发展的重要条件。

第二，会聚大量人才。"硅巷"是技术、艺术和产业的融合，创新人才在其发展过程中占据核心地位。硅巷中有哥伦比亚大学等著名学府和最好的设计学院，能够不断地输送创意产业新生力量，除此之外，还有同样坐落于纽约的纽约大学、康奈尔大学等众多高校，聚集了全美 10% 的博士、10% 的美国国家科学学院院士、近 40 万名科学家和工程师。同时，包容的纽约文化能使多样化的人群共存进而思维碰撞激发灵感。大学生和专业人士的知识水平、新移民的冒险精神、艺术家的艺术灵感、少数民族的传统文化、雅皮士的前卫时尚等交织出了"硅巷"多姿多彩的产业之路。"硅巷"还有许多跨学科的混合型科技人才，他们可以灵活地在技术、艺术与商业角色之间转换，承担完全不同的责任。在技术、产业去边界的发展环境下，人才已成为企业选址的主导因素，往往哪里有企业需要的人才，企业就会选择到哪里。

第三，拥有资本力量。纽约作为金融中心，为"硅巷"的产生和发展提供了有力的资金支持。纽约是国际金融之都，拥有丰富的资金来源、完善的资金链以及大量的成熟风险投资机构。以华尔街为代表的金融区集中了大量银行、证券公司、保险公司、信托公司等金融机构，十分便于创新创业企业获得所需资金。华尔街巨头们追求技术创新，以保持自身竞争力，纽约已成为美国金融科技企业最喜欢落脚的城市，金融巨头的需求同时带动了初创企业的生长。早在 2014 年底，"硅巷"接受风投资金的笔数、风投金额总数以及科技公司 IPO 数量名列硅谷之后，位居全美第 2。

第四，完善的教育系统。纽约完善的教育系统更是有力地促进了"硅巷"创新环境的形成。首先，纽约拥有科研力量强大的研究性大学——哥伦比亚大学、纽约大学、福德汉姆大学、圣约翰大学等，为产学研合作提供了便捷的资源。一方面，大学在学科领域进行基础研究，另一方面，大学以任务为导向进行应用研究，加大了校企合作，培养出了应用科学人才和工程师。其次，纽约还有培养熟练技工的社区学校、培养专业人才的综合本科大学及学院以及有利于提高全民教育水平的开放学校，有助于把纽约居民培养为高科技公司的理想员工。

二、"秦淮硅巷"——"纽约硅巷"的继承与突破

"硅巷"这个概念最早来源于美国东海岸的纽约，成为美国继硅谷之后，发展最快的第二大互联网和移动信息技术中心地带。经过多年发展，"硅巷"的概念逐渐拓宽，成为城市更新的一个重要环节，意为在老空间里装进新内容，通过旧城改造、城市更新，让老城重新焕发活力。

（一）"秦淮硅巷"先试先行

作为全省面积最小的区，为破解发展空间瓶颈，赋能老城创新要素，秦淮区结合"对标找差、创新实干、推动高质量发展"的工作要求，对"纽约硅巷"进行考察。在白下高新区，党工委书记张仲金看到秦淮区发展的短板，带领园区各部门负责人广泛学习先进地区的经验方法，积极向专家学者问道，最终于2018年9月在全市率先破题，先行先试，开始启动了"秦淮硅巷"的建设工作。

根据 DUI 理论，高新区在成长过程中应认清发展形态，找准其茁壮发力点，依托多样化的创新模式，从引进吸收、跟随合作，向追求原始创新、赶超领先跨越；从政府引导、立足区域、集约发展，向需求导向、面向全球、协同创新跨越；从要素集中、企业集聚，向提升活力、产业高端跨越；从工业化主导、科技工业园区形态，向知识经济主导、创新型社区形态跨越，最终提出"秦淮硅巷"模式。

"对于秦淮硅巷的发展，我们提出了无边界的理念。但是，秦淮硅巷的建设是有主阵地的，我们有一个系统的规划和谋划。"白下高新区党工委书记张仲金提出，在借鉴其他先进经验的基础上，坚持大胆创新，贴合城市原有肌理，通过对现有老写字楼、老厂房加以改造，释放创新空间，推动建设符合中国国情和秦淮区实际情况的"秦淮硅巷"。

"秦淮硅巷"整合了区域院、所、园、企科教资源，按照"空间、产业、模式"三位一体综合运维思路，围绕"一城一谷一带"的发展结构，以芯片应用为引领，以航空航天技术研发为主导，以军民融合为特色，细化功能定位，策划项目推进，探索运作模式，实现了"秦淮硅巷"内功能、结构、规模、品质的整体提升。"秦淮硅巷"的先试先行迅速引起了南京市政府的关注，南京市委于2019年发布了深化创新型城市建设政策措施，强调"大力发展'硅巷经济'，挖

掘抵消载体、低效用地潜力，创新都市产业经济发展模式"。之后，南京市委又于 2020 年和 2021 年连续制定了打造一流创新生态的若干政策措施，强调"继续建设城市硅巷""完善人才公寓、商业设施等配套，按硅巷年度绩效给予最高500 万元奖励"等推进城市"硅巷"建设的政策措施。

（二）国内现有"硅巷"模式对比

1. 上海虹口"硅巷"

虹口"硅巷"这一概念是在 2015 年"十三五"规划中提出的。作为上海中心城区之一，虹口区尽管地理位置优越，但人口众多，尤其是北部地区，城区老旧、经济体量小，没有广阔的空间铺陈开来建设科技创新基地。虹口区区委书记看到虹口发展的南北差异与局限，提出学习国外成熟的先进经验，建立"硅巷"发展模式，上海虹创科技发展有限公司（属虹口区功能性国有企业）成为实施这一发展模式的主力军，其成立之初的使命便是推进虹口区科创中心建设，促进区域经济发展。

虹口北部功能区以居住区为主，土地资源稀缺，又存在诸多老旧厂房、老旧楼宇等，缺乏大规模集中的可开发用地，是一个典型的中心城区居住区。因此，虹口北部区域要想发展，需要因地制宜，"点状发展、以点带面"，以"螺蛳壳里做道场"的微改造方式，对老厂房、现有写字楼、棚户区和景观空间进行创意改造，嵌入式地在大街小巷容纳创新创业者，打造无边界初创园区，实现虹口"硅巷"模式。

第一，因地制宜发展产城融合。虹口北部功能区内及周边集聚了复旦大学、同济大学、上海财经大学、上海外国语大学、上海材料研究所和中国科学院上海技术物理研究所等大院大所，科研资源丰富，为科技创新提供了得天独厚的先天优势。虹创集团积极利用这些独一无二的资源，在区政府的协助下，根据各自高校的优势，与各高校展开科技金融等领域多维度的定向合作。除了与高校合作，虹创集团还以搭建科创产业集聚平台为目标，在北部现有的"两大两新"（大数据、大健康、新材料、新能源）产业基础上，聚焦产业发展新兴领域，不断拓展产业发展新空间，坚持"一园区一产业"的差异化定位，打造功能性产业园区品牌。与此同时，虹创集团领导层创新思维，利用园区自身运营的经验和优势特点，吸引新兴科技企业入驻，让这些产业聚集地与居民区融合发展，形成一个大众创业、万众创新、人才创意的区域，带动虹口北部地区的产业形成网络集群。

第二，"园长制""楼长制"优化营商环境。"硅巷"模式下的产城融合，存在园区规模小、分布散、产业集聚效应不明显、优惠政策难以及时覆盖等问题。为解决这些难题，为企业的发展提供更贴心的服务，2018 年，在虹口区委书记的带领下，虹口区开始在各产业园区和商务楼宇里推行"园长制"和"楼长制"，为每个园区、每栋楼宇全部配上贴身式管家的"园长"和"楼长"，通过为企业提供"店小二"式的无隙服务，进一步优化虹口的营商环境。通过政府引导和企业园区自主经营，虹创集团勇当"店小二"，在具体的工作中，积极布局企业服务驿站（"企航站"），重点发挥企业服务驿站功能，通过组织企业活动，协调工商、税务部门进行工作指导，为入驻企业创造良好环境，同时针对园区楼宇落地率较低的问题，积极转化企业落地。

虹口特有的"硅巷"效应已渐渐显现。2016 年"创业在上海"科技创新项目大赛中，虹口参赛企业和团队共 231 项科技创新项目，同比上升 255%，高出全市平均水平近 1 倍。区内 14 家优质高新技术企业申报 2016 年度上海市科技小巨人（培育）企业，11 家获得立项，立项率同比增长 155.42%，创历年立项新高。

2. 西安倍格硅巷

西安倍格硅巷是一座集众创企业、主题商业、文化艺术、旅居公寓、美食餐饮等于一体的空间内"硅巷"生态，关注产业与人、产业与城市、产业与生活的新型交互关系，以焕新城市活力为使命，开启"硅巷园区"创新型企业孵化新模式。倍格硅巷秉持"大都市中心城区创业生态"理念，以城市中心城区的产业升级、产业转型为内容，初步构建了一个在空间内聚集的"硅巷"生态，充分激发老城区创新活力，已成为西安"双创"示范基地，为城市创造更多、更好的创业产业空间和契机。

一是区位优势，赋能时代效率。倍格硅巷地处西安市市中心，位于繁华的钟楼商圈，连接东西南北四条核心主干道，周边遍布地铁线路，交通便利，享受着速度与便捷，赋予时代效率的精神。同时，倍格硅巷打造了吸引年轻人的办公场所，打破了传统办公场所框架，搭建分享交流的社群平台，提供多元化商务活动和丰富的办公配套，打造不同场景下所需的多重定制空间，满足多元工作和社交需求，为企业打造一个全新效能的品质办公空间。

二是智慧社交，赋能便捷社交。倍格硅巷为整体办公室空间配备了智能办公系统，在保证企业私密性与安全性的同时，保证内部企业上班的便捷性，设置有风格鲜明的主题会议室，可用于全天会议、内容培训、对外讲座、产品发布会、媒体交流会、社交欢乐时光等，各企业只要在小程序上提前预约即可。

三是服务管家，赋能每时每刻。倍格硅巷为入驻企业提供了人性化的办公场域，设置完善的办公设施及服务，为每一位梦想家提供优质的梦想孵化地。此外，倍格硅巷能够为入驻企业和团队提供包括财务、税务、法务、知识产权、人力资源、投融资等全方位创业服务。

四是生态空间，链接人脉资源。倍格硅巷在打造优质办公配套服务的同时，引入资源信息共享，组织线下课程、分享会、主题沙龙等，打造了商业、创业及平台于一体的绿色创业生态综合体，为企业家赋能。小微企业能轻而易举地获取到不同行业的人才，在节省租赁成本的同时，又能令企业逐渐建立起人脉网络，共享人脉资源，逐步形成一个优质办公空间。

倍格硅巷通过引进纽约曼哈顿"硅巷模式"，在城市中心区打造无边界的科技产业聚集区，依附互联网、传媒文化类高新产业进驻，使奔走于城市外围高新区的智慧型人才重新回归城市中心，是倍格硅巷在城市更新、产业升级的大背景下在新一线城市业务转型和探索的一次积极尝试。

（三）"秦淮硅巷"格局分布

在2018年9月启动后，"秦淮硅巷"快速整合各方资源，打造以芯片应用为引领、以航空航天科技研发为主导、以军民融合为特色的创新产业集群。"秦淮硅巷"位于秦淮区区划中心，是南京主城的东部门户，以中山东路、龙蟠中路、月牙湖和秦淮河为围合，辐射门西片区，总面积约4.4平方千米。该区域集聚南京航空航天大学、五十五所、金城集团等一批大院大所大企，汇聚中航科技园等一批产业园区，人才优势显著、创新资源丰富、空间优势突出。

在"秦淮硅巷"建设过程中，白下高新区坚持"政府引领、平台支撑、市场化运作"，通过多方联动共同发力，走出了一条"旧城更新，老城复兴"的新路径。"秦淮硅巷"经过近几年的飞速发展，区域范围沿龙蟠路延伸至拓展区、协同区，总面积达到约6.6平方千米。推动"秦淮硅巷"建设，有助于盘活闲置载体，提升单位面积开发效率和经济产出，让南京城市空间与创新元素无缝衔接、深度融合，使城市处处散发创新的气息、充满创新的味道。

（四）"秦淮硅巷"创新驱动源头

作为全省面积最小的城区，秦淮区地处南京老城核心区，人口集中、建筑密集，而位于秦淮区的白下高新区占地2.29平方千米，有着"小而精"的特点。随着白下高新区的快速发展，有限的开发和建设空间使高新区腾挪空间极其困难，历史包袱很重，限制了高新区的创新发展。创新之路充满坎坷的现状是真实存在的，不能仅仅依靠竞争外界资源来推动发展，要改变成为由创新内生驱动的发展模式谋求新的进步。概括来说，白下高新区提出并推进"秦淮硅巷"的原因主要有以下三个方面：

1. 先天短板阻碍园区发展

白下高新区位于南京市紫金山脚下，毗邻南京理工大学。园区自2001年成立以来，经历了20年的初创发展期、加速发展期、提升发展期和现在的转型发展期。白下高新区追求卓越发展，在不断做大做强，目前是南京市主城区内唯一的省级开发区。

但白下高新区位于江苏省面积最小的主城区秦淮区内，规模短板的制约对于白下高新区更加明显。由于占地面积较小，无法为招商引资提供载体服务，导致留住企业有困难，人才流失现象严重。

因此，白下高新区需要重塑途径促进自身发展，通过打破边界的概念，创新赋能老城区，建设"秦淮硅巷"，这一举动完全契合区域集聚创新资源的发展趋势，通过对存量载体进行再开发、再利用，培育大量高科技企业，形成白下高新区的产业集聚和人才集聚，大幅度提高主城区的单位面积经济产出。

2. 老城闲置资源亟待更新

我国很多大城市的老城区位于城市中心位置，高地价、过于密集的人口和极其有限的可建设空间，决定了老城区专门划出一片区域作为新园区是不现实的，这也就导致了老城区的存量资源利用存在困难，制约老城发展，具体有以下三点：

第一，老城范围的改造创新具有极高的难度。因为老城大多处于主城区，棚户区和居民楼的居住者大多是本地人，有着强烈的地域依赖性。此外，老城区是城市的核心区，毗邻城市的商贸和金融中心，地价很高。因此，老城范围内的建筑改造有很大的拆迁成本。

第二，老城改造后产生的价值无法与老城改造成本平衡。以"秦淮硅巷"为例，"秦淮硅巷"地处南京市核心地带，地价较高，具有一定的拆迁成本。同时，"秦淮硅巷"毗邻紫金山，根据城市空间规划，紫金山附近的建筑有一定的限制高度，导致基于"秦淮硅巷"的老城改造项目无法建造过高的建筑，城市拓展、开发、建设空间的有限性极大程度上限制了经济活动的产出，因此老城改造后无法产生较多的价值空间与老城创新造成的成本支出相匹配，在一定程度上制约了老城的发展。

第三，大院大所的体制机制使闲置资产难以社会化。南京的古城性质表明主城区内的大院大所大多是有年代感的，随着时代的不断进步、经济的不断提高，老旧载体限制了大院大所的发展，大多数大院大所为了自身能够获得更好的发展，整体搬离秦淮区。同时，根据国家政策，所属大院大所的土地是政府性质的资产，不能随意进行出售和买卖活动。基于此，秦淮区内许多大院大所的老厂房成为闲置资源。此外，由于大院大所没有园区运营方面的专业能力和专业队伍，无法将闲置厂房重新利用转化为园区进行运营。同时，主城区内许多学校和部队的载体因为建造时期久远，大多没有产权证和消防手续，难以进行经营。因此，大院大所的体制机制无法将闲置资源加以利用，进而促进城市创新发展。

3. 创新型城市建设政策引导

为贯彻习近平新时代中国特色社会主义思想和党的十九大精神，落实江苏省委推进"两聚一高"新实践、加快建设"强富美高"新江苏的要求，2017年底，南京启动实施创新驱动发展"121"战略，即建设一个具有全球影响力的创新型城市，打造综合性国家科学中心和科技产业创新中心，构建一流创新生态体系。

2018年以来，南京连续三年聚焦创新型城市，围绕创新型城市建设的主要环节、主导方向，聚焦提升产业基础能力和产业链水平，通过多条政策措施，快速提升创新型城市的知名度和影响力，力争产业基础高级化、产业链条现代化。

秦淮区紧抓创新发展机遇，积极响应南京市创新型城市建设的完整政策链的号召，在全市率先启动"秦淮硅巷"建设，促进区域全面创新、经济持续发展。

如何推动老城转型发展，让城区和谐宜居更美好，是秦淮区一直思考探索、谋求突破的重要课题。2018年9月，白下高新区遵循"创新不仅在园区，更在城市社区"的理念，以实现老城新旧发展动能转换为使命，探索以城市社区存量空间更新为主的科技创新产业集聚新模式，打造"秦淮硅巷"这一创新复合空间，很好地解决了"老城更新、旧城创新"的命题。

（五）"秦淮硅巷"创新驱动过程

近年来，通过学习借鉴国内外先进经验，南京秦淮区率先启航城市"硅巷"建设，遵循"创新不仅在园区，更在城市社区"的理念，努力让老城焕发新活力、产业回到城墙内，在学习国外先进经验的基础上，以全新的理念、思路、机制大力推进秦淮"硅巷"创新发展，探索形成了一条推动老城创新发展的本土化的有效路径。

1. 打破院墙隔阂，构建"无边界"园区

秦淮区东部区域创新资源丰富、人才优势明显，在以中山东路、龙蟠中路、月牙湖和秦淮河为围合的范围内，集聚了南京航空航天大学、金城集团、五十五所、八五一一所、五三一一厂等一批大学大院大所大企，拥有院士及双聘院士9人，高级专家2000多人，青年知识分子4万余人。但高校、大院、大所、大企之间的互动交流不足，存在资源割裂、力量分散、相互掣肘的现象。

面对这一现实，白下高新区在功能布局上，聚焦中山东路、龙蟠中路、月牙湖和秦淮河围合的区域，以中航科技城整体提升为先导，以中电芯谷等项目为带动，构建军民融合产业发展带，同步将门西A、B地块纳入建设范围，进一步彰显"文化+科技"资源优势，构建形成总面积约4.4平方千米的"一城一谷一带一片"空间格局。通过与大院大所合作，串联丰富的高校院所资源，构建开放式创新空间和共性技术平台，植入高新区产业链所需产业，使各类创新要素串点成线、联结成片、融合共享，努力打造了"秦淮硅巷"的创新集群。

在总体目标上，坚持"跳一跳才能够得着"的理念，通过2~3年的努力，落地运行20家新型研发机构，培育集聚100家高新技术企业，成为具有国际影响力、国内领先的政产学研金高度联动发展区、军民融合特色产业集聚区、科技成果转化引领辐射示范区。在实现路径上，坚持"政府引导、平台支撑、市场化运作"理念，围绕促进科技创新的总方向，推动高校、院所、企业、市场、政府多方联动、共同发力，推动资源共享、互通有无，从而带动形成区域发展的"飞轮效应"。

2. 赋能"老破旧"载体，激发区域创新活力

"秦淮硅巷"区域是典型的中心老城区，人口结构相对老龄化、社区活力不足，一定程度上面临产业空心化、科教资源外流等问题。秦淮区坚持把解决产业"空心化"问题作为"秦淮硅巷"建设的重要内容，全力以赴推进落实。

一是发挥资源比较优势，明确主导产业方向。秦淮区通过对区域创新资源的摸排梳理，经过细化研究和反复论证，明确"秦淮硅巷"产业发展以芯片应用为引领，以航空航天技术研发为主导，以军民融合为特色，以物联网产业发展为重点，不断完善产业链，加快实现集聚集群。在此基础上，结合未来产业发展需求，贯彻"产业质效提升年"要求，在核心区坚持军民融合与创新驱动发展战略相结合，进一步聚焦电子信息、通航产业等主导产业方向，依托南航秦淮硅巷大学科技园、国际创新广场、中电芯谷高频研究院等科创载体，梳理导入一批芯片、无人机等细分行业关联项目，大力拓展国内外市场，形成以创新型经济、研发型产业、融合型发展为主要特征的产业高地。

二是做优存量空间，让"老树发新芽"。秦淮区建设城市"硅巷"并非"平地起高楼"，而是重在整合利用分散在高校院所周边的老旧楼宇、厂房园区，推动存量空间释放增量价值，重点是提档升级南工院金蝶大学科技园、中山坊、创意东八区等现有园区，利用"老厂房+"模式，对五十五所现有办公区域、第一机床厂、五三一一厂、门西片区等现有载体集中实施改造建设，释放出新的创新空间。同时，进一步挖潜资源，快速推进中电芯谷、中航科技城、紫荆科技园等在建项目建设，改造建设形成精品产业载体。目前，硅巷创新广场、航空发展大厦、五十五所产业孵化基地等项目快速推进，建设盘活科创载体 18 万平方米，今年将再增加 20.7 万平方米，未来三年将形成载体面积 137 万平方米，逐渐形成"新建、提升、储备"的创新载体梯次供给模式。

三是完善配套功能，提升城市品质。以城市有机更新为路径，在保留街区风貌的同时融入文化表达与现代元素。一方面，大力推进水环境整治。在高水平完成月牙湖整治提升的基础上，重点打造东西玉带河、明御河以及明城墙沿线三条景观风光带，以水质的提升带动环境品质的整体改善。另一方面，逐步推开街巷整治。以强化功能性建设为重点，通过城市精细化建设管理、"微改造"、"微更新"，实施瑞金路、大光路等一批道路、街巷和老旧小区整治工程，高水平完善

区域市政设施、交通路网配套。

3. 突出平台搭建，高效率推动成果转化

秦淮区以"融合发展"为主抓手，不断深化校院企地融合发展，坚持市场化思维，借助第三方力量，努力把高水平的创投基金、人才团队、科技服务机构集聚过来，最大限度调动各方积极性，全力打造特而精、专而新的创新"强磁场"。

首先，实施"就地取材"。"秦淮硅巷"范围内目前拥有国家级重点实验室6个、航空航天领域的国家级重点学科11个，雷达、光电、电子对抗等军民融合技术检测、研发平台体系相对比较完善。以此为依托，将"硅巷"招才引智工作与南航秦淮创新湾区建设有机融合、一体推进，秦淮区加快与区域内大学大院大所大企的战略合作和深度融合，建立秦淮科技智库，形成校院企地人才交流互通机制，先后与南京航空航天大学、中电科五十五所等单位共建南京智航技术研究院、南京中电芯谷高频器件产业技术研究院等新型研发机构9家，注册资金2.3亿元的中航金城无人系统有限公司已于近期成功落户。

其次，做强中介机构。以市场化方式引入海创岛、中关村天合科技成果转化中心、中关村科创高新技术转移促进会南京中心等专业机构，吸引5G物联网产业投资基金与基础设施投资基金、江苏星轩创业投资基金、南京华能华延股权投资基金3个基金项目，得到了交通银行、南京银行等6家银行300亿元金融授信，并成功与兴业证券江苏分公司、中国中投证券江苏分公司达成战略合作。

最后，借力"柔性引才"。结合"国际出访"等活动，建立芬兰、瑞典等海外创新联络站，与日中产学交流推进协会共建海外协同创新中心，成功与斯坦福mediaX中心就城市"硅巷"的创新系统研究达成了合作意向。同时，创新引人、用人、育人长效机制，继续尝试与北京、上海、广州、深圳等地企业建立人才合用模式，加强校企融合发展，深化与多所高校校友会合作机制，推动成熟科创资源、校友资源落地转化，让更多创新要素为秦淮所用。先后孵化和引进中国联通物联网全国总部、IBM认知物联网联合创新中心等重量级创新企业约50家。

4. 坚持党建引领，持续优化建设"硅巷"生态

"秦淮硅巷"作为白下高新区"一区多园"模式的提升形式，以完善主城区产业形态和布局为主要发展目标，利用主城区的闲置空间资源，依托产业空间载体，发挥政策优势，围绕创新生态链，加速打造"城市硅巷"。同时，"秦淮硅巷"注重把党的政治优势和组织优势转化为"硅巷"发展优势，始终把党的领导贯穿于"秦淮硅巷"的规划、建设全过程，让"秦淮硅巷"党组织成为凝聚"硅巷"建设共识的"主心骨"，让党员干部成为促推"硅巷"建设的"领头羊"，让社会力量成为参与硅巷建设的"生力军"，推动各类创新主体紧密联系，

发挥以南京航空航天大学为代表的高校源头理论创新的作用，实现科研成果在秦淮区的迅速转变，从而促使各类创新要素顺畅流动，改变秦淮区周边业态，激发区域活动创新。

一是强化组织推进。"秦淮硅巷"会同南京航空航天大学、中电科五十五所、八五一一所、金城集团、五三一一厂等单位，成立"秦淮硅巷"党建联盟，共同推进党建资源开放共享，着力打造区域化党建品牌；组建"秦淮硅巷"工作推进委员会，明确各自职责分工，形成战略合作，定期研究商讨"秦淮硅巷"建设过程中的问题。

二是打响"硅巷"创新品牌。积极融入长三角区域创新共同体，力争举办国际高端论坛、国际性交流活动、科技顶尖赛事，持续开展创新周相关活动、秦淮硅巷国家创新创业大赛等创新品牌活动。"秦淮硅巷"成功举办了"物联网产业发展峰会""秦淮硅巷航空航天与人工智能高峰论坛""美国硅谷秦淮硅巷创新创业大赛"等五场专场活动。按照"形成有影响的活动品牌"的目标，进一步聚焦物联网、军民融合等特色产业，借力高校的校友、学科等平台，梳理排定2019年"硅巷"专场活动24场，努力把活动办出专业性、办出高效益、办出影响力。并围绕企业经营管理、品牌建设等主题，持续推出"秦淮硅巷课堂"系列课程，打响"秦淮硅巷"特色品牌。同时，深化"秦淮硅巷"形象标识系统建设，遵循"产业上下游、生活上下楼"理念，在"秦淮硅巷"核心区，要围绕"住"下硬功夫，重点打造人才公寓、胶囊咖啡、健身房，完善和提高"衣、食、住、行"等配套设施，为人才提供一个有温度的24小时"硅巷"社区，实现城市形象与发展内涵品质双提升。

三是提供优质服务。在白下高新区中，除秦淮硅巷部以外的所有部门均在白下高新区核心区内的管委会大楼进行办公，秦淮硅巷部各个中心的办公地点均在多园范围内，将办公带入多园，使服务更加贴近企业，全面落实科技创新政策，推行"全程代办服务"，已完成全区行政许可事项归集，做到"一枚公章管审批"，真正实现行政审批大提速、行政效能大提升。同时，高水平建成秦淮硅巷数字展厅、科技交流中心，培育提升一站式数字化管理平台；深化"1+X"公共服务中心秦淮硅巷分中心、"智慧园区"等线上平台建设，实现功能全覆盖、服务不掉线，努力当好七星级"店小二"，将核心区管委会的一整套平台机制辐射到多园的范围内，能够及时、快速、方便地为企业解决遇到的实际问题。纵深布局配套服务业态，整合瑞金北村小学、郑和外国语学校名校资源，先后与南京航空航天大学共建附属小学、附属郑外教育集团，同步推进更多医疗、养老等优质资源向"秦淮硅巷"布局延伸，着力打造美丽舒适、特色鲜明、活力四射、共享开放的创新社区。

四是优化科技金融生态。充分发挥科技金融服务"硅巷"发展效能，探索建立金融支持"硅巷"企业全生命服务周期模式，打造"硅巷"特色科创基金，导入风投、创投机构，切实解决科技企业从技术创新到成果转化再到产业化、市场化的全链条投资需求；推广使用"苏科贷""园区贷"等科技专项贷款，探索运用知识产权证券化（ABS）等政策工具，为科技型中小企业打包提供更便利的融资渠道；设立秦淮硅巷课堂·资本专场，引入银行、券商、中介机构，常态化组织科技型企业路演和基金沙龙活动，为初创型企业导入产业基金和产业链资源，着力培养本土瞪羚企业和独角兽企业。

五是营造特色创新氛围。深化"秦淮硅巷"形象标识系统二期建设，重点建设、提升紫云智慧广场、南航秦淮硅巷大学科技园、金陵科技学院秦淮硅巷大学科技园等新建"硅巷"载体形象标识。发挥历史文脉在"硅巷"建设发展中的引领作用，扩大秦淮文化影响力，以建设国际一流创新生态为方向，高配置完善城市功能，提升城市品质，结合"硅巷"青年创新创业需求，纵深布局休闲文化、医疗教育等生活服务业态，积极倡导企业家精神、工匠精神和创新精神，努力让秦淮处处散发浓郁的创新创业气质。

随着城市"硅巷"项目的推进，在"秦淮硅巷"里，参差多态的科创森林生态体系正在形成。目前，已落地科技型企业519家、挂牌上市企业9家、高成长型企业7家、新研机构11家、高新技术企业76家、亿元以上签约项目14个，"秦淮硅巷"生态正在持续建设和优化中。

5. 招商形式多样化，弥补园区资源短缺

基于载体面积较小、资源短缺的特点，白下高新区突破以往传统招商模式，积极探索市场化、互动性、合作化的招商渠道。

一是选优配强招商队伍。加强"秦淮硅巷"招商队伍建设，高新区管委会设立城市"硅巷"招商小组，选派一批懂经济、会管理、善协调的专业复合型人才，为"硅巷"招商引资提供人才支持和智力保障；高新区管委会和"硅巷"属地街道共同成立联合招商工作小组，实现载体、资源共享；与南京航空航天大学、金陵科技学院等校友企业家联盟共同指派招商专员成立"秦淮硅巷招商联盟"，聚合项目资源，聚焦行业领域的领军企业、独角兽企业，推动校友以才引资、以才引才、以才引智，实现"校友经济"最大化。

二是通过以商引商引进更多企业。利用金洽会、软博会等重要活动，积极包装科技园区、宣传科技园区、推介科技园区。对于很多初创企业而言，给政策不如"给市场"，跟着产业链龙头企业一起成长是一条捷径。本着这一发展理念，"秦淮硅巷"瞄准了物联网、智能制造、无人机、芯片应用四大产业，着力招引集聚头部企业，构建"高能级"的产业体系，让更多的创新资源在"秦淮硅巷"

里涌动碰撞。南京纳斯流体公司与南京航空航天大学等携手，达成"流体虚拟仿真研究中心"等项目合作；依托二十八所成立的新型研发机构——中电芯谷高频研究院，"秦淮硅巷"先后引进了南京芯展威、南京顺时真、江苏海瑞达微等研发企业，形成芯片应用产业的链条式发展；在联通物联网、金陵智造研究院等龙头企业的带动下，集聚江苏普旭、村鸟网络等一批重点产业项目。

三是利用国外资源国际化计划招商。高新区协调整合国际、国内两个市场、两种资源，把招商引资、择优选智作为开放模式转型的发展方向，促进"引智"与"引资"相结合。通过组织多样化的线上线下的规模大、层次高的国际经贸交流活动开拓国际化资源，搭建"项目引进、人才交流、投资对接"的资源合作型平台，积极引进高新技术产业发展急需的技术研发人才和经营管理人才，特别是既有创新精神又具管理才能的企业家人才、海外高端人才，促进引智创业，借力发展，成功引进纳斯流体、优麦驰等外资企业。目前，白下高新区已经通过开展国际化工作，与芬兰和日本对接，建立海外协同创新中心，在海外开展了近126场活动（通过芬兰的4次和日本的3次出访，在芬兰举办了74场活动，在日本及其周边举办了52场活动），同时为扶持本土企业的发展，在国内举办了大量的活动，促进园区企业与国外资源进行对接，弥补了园区资源短缺的短板。

案例9-3：与大院大所大企共建产业孵化载体（1）
——转换闲置资源

中电芯谷科技产业园于2018年5月24日由秦淮区人民政府与中国电子科技集团公司第五十五研究所共同筹建。其运营主体为南京中电芯谷高频器件产业技术研究院有限公司，研究院依托中国电科五十五所微波毫米波单片集成和模块电路国家级重点实验室成立。

中电芯谷科技产业园利用中国电科五十五所中山东路所区空置空间改造建设，一期已完成建设并投入使用。中电芯谷科技产业园地处环境优美、交通发达的中山东路沿线，东至东华门遗址公园，西至解放路，南至瑞金北村，北至中山东路，占地81133.33平方米，载体面积共计4.87万平方米，一期载体总面积9732平方米。中电芯谷科技产业园地处南京主城区，基础设施完备，交通便利，拥有优良的地理、资源优势。

秦淮硅巷部紧紧围绕中电芯谷芯片应用为核心的主导产业方向，多措并举、深度融合，全力推进与五十五所全方位、多维度合作：一是适时召集科创集团、五十五所、属地街道等单位，研究推进中电芯谷高质量建设；二是加大招商引智力度，开展联合招商、专业招商，利用"秦淮硅巷"微信公众号等平台推介中电芯谷，目前由硅巷部推荐引入江苏海瑞达、南京芯展威、南京新益达、南京顺时真4家芯片设计、应用企业，配合五十五所引入南京安太芯、南京南智2家芯片设计、应用企业；三是提供高效优质的企业服务，江苏海瑞达到期重新申请认定高新技术企业、中电芯谷设备采购、新入驻企业办理工商税务等方面能及时、高效提供服务，解决企业发展中的难点问题；四是大力推进后续载体合作，牵头先后组织多家意向运营公司及五十五所相关领导，召开合作对接会议，并多次实地勘察载体现状、测算运营成本、制订运营方案。

目前，该园已集聚芯片设计、应用企业6家，芯片设计、应用产业链已初具规模，各类新购置的仪器设备已基本到位并调试完成，检测平台、测试平台、微组装线也已搭建完毕，将为秦淮区各类企业提供技术支撑。

案例9-4：与大院大所大企共建产业孵化载体（2）
——合作共建大学科技园

为进一步提升秦淮区在航空航天、智能制造、人工智能等方面的产业优势，大力发挥"秦淮硅巷"的功能和作用，加快推进老城科技创新发展，充分发挥高校科技、人才、平台等优势，推动高校科技成果就地转化，秦淮区人民政府与南京航空航天大学签署合作协议共建南京航空航天大学秦淮硅巷大学科技园。

"十三五"以来，秦淮区不断探索创新驱动发展的新道路，在全市率先提出"硅巷模式"，致力于打造"老城更新，全域创新"的典范。南京航空航天大学创建于1952年10月，位于"秦淮硅巷"核心区域，是国家"211工程""985工程"优势学科创新平台重点建设高校，也是国家世界一流学科建设高校，学科优势明显、人才优势突出、科研优势显著、品牌优势卓越。此次校地共建国家大学科技园，既是南京航空航天大学发挥国家"双一流"高校源头创新作用，带动区域科技发展的必然需求，也是区委区政府大力支持高校师生创新创业，校地深入联合"筑巢引凤"的充分体现。作为国家创新体系的重要组成部分和自主创新的重要基地，大学科技园是区域经济发展的主要创新源泉之一；同时，大学科技园位于老城区，园区的建设更是涵养城市品质、推动老城有机更新的重要方式。

在总体定位上，南航秦淮硅巷大学科技园致力于打造成为创新人才培养和企业孵化的主要平台、前沿科技成果转化与产业化的重要基地、区域创新发展和老城有机更新的全新样板。

在发展格局上，南航秦淮硅巷大学科技园规划形成"一廊、一区、三片"的发展格局：依托御道街沿线载体，连通老城和新城，打造开放共享、自由链接的创业创新共享交流走廊，实现"一廊"引领；整合"秦淮硅巷"载体资源，构建功能多元、重点突出的创新孵化高地，实现"一区"辐射；盘活月牙湖、瑞金路、大光路街道可利用载体，主动承接科技成果产业化输出，实现"三片"联动，形成全面发展格局。

在产业方向上，南航秦淮硅巷大学科技园将进一步聚焦资源优势，彰显产业特色，做强"航"字头，培育特色主导产业，形成以航空航天产业为引领，软件信息和人工智能技术为支撑的航空航天产业生态。

在链条分工上，南航秦淮硅巷大学科技园将构建科创资源供给—创新加速网络—成果输出承载的三级产业链条。依托南京航空航天大学优势资源，形成区域产业协同发展的智力源泉、创新孵化的摇篮；依托御道街沿线载体，紧跟产业发展前沿，构建企业成长的政产学研金介创新加速网络；结合区域周边可利用载体，通过技术需求拉动和推动成果扩散双向推进，助力企业成熟，最终形成带动和辐射效应，推动创新加速网络向"智慧产出"转变。

在建设目标上，南航秦淮硅巷大学科技园将在航空航天、软件信息和人工智能等产业领域取得重大突破，以科技创新为动能实现区域产业提档升级；结合历史文化底蕴，加快推进载体建设，打造多元优质载体空间，以有机更新实现城市内涵品质提升；以省级和国家级大学科技园建设为抓手，力争到2025年底，企业新增有效知识产权1000项以上、引培高层次人才100名以上，带动区域内关联产业发展规模突破300亿元，最终实现"校区+园区+街区+社区"四区合一，成为秦淮老城科技创新和有机更新的全新样板。

在重点项目上，南航秦淮硅巷大学科技园将涉及重点项目23个，载体总规模约314.47万立方米（其中，前期项目12个，载体规模约224.37万立方米；在建项目11个，载体规模约90.1万立方米）。

南京航空航天大学科技园启动区位于明故宫御道街沿线，主要包括南航科技楼四栋载体，面积约1.15万立方米，将结合明故宫遗址和御道街的环境整治，推进启动区功能及形象提升改造，加快打造核心示范区。

案例9-5：与大院大所大企共建产业孵化载体（3）
——引入大企运营平台

秦淮硅巷·国际创新广场由五三一一厂存量旧建筑、信息软件大厦、航空发展大厦（建设中）组成，总建筑面积约11.9万平方米。项目分为两期工程实施：一期工程由五三一一厂原基建楼、信息软件大厦等建筑组成，建筑面积5.1万平方米；二期工程由光学车间、航空发展大厦等建筑组成，建筑面积6.8万平方米。目前，一期工程已建设完成，正式投入运营。秦淮硅巷·国际创新广场主要围绕"三区一中心"，即孵化区、办公区、配套区和公共平台中心的空间布局，实现提升功能、优化配套、创新生态的目标，在建设过程中始终坚持项目推进与产业集聚并举。

秦淮硅巷·国际创新广场充分利用秦淮区内丰富的院所高校研发、产业资源，立足产学研融合，连接海内外创新人才资源，同时建设一批企业服务平台；通过技术研发、技术转移、衍生孵化等方式，着力孵化一批有自主研发能力的科技企业，转化院所高校有市场价值的科技成果，实现激发创新活力、建设区域创新生态的目标。

随着南航秦淮创新湾区建设的不断推进，以及南航"校友企业家联盟"落地国际创新广场，南京德广信息科技有限公司（数据可视化/智慧大屏）等南航校友关联企业项目相继落地，形成了校地联合聚力、创新资源集聚、创新活力迸发的良好局面。

目前，秦淮硅巷·国际创新广场已集聚科技型企业84家（含4家新型研发机构）。自2019年以来，南京六季光电技术研究院有限公司、南京强钧防务科技研究院有限公司、南京砺剑光电技术研究院有限公司、南京智航技术研究院有限公司4家新型研发机构累计孵化引进科技型企业42家，申请专利72件，2020年研究院及其孵化引进企业实现营业收入8200万元。

秦淮硅巷·国际创新广场的运营按照市委一号文的精神，与社会企业南京海创智谷孵化器管理有限公司搭建了市场化的运营平台——南京秦淮硅巷科创园有限公司，由海创智谷孵化器占比80%、科创集团占比20%组建，作为贯穿"硅巷"发展全生命周期的运营服务商，通过导入产业，引进高端创新资源，形成集聚效应，突破传统盈利模式，充当企业发展的合伙人与企业共同成长，实现"硅巷"经济、产业的可持续发展，把硅巷建设成为秦淮科技创新的中央创新区。

三、打造"秦淮硅巷"，构建创新型城市

（一）"秦淮硅巷"发展成效

截至2020年10月，秦淮区共盘活闲置载体54万平方米，新增科技型企业470家，2019年底区域产值超258亿元，让小城区打开了创新发展大空间。市委作出了"城市硅巷看秦淮"的高度评价，在发布的《关于表彰2020年高质量建设"强富美高"新南京先进集体和个人的决定》中，"秦淮硅巷"荣获"强富美高"新南京先进集体。从科技赋能老城更新，到推动新旧动能转换，"秦淮硅巷"走出了一条富有主城特色的创新发展道路，是此次49个先进集体中唯一一个城市"硅巷"获奖集体。同时，白下高新区在全市率先实施体制机制综合改

革，连续四年在省级高新区综合考核中保持第一方阵。具体有以下几点成效：

1. 区域产值突破 300 亿元

在 2020 年南京市"硅巷"绩效评价中，"秦淮硅巷"位列第一，被誉为"南京硅巷看秦淮"。成绩的背后，得益于近几年来"秦淮硅巷"的高质量发展。

2018 年 9 月，秦淮在全市率先破题，在老城区打造无边界创新园区，成为南京城市"硅巷"建设的发源地、先行区。"秦淮硅巷"集聚了大院大所大企和科技产业园，构建形成三区联动、政产学研金融合发展新格局。

2020 年 9 月，南京航空航天大学秦淮创新湾区启动建设，"硅巷"升级版来了。"秦淮硅巷"以南航秦淮创新湾区作为融合发展新起点，加强产学研协同创新，与大院大所大企开展更为深入的合作，打通科技成果转化的"最后一米"。南京航空航天大学秦淮硅巷大学科技园将成为推动校地融合发展、秦淮老城科技创新和有机更新的全新样板。

目前，6.6 平方千米的"秦淮硅巷"区域内已释放约 80 万平方米的科创载体。存量空间释放增量价值，联通物联网总部、中航金城集团国家级无人机产业基地、投资达 50 亿元的 OPPO 全球第二大研发基地等重点产业项目相继落地，2020 年"秦淮硅巷"区域产值超 300 亿元。

2. 聚焦新兴产业头部企业

"秦淮硅巷"核心区聚焦于新兴产业，瞄准通用航空、电子信息，发挥头部创新型企业引领作用。门西片区的优势是物联网，金陵智造创新带重点发展智能制造。

门西数字生活街区项目正在进行场地平整。项目东至愚园、南至城墙南路、西至悦动新门西园区、北至棉纺厂路，占地面积约 8 万平方米，规划总建筑面积约 16.7 万平方米。项目将依托老城南历史文化资源，植入科技创新技术产业，重点发展物联网和数字技术。项目建成后预计年产值超 100 亿元，税收 5 亿元以上。

门西数字生活街区西侧是秦淮硅巷·悦动新门西，物联网是该园区重点产业。AI 质检不锈钢轴承材料，数据反馈成品质量好坏，效率提升可代替 5 个工人；智慧畜牧肉牛定位发情监控项圈告诉我们牛的位置及健康信息，方便管养和给金融贷款提供数据；45 类传感设备、8 大传感器、31322 个感知终端，助力南部新城智慧城市建设。联通物联网公司正推进物联网在畜牧业、工业、智慧城市等方面的应用，目前负责 5 个国家级项目，申请 35 项专利，带动一批物联网上下游产业链落地秦淮。

3. 创新实验室提供定制化服务

白下高新区将不断打造升级版"实验室+"，成立硅巷创新实验室，聘请省生产力促进中心赵志强主任、南京理工大学周小虎教授等 51 名各领域专家组成首批专家团队，为企业提供全周期、针对性的服务，形成兼具服务性、指导性、社交性的赋能服务体系，实现链式创新、跨界创新、有机创新，推进"秦淮硅巷"创新创业生态圈的生长迭代。

秦淮硅巷创新实验室将广泛汇聚高端智力资源和创新要素，积极研发推广更多符合企业实际需求的创新创业服务产品和服务项目，提供定制化优质服务，为企业和企业家提供更加全面、有效的帮助。同时，秦淮硅巷实验室将致力于开展向秦淮标杆学习的企业互动活动，促进各界人才、专家以及企业家间双向联系，促进"秦淮硅巷"创新创业生态圈的发展和优化。这是全市第一个围绕"硅巷"创新的实验室，是服务创新的创新实验室。

秦淮硅巷创新实验室矩阵首期共成立 10 个分支实验室，截至 2021 年 4 月，已经整合集成了 81 项创新服务产品，包括创业孵化实验室（11 项）、企业管理实验室（9 项）、知识产权实验室（7 项）、资本证券实验室（7 项）、银行金融实验室（7 项）、风险投资实验室（6 项）、法律服务实验室（4 项）、财务审计实验室（8 项）、人力资源实验室（13 项）、行业科技实验室（9 项）。白下高新区将联合政产学研金各界共同努力，发挥十大实验室矩阵的能量，通过专业化和小组化相结合的方式，促进高新区和企业间的双向联系，赋能企业发展，为高新区企业和人才提供创新服务。

（二）可持续发展"硅巷"模式

白下高新区从 2001 年成立到现今这 20 年内，即使有着占地面积最小的先天不足，但依旧多次在省级高新区评比中获得优良的成绩，这是和南京市委推动创新型城市建设、打造城市"硅巷"密不可分的。白下高新区通过打造城市"硅巷"，建设赋能存量空间，通过有效孵化招商进来的企业，提高区域的科技创新能力，让南京处处散发创新创造气质。具体可以通过以下方式提高"秦淮硅巷"项目孵化成功率，促进"秦淮硅巷"的可持续发展：

1. 汇聚国际创新资源

国际创新资源导入的主要手段是通过与海外创新资源渠道的链接，在本地合作落地子平台，通过子平台引进项目，对子平台进行绩效考核和过程监控，保障子平台引进项目的数量和质量，设置淘汰机制，从而沉淀优质资源，筛选一批渠道合伙人。

2. 建设公共服务平台

筹建跨境技术转移中心和专利运营中心，通过专业的运营团队，解决"硅巷"区域内技术转移和专利价值实现等实际困难；同时，筹建离岸孵化中心和海外协同创新中心等布局海外的公共服务平台，主要解决海外项目国内落地的适应性与创业成本等问题。

3. 打造产业协同创新共同体

秦淮硅巷产业协同创新共同体是由"秦淮硅巷"区域内南京航空航天大学、五十五所、八五一一所等高校、大院大所等组成的一个专业优势突出、产业资源聚集的社会组织，共同体促进成员单位之间开展技术创新合作、共性技术协作开发、知识产权合作等长效合作，同时联合"秦淮硅巷"上中下游企业，促进供需对接和知识共享，在"秦淮硅巷"构建完善的航空航天、人工智能产业生态圈，形成以市场为导向、以产业为主体的协同生态。

4. 设立投资基金

投融资渠道的畅通是企业特别是初创企业成长的重要推动力量，在资本市场普遍遇冷的当下，白下高新区除积极对接各类投资机构，还筹建了"秦淮硅巷科技创业投资基金"，基金规模为2亿元，主要用于投资"秦淮硅巷"内符合产业方向、极具发展前景的初期项目，通过园区参与、专业基金管理团队管理的模式，为"秦淮硅巷"项目快速发展培育提供直接助力。

案例9-6：从"秦淮硅巷"到"秦淮创新湾区"

立足新发展阶段、着眼新发展格局，白下高新区趁势而上，在创新融合上"再突破"，在创新载体上"出精品"，在创新产业上"强规模"，在创新生态上"创品牌"，率先提出打造"硅巷"升级版——创新湾区。

2020年9月23日，在南京创新周期间，南京秦淮区在全市率先与南京航空航天大学合作建设南京航空航天大学秦淮创新湾区，双方将共谋秦淮—南航创新发展新范式，以"南航秦淮创新湾区"作为融合发展的切入点，立足资源聚合、主体整合以及功能复合，在新研机构组建、校友资源集聚、人才互派挂职等领域，与大院大所大企开展更为深入的合作，把"两落地、一融合"引向深入，加速高校成果转化输出和高端价值溢出，全面赋能"秦淮硅巷"，辐射秦淮全域，推进科技成果和新型研发机构落地南京，努力为南京创新型城市建设和长三角一体化高质量发展贡献更多南航力量，最终实现创新资源浓度、创新主体热度、创新转化效度和创新服务的全面提升。

在规划蓝图中，这一"创新湾区"将是"硅巷"里创新浓度最高的地方，湾区集聚优质载体和资源，以满足高层次创新人才的需求为最终目标，建设集中介、法律、金融、生活为一体的创新综合体。"创新湾区"是一种创新的科技成果转化落地模式，它不同于一般的产业园，也区别于传统的孵化器，而是通过科研院所和地方的合作，打通教育教学、科研创新的通道，打通科技成果转移、转化的通道，把大学融入整个创新湾区中，形成无边界、无缝对接的新服务理念。

在未来发展中，南航将深耕"源头创新、赋能秦淮"的平台使命，聚焦"一湾一区"连接南航和秦淮，形成资源集聚阵地；以"无边界"服务理念，放大科技成果转化价值，力争通过3~5年的努力，将南航秦淮创新湾区打造成科技资源集聚的码头、高端产业融合的廊道、服务创新生态的港湾，提升秦淮区域内单位面积开发效率和经济产出，让南京城市空间与创新元素无缝衔接、深度融合，创新载体，不断催生新的载体形态，使城市处处散发创新的气息、充满创新的味道。

（三）稳妥推进老城创新首位

城市"硅巷"是创新载体提档升级的重要举措，也是老城转型发展的有效途径。南京建设城市"硅巷"完全契合都市区域集聚创新资源的发展趋势。未来，"硅巷"将融入南京的肌理，处处散发的创新创造气氛将成为南京的新标签。

1. 构建创新型城市，打造南京创新磁场

白下高新区积极响应南京建设创新型城市的口号，贯彻落实市委、区委发展城市"硅巷"经济的指示精神，把"进入新发展阶段、贯彻新发展理念、构建新发展格局"的要求充分体现到"秦淮硅巷"总体规划、任务部署和政策设计之中，在全区上下凝心聚力，不断提升创新湾区建设水平和"秦淮硅巷"质效能级，在全市"硅巷"建设中勇当"排头兵"，成为南京创新生态建设的试验场。

"秦淮硅巷"的先试先行为建设秦淮创新型城市示范区奠定了坚实基础。近年来，围绕打造城市"硅巷"，南京积极借鉴国内外先进城市的成功经验，结合自身资源禀赋，消化吸收再创新，初步探索出了一条具有南京特色、符合南京实际的城市"硅巷"建设路径。南京市在玄武、鼓楼等中心城区继续探索建设城市"硅巷"，围绕科技创新配置科教资源、部署创新链条，紧紧围绕驻地高校院所、龙头企业的优势专业及其关联产业，梳理确立城市"硅巷"的特色产业，每个"硅巷"载体明确1~2个主导产业，且产业集聚度达到70%以上（"玄武硅巷"重点围绕新一代信息技术、智慧医疗方向，"秦淮硅巷"重点围绕芯片应用、航天技术方向，"鼓楼硅巷"重点围绕数字经济、文化创意方向），通过整合改造主城区的老校区、老厂区和传统街区，配置完善的创新创业孵化功能，推动存量空间释放增量价值，为南京创新型城市建设增添新的增长极。

基于创新型城市建设的政策发布，南京市各区推动"硅巷"建设，目前已形成一批超百万平方米产城一体的创新集聚区。例如，在玄武区蒋王庙，南京野生植物综合利用研究院搬迁后留下的老办公楼被打造成骥谷科技产业园，深圳小兵智能科技、数海信息、投石科技等多家高成长性企业纷至沓来。在鼓楼区智梦园硅巷内，政府引入 5G 新一代信息通信技术赋能园区建设，已集聚以亚信科技、三百云以及边缘智能研究院为代表的众多科技型企业。截至 2021 年 5 月，全市备案"硅巷"载体面积已超过 100 万平方米，集聚高新技术企业 154 家，培育引进科技型企业近 1200 家，南京"百万硅巷"初步建成，已经成为南京建设创新型城市的重要抓手和特色品牌。

在老空间里面装进新内容，让老城区焕发新生机，成为城市渴望的新血液。未来，南京城市"硅巷"还将通过吸引更多以创新型企业为代表的高新技术产业，使其成为城市孵化新科技与新消费的摇篮。

2. 推进全国老城更新战略部署

城市是我国经济、政治、文化、社会等方面活动的中心，在党和国家工作全局中具有举足轻重的地位。城市建设既是贯彻落实新发展理念的重要载体，又是构建新发展格局的重要支点。实施城市更新行动，推动城市结构调整优化和品质提升，转变城市开发建设方式，对全面提升城市发展质量、不断满足人民群众日益增长的美好生活需要、促进经济社会持续健康发展，具有重要而深远的意义。

"硅巷"是现代创新创业载体的一种形态，通过改变老城区的产业生态和城市面貌，推进原有社会园区存量载体、企业生产主体搬出主城区后的闲置载体、院校原有老旧科创载体三大类载体的释放、改造、整合工作，赋能老城的闲置资源，让老城重新焕发活力，洋溢创新的氛围。

城市"硅巷"的优势在于它汇聚的是孵化器、研发机构、科技服务等，能打造出一个协同创新的生态圈。抓好城市"硅巷"建设，必须牢牢把握高质量发展根本要求，围绕创新型城市目标，结合城市规划定位，进一步深化探索实践，成熟一个推进一个，确保抓紧、抓实、抓出成效，在城市"硅巷"的建设中，把握住"四条原则"，聚焦"五个要素"。

（1）"四条原则"：一是坚持"主城区"坐标，具备高品质生活配套。城市"硅巷"建设不能脱离"主城"这个区位优势，坐标一定要在城区。规划建设中，要与所在区域的总体规划充分结合、有机衔接，选址要在主城区靠近高校院所、交通便利的核心地段，避开位置相对较偏、商业配套不够完善的区域，避免出现入驻企业人才招引难、资源集聚难、过于依赖补贴等问题。二是贯彻"无边界"理念，构筑开放式创新空间。"硅巷"的生命力在于开放融合集聚，打破物理边界，促进有利于创新的生产生活要素实现广泛融合。要把老城区的大院大所大企资源用"无边界"的理念进行串联，构建开放式创新空间和共性技术平台，使各类创新要素串成线、联成片、融合共享，形成集约紧凑、功能互补、结构完善的创新集群。三是解决"空心化"问题，推动老城区焕发生机。在疏解主城功能的大趋势下，老城区往往会出现创新资源转移、产业动力不足、就业岗位流失等"空心化"问题。建设城市"硅巷"，要通过招商引资、招才引智，集聚经济要素，吸引人才回流，使老城区低效利用空间焕发创新活力、激发产业动力。四是避免"二房东"思维，调动各方面参与热情。过去有些老厂房、老校区盘活改造，往往在规划建设后就全权委托第三方运营开发，放任放权有余、指导服务不足，导致功能弱、效益差、特色不鲜明，难以形成高产出的科技产业增长点。要认真总结，不能把园区简单地装修好就一租了事，满足于收租金、当"甩手掌柜"。要通过调动四个方面（创新创业人才、载体拥有单位、市场运营主体以及属地政府）的积极性、主动性、创造性，切实提高集聚能力、招商能力、运营能力和服务能力。

（2）"五个要素"：第一，明确一个主导产业方向。产业方向宜精不宜多，不能搞大杂烩，什么都想搞，最终什么都搞不好，必须明确一个主攻方向。要紧紧围绕高校院所的优势专业及其关联产业、龙头企业，确立"硅巷"重点发展的主导产业方向，形成聚焦突破效应。第二，依托一家重点高校院所。"硅巷"在建设过程中，要充分尊重高校院所的利益主体地位，加强沟通衔接，在重大问题上统一思想，在利益分配上促进共赢，确保步调一致、形成合力。同时，要通过资金奖补、校地共建、人才政策等服务，引导高校院所主动融入"硅巷"建设发展。第三，形成一个特色活动品牌。"硅巷"的吸引力、影响力要靠高水平的活动品牌来支撑和塑造。每个"硅巷"都要围绕主导产业和专业特色，集中精力打造一个高水平的精品活动，搭建创新链、资金链、产业链对接平台，达到吸引人才、展示成果、宣传政策的目的。第四，集聚一批创新中介机构。"硅巷"的建设运营管理，政府部门、园区不能大包大揽、越俎代庖，要积极引入商业运营商，用市场化手段和经济考核的办法进行运营管理；同时，要广泛吸引投资基金、律师事务所、会计师事务所和知识产权中介机构等，让创新资源在"家门口"就能遇到"良媒"、找到"婆家"。第五，打造一个功能复合空间。要紧密对接创新人才的多元化需要，打造高质量工作环境和高品质生活环境。生活、商业、文化和休闲等各项功能既要集成完善，又要便捷可达，一站式就近解决创新人才的各类需求，让他们生活舒心、工作安心。

城市"硅巷"不仅能集工作、生活、休闲于一体，提供良好的教育、医疗、文体等服务，而且通过市场化运作和商业化管理，让资本、技术、人才、园区、企业和高校形成创新共同体。城市"硅巷"聚焦科技成果产业化环节，可孕育新经济、新产业、新模式，有利于老城焕发新活力、产业回到城墙内，促进我国老城更新事业蓬勃发展（见图9-1）。

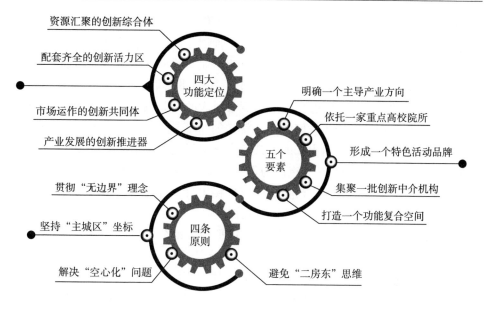

图 9-1 中国"硅巷"的建设之路

第四节 构建组织升级的动力机制

我们正处在乌卡时代（VUCA），外部环境越来越不稳定、越来越复杂和模糊。如果高新区管理只是停留在定位设计、基础设施、招商引智、服务管理、组织建设和评价管理的循环中，将必然陷入僵化的状态，缺乏活力，犹如一潭死水。这种管理循环虽然是保证系统活动顺利进行的基本手段，也是组织中最常见的工作，但由于高新区是一个开放系统，时时刻刻与外面世界不断发生着物质、信息、能量交换；为适应系统内外部变化，高新区管理就必须创新，将高新区系统提升到新的能级。卓越的管理是实现维持与创新最优组合的管理。这种创新活动涵盖高新区管理各职能创新，即定位设计创新、基础设施创新、招商引智创新、服务创新、组织创新和评价创新，管理模式创新是这些创新的综合体现。白下高新区模式创新给我们提供了一个案例，来反思高新区管理创新的一般规律。

一、机会导向创新精神：变压力为动力

高新区管理创新首先需要创业精神。和其他创新活动一样，高新区创新也需

要承担风险，需要组织者能够敢为人先、勇于作为。其次，高新区创新并不是单纯的科研创新。高新区管理创新本质上是一种创业过程，它需要待时而动，讲究天时、地利、人和，如果机会不成熟，单凭企业家的努力往往难以实现，即使有所斩获也只能事倍功半，达不到组织目标。任正非说华为的"狼文化"首要的就是学狼敏锐的嗅觉，要能够先人一步洞察巨大的商业机会。

白下高新区创新案例给我们的体会就是创新都是逼出来的，"秦淮硅巷"是逼出来的，车联网项目是逼出来的，紫云广场项目是逼出来的……每个创新活动都困难重重。以"秦淮硅巷"建设为例，高新区本身以前做过尝试，之前失败的阴影还没有散去。八五一一研究所的三栋楼中有一栋处于科研区外边，一直对外出租，租金并不理想。但在谈到"秦淮硅巷"项目时，八五一一研究所负责人说："军工的管理比较死板，项目也不熟悉又很复杂，不仅上级会从风险防范等方面考虑更多，八五一一内部也对项目风险持谨慎态度。"① 是什么促使"秦淮硅巷"项目创新落地？就是白下高新区整体组织的创业精神和他们对机会的把握能力。恰逢"融合发展"政策出台，航天科工集团也要求下属企业加强与地方政府融合。机会难得，秦淮区和白下高新区主动出击，多次深入交流，最终打消了对方顾虑，形成了双方合作。与八五一一研究所合作的成功集中反映了白下高新区敢于创新和不怕风险的态度，以及善于抓住机会的能力。

二、激发创新思维：容错思维+迭代思维

高新区管理创新需要有创新思维来支撑，创新思维是一切创新活动的基础，创新活动只是创新思维的展现。现代创新理论对创新思维进行了大量研究，但在高新区创新思维中，容错思维和迭代思维是两个重要特征。容错思维不仅是宽松环境，对于创新行动的包容性，还包括了积极主动的试错过程。在数字化时代，乌卡时代复杂和不确定的环境越来越难以准确把握，我们需要从有限理性出发，以最小的失败成本尝试和探索可能的成功方向，快速试错就是通过试错学习，发现成功的机遇。容错与迭代是相辅相成的，精益创业理论发展了一个流行概念，就是"最小可存活产品"，收集市场信息，通过不断迭代来优化创新成果，反复更新直到达到创新目标。

白下高新区创新管理也践行了创新思维的逻辑，具有小步快走的特性。白下高新区和八五一一研究所合作不是一步到位的，"秦淮不像别的地方，一搞就是一整块，它是分批搞，大家都试试"……"因为我们是一个研究所，在搞园区方面是没有经验的，包括管理、政策"②。白下高新区与江苏无线电厂也是这个

---

① ② 引自八五一一研究所负责人访谈，《白下高新区服务企业调研资料》（课题组整理）。

套路："区政府领导支持，园区领导很支持。然后就是分步策略，第一步，把我们厂这个点推向高新产业园区的规划"……"第二步，在区政府、高新区、硅巷的共同支持下，把江苏无线电厂整体改造成科技园区的方案，上报给市"。秦淮硅巷实验室建设也在不断迭代，业务在不断迭代，专家团队也在不断迭代，组织方式也在不断迭代，用最小成本探索。迭代思维与我们传统的试验田有异曲同工的逻辑。

三、坚守开放式创新：将合作植入创新生态体系

高新区管理创新要走开放式创新道路。数字经济时代，仅仅依靠内部的资源进行高成本的创新活动已经难以适应快速发展的市场需求以及日益激烈的企业竞争。如今，开放式创新已经成为数字经济产业生态的重要组成部分。高新区管理创新需要通过聚变模式，整合创新生态资源，发挥人才资本、技术资本、金融资本的协同效应，以实现更高效能的价值创造。开放式创新是以共创、共享、共赢为核心机制，海尔的 HOPE 平台以共创、共享、共赢这六个字为原则，从价值识别、价值创造到价值分配全流程来监控生态合作伙伴之间的合作机制，促使创新生态系统中的各个伙伴结成利益共同体。

白下高新区开放式创新管理的基本原则就是双赢，通过为合作伙伴解决难题，来创造合作的基础。江苏无线电厂项目就实实在在解决了土地变性，把工业用地变成科研用地，最终将该园区"干干净净"地纳入"一区多园"。合作双方都摒弃短期利益观点，从国家和企业自身的发展需要中找准契合点。普旭科技的负责人说："园区给我们的感受就是放水养鱼，让你活得更好，在能力范围内替你解决问题，包括像我们和晨光厂的一些协议，其实园区完全可以不介入，因为晨光是央企，也不归政府管，但是园区积极处理，去协调"……"像在一些入园的考核指标上，它比较灵活，不是'一锤子买卖'地给你，应该说对我们企业来说是实实在在感受到帮助的"。[①]

四、发挥创新领导作用：赋能创新管理

高新区管理创新离不开领导作用。创新型领导需要具备高超创新能力和创新品格的领导者与之匹配。作为组织的"领头羊"，创新型领导者是整个创新型领导得以实施的推动者和维系者，其能力大小和性格特征直接关系到创新型领导的成败。

在数字化时代，领导创新管理需要仔细审视现实中的竞争压力，认清危机和

---

① 访谈引自普旭科技负责人访谈，《白下高新区服务企业调研资料》（课题组整理）。

机遇。市场竞争环境的压力既为组织的变革与创新提供了动力，也为变革与创新指明了方向。建立强有力的领导联盟是创新工作必须要有的组织保障。组织的愿景由组织成员的个人愿景汇集而成，是组织成员的共同愿景。构建愿景规划能够引导创新的方向，通过领导联盟的示范传授新的行为。组织的愿景既是创新工作的出发点，也是创新的归宿。一个清晰可信、令人鼓舞的愿景确定了组织存在的理由和目标，它说明组织的经营哲学和经理理念对组织的活动起指导作用，能够统一员工的信念，争取利益相关者的依赖和支持。

广泛授权对于创新能力来说，能够充分发挥各职能部门的专业优势，实现持续成功创新。创新型企业应该在全公司营造积极的创新氛围，实现"人人创新、事事创新、时时创新、处处创新"。广泛授权是指组织一个强有力的领导创新的群体，赋予它们领导创新的足够的权力，鼓励领导群体的成员协同作战。组织的创新与变革工作常常由于缺乏强有力的领导联盟而导致失败。将创新成果制度化就是将创新活动融入组织文化中，展示创新的积极成果，表明新的行为方式和改进结果之间的联系，不断地寻找新的变革力量和领导者，不断吸引创新先导者共同对变革与创新负起责任。

作为全省面积最小的省级开发区，在现代化城市飞速建设的过程中，仅 2.29 平方千米白下高新区遇到了开发建设空间极其有限的瓶颈问题。同时，南京作为历史文化丰腴的古城，许多老城区即使拥有大量的存量资源，但也由于城市规划建设约束和高地价、人口密集等特点，创新要素间分散、开发建设有约束，无法得到充分的利用。因此，白下高新区在秦淮区的支持下，利用主城区的老城区、老厂房和传统街区，集聚科教创新资源，从 2016 年推进"一区多园"发展模式，促进各创新主体相互激发、分工协作，打破城市的条块分割现状。最终，白下高新区形成"1+5"的"一区多园"模式，推进白下高新区的辐射带动能力，统筹全区科技产业资源，促进全区战略性新兴产业和高新技术产业集群化、规模化，实现老城区的产业统筹布局、创新资源整合协同配置。

白下高新区将"一区多园"模式与"硅巷"建设有机结合。2018 年 9 月，白下高新区在秦淮区的领导下，率先启航城市"硅巷"建设，遵循"创新不仅在园区，更在城市社区"的发展理念，以无边界园区打破资源瓶颈，统筹推进校地融合、城市更新、产业转型等中心工作，打造出集约紧凑、产城一体、创新创业活跃度极高的"秦淮硅巷"，实现"秦淮硅巷"内功能、结构、规模、品质整体提升，获得了南京市委主要领导"南京硅巷看秦淮"的高度肯定，是走在全国城市"硅巷"建设前列的模范示例行为。目前，"秦淮硅巷"正加速形成协同推进的态势，聚焦于"新发展格局下的城市创新"与南京航空航天大学深度合作，打造南航创新湾区，进一步加强资源优势共享，推动合作共赢，全力构建政产学研金高度融合发展的创新生态体系。

白下高新区通过发展"一区多园"模式，打造"秦淮硅巷"建设，突破自身发展空间瓶颈，成为高能级的创新型城市示范区，发挥出自身创新最大效能，辐射周边地区的创新活动，赋能全域创新，实现创新要素的新组合、资源的有效配置，推动区域经济的提质增效，形成区域竞争优势，为老城更新、打造创新型城市贡献力量。

参考文献

［1］Aghion P. , Howitt P. , Murtin F. The Relationship between Health and Growth：When Lucas Meets Nelson-Phelps ［R］. National Bureau of Economic Research，2010.

［2］Athreye S. S. Competition，Rivalry and Innovative Behaviour ［J］. Economics of Innovation and New Technology，2001，10（1）：1-21.

［3］Barro R. J. Quality and Quantity of Economic Growth ［R］. Central Bank of Chile，2002：3-5.

［4］Castells M. The Informational City：Information Technology，Economic restructuring，and the Urban-regional Process ［M］. Oxford：Blackwell Publishing Ltd. ，1989.

［5］Charles A. S. H. Integrating Concepts and Models from Development Economics with Land use Change in the Tropics ［J］. Environment，Development and Sustainability，2006，8（1）：1-3.

［6］Coase R. H. The Problem of Social Cost ［M］. London：Palgrave Macmillan，2000.

［7］Cooke P. N. ，Morgan K. The intelligent region：industrial and institutional innovation in Emilia-Romagna ［M］. Regional Industrial Research，1991.

［8］Do T. T. ，Mai N. K. High-performance Organization：A Literature Review ［J］. Journal of Strategy and Management，2020，13（2）：297-309.

［9］Granovetter M. The Economic Sociology of Firms and Entrepreneurs ［J］. University of Illinois at Urbana-Champaign's Academy for Entrepreneurial Leadership Historical Research Reference in Entrepreneurship，2000.

［10］H. Lefebvre. The Production of Space ［M］. Oxford：Blackwell Publishing，1991.

［11］Hall P. A. ，Coates P. J. ，Ansari B. ，et al. Regulation of Cell Number in the Mammalian Gastrointestinal Tract: The Importance of Apoptosis [J]. Journal of Cell Science, 1994, 107 (12): 3569-3577.

[12] Howitt P., Aghion P. Capital Accumulation and Innovation as Complementary Factors in Long-run Growth [J]. Journal of Economic Growth, 1998, 3 (2): 111-130.

[13] Huang X., Zeng Z., Zhang H. Metal Dichalcogenide Nanosheets: Preparation, Properties and Applications [J]. Chemical Society Reviews, 2013, 42 (5): 1934-1946.

[14] Longenecker J. G., Moore C. W., Petty J. W., et al. Small Business Management: An Entrepreneurial Emphasis [M]. Thomson/South-Western, 2003.

[15] Mitchell R. K., Randolph-Seng B., Mitchell J. R. Socially Situated Cognition: Imagining New Opportunities for Entrepreneurship Research [J]. Academy of Management Review, 2011, 36 (4): 774-776.

[16] Richardson N. Review of Soft Systems Methodology in Action [J]. Philosophy of Management, 2016, 15 (3): 247-250.

[17] Santesson S., Barinaga-Rementeria Ramírez I., Viberg P., et al. Affinity Two-phase Partitioning in Acoustically Levitated Drops [J]. Analytical Chemistry, 2004, 76 (2): 303-308.

[18] Sardo S., Aslesen H. W. Dynamic knowledge linkages and extended innovation spaces [C] // AAG Annual Conference. 2016.

[19] Saxenian A. L. Regional Advantage [M]. Oxford: Blackwell Publishing Ltd., 1996.

[20] Schwartz L. B., Irani A. M., Roller K., et al. Quantitation of Histamine, Tryptase, and Chymase in Dispersed Human T and TC Mast Cells [J]. Journal of Immunology, 1987, 138 (8): 2611-2615.

[21] Smilor Raymond W. Managing the Incubator System: Critical Success Factors to Accelerate New Company Development [J]. IEEE Transactions on Engineering Management, 2013, 34 (3): 146-155.

[22] Storper M. The City: Centre of Economic Reflexivity [J]. Service Industries Journal, 1997, 17 (1): 1-27.

[23] OECD. Indicators to Measure Decoupling of Environmental Pressurefrom Economic Growth [R]. Paris: OECD, 2002.

[24] OECD. Oslo Manual: Guidelines for Collecting and Interpreting Innovation Data [M]. 3rd Edition Paris: OECD Publishing, 2005.

〔25〕 Ostrom Elinor. Governing the Commons：The Evolution of Institutions for Collective Action〔M〕. Cambridge：Cambridge University Press，1990.

〔26〕 Ted Levitt. Ted Levitt on Marketing〔M〕. Boston：Harvard Business School Press，2006.

〔27〕 Thomas L.，Cousins W. The Compact City：A Successful，Desirable and Achievable Urban Form〔J〕. The Compact City：A Sustainable Urban Form，1996（1）：53-65.

〔28〕 Trischler J.，Westman Trischler J. Design for Experience-a Public Service Design Approach in the Age of Digitalization〔J〕. Public Management Review，2022，24（8）：1251-1270.

〔29〕〔美〕保罗·A. 萨缪尔森. 经济学〔M〕. 北京：中国发展出版社，1992.

〔30〕 包亚明. 现代性与空间的生产〔M〕. 上海：上海教育出版社，2003.

〔31〕 陈峰. 基于物联网的新型智慧园区应用研究与实现〔J〕. 数字通信世界，2019（4）：191-192，200.

〔32〕 陈家祥. 中国高新区功能创新研究〔M〕. 北京：科学出版社，2009.

〔33〕 陈建安，李燕萍，吴绍棠. 东湖高新区产学研合作的现状、问题与对策〔J〕. 科技进步与对策，2009，26（24）：12-16.

〔34〕 陈柳，刘志彪. 人力资本型员工的创业行为与产业集聚生成机制〔J〕. 产业经济评论，2008（3）：52-68.

〔35〕 陈文丰，吴卉晶. 国家高新区发展的历史背景和演变进程〔J〕. 中国高新区，2012（7）：40-43.

〔36〕 陈益升，欧阳资力，陆容安. 国家高新区考核评价指标体系设计〔J〕. 科研管理，1996（6）：1-7.

〔37〕 陈煜波，马晔风. 数字人才——中国经济数字化转型的核心驱动力〔J〕. 清华管理评论，2018（Z1）：30-40.

〔38〕 陈泽明. 招商引资理论与实践〔M〕. 北京：中国商务出版社，2011.

〔39〕 崔瑜，焦豪. 企业家学习对动态能力的影响机制研究——基于企业家能力理论的视角〔J〕. 科学学研究，2008（S2）：403-410.

〔40〕 邓智团. 纽约硅巷：美国“东部硅谷”〔N〕. 联合时报，2017-11-10（008）.

〔41〕 丁孝智. 现代产业发展服务体系建设研究——基于国内外高新区的分析框架〔M〕. 北京：企业管理出版社，2012.

〔42〕 丁一，郭青霞，陈卓，张欣欣. 系统论视角下欠发达县域城镇低效用

地识别与再开发策略［J］．农业工程学报，2020，36（14）：316-326.

［43］范秀成，杜建刚．服务质量五维度对服务满意及服务忠诚的影响——基于转型期间中国服务业的一项实证研究［J］．管理世界，2006（6）：111-118.

［44］范秀成．从科学管理到服务管理：服务竞争时代的管理视角［J］．南开管理评论，1999（1）：4-7.

［45］［美］冯·贝塔朗菲．一般系统论［M］．林康义，魏宏森译．北京：清华大学出版社，1987.

［46］冯海，孙哲，陈文，孙权．基于风险管理的基建项目管理理论的构建［J］．建筑经济，2009（4）：36-39.

［47］高进田．区位的经济学分析［M］．上海：上海人民出版社，2007.

［48］高小平，沈荣华．推进行政管理体制改革：回顾总结与前瞻思路［J］．中国行政管理，2006，1（9）：13.

［49］龚刚，魏熙晔，杨先明，等．建设中国特色国家创新体系跨越中等收入陷阱［J］．中国社会科学，2017（8）：61-86.

［50］顾朝林等．中国高技术产业与园区［M］．北京：中信出版社，1998.

［51］顾丽梅．政党，组织与经济发展：上海浦东新区四大开发区党建工作实证研究　浦东党建·园区探索篇［M］．上海：上海人民出版社，2007.

［52］郭朝先，王嘉琪，刘浩荣．"新基建"赋能中国经济高质量发展的路径研究［J］．北京工业大学学报（社会科学版），2020，20（6）：13-21.

［53］韩睿思，徐长乐．基于共生理论的"一区多园"模式研究——以上海漕河泾新兴技术开发区为案例［J］．科技管理研究，2016，36（7）：166-171.

［54］何程，陆红娟，黄睿，邹漩．江苏省高新区安全生产工作机制探索研究［J］．江苏科技信息，2022，39（4）：73-76.

［55］何乐．走进纽约的"硅巷"［J］．群众，2019（4）：65-67.

［56］何渊．建设单位对工程项目的成本控制与管理［J］．城市建设理论研究（电子版），2018（28）：28.

［57］贺豪威，任晓林．模式差异与重构：从管理型政府到服务型政府的变革［J］．理论学习，2010（4）：24-27.

［58］贺晓英，李世平．美国城市扩张中的农地保护方法及其启示［J］．中南大学学报（社会科学版），2008，14（6）：816-820.

［59］［美］亨利·威廉·斯皮格尔．经济思想的成长［M］．晏智杰等译．北京：中国社会科学出版社，1999.

［60］洪银兴．关于创新驱动和创新型经济的几个重要概念［J］．群众，

2011（8）：31-33.

［61］胡曙虹，黄丽，杜德斌.全球科技创新中心建构的实践——基于三螺旋和创新生态系统视角的分析：以硅谷为例［J］.上海经济研究，2016（3）：21-28.

［62］黄慧雅.地方政府招商引资过程中存在的主要问题和对策［J］.经济研究导刊，2015（12）：48-50.

［63］黄怡淳.北上广深四市人才政策对比分析及广州市人才政策建议［J］.科技管理研究，2017（20）：49-54.

［64］贾敬敦.国家高新区成为国民经济发展的重要支撑和增长极［N］.科技日报，2021-12-04.

［65］贾效兵.江苏开发区管理体制的创新发展研究——以苏南国家级开发区为例［J］.中国高新区，2010（7）：98-102.

［66］蒋玉涛，招富刚.创新驱动过程视角下的创新型区域评价指标体系研究［J］.科技管理研究，2009（7）：168-169.

［67］科学技术部火炬高技术产业开发中心.中国火炬统计年鉴（2019）［M］.北京：中国统计出版社，2019.

［68］柯颖，王述英.模块化生产网络：一种新产业组织形态研究［J］.中国工业经济，2007（8）：75-82.

［69］匡贞胜，赖思振.管理体制、空间类型与功能区经济绩效——基于国家级高新区2008-2017年面板数据的实证分析［J］.管理评论，2022，34（4）：34-43.

［70］李春成，李梦琰.高新区政府服务模式转型：从"机械流程式推送"到"组态靶向式供给"［J］.江海学刊，2020（2）：227-232.

［71］李福."一区多园"模式中的政府管理体制创新［J］.科技进步与对策，2014，31（1）：106-110.

［72］李宏立，武庆良.高新区科技企业孵化器发展成因分析［J］.科技管理研究，2011，31（4）：104-107.

［73］李金昌，史龙梅，徐蔼婷.高质量发展评价指标体系探讨［J］.统计研究，2019，36（1）：4-14.

［74］李具恒，杜万坤.西安高新区科技企业孵化器发展的逻辑［J］.中国科技论坛，2007（10）：60-64.

［75］李梦玲，赵希男.高新技术产业开发区系统评价与分析［J］.科研管理，1995，16（1）：49-53.

［76］李明华.创新管理激发活力——南京高新区人力资源管理的经验启示

[J]．海峡通讯，2014（9）：66-67．

[77] 李松林．论新公共服务理论对我国建设服务型政府的启示 [J]．理论月刊，2010（2）：88-90．

[78] 李新，刘朝明．基于区域创新视角的中国高新区主导产业选择基准 [J]．科技管理研究，2007，27（9）：64-66．

[79] 李燕萍，毛雁滨，史瑶．创新驱动发展评价研究 [J]．科技进步与对策，2016，33（22）：103-108．

[80] 李元．城市土地运营与土地市场建设（上卷）[M]．北京：中国大地出版社，2003．

[81] 李政．招商引资与招才引智 [J]．领导科学，2007（4）：15-16．

[82] 林奇，张壬癸．借鉴美国"硅巷"模式打造深圳东部高新区 [J]．宏观经济管理，2017（S1）：350-351．

[83] 林泽炎．我国人才激励和保障的战略思考与制度设计 [J]．中国人力资源开发，2013（7）：6-9．

[84] 刘会武．国家高新区创新发展理论与实践 [M]．北京：科学出版社，2018．

[85] 刘柯．行动主义：基于合作治理的新型制度模式 [J]．公共管理与政策评论，2018，7（5）：65-73．

[86] 刘黎明，张颂梅．"利益相关者"公司治理模式探析 [J]．西南政法大学学报，2005，7（2）：96-104．

[87] 刘林青，雷昊，谭力文．从商品主导逻辑到服务主导逻辑——以苹果公司为例 [J]．中国工业经济，2010（9）：57-66．

[88] 刘万明．古典分配理论：理论基础，内容架构与方法论意义 [J]．社会科学研究，2010（6）：14-19．

[89] 刘洋．城市片区开发的投融资策略分析 [J]．产业创新研究，2019（6）：36-37．

[90] 刘颖琦，李学伟，李雪梅．基于钻石理论的主导产业选择模型的研究 [J]．中国软科学，2006（1）：145-152．

[91] [美] 罗伯特·B.登哈特，[美] 珍妮特·V.登哈特．新公共服务：服务，而不是掌舵 [M]．丁煌译．中国人民大学出版社，2010．

[92] [美] 迈克尔·波特．竞争优势 [M]．陈小悦译．北京：华夏出版社，1997．

[93] [美] 迈克尔·波特．国家竞争优势 [M]．李明轩，邱如美译．北京：华夏出版社，2002．

［94］［美］迈克尔·波特．竞争论［M］．高登第等译．北京：中信出版社，2003.

［95］梅亮，陈劲，刘洋．创新生态系统：源起，知识演进和理论框架［J］．科学学研究，2014，32（12）：1771-1780.

［96］孟祥兰，邢茂源．供给侧改革背景下湖北高质量发展综合评价研究——基于加权因子分析法的实证研究［J］．数理统计与管理，2019，38（4）：675-687.

［97］欧阳资力．一种改进的系统评价理论框架［J］．中国管理科学，2012（4）：50-57.

［98］潘家华．绿水青山就是金山银山理念研究的创新力作——沈满洪等《绿水青山的价值实现》评介［J］．城市与环境研究，2021（1）：108-112.

［99］齐嘉．中国三大城市群产业集聚比较研究——基于高新区高成长企业的证据［J］．海南大学学报（人文社会科学版），2018，36（2）：60-68.

［100］钱城江，张瑜，孔宇，张楚晨，王安娜．高新技术产业开发区安全管理体系建设研究［J］．江苏科技信息，2022，39（7）：39-41.

［101］清华大学启迪研究院．2015中国城市创新创业环境评价研究报告［M］．北京：清华大学出版社，2015.

［102］［日］青木昌彦．比较制度分析［M］．周黎安译．上海：上海远东出版社，2001.

［103］曲振华．智慧园区建设探索与应用实践［J］．中国新通信，2020，22（16）：84-85.

［104］任非．高新区经济高质量发展评价指标体系构建研究——以郑州市为例［J］．决策探索（中），2021（1）：10-12.

［105］任政亮，徐飞，徐红年．基于熵权信息披露质量的测度：算法与实证［J］．管理现代化，2013（3）：10-12.

［106］沙德春．"边界"之困：国家高新区未来发展之思［J］．科学管理研究，2015（1）：28-31.

［107］汕尾市人民政府．汕尾市人民政府办公室转发广东省人民政府办公厅关于印发《广东省创新驱动发展工作考核实施办法》的通知［N］．汕尾市人民政府公报，2016（3）：38-43.

［108］尚宝麒．基于物联网技术的企业智慧园区建设［J］．中国管理信息化，2021，24（5）：97-98.

［109］邵汉华，周磊．国家高新区与城市经济效率的时空耦合协调研究［J］．科技进步与对策，2018，35（14）：36-42.

［110］邵学清，卢博文．对我国高新区评价的现状与要解决的问题［J］．科学学研究，2007，25（4）：671-675．

［111］宋化民，胡实秋，李杨．关于高新技术开发区的评价指标与方法研究［J］．科技管理研究，2000（6）：32-34．

［112］宋捷，李忠，吴良夫．建立科学评价体系指导园区转型升级——对国家高新区评价指标体系（2013 年修订版）的分析［J］．中国高新区，2013（8）：136-141．

［113］孙爱军，刘茂．行为安全管理理论在我国的实践困境及其解决途径［J］．中国安全科学学报，2009，19（9）：58-63．

［114］孙洁．政府促进创业孵化的路径识别：张江、紫竹和五角场的多案例研究［J］．上海经济，2019（1）：65-75．

［115］孙世界，刘博敏．信息化城市：信息技术发展与城市空间结构的互动［M］．天津：天津大学出版社，2007．

［116］孙晓玮．浅析招才引智和招商引资的思考与探索［J］．商讯，2021（20）：189-191．

［117］陶志红．城市土地集约利用几个基本问题的探讨［J］．中国土地科学，2000，14（5）：1-5．

［118］汪波，王伟华．城市土地集约利用的内涵及对策研究［J］．重庆大学学报（社会科学版），2005，11（5）：16-18．

［119］王进富，候海燕，张爱香．创新型省份创新驱动发展关键要素识别研究——以陕西为例［J］．科技管理研究，2016，36（20）：6-10．

［120］王清宪．新兴产业双招双引，干什么、怎么干？［EB/OL］．［2022-02-25］．https：//new.qq.com/rain/a/20220225A0907U00．

［121］王松梅，成良斌．我国科技人才评价中存在的问题及对策研究［J］．科技与管理，2005，7（6）：129-131．

［122］王郁蓉，师萍．创新环境研究综述［J］．科学管理研究，2014（4）：52-55．

［123］王珍珍，许婉婷．福建省创新驱动发展能力的区域差异及影响因素——基于熵值法的视角［J］．福建农林大学学报（哲学社会科学版），2017，20（3）：49-56．

［124］巫超．浅析智慧园区规划的挑战与应对［J］．现代信息科技，2020，4（24）：147-149．

［125］吴海建，韩嵩，周丽，等．创新驱动发展评价指标体系设计及实证研究［J］．中国统计，2015（2）：53-54．

［126］吴林海．论中国高新区的增长极作用［J］．江苏社会科学，2000（1）：22-25.

［127］吴郁玲，曲福田，周勇．城市土地市场发育与土地集约利用分析及对策——以江苏省开发区为例［J］．资源科学，2009（2）：303-309.

［128］肖开霖．向内涵要空间——直面高新区土地问题［J］．中国高新区，2004（3）：8-11.

［129］谢华文．智慧园区建设方案研究［J］．数字技术与应用，2020，38（7）：36-37.

［130］谢忠泉．产业创新评价系统研究［D］．中国地质大学，2007.

［131］［美］熊彼特．熊彼特：经济发展理论［M］．邹建平译．中国画报出版社，2012.

［132］熊国平．90年代以来中国城市形态演变研究［D］．南京大学，2005.

［133］许婷婷，吴和成．基于因子分析的江苏省区域创新环境评价与分析［J］．科技进步与对策，2013，30（4）：124-128.

［134］尹稚等．中国都市圈发展报告2018［M］．北京：清华大学出版社，2019.

［135］［英］约翰·梅纳德·凯恩斯．就业、利息和货币通论［M］．北京：北京时代华文书局，2017.

［136］杨彩霞．产业园区招商引资存在的问题及对策研究［J］．产业与科技论坛，2019，18（4）：233-234.

［137］杨书景．智慧城市建设下智慧园区规划设计思路分析［J］．建筑技术开发，2021，48（1）：34-35.

［138］姚成二．创新湾区：南京打造硅巷"升级版"［J］．决策，2021（Z1）：48-50.

［139］叶忠海．人才学基本理论及应用［J］．中国人才，2007（1）：52-53.

［140］殷醒民．高质量发展指标体系的五个维度［EB/OL］．［2018-02-06］．http：//ex.cssn.cn/glx/glx_xzlt/201802/t20180206_3841995.shtml.

［141］于文浩．改革开放40年中国国家创新体系的路径选择与启示［J］．南京社会科学，2018（9）：18-24.

［142］袁晖光，范思凯．人力资本驱动科技创新的动力机制研究［J］．山东社会科学，2021（6）：127-132.

［143］［英］亚当·斯密．国富论．上［M］．杨敬年译．西安：陕西人民出版社，2001.

［144］曾鹏，陈嘉浩．中国"时空修复"语境下城市群空间生产转型研究［J］．社会科学，2017（2）：56-65.

［145］张宏波．城市工业园区发展机制及空间布局研究——以长春市为例［D］．东北师范大学，2009.

［146］［美］詹姆斯·布坎南．自由、市场与国家［M］．吴良健，桑伍，曾获译．北京经济学院出版社，1988.

［147］张凯．智慧城市视角下智慧园区建设规划关键领域探讨［J］．智能建筑与智慧城市，2017（12）：90-92.

［148］张司飞，王琦．"同归殊途"区域创新发展路径的探索性研究——基于创新系统共生体理论框架的组态分析［J］．科学学研究，2021，39（2）：233-243，374.

［149］张文焕．控制论·信息论·系统论与现代管理［M］．北京：北京出版社，1990.

［150］张溪，谷缃璐，吴大伟．简析智慧园区数字化建设的必要性与可行性［J］．中国测绘，2021（2）：58-63.

［151］张震，刘雪梦．新时代我国15个副省级城市经济高质量发展评价体系构建与测度［J］．经济问题探索，2019（6）：20-31，70.

［152］赵敏，李谕齐，肖丕楚．产业集聚、创新扩散与"一区多园"运行模式探讨［J］．软科学，2008（11）：91-94.

［153］赵鹏军，彭建．城市土地高效集约化利用及其评价指标体系［J］．资源科学，2001（5）：23-27.

［154］赵曙明，张正堂，程德俊．人力资源管理［M］．机械工业出版社，2011.

［155］郑代良，钟书华．中国高层次人才政策现状、问题与对策［J］．科研管理，2012，33（9）：130-137.

［156］中国科技发展战略研究小组．中国区域创新能力评价报告（2016）［M］．北京：科学技术文献出版社，2016.

［157］钟书华．科技园区管理［M］．北京：科学出版社，2004.

［158］周海源．创新发展背景下高新区管委会的职能转变［J］．中国科技论坛，2017（3）：149-155.

［159］周俊，薛求知．双元型组织构建研究前沿探析［J］．外国经济与管理，2009，31（1）：50-57.

［160］周平军．推进中小企业服务体系建设的战略思考与路径选择［J］．宏观经济管理，2017（7）：66-72.

［161］朱启贵．建立推动高质量发展的指标体系［N］．文汇报，2018-02-06（12）．

［162］朱天明，杨桂山，万荣荣．城市土地集约利用国内外研究进展［J］．经济地理，2009，29（6）：977-983.

［163］竺乾威．从新公共管理到整体性治理［J］．中国行政管理，2008（10）：52-58.

［164］邹砺锴．智慧城市建设下智慧园区规划设计探索［J］．智能城市，2020，6（8）：15-16.